21世纪高等教育经管类经典书系

经典

U0648971

国际经济学

INTERNATIONAL

ECONOMICS

李永 编著

东北财经大学出版社·大连

Dongbei University of Finance & Economics Press

图书在版编目（CIP）数据

国际经济学 / 李永编著. —大连：东北财经大学出版社，2022.8
（21世纪高等教育经管类经典书系）
ISBN 978-7-5654-4568-2

Ⅰ.国…　Ⅱ.李…　Ⅲ.国际经济学-高等学校-教材　Ⅳ.F11-0

中国版本图书馆CIP数据核字（2022）第130776号

东北财经大学出版社出版
（大连市黑石礁尖山街217号　邮政编码　116025）
网　　址：http：//www.dufep.cn
读者信箱：dufep@dufe.edu.cn

大连图腾彩色印刷有限公司印刷　　东北财经大学出版社发行

幅面尺寸：185mm×260mm　字数：459千字　印张：20.25　插页：1
2022年8月第1版　　　　　　　　2022年8月第1次印刷

责任编辑：郭　洁　石建华　孟　鑫　　责任校对：喜多多
　　　　　刘贤恩　张晓鹏
封面设计：张智波　　　　　　　　　　版式设计：原　皓

定价：57.00元

教学支持　售后服务　联系电话：（0411）84710309
版权所有　侵权必究　举报电话：（0411）84710523
如有印装质量问题，请联系营销部：（0411）84710711

前 言

"国际经济学"是一门理论性较强的经济学分支，也是理论与政策结合紧密的综合性基础课程，是研究国际经济问题的重要理论工具。本课程重点探讨国际贸易分工的原因、方式和贸易利益分配、贸易政策及其效果、国际收支、汇率决定等问题，既有复杂的理论模型演绎，又有深刻的政策内涵。通过学习，可以了解与掌握分析国际经济的工具与方法，为进一步从事开放经济下宏观经济问题的探索与研究打下扎实基础。

全书分为上、下两篇，共17章。

上篇（第一至十章）国际贸易篇：介绍国际贸易理论、国际贸易与经济增长、国际贸易政策理论、国际贸易政策工具、区域经济一体化等内容。

下篇（第十一至十七章）国际金融篇：介绍国际收支、外汇与汇率理论、国际收支理论、开放经济下的宏观经济运行、国际货币体系等内容。

书中基本上每章都设置了"人物介绍"与"专栏"的电子阅读内容，能够起到丰富知识和拓展视野的作用。

李永负责全书的组织编写工作。朱思宇、李迪源、牟瑞忠、牛童、闻悦、王星懿、郭逸群等同学参与了本书的编写过程，做了大量的基础性工作。本书得到了2021年同济大学教材建设项目的资助；东北财经大学出版社对本书的出版给予了大力的支持。在此一并表示感谢。

国际经济学的理论与实践都还在发展变化之中，教材编写的框架体系也需要不断完善，加之作者水平有限，书中难免有不足之处，请同行专家和读者谅解并指正。

李 永

2022年5月·上海

目 录

上篇 国际贸易篇

上篇

国际贸易篇

第一章

古典国际贸易理论

古典贸易理论的核心思想认为，贸易产生的原因在于劳动生产率不同而引起的技术上的差异。亚当·斯密是古典经济学的奠基者，也是古典贸易理论的创始者。他在批判重商主义思想的基础上，主张各国应该基于劳动生产率"绝对优势"原则开展国际分工，实施自由贸易。李嘉图在继承斯密自由经济思想的基础上，弥补了斯密理论的一些缺憾，提出了"比较优势"的国际分工原则。通过本章的学习，可以了解到早期的分工交换思想、绝对优势（成本）与比较优势（成本）理论等内容。

第一节　　　　　　　　　　早期分工与交换思想

一、早期的分工与交换思想

（一）古希腊、古罗马的分工思想

奴隶制下的古希腊、古罗马，产生了奴隶主阶级的思想文化，这通常被认为是西方文明的发端，而一些奴隶主阶级的思想家通过研究奴隶主家庭经济，产生了最早的分工的思想。其主要代表人物，在古希腊有色诺芬（Xenophon，约前430—前355）、柏拉图（Plato，约前427—前347）、亚里士多德（Aristotles，前384—前322）等，在古罗马有贾图（Cato，前235—前149）、瓦罗（Varo，前116—前27）、奥古斯丁（Augustine，354—430）等。当时，社会分工已经相当发达，农业、手工业、商业之间的分工，以及体力劳动和脑力劳动的对立现象已经非常明显，所以奴隶主思想家们注意到了社会分工问题，但他们都是站在奴隶主的立场，从自然经济观点来考察分工。

色诺芬是古希腊著名哲学家苏格拉底的学生，最先论述了社会分工与市场的关系。色诺芬观察了社会分工，他认为，一个人不可能精通一切技艺，如果人们只做一种最简单的工作，肯定会无条件地把工作做得更好。他以波斯国王饭桌上的可口美味为例，认为是由于御厨房的厨师有精密分工的结果。他也已认识到分工的规模取决于市场的大小，大城市

的分工比小城市发达。他说："一切手艺都是在大城市中最为完善，而在小市镇上，一个工人要制床、门和桌子，甚至还要修盖房子。为什么城市的大小会使分工状况不同呢？因为在大城市中每一种职业都可以找到许多主顾，而在小市镇，手工业者不容易找到足够的主顾来维持自己的生活。"

柏拉图也是苏格拉底的学生，著作丰富，他的经济思想主要反映在《理想国》和《法律篇》中，其中《理想国》是其代表作。柏拉图分析了分工的必要性。他认为，由于存在个人的多方面需求与人们天赋技巧不平等的矛盾，所以，只能通过分工和互助来解决。同时，如果每个人都只专门去做一种与他性情相近的事，那么产品必然既多又好。因此，一个国家应该有从事各行各业的人。他还认为，分工是城市（即城邦国家）产生的自然基础，正是因为有了分工，使得人们的各种需要的满足有待于互助而不再能自给自足，于是，各种联合团体便产生了，这些团体的联合便形成了城市、国家。同时，柏拉图还进一步指出，人们应该按"正义原则"进行社会分工。所谓正义原则，就是符合人类理性的原则，也就是要求每个人按最适合其天性的原则，从事一种职业。根据这一原则，柏拉图在《理想国》中将社会成员分成了三个阶层：即执政者，属于富有理性和知识的哲学家，职责是教育民众和管理国家；保卫者，就是战士，职责是维护国家安全；供应营养者（自由民，包括农民、手工业者、商人等一切从事经济活动的人），他们没有真正的思考能力，只能从事财富的生产与交换。而广大奴隶则是会说话的工具，担负着沉重的体力劳动，不能被列入国家的组成阶层。

亚里士多德是古希腊博才多艺的思想家、著名哲学家，柏拉图的学生，但在理想国家的组织方面，他同他的老师发生了分歧。他在《伦理学》中谈到，两种产品交换应当是公平和按比例的，交换的双方必须是从事不同职业的。这就是说交换的是不同的商品，不同商品的交换在数量上要比例均等；交换的商品必须可按某种方式相互比较，体现出交换双方交易的平等和公正。

人物介绍 1-1

亚里士多德

（二）宗教神学的贸易（交换）思想

最早的贸易思想还是从宗教神学中获得的。

宗教神学中关于贸易的最早表述可以追溯到公元4世纪的利巴涅斯（Libanius），他写道："上帝没有把所有的产品都平均地赠给地球的每个地方，但他把礼物分布在不同的地区，到头来人们会力求建立起地区之间的社会关系，因为他们需要互相帮助。上帝使贸易产生，从而使所有的人都能共同享受地球上的果实，而无论这些果实是在何处生产的。"

5世纪，西罗马帝国崩溃后，西欧进入了封建社会。11—15世纪，西欧封建社会处于兴盛阶段，此时，城市兴起，国内贸易有了发展，对外贸易活跃，十字军东征促进了东西方贸易的开展，欧洲形成了地中海沿岸地区和北海、波罗的海沿岸地区两大主要贸易区。这一时期，也涌现出许多经济思想家，阿奎那（Aquinas，1225—1274）就是其中的典型代表。

托马斯·阿奎那是13世纪欧洲著名的神学家、经院哲学家，意大利人。他的经济思想带有折中特征，在中世纪占据了统治地位。关于商业，阿奎那认为，僧侣从商业中获得利润是可耻的。同时，他又赞成大商业，为大商业赚取利润进行辩护，认为凡是由于时间、地点改变而使价格变动，或是将商品由一地运往另一地承担的风险，或是对生产出来的产品作了某些改变，或是把商业中所获利润用于正当的用途——帮助穷人维持生活，在上述情况下经商应该免受道义的谴责，而从中获取利润是一种劳动的报酬。其利润必须保证商人有相当于他的等级地位的生活条件。虽然阿奎那从道德上仍对商业贸易持怀疑态度，但他支持利巴涅斯的观点，承认即使完美的城市也需要商人进口所需的产品和出口过剩的产品。

二、重商主义者的观点

重商主义（mercantilism）是西欧封建制度解体和资本原始积累时期的经济学说。其产生于15世纪末，到17世纪中叶开始瓦解，并逐渐为西方古典政治经济学所代替。

（一）产生和发展的历史条件

经济上，在西欧封建社会晚期，由于商品货币经济的发展，封建自然经济日趋瓦解，开始了资本原始积累的过程。在资本原始积累时期，西欧的许多国家基本形成了商业支配产业、流通支配生产的局面，商业阶级的力量大大超过了产业阶级的力量，因此，以流通过程为研究中心的重商主义学说顺势兴起。

15世纪末、16世纪初的地理大发现，扩大了世界市场，促进了商业、航海业和手工业的发展，加速了资本原始积累，促进了封建生产方式的解体和工场手工业的产生和发展，为重商主义的产生、发展奠定了经济基础。

政治上，当时西欧国家处于封建王权和封建领主的割据统治下，而商业资本要求建立统一的中央集权国家，消除割据。封建国王为削弱领主的力量，加强自己的权力，需要商业资本的支持，因而国王和商业资本家就结成联盟，通过强有力的中央国家来推行新的体现商业资本利益的政策，利用行政措施，尽量地把货币吸收到国内来，实行重商主义政策。

在思想意识形态领域，虽然当时的封建神学仍占统治地位，但当时也产生了资产阶级的人文主义思想，人文主义主张把人作为中心和主宰，以人性对抗封建神性，以人权对抗神权，从人的观点来研究一切事物。重商主义者对经济现象的研究深受人文主义思想的影响，用商人的观点来考察社会经济生活，于是产生重商主义经济学说实属必然。

（二）重商主义的基本特征

"重商主义"一词是亚当·斯密在《国富论》中首先提出的。重商主义是一种经济学流派，是欧洲代表商业资产阶级利益的政策体系和经济思想。

1.从方法论上说，具有反封建反传统反宗教规范倾向的特征

（1）从人文主义出发来观察和研究经济现象。重商主义采用"人"的观点，即用商人的观点来独立地观察和研究经济现象，不再从神学教义出发来寻找答案，从而使经济思想从"宗教的桎梏"中解放出来。

（2）破除古代经济思想的"二分法"原则。自古希腊以来形成了经济思想的"二分法"原则，即把经济现象分为"经济"和"货殖"两类，前者应予以肯定，后者则应当谴责，至多也只是把它作为一种"无法避免的罪恶"来容忍。而重商主义把"货殖"——货

币产生货币的方法作为研究的中心，从而消除了对商业的歧视。

（3）以因果观点来观察现象。中世纪在宗教规范下流行烦琐哲学和教条主义，重商主义与此相反，开始寻找各种经济现象间的联系，企图了解经济发展的来龙去脉，从而冲破了宗教规范的束缚。

2.从基本内容看，直接反映了商业资本的要求和主张

（1）认为金银就是货币，是财富的唯一形态，一切经济活动的目的就是获取金银货币。

（2）生产只是创造财富的先决条件，流通是财富的真正源泉；利润在流通中产生，是商品转手时"贱买贵卖"的结果。

（3）只有各国之间的流通才是财富的源泉。国内贸易只是把货币从一地转到另一地，一人之所得即为他人之所失，不能给国家带来财富。

（4）对外贸易必须保持顺差，其基本原则是"少买多卖"。

（5）国家应积极干预经济活动，利用行政措施和立法手段，使金银尽可能多地流入国内。

（三）重商主义发展的两个阶段

重商主义的发展经历了两个阶段：早期重商主义和晚期重商主义。早期重商主义约从15世纪末到16世纪中叶，晚期重商主义从16世纪下半期到17世纪中叶。

早期重商主义的代表人物主要有英国的约翰·海尔斯（John Hlaes，？—1571）和威廉·斯塔福德（William Stafford，1554—1612）。一般认为，《对我国同胞某些控诉的评述》（1581）是他们合作完成并匿名发表的著述。他们在其中关心的是如何将货币保留在国内，防止货币外流；主张保护贸易，禁止外国工业品特别是奢侈品输入英国，防止出现贸易逆差。另外一个早期重商主义的代表人物是法国的孟克列钦（Montchretien，1575—1621），他的主要著作是《献给国王和王后的政治经济学》（1615）。在经济学说史上，他第一个提出了"政治经济学"的概念，而政治经济学的理论体系却是由后来的亚当·斯密创立的。孟克列钦在其著作《政治经济学》中，讨论了工场手工业、商业、航海业和国王的经济政策等问题。

晚期重商主义的代表人物在英国有托马斯·孟（Thomas Mun，1571—1641），其主要著作是《论英国与东印度公司的贸易》（1621）和《英国得自对外贸易的财富》（1664）。托马斯·孟是英国大商业资本家，东印度公司董事，政府贸易委员会委员。上述著作是为了反驳早期重商主义者抨击东印度公司在对外贸易中大量输出货币而写作的，用以说明英国与东印度公司的贸易是英国财富的重要来源。在法国，晚期重商主义的代表人物是让·巴蒂斯特·柯尔培尔（J. B. Colbert，1619—1683），他是法国国王路易十四的财政大臣，推行了一套重商主义政策，如奖励本国商品出口，缩减外国商品进口，实行保护性关税，为了出口扶植本国工场手工业，建立"皇家手工工场"，发展海军，建立庞大的舰队和商船队，成立了许多对外贸易公司等，力图使法国富强起来。

人物介绍1-2

托马斯·孟

（四）重商主义经济学说的基本观点

1.共同点

早期和晚期的重商主义经济学说，都是以流通过程为研究中心，以商业资本的运动为研究对象，其基本观点也是一致的。共同观点是：

（1）认为货币（金、银）是最好的财富。认为一切经济活动的目的就是为了获取货币，反映了新兴资产阶级对货币资本的强烈追求，以及当时西欧流行的求金欲和拜金狂。哥伦布就曾感叹道："黄金是件奇妙的东西，谁有黄金，（好像）谁就成了他所渴望的一切东西的主人，有了黄金，一个人甚至（似乎）能够使灵魂升入天堂。"恩格斯在《论封建制度的解体及资产阶级的兴起》一文中描述了当时的情景："葡萄牙人在非洲海岸、印度及整个远东地区搜寻着黄金，黄金这两个字变成了驱使西班牙远渡大西洋的符咒，黄金也是白种人刚踏上新发现的海岸时所追求的头一件重要的东西。"

（2）认为财富的直接源泉在流通领域。除了开采金银矿外，认为商业是获得货币财富的唯一源泉，国内贸易不能增加一国货币总量，只有对外贸易才能使一国货币财富增加；认为利润是"贱买贵卖"的结果，是一种"让渡收入"，只有对外贸易才能为一国带来真正的利润。

（3）认为对外贸易的原则是少买多卖。少支出多收入，实现外贸顺差、出超，而国内的商品生产应服从于外贸出口的需要，主张鼓励和发展有利于出口的本国工场手工业。

（4）主张国家积极干预经济生活。实行垄断对外贸易、奖励和监督工业生产、保护关税等政策，采取有力措施保护本国商业和工业，促进对外贸易的发展。

2.不同点

（1）对获取货币财富的方法认识不同

早期重商主义主张国家以行政手段禁止货币外流，禁止金银出口，鼓励吸收外国货币，通过对外贸易少买多卖，使本国货币增加，使货币贮藏于国内。恩格斯曾形象地指出，这个时期的重商主义者"就像守财奴一样，双手抱住他心爱的钱袋，用嫉妒和猜疑的目光打量着自己的邻居"。因此，早期的重商主义思想又被后人称为"货币差额论"。晚期重商主义主张国家允许货币输出国外，扩大对外国商品的购买，经加工后再输出或发展转口贸易，但必须保证把更多的货币运回国内，即保证外贸出超。认为只有把货币投入流通中才能获得更多的货币，把货币贮藏起来不能增加货币。"他们开始明白，一动不动地放在钱柜里的资本是死的，而流通中的资本却会不断增值……人们开始把自己的金币当作'诱鸟'放出去，以便把别人的金币引回来。"因此，晚期重商主义又被后人称为"贸易差额论"。

早期重商主义主张外贸可以输出制成品，也可以输出原料；而晚期重商主义则主张限制或禁止原料出口，在对他国的贸易中要少买成品多买原料，强调进口原料、工具，以发展本国出口商品的生产。

早期和晚期重商主义对生产的态度也不同。早期重商主义往往忽视生产，而晚期重商主义则比较重视生产，强调发展本国商品生产是发展对外贸易的基础，所以晚期重商主义又被称为"重工主义"。

（2）对货币的态度不同

早期重商主义主要是把货币看作贮藏手段，即以贮藏货币的形式积累财富；晚期重商主义则已把货币看作在运动中增殖自身的手段，看作货币资本，主张把货币投入流通带来更多的货币。

早期重商主义主张每一次对外贸易都须出超，晚期重商主义认为只要贸易总额出超，从而保证本国货币财富的增加，在一定时期或一定国家出现外贸逆差也是允许的。托马斯·孟认为："对外贸易是增加我们的财富和现金的常用手段，在这一点上我们必须时时谨守这一原则：在价值上，每年卖给外国人的货物，必须比我们消费他们的为多。"

专栏1-1

英国重商主义
带来的海上管制

重商主义的政策和理论在历史上起到过一定的进步作用，它冲破了封建思想的束缚，第一次对资本主义生产方式进行了理论分析；促进了资本的原始积累，推动了资本主义生产方式的确立和发展。重商主义特别是晚期重商主义的思想至今仍然指导着人们在国际贸易方面的实践。但是，重商主义的基本错误在于认为国际贸易是一种"零和游戏"，一方得益必定使另一方受损，出口者从贸易中获得财富，而进口者则必减少财富。这种思想的根源是他们把货币（金、银）看作财富的唯一代表，而没有把交换的商品及分工后效率的提高包括在财富之内，从而把双方的等价交换看作是非得即失。贸易保护措施日益暴露出的低效率和浪费严重两大弊端严重地阻碍了新兴的产业资产阶级在国民经济各个领域中发展的愿望。

18世纪末，重商主义者的观点开始让位于以亚当·斯密为代表的古典经济学者所主张的自由贸易理论。

第二节　亚当·斯密的绝对优势（成本）论

亚当·斯密的经济学说形成于18世纪下半期英国工业革命即将开始的时期。斯密是古典政治经济学理论的创立者，1776年他发表了《国民财富的性质和原因的研究》（简称《国富论》）一书，系统地阐述了古典政治经济学的基本观点，第一次把经济科学所有主要领域的知识归结为一个统一和完整的体系。

一、斯密的自由经济思想

斯密反对封建主义特别是重商主义的民族国家权益高于一切的观念，倡导个人自决和政府对经济的最低限度的控制，主张建立彻底的个人自由经济体制，强调对内实行自由放任政策、对外实行自由贸易政策。亚当·斯密认为，推动人类进步的主要力量是自私利己的动机，全部人类行为都源于利己这一本能。因此，自私自利和雄心勃勃不是恶而是善，它指引人类努力劳动并带来经济繁荣。在斯密看来，国家应该最低限度地保持它对经济活动的干预，以便使个人及社会福利达到最大限度，而保证资源得到最有效使用的机制就是市场这只"看不见的手"。斯密认为[①]，每个人都竭力利用自己的资本支持家庭工业，从

---

① 亚当·斯密的观点、引语均出自他的《国富论》。下同。

而管理家庭工业，以便使该工业的产品具有最大的价值；每个个体必须劳动，以便使社会年收入尽量多些。一般说来，他确实不打算促进公众利益，也不知道他促进了多少公众利益。他宁可支持国内的工业而不支持在国外的工业，他只是盘算着他自己的盈利。在这种情形下，就像在其他许多情况下一样，他是被一只无形的手支配着，要促成他无意完成的一个目的，这个目的在他的意向之外……比起他真的打算促进这一（公众）利益来讲，他追求自身的利益往往可以更有效地促进社会（公众）的利益。

人物介绍 1-3

亚当·斯密

二、绝对优势论的论证步骤

（一）交换是人类天然的倾向

交换是斯密理论的逻辑起点。在斯密看来，交换是出于利己心并为达到利己的目的而进行的活动。人类与其他动物不同，不能孤立生活，需要他人协助，但要想得到别人的帮助，就要刺激对方的利己本性，即利己心（self-interest），使对方知道这种帮助对他自己是有利的。斯密认为，不论是谁，如果他要与旁人做买卖，他首先就要这样提议："请给我我所要的东西吧，同时，你也可以获得你所要的东西。"这句话是交易的通义。由此，他认为，人类有一种特殊的倾向，这种倾向就是"互通有无，物物交换，互相交易"。交换是由人类的本性决定的一种自然现象。斯密还戏言道：我从未见过甲乙两狗公平地交换骨头。

（二）交换产生分工

斯密写道："由于我们所需要的相互帮忙，大部分是通过契约、交换和买卖取得的，所以当初产生分工的也正是人类要求互相交换的倾向。"由于人们能够从交换中获得利益，人们便乐于进行这种交换，但是，要进行交换，就要生产能够交换的物品，每个人都各自生产各的物品，就产生了分工，其结果是"鼓励大家各自委身于一种特定业务，使他们在各自的业务上，磨炼和发挥各自的天赋资质或才能"。斯密认为，在任何一个私人家庭的行为中属于精明的行为，在一个大国的行为中就很少是荒唐的。如果外国能以比我们自己制造的还便宜的商品供应我们，我们最好就用我们有利地使用自己的产业生产出来的物品的一部分向他们购买。有时，在某些特定商品的生产上，某一国占有巨大的自然优势，以致全世界都认为，跟这种优势作斗争是枉然的……至于一国比另一国优越的地位是固有的还是后来获得的，就无关紧要了。只要一国具有这种优势而另一国无此优势，那么后者向前者购买（商品）总是比自己制造有利。一种技艺的工匠比另一种技艺的工匠所具有的优越地位，虽然只是后来获得的，但他们两者都认为互相交换彼此的产品比自己制造更有利。

（三）分工的原则是各自集中生产具有优势的产品

斯密以家庭之间的分工为例指出，如果一件物品在购买时所花费的比在家内生产时所花费的少，就永远不会想要在家内生产，这是每一个精明的家长都知道的。裁缝不想制作他自己的鞋子，而是向鞋匠购买。鞋匠不想制作他自己的衣服，而雇裁缝裁制。农民不想缝衣，也不想制鞋，而宁愿雇用那些不同的工匠去做。他们都感到，为了他们自身的利益，应当把他们的全部精力集中使用到比别人处于某种有利地位的方面，而以劳动生产物的一部分或同样的东西，即其中一部分的价格，购买他们所需要的任何其他物品。

（四）国际分工的基础是有利的自然禀赋或后天的有利的生产条件

斯密指出，分工的原则是"于个别家庭为得策者，于全国亦不致为失策"。因此，国际分工的原则也应该是充分发挥各国的优势，这种优势包括自然优势和获得性优势。因为自然优势和获得性优势可以使一个国家生产某种产品的成本绝对低，在对外贸易中相对于其他国家就处于绝对优势的地位。

三、举例说明

斯密的绝对优势理论是建立在以下的假设前提下的：（1）两个国家和两种商品；（2）全社会只有一种要素投入：劳动；（3）同种产品在两国生产存在着劳动生产率的差异；（4）完全竞争的市场结构；（5）完全的自由贸易，且贸易平衡；（6）规模报酬不变。

假设英国、葡萄牙两国都生产葡萄酒和毛呢两种产品，生产情况如表1-1（a）所示，斯密认为，在这种情况下进行国际分工和国际交换，对两国都有利，并以表1-1（b）加以说明。

假设分工后，贸易条件为1单位毛呢交换1单位酒，则两国拥有产品的情况如表1-1（c）所示。

表1-1（a）　　　　　　　　　　　**绝对优势理论举例（分工前）**

国家	葡萄酒产量（单位）	所需劳动数量（人/年）	毛呢产量（单位）	所需劳动数量（人/年）
英国	1	120	1	70
葡萄牙	1	80	1	110

英国在生产毛呢上具有绝对优势，因为单位产品的劳动投入量为70人，小于葡萄牙的110人。而葡萄牙在葡萄酒的生产上具有绝对优势，因为其单位产品的劳动投入量为80人，小于英国的120人。所以，英国应该专业化生产毛呢，葡萄牙应该专业化生产葡萄酒。

表1-1（b）　　　　　　　　　　　**绝对优势理论举例（分工后）**

国家	葡萄酒产量（单位）	所需劳动数量（人/年）	毛呢产量（单位）	所需劳动数量（人/年）
英国	—	—	（120+70）/70=2.7	70+120=190
葡萄牙	（110+80）/80=2.375	80+110=190	—	—

英国用所有的劳动来生产毛呢，共生产出2.7个单位；同样，葡萄牙也用所有的劳动来生产葡萄酒，共产出2.375个单位。可见，尽管两国投入的总劳动量没有变，但由于实行国际分工，世界总产出增加了。

表1-1（c）　　　　　　　　　　　**按照1：1交换后的结果**

国家	葡萄酒产量（单位）	毛呢产量（单位）
英国	1	1.7
葡萄牙	1.375	1

假设英国用毛呢来换取葡萄牙的葡萄酒，交换比例为 1：1，显然，1：1 的交换比例对双方都有利，因为在分工前，英国 1 个单位的毛呢在国内只能交换（70/120）=0.58 单位的葡萄酒；对于葡萄牙来说，分工前，1 单位的葡萄酒在国内只能交换（80/110）=0.72 单位的毛呢。

由表格 1–1（c）可以看出，贸易后，英国得到 1 单位葡萄酒和 1.7 单位毛呢，与自给自足时相比多得了 0.7 单位毛呢；而葡萄牙得到 1.375 单位葡萄酒和 1 单位毛呢，与自给自足时相比多得了 0.375 单位葡萄酒。

综上所述，亚当·斯密绝对成本理论的基本含义是各国生产上的绝对优势来源于该国的自然优势与获得性优势。如果一国在某种产品的生产成本方面相对于对方国家的同样产品来说处于绝对优势，就应该分工生产并出口这种产品；如果一国在另种产品的生产成本方面相对于对方国家的同样产品来说处于绝对劣势，就不应该进行该种产品的生产，本国所需应从对方国家进口，其结果是参加贸易的双方都能从中获得利益。斯密的分析清楚地说明，国际贸易的结果是"双赢"的，而非零和博弈。

斯密的绝对优势论有三个方面的特点：

第一，他将劳动分工理论的基本观点推广到国际领域，认为国际分工也会提高整个社会的消费水平或福利水平。他详细论述了劳动分工的好处，中心思想是劳动分工可以极大地提高劳动生产率。同样，国与国之间的劳动分工也会带来劳动生产率的提高，结果是各国生产的物质产品都会增加，消费水平也会因为全世界生产产品总量的增加而提高。他指出，一国的财富只有在国际分工中才能增加，在国际贸易中才能提高消费者的物质生活水平或福利水平。

第二，斯密的绝对优势理论是以机会成本不变为前提的。尽管当时还没有机会成本的概念，但他的理论却是以机会成本不变为前提。

第三，斯密的绝对优势理论不能解释一国在其两种产品的劳动生产率均高于（或均低于）另外一个国家时国际贸易能否发生，以及如何进行分工。

第三节　大卫·李嘉图的比较优势（成本）论

英国学者罗伯特·托伦斯（Robert Torrens）在《关于玉米对外贸易的论文》（1815 年）中首先提出了比较优势的概念。托伦斯认为，由于波兰在制造业方面与英国的巨大差距，即使英国能够更有效率地生产玉米，英国也最好不要自己生产而应从波兰进口玉米。这样做对英国更有利，因为英国用生产玉米的资本生产出来的棉布，可以从波兰换取比从自己土地中生产出来的更多的玉米。他认为，"尽管在本国用于耕种的资本比国外用来耕种的资本可能得到更多的利润，但是在这种情况下，资本应该被用于制造业，并将获得更多的利润。这一更大的利润应该决定我们的产业发展方向"。李嘉图第一个用具体数字来说明这一原理，萨缪尔森称李嘉图"棉布和葡萄酒贸易"一例中的四个数字为"有魔力的数字"。

第一章　古典国际贸易理论

一、大卫·李嘉图的自由贸易论

大卫·李嘉图是著名的英国经济学家，是古典经济学的完成者。其主要代表作是1817年出版的《政治经济学及赋税原理》一书。萨缪尔森评论道："只有少数著作家才能得到雅俗共赏的好运气，而李嘉图就是那些少数人中的一个。古典学派、新古典学派以及后凯恩斯主义的学者都把他奉为鼻祖。马克思学派社会主义的著作家们也是如此。我们看到，卡尔·马克思不喜欢古典学派的庸俗资产阶级经济学者，然而，李嘉图却是一个幸运的例外，马克思认为可以从李嘉图那里获得真理。"

李嘉图所处的时代是英国工业革命迅速发展的时代，当时英国社会的主要矛盾是工业资产阶级与地主贵族阶级的矛盾，这一矛盾由于工业革命的深入而达到了异常尖锐的程度。在经济方面，他们的斗争焦点在于《谷物法》的去留问题上。该法令是维护地主贵族阶级利益的法令，规定必须在国内谷物价格上涨到限额以上时才准进口，而且这个价格限额不断提高。《谷物法》限制了英国对谷物的进口，使国内粮价和地租长期保持在很高的水平上，增加了英国工业资产阶级的生产成本和加剧了其他国家的报复行为。于是，英国工业资产阶级和地主贵族阶级围绕着《谷物法》的存废展开了激烈的斗争。李嘉图在这场斗争中站在了工业资产阶级一边，继承和发展了斯密的理论，在其《政治经济学及赋税原理》一书中提出了以自由贸易为前提的比较优势理论，为工业资产阶级的斗争提供了有力的理论武器。

李嘉图与斯密一样，主张自由贸易。他认为，自由贸易有利于生产力的发展，表现在三个方面：

第一，自由贸易会使各国把它们的资本和劳动放在最有利于本国的用途上，可以激发人们的勤奋和智慧，最有效地利用本国的自然禀赋（各国自然具有的优越条件，如资源、地理位置、气候、特殊技能等），最经济地分配本国劳动。他认为[①]，在商业完全自由的制度下，各国都必然把它的资本和劳动用在最有利于本国的用途上。这种对个体利益的追求最好地与整体的普遍幸福结合在一起。由于鼓励勤勉、奖励智巧，并最有效地利用自然所赋予的各种特殊力量，使劳动得到最有效和最经济的分配，从而增加生产总额。

第二，自由贸易有利于提高利润率，有利于积累资本。他认为，自由贸易同改进技术、提高劳动生产率一样，可以使谷物价格降低，使工人生活必需品价格降低，从而降低货币工资、提高利润。他认为，如果由于对外贸易的扩张，或由于机器的改良，劳动者的食物和必需品能按降低的价格进入市场，利润就会提高。如果不自己种植谷物，不自己制造劳动者所用的衣服以及其他必需品，而是发现一个新市场可以用更低廉的价格获得这些商品来满足供应，那么工资也会低落，利润则会提高。

第三，自由贸易可以增加用收入所购买的物品的数量和品种。李嘉图认为，由此"使商品丰富和价格低廉从而为储蓄和资本积累提供了刺激力"，对于国家非常有利，"并以利害关系和互相交往的共同纽带把文明世界的各民族结合成一个'统一'的社会。"

人物介绍1-4

大卫·李嘉图

[①]　大卫·李嘉图的观点、引语均出自他的《政治经济学及赋税原理》一书。下同。

二、比较优势论示例

李嘉图敏锐地发现，斯密的绝对成本论在解决下列问题时将面临两难困境：

如果一个国家在两种商品或者所有商品的生产成本上都处于绝对劣势地位，那么国际贸易还能否发生？如果能，那么国际贸易是否对双方都有利呢？这两个问题显然已经超出了斯密理论的范畴。在斯密的理论中，鞋匠有制鞋的绝对优势，裁缝有做衣服的绝对优势，两者的分工比较明确。但假如两个人都能制鞋和做衣服，而其中一个在两种职业上都比另一个人强，那么应该怎样分工呢？根据李嘉图的理论，这时就要看两人在两种职业上的劳动生产率相差多少。如果一个人比另一个人在制鞋上强1/3，而在做衣服上强1/5，那么这个较强的人应该制鞋而那个较差的人应该去做衣服。"如果两人都能制鞋和帽，其中一个人在两种职业上都比另一个人强一些，不过制帽时只强1/5或20%，而制鞋时则强1/3或33%，那么这个较强的人专门制鞋，而那个较差的人专门制帽，岂不是对双方都有利么。"

这里继续沿用上一节的例子加以说明。假设两个国家是英国和葡萄牙，均可生产葡萄酒和毛呢两种产品，假设单位产品两国所需投入的劳动量如表1-2（a）所示。

表1-2（a）　　　　　　　　　　**比较优势理论示例（分工前）**

国　家	葡萄酒	毛呢
英　国	120人	100人
葡萄牙	80人	90人

由表1-2（a）可见，葡萄牙在生产葡萄酒和毛呢上均具有绝对优势，因为单位产品的劳动投入量均小于英国的投入量。按照斯密的理论，此时应该不会发生贸易。但是，李嘉图认为，在上述情况下仍然可以发生贸易，而且对双方国家均有利。这是因为，对于葡萄牙来说，毛呢的生产成本为英国的0.9，而酒的生产成本为英国的0.67，两相比较，酒的成本更低，因而优势更大。就英国来说，酒的生产成本相当于葡萄牙的1.5倍，毛呢的生产成本相当于葡萄牙的（100/90）=1.1倍，两相比较，毛呢的生产成本相对低一些，因而具有相对优势。这就是比较成本的意义所在。接着，李嘉图根据"两优取其重，两劣取其轻"的分工原则指出，葡萄牙应分工生产酒，英国应分工生产毛呢，这样，两国便都能从国际分工中获得好处。

由表1-2（b）可见，英国用所有的劳动来生产毛呢，共生产出2.2个单位；同样，葡萄牙也用所有的劳动来生产葡萄酒，共产出2.125个单位。可见，尽管两国投入的总劳动量没有变，但由于实行国际分工，世界的总产出增加了。这是比较优势带来的利益。

表1-2（b）　　　　　　　　　　**比较优势理论示例（分工后）**

国　家	葡萄酒	毛呢
英　国		$\dfrac{120+100}{100}=2.2$
葡萄牙	$\dfrac{80+90}{80}=2.125$	

假设英国用毛呢来换取葡萄牙的葡萄酒，交换比例为 1：1，则交换后的情况如表 1-2（c）所示。

表1-2（c）　　　　　　　　　　**比较优势理论示例（交换后）**

国家	葡萄酒	毛呢
英　国	1	2.2-1=1.2
葡萄牙	2.125-1=1.125	1

三、模型表述

（一）基本假设

比较优势模型的假设条件与绝对优势模型基本一致，唯一不同在于强调两国之间生产技术存在着相对差别而不是绝对差别。

假设两个国家：1国和2国；生产两种产品：X 与 Y；使用一种生产要素：劳动 L（如表 1-3 所示）。

表1-3　　　　　　　　　　**2×2×1 的设定**

国家	劳动总数	1单位X产品	1单位Y产品
1	L_1	a_1	b_1
2	L_2	a_2	b_2

其中：$L_i, i=1,2$，表示i国劳动总量；$a_i, i=1,2$，表示i国生产1单位X产品需要的劳动投入；$b_i, i=1,2$，表示i国生产1单位Y产品需要的劳动投入。

采用两种方式定义比较优势：其一，同一个国家两种商品的（绝对）单位成本之间的比率；其二，两个国家同一种商品的（绝对）单位成本的比率。遵循通常的做法：若以 a_1，a_2 来表示一种商品在两个国家的单位生产成本，另一种商品的单位成本分别以 b_1，b_2 表示。当 $a_1/b_1=a_2/b_2$ 时，$a_1/a_2=b_1/b_2$；同理，$a_1/b_1>a_2/b_2$ 等价于 $a_1/a_2>b_1/b_2$；$a_1/b_1<a_2/b_2$ 等价于 $a_1/a_2<b_1/b_2$。因此，无论在 a_1/b_1 和 a_2/b_2 之间比较，还是在 a_1/a_2 和 b_1/b_2 之间比较，均无差异。

（二）贸易利益

考察1国，如果给定劳动的数量 L_1，可以获得的 X 商品的数量为：$x=\dfrac{1}{a_1}L_1$；同理，用相同的劳动可获得的 Y 的数量为：$y=\dfrac{1}{b_1}L_1$，二式相除可得

$$\frac{y}{x}=\frac{\dfrac{1}{b_1}L_1}{\dfrac{1}{a_1}L_1}=\frac{a_1}{b_1}，\text{因此}$$

$$y=\frac{a_1}{b_1}x \qquad\qquad (1-1)$$

式中的 a_1/b_1 是比较成本，它还表示封闭条件下1国的国内两种商品的交换比率。

按照相同的方法，可以得到2国的下列关系

$$y = \frac{a_2}{b_2}x \qquad\qquad (1-2)$$

如果我们假设 $a_1/b_1 < a_2/b_2$ 成立，可以将式（1-1）和式（1-2）展示在坐标图上，是两条从原点开始向右上方倾斜的射线，其中 a_1/b_1 和 a_2/b_2 分别表示两条直线的斜率。当两条射线不重合时，意味着比较成本存在着差异。如果我们事先假设国际贸易发生时的交换条件 R_s 满足：$\frac{a_1}{b_1} < R_s < \frac{a_2}{b_2}$，则国际贸易就会发生，并且1国完全专业化生产X，2国完全专业化生产Y，两国都有利可图。参见图1-1。

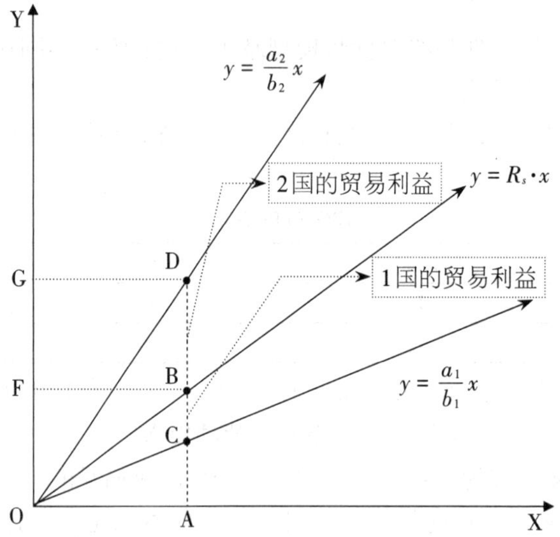

图1-1 李嘉图比较优势理论中的贸易利益

若给定贸易条件 R_s，用OA数量的X就可以交换OF数量的Y，发现，1国出口OA数量的X（2国进口同样数量的X），2国出口OF数量的Y（1国进口同样数量的Y），可以得到两个国家的贸易利得。按照国内价格比率，1国用OA数量的X可换取AC数量的Y，而通过国际贸易则可以获得OF=AB数量的Y。因此，1国在国际贸易中的利得可以度量出来，用虚线BC表示，即1国用同样的X通过国际贸易换取的Y比在国内交换Y多出的部分。对2国而言，按照国内价格比率，它换取OA数量的X需放弃OG=AD数量的Y，而在国际贸易中换取OA数量的X，它只需放弃OF=AB数量的Y。因此，2国出口Y进口X是有利可图的，所得利益用Y来度量即虚线DB。需要注意的是，贸易条件线 $y = R_s x$ 离哪一国越近，它得自贸易的利益也就相对越少；反之亦然。相应地，如果贸易条件线介于 $y = \frac{a_1}{b_1}x$ 与 $y = \frac{a_2}{b_2}x$ 所围区域以外，则贸易不会产生，因为必然会有一方因受损而放弃参与贸易。分析方法如上，不再赘述。

（三）基于收入最优化分析

1.国家收入角度

两国按照比较优势原则参与国际分工，完全专业化生产比较优势的产品，都能够获得相应的贸易利益，但能否实现收入最大化则令人关注。可以把国民收入 Y_N 的一般表达式写为：$Y = p_x x + p_y y$，其中的 p_x 与 p_y 分别表示两种商品的价格，X 与 Y 则分别表示两种商品的产出。等式两边同除以 p_y，得到以商品 Y 度量的真实的国民收入 Y_R。为求收入最大化，需要解以下两个带有约束条件的最大化问题：

1 国收入最大化问题

$$\begin{cases} \max Y_{1R} = (p_x/p_y)x_1 + y_1 \\ \text{s.t.} \, a_1 x_1 + b_1 y_1 \leq \overline{L}_1, x_1 \geq 0, y_1 \geq 0 \end{cases} \qquad (1\text{-}3)$$

2 国收入最大化问题

$$\begin{cases} \max Y_{2R} = (p_x/p_y)x_2 + y_2 \\ \text{s.t.} \, a_2 x_2 + b_2 y_2 \leq \overline{L}_2, x_2 \geq 0, y_2 \geq 0 \end{cases} \qquad (1\text{-}4)$$

方程（1-3）与（1-4）分别表示两国各自的生产可能性边界（见图1-2）。在封闭经济下，国内两种商品的交换比率分别为 a_1/b_1 和 a_2/b_2，由于我们假设 $a_1/b_1 < a_2/b_2$ 成立，则 2 国的生产可能性线（直线型）的斜率大于 1 国。

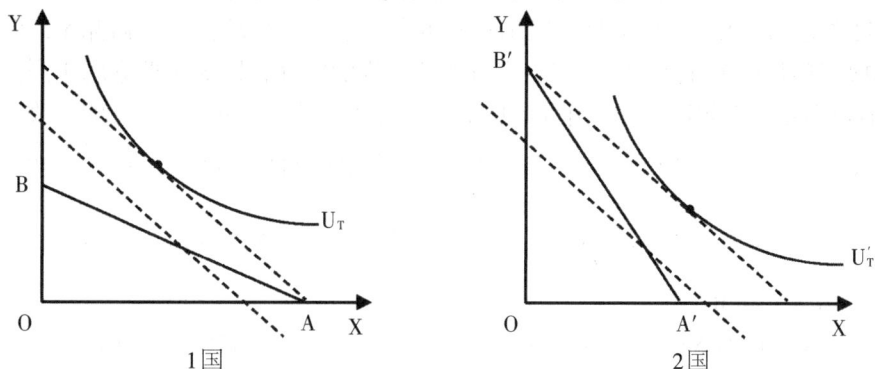

图1-2 两国收入最大化时的生产与消费

假设国际市场上两种商品的交换比率（贸易条件）为外生给定的 p_x/p_y，且满足 $a_1/b_1 < p_x/p_y < a_2/b_2$，可得到一簇斜率为 p_x/p_y 的等收入线，两国都要选择收入最大化时的生产组合，发现 1 国将选择在 A 点生产（即完全专业化生产 X），2 国将选择在 B′ 点生产（即完全专业化生产 Y），两国也都实现了收入最大化。

2.世界收入角度

以商品 Y 来度量的世界收入水平可以用公式表示为

$$Y_{RM} = (p_x/p_y)(x_1 + x_2) + (y_1 + y_2) = (p_x/p_y)x_M + y_M$$

式中的 x_M、y_M 分别表示以两国生产的两种商品之和所表示的世界总产出。

首先要确定世界生产可能性边界。参见图1-3。

世界生产可能性边界的确定稍微复杂。先确定横、纵轴的截距，横轴截距代表两国全部劳动都投入到 X 商品的生产，可以得到的总产出为：$OA = \overline{L}_1/a_1 + \overline{L}_2/a_2$；同理可以得到在纵轴的截距：$OB = \overline{L}_1/b_1 + \overline{L}_2/b_2$。其他生产可能性线的点可采取反向递推方法确定。假设从 A 点

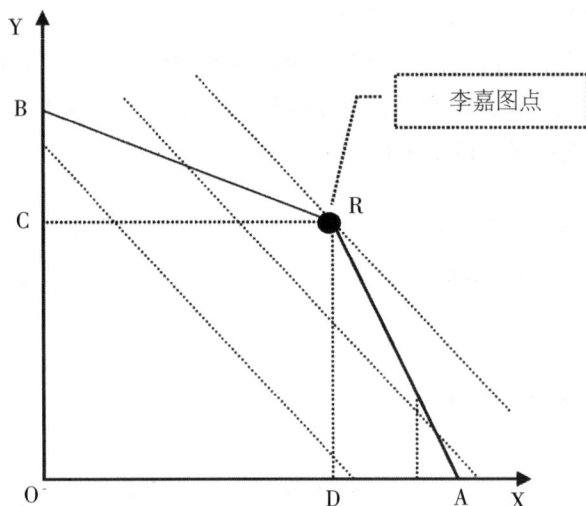

图1-3　世界生产可能性线与世界收入最大化

开始放弃1单位商品X，这样会释放出相应的生产要素——劳动去生产商品Y，但究竟应该由1国放弃还是由2国放弃？按照生产可能性边界的特性，即既定要素所生产的两种商品最大可能组成的点的集合，应由可增加Y生产更多的国家放弃。既然如此，如果1国放弃1单位X的生产，释放出的劳动可增加生产 $y=\frac{a_1}{b_1}$ 单位的Y；如果2国放弃1单位X的生产，释放出的劳动可以生产 $y=\frac{a_2}{b_2}$ 单位的Y，由假设条件 $a_1/b_1<p_x/p_y<a_2/b_2$，则2国放弃较优，直至放弃到点R。

　　此时，2国的所有X生产全部放弃，劳动都投入到商品Y的生产。从这个过程可以看出，ΔARD 恰好是2国的生产可能性三角，与图1-2中2国的生产可能性三角 $\Delta A'B'O$ 是全等的。R点以后，则X的放弃只能由1国完成，同理可以得到 ΔRBC 与图1-2中1国的生产可能性三角 ΔABO 是全等的。由此就得到了世界生产可能性边界，从图形上可以看作由两国的生产可能性线拼接而成。

　　当贸易条件 p_x/p_y 满足 $a_1/b_1<p_x/p_y<a_2/b_2$，画出一簇斜率为 p_x/p_y 的等收入线，当其中一条与世界生产可能性线于R点相交时，世界收入即实现最大化。此时1国的全部劳动都投入到X的生产（即完全专业化生产X），2国全部劳动都投入到Y的生产（即完全专业化生产Y）。因此，点R又被称为李嘉图点。

　　综上，按照李嘉图的比较优势理论，当两国的比较成本存在差异，且贸易条件介于二者之间时，两国将各自完全专业化生产具有比较优势的产品，通过自由贸易，相互交换各自的所需产品均可获得贸易利益。同时，按照这种分工方式不仅能够使各自收入达到最大化，而且还能够实现世界收入的最大化。

　　（四）理论拓展

　　经典的李嘉图模型是建立在2×2×1假设基础上的，而现实世界国家和商品数量往往较多，需要对理论模型加以拓展。

第一章 古典国际贸易理论

1.两种商品和n个国家

首先考察两种商品n个国家的情况。为简化处理，先分析5个国家的情形，再拓展到n个国家，无失结论的一般性。假设各国只能生产两种商品X和Y，5个国家的比较成本与贸易条件的关系如下

$$\frac{a_1}{b_1} < \frac{a_2}{b_2} < \frac{a_3}{b_3} < R_s < \frac{a_4}{b_4} < \frac{a_5}{b_5}$$

图1-4则显示了5个国家的世界生产可能性边界与分工情况。

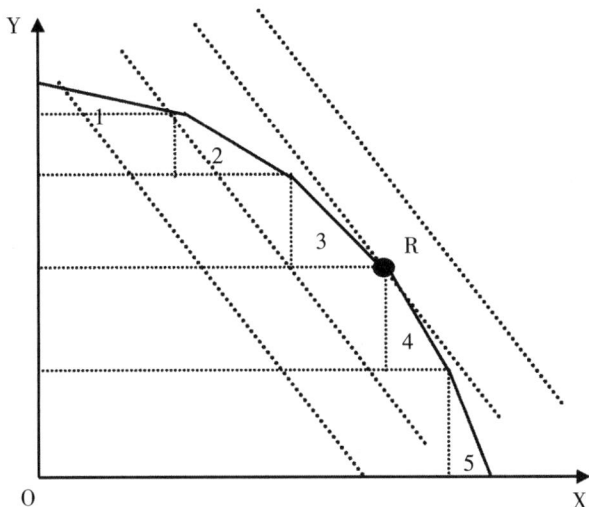

图1-4 两种商品5个国家的世界生产可能性边界和国际分工

5个国家组成了世界生产可能性边界，贸易条件线在R点与之相交，达到了世界收入的最大化，此时4国和5国完全专业化生产商品Y，1国、2国和3国完全专业化生产商品X。需要注意：（1）贸易条件R_s至少应满足$\frac{a_1}{b_1} < R_s < \frac{a_5}{b_5}$；（2）若贸易条件$R_s$等于其中一个国家的比较成本，如$\frac{a_1}{b_1} < \frac{a_2}{b_2} < \frac{a_3}{b_3} = R_s < \frac{a_4}{b_4} < \frac{a_5}{b_5}$时，贸易条件与3国在封闭状态下国内商品的交换比率相等，此时3国是否参与贸易都无所谓。

继续推论至n个国家的情形，假如下式成立

$$\frac{a_1}{b_1} < \cdots < \frac{a_i}{b_i} \leq R_s < \frac{a_{i+1}}{b_{i+1}} < \cdots < \frac{a_n}{b_n}$$

则国家$i+1$、国家$i+2$…国家n将完全专业化生产商品Y；国家$i-1$、国家$i-2$…国家1将完全专业化生产商品X；国家i参与贸易与否均可。

2.m种商品和n个国家

先考虑两个国家交易m种产品的情形。

将两国m种商品的比较成本大小进行递增排序如下

$$\frac{a_1}{a_2} < \frac{b_1}{b_2} < \frac{c_1}{c_2} < \cdots < \frac{m_1}{m_2}$$

引入1国和2国的单位货币工资率之间的比率w，满足

$$\frac{a_1}{a_2} < \frac{w_2}{w_1} = w < \frac{m_1}{m_2}$$

在完全竞争的市场结构下，两国的工资率w_1和w_2可以假设为常数，则两国商品的货币价格可以表述为

$$\begin{cases} p_{a1} = w_1 a_1, p_{a2} = w_2 a_2 \\ p_{b1} = w_1 b_1, p_{b2} = w_2 b_2 \\ p_{c1} = w_1 c_1, p_{c2} = w_2 c_2 \\ \quad\vdots \qquad\quad \vdots \qquad\quad \vdots \\ p_{m1} = w_1 m_1, p_{m2} = w_2 m_2 \end{cases}$$

若任意商品i满足，$w_1 i_1 = p_{i1} < p_{i2} = w_2 i_2$，即$\frac{w_2}{w_1} = w < \frac{i_1}{i_2}$。此时2国商品i的价格比1国要高，则2国将放弃商品i的生产，改由1国进行生产。用类似的方法可以证明相反的情况，得出相反的结论。由此，1国将完全专业化生产并出口比较成本低于w的所有商品，2国则完全专业化生产并出口比较成本高于w的商品。需要注意的是，w必须满足$\frac{a_1}{a_2} < \frac{w_2}{w_1} = w < \frac{m_1}{m_2}$，否则不会有贸易产生。

埃奇沃斯借助盒状图（图1-5）分析了两个国家多种产品时的比较优势。

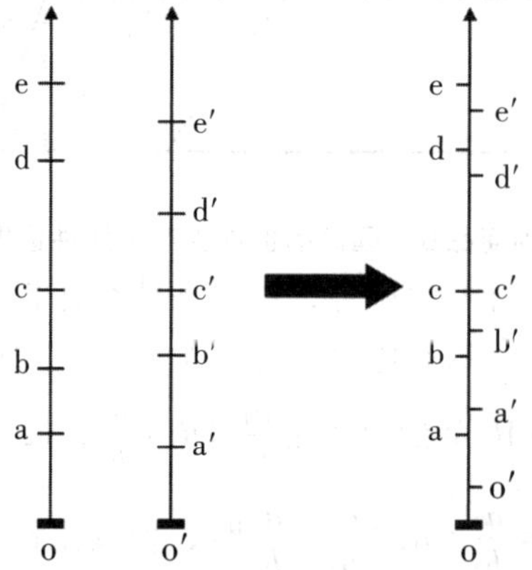

图1-5　两个国家多种产品的比较优势图

由图1-5，从原点O出发向上方延伸的各个线段表示1国各种产品劳动投入系数的对数，如$\overline{oa} = \log a_1$，$\overline{ob} = \log b_1$，…，依次类推；同理，在2国的$\overline{o'a'} = \log a_2$，$\overline{o'b'} = \log b_2$，…，依次类推。假设两国各选取了5种商品。令图1-5中左侧两图形合并为右侧图形，使原点之间的距离表示为：$\overline{oo'} = \log w = \log\frac{w_2}{w_1}$。如果$\log w > 0$，即$w_2 > w_1$，让O′的位置高于O（图1-5中默认了$\log w > 0$情形）。至此，就可以判断1国和2国的分工情况。当$\frac{w_2}{w_1} > \frac{a_1}{a_2}$时，1国将专业化生产商品并出口a。两端取对数：$\log w > \log a_1 - \log a_2$，对应图1-5：$\overline{oo'} + \overline{o'a'} > \overline{oa}$，此时a′的位置高于a。因此，当该商品在1国的位置低于在2国的位置时，则由1国专业化生产并出口；反之，由2国专业化生产并出口。因此，1国将专业化生产并出口商品a，b，2国将专业化生产并出口商品d，e，商品c则不参与国际贸易，因为它在

合并后的图上位置重合。

可以将上述理论模型拓展到n个国家m种商品的情况。下面借鉴诺伯特·维纳对埃奇沃斯盒状图的扩展，画出4个国家5种商品的情况（如图1-6所示）。

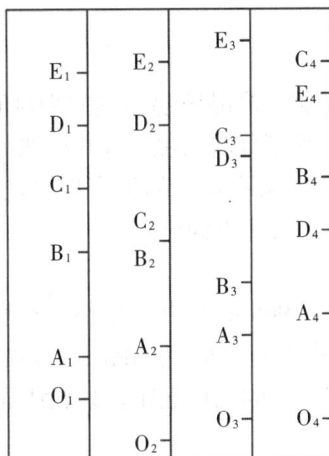

图1-6　n个国家m种商品的比较优势图

由图1-6，1国相较其他3个国家能以最低的成本生产并出口商品A，并同时进口BCDE商品；2国相较其他3个国家能以最低成本生产并出口商品C，进口ABDE四种产品；同理可推至国家3、国家4的情况（见表1-4）。

表1-4　　　　　　　　n（4）个国家m（5）种商品的国际分工表

国家	1	2	3	4
出口	A	C	B	D、E
进口	BCDE	ABDE	ACDE	ABC

总之，大卫·李嘉图的比较优势理论是建立在技术差别，即劳动生产率的差异的基础之上的。无论是2×2×1模型还是n×m×1模型，都能够得到相同的结论，也就是说，如果一国按照比较优势原则进行国际分工，参与自由贸易，各国都能够享受到最大的贸易利益。它的问世，改变了过去按照绝对优势分工的思路，赋予了斯密自由贸易思想新的生命力。

四、比较优势的测度指标

由于从实证角度测度一国某一产品比较优势时可能遇到的问题之一就是比较优势测度指标的选取，而合理的指标对于准确测度特定对象的比较优势至关重要，因此本书在此介绍三种主要的比较优势测度指标：贸易竞争优势指数、显性比较优势指数和专业化竞争力指数。

（一）贸易竞争优势指数

贸易竞争优势指数（trade special coefficient，简称TC指数），也称贸易竞争力指数、贸易专业化系（指）数，是指进出口贸易的差额占进出口贸易总额的比重，常用于测定一国（地区）某一产品的国际竞争力。其表达式为

$$TC_{ij} = \frac{X_{ij} - M_{ij}}{X_{ij} + M_{ij}}$$

式中的X_{ij}代表i国j产品的出口额，M_{ij}代表i国j产品的进口额。TC指数在1和-1之间变

动，TC>0表示产品处于竞争优势，指数值越接近于1则竞争力越大，指数等于1时表示一国该产品只有出口不进口；TC<0表示产品处于竞争劣势，指数值越接近于-1则竞争力越薄弱，指数等于-1表示该产品只进口不出口；指数为0表明此产品为产业内贸易，竞争力与国际水平相当。

TC指数有以下两个优点：

第一，由于该指标表示一国某一产品贸易总额的相对值，因此无论进出口额是多少，其数值均在±1之间，这一情况避免了经济滞涨、通货膨胀等宏观方面波动的影响。

第二，该指数也排除了不同国家不同产品生产规模差异导致的国家间数据的不可比性，使得其结果能够在横向、纵向维度上做比较。

（二）显性比较优势指数

贝拉·巴拉萨（Balassa）在1965年提出了显性比较优势指数（revealed comparative advantage，简称RCA），该指标代表一国某一产品出口额占该产品全球总出口额的比重与该国所有产品出口额占全球总出口额的比重之比，其表达式为

$$RCA_{ij} = \frac{X_{ij}}{\sum\limits_{i=1}^{m} X_{ij}} \left/ \frac{\sum\limits_{j=1}^{n} X_{ij}}{\sum\limits_{i=1}^{m}\sum\limits_{j=1}^{n} X_{ij}} \right.$$

式中的 X_{ij} 表示i国j产品的出口额，$\sum\limits_{i=1}^{m} X_{ij}$ 表示m个国家j产品的总出口额，$\sum\limits_{j=1}^{n} X_{ij}$ 表示i国n个产品的总出口额，$\sum\limits_{i=1}^{m}\sum\limits_{j=1}^{n} X_{ij}$ 表示m个国家n个产品的总出口额，即全球总出口额。当RCA>1时，则该国某一产品拥有比较优势；当RCA<1时，则该国某一产品处于相对劣势。

与贸易竞争优势指数相似，显性比较优势指数的优点是其在计算过程中消除了国家总量波动和世界总量波动的影响，使得其结果较好地反映了该产业的相对优势，且易于在不同国家的行业之间进行比较。

然而，显性比较优势指数也有它的局限性：

第一，RCA指数未将进口纳入考虑的范畴，如果一国某产业的进口额远大于出口额，仅凭RCA指数可能会对比较优势产生错误分析。

第二，如果一国对某产业在某一段时间内实行进口限制、出口补贴及其他贸易保护政策，由于这些干预手段在不同时期、不同国家、不同产业的实施方式和执行力度不尽相同，就有可能造成RCA指数得出并不准确的结论。

（三）专业化竞争力指数

福尔拉特（Vollrath）在显性比较优势指数的基础上做了进一步拓展，引入进口变量，提出专业化竞争指数（revealed competitiveness，简称RC指数），其表达式为

$$RC_{ij} = \ln(RXA_{ij}) - \ln(RMA_{ij})$$

$$RXA_{ij} = \frac{X_{ij}}{\sum\limits_{i=1}^{m} X_{ij}} \left/ \frac{\sum\limits_{j=1}^{n} X_{ij}}{\sum\limits_{i=1}^{m}\sum\limits_{j=1}^{n} X_{ij}} \right. \qquad RMA_{ij} = \frac{M_{ij}}{\sum\limits_{i=1}^{m} M_{ij}} \left/ \frac{\sum\limits_{j=1}^{n} M_{ij}}{\sum\limits_{i=1}^{m}\sum\limits_{j=1}^{n} M_{ij}} \right.$$

式中的 RXA 表示显性出口比较优势指数，RMA 表示进口比较优势指数，X_{ij} 和 M_{ij} 分别表示 i 国 j 产品的出口额和进口额，其余变量定义与显性比较优势指数相同。为了克服 RXA 和 RMA 在计算过程中的不对称性，分别对两个指数取对数，两者相减得到 RC。当 RC 指数大于 0 时，表示 i 国 j 产品具有国际竞争力；反之，当 RC 指数小于 0 时，则不具有竞争力。显然，RC 指数越大表示 i 国 j 产品的贸易专业化竞争力越强。

RC 指数的优点：它同时使用了出口和进口产品的数据，这一点与现实情况更加吻合，从而能够较全面地反映一国某一产品的比较优势。

RC 指数的缺点：一是它对特定产品的出口或进口的小数值极为敏感。二是当双向贸易不发生时，在一国完全专业化的情况下，RC 指数要么没有定义（没有进口的情况），要么等于零（没有出口的情况），从而导致无法得出结果。

五、比较优势理论的评价

自李嘉图的比较优势思想产生至今，已经 200 多年时间，在这个过程中，新的思想、新的理论不断涌现，但比较优势的内涵始终贯穿其中，影响着国际贸易理论的发展方向。该理论从国际贸易的实际出发，揭示了国际贸易产生的原因是各国的劳动生产率存在差异，各国通过出口成本相对较低的产品，进口成本相对较高的产品，可以实现贸易互利，世界的总体福利水平也会因此提高。比较优势理论的思想非常深邃，但李嘉图本人只是探索了形成各国比较优势的一个原因，即技术的差别，其实影响比较优势的因素有很多，而且比较优势还有一个动态化的问题。李嘉图的比较优势理论作为解释国际贸易产生的原因的重要部分，为后来的贸易理论发展整理出了一条清晰的线索，在此基础上，先后产生了赫-俄理论、动态贸易理论和新贸易理论等，但是这些理论无非是阐明了更多的影响比较优势的因素而已，并没有超越李嘉图的理论。萨缪尔森给予比较优势的思想极高的评价："如果理论能够参加选美比赛的话，那么比较优势理论一定能够夺得桂冠。"

但是，比较优势理论仍然存在着许多缺陷和亟待完善的地方，这些问题也为后来的理论发展提出了新的研究方向，主要表现在：

第一，该理论为静态理论，缺乏对于长期发展趋势的分析。在静态模型下，比较优势理论认为，相对落后的国家遵循比较优势发展经济就可获得收益，忽略了国际贸易中具有的不平等交换和价值转移的情况。因此，它只能说明短期内贸易利益的问题，无法将开展国际贸易同各个国家的经济发展和产业结构升级联系起来。

第二，假设前提与现实情况相去甚远。比较优势理论假设市场是完全竞争市场，只涉及劳动一种生产要素，而没有考虑其他生产要素的影响（现实中企业生产很显然不会只将劳动作为唯一生产投入），且要素在全球不能流动，经济中规模收益不变。以上这些前提都与现实情况相距甚远。

第三，李嘉图未能解决商品的国际交换比例问题。李嘉图的劳动价值论认为，人类劳动创造商品价值，商品价值由劳动所创造。但是，在比较优势理论中出现了同一商品国内和国际交换比例不同的情况，这一点违背了其劳动价值论。李嘉图自己也无法判别哪一个符合劳动等量交换的原则，并认为国内商品交换的基本原理在国际贸易中并不适用，国际贸易可以不遵循这一原则。

第四，预测了极端的专业化分工，不符合实际情况。比较优势理论要求各国都进行专业化生产，而现实中没有任何一个国家只生产一种产品，因此这种情况在现实世界中并不存在。

第五，忽略国际贸易对收入分配的影响。李嘉图模型未考虑国际贸易对国内收入分配的影响，并据此认为国家作为一个整体始终能够从贸易中获利。但实际上，国际贸易对收入分配会产生巨大的影响。

专栏1-2

从中美贸易摩擦
看"比较优势"

第六，未揭示出国际贸易产生的其他原因。比较优势理论认为不同国家的比较优势差距越大时越可能发生国际贸易，因此贸易应该主要在发达国家与发展中国家之间进行。但是，现实中仍存在大量发达国家间的贸易，这主要是因为该理论将各国比较优势的不同仅仅局限于劳动生产率的差异，却没有揭示出其他原因，如资源禀赋、规模经济、产品种类的差异以及企业的异质性等。

本章小结

1. 早期和晚期重商主义者的观点的共同之处表现在：（1）认为货币（金、银）是最好的财富，一切经济活动的目的就是为了获取货币。（2）认为财富的直接源泉在流通领域，商业是获得货币财富的唯一源泉。（3）认为对外贸易的原则是少买多卖，少支出多收入。（4）主张国家积极干预经济生活。两者的不同点表现在：（1）对获取货币财富的方法认识不同。（2）对货币的态度不同。

2. 斯密绝对成本理论的基本含义是各国生产上的绝对优势来源于该国的自然优势和获得性优势。如果一国在某种产品的生产成本方面相对于对方国家的同样产品来说处于绝对优势，就应该分工生产并出口这种产品；如果一国在另一种产品的生产成本方面相对于对方国家的同样产品来说处于绝对劣势，就不应该进行该种产品的生产，本国所需应从对方国家进口。其结果是参加贸易的双方都能从中获得利益。国际贸易是双赢的，而不是零和博弈。

3. 按照李嘉图的比较优势理论，当两国的比较成本存在差异，且贸易条件介于二者之间时，两国将各自完全专业化生产具有比较优势的产品，通过自由贸易相互交换各自的所需产品均可获得贸易利益。同时，按照这种分工方式不仅能够使各自收入达到最大化，能够实现世界收入的最大化。

4. 比较优势的测度指标包括：贸易竞争优势指数、显性比较优势指数和专业化竞争力指数。贸易竞争优势指数是指进出口贸易的差额占进出口贸易总额的比重，显性比较优势指数代表一国某一产品出口额占该产品全球总出口额的比重与该国所有产品出口额占全球总出口额的比重之比，专业化竞争指数在显性比较优势指数的基础上加入了进口变量。

5.比较优势理论存在需要完善的方面：（1）该理论为静态理论，缺乏对于长期发展的分析。（2）假设前提与现实情况相去甚远。（3）未能解决商品的国际交换比例问题。（4）预测了极端的专业化分工，不符合实际情况。（5）忽略了国际贸易对收入分配的影响。（6）未揭示出国际贸易产生的其他原因。

重要概念

重商主义　绝对优势（成本）　贸易利益　比较优势（成本）

复习思考

1.早期重商主义与晚期重商主义观点的异同表现在哪些方面？

2.比较亚当·斯密和李嘉图的贸易分工理论的异同，解释为什么说斯密的"绝对优势"论是"比较优势"论的特殊形式？

3.对比较优势理论的拓展是从哪些方面展开的？试加以分析。

4.比较优势理论存在哪些缺陷和亟待完善之处？

第二章

新古典国际贸易理论

国际贸易发展的第二阶段就是新古典国际贸易理论阶段。

新古典国际贸易理论经历了较长的形成期，向前可以追溯到 J.S.穆勒，后来 A.马歇尔、G.哈勃勒、赫克歇尔、俄林、萨缪尔森等人又进行了深入研究。新古典国际贸易理论是放松了古典贸易理论各个次要假设前提后所形成的国际贸易理论，新古典国际贸易理论对这些次要假设都做了放松，从而得出了某种新的观点。根据该理论，可以同时用不同国家在技术、要素禀赋以及偏好等方面的差异来解释国际贸易与专业化的决定性因素，即使国家间的技术和要素禀赋完全相同，只要偏好不同，就存在国际贸易的可能性。不仅涉及国家贸易产生的原因、贸易利益的获取等内容，而且还将研究的触角延伸到了国内收入分配等领域。通过本章的学习，读者可以了解到新古典贸易理论的分析框架下国际贸易一般均衡的决定、贸易利益和特定要素模型。

第一节　　国际贸易一般均衡的决定

一、封闭经济中的一般均衡

（一）简要图示

生产可能性曲线反映了产品可能供给的情况。社会无差异曲线则给出了该国可供选择的各种消费组合。但是，仅仅依据其中之一，都是无法确定具体、合理的 X 与 Y 产品的生产组合和资源分配方式的。参见图2-1。

图2-1中，一般均衡实现在 P 点，满足

$$MRT_{XY} = -\frac{dY}{dX} = \frac{MC_X}{MC_Y} = \frac{P_X}{P_Y} = \frac{MU_X}{MU_Y} = MRS_{XY}$$

（二）封闭条件下的瓦尔拉斯一般均衡

里昂·瓦尔拉斯（1834—1910）是边际效用论在法国的创始人，瓦尔拉斯把两种商品的交换比例扩大到全部商品，分析了市场上所有商品交换比例的决定。他认为，各种价格

第二章　新古典国际贸易理论

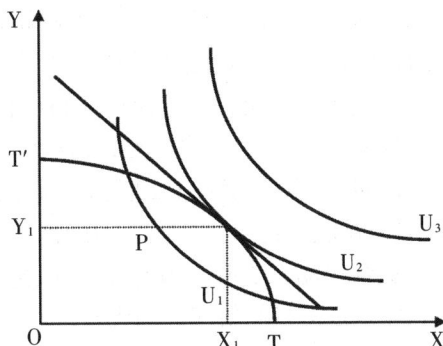

图2-1　封闭经济中的一般均衡

是相互联系相互影响的。任何一个市场都不可能脱离其他市场而独立实现均衡；任何一个市场的不均衡都会影响到其他市场。需要研究整个市场上所有的价格如何相互作用最终同时达到均衡的。因此，任何一个商品的价格必须同时与其他商品的价格共同来决定，只有当所有商品的价格都达到供给和需求相等的程度时，市场的一般均衡才算形成，既包括所有商品市场，也包括全部要素市场。

上例中，假设p_K和p_L分别代表要素价格，S_X和S_Y代表两种商品的供给数量。带有下角标X或Y的K和L分别代表两种要素在两个部门之间配置的数量。由于每一部门的要素报酬总量等于产出的价值，可以得到

$$p_K K_X + p_L L_X = p_X S_X$$
$$p_K K_Y + p_L L_Y = p_Y S_Y$$

于是

$$p_K(K_X + K_Y) + p_L(L_X + L_Y) = p_X S_X + p_Y S_Y \qquad (2\text{-}1)$$

方程两侧表示经济中所有个体的总收入。由于收入全部用于购买商品X和Y，因此

$$p_K(K_X + K_Y) + p_L(L_X + L_Y) = p_X D_X + p_Y D_Y \qquad (2\text{-}2)$$

式中的D_X、D_Y分别代表两种商品的需求数量。

方程（2-2）是总体预算约束。从方程（2-1）、（2-2）可以看出，由于两个方程的左侧是相等的，所以右侧也必定相等。进而有$p_X S_X + p_Y S_Y = p_X D_X + p_Y D_Y$成立。

因此

$$p_X(D_X - S_X) + p_Y(D_Y - S_Y) = 0 \qquad (2\text{-}3)$$

对于任何给定的p_X和p_Y，方程（2-3）均成立。该式指出了当一个市场达到均衡时，另一个市场也必然均衡。一般情况下，如果给定预算约束，当存在n个市场并且n-1个市场都实现了均衡时，第n个市场也必定处于均衡状态。

二、国际贸易条件下的一般均衡

（一）贸易无差别曲线和提供曲线

贸易无差别曲线是借助于生产可能性曲线和社会无差异曲线而建立的（如图2-2所示）。位于第Ⅱ象限一国的生产可能性曲线和社会无差异曲线相切于P点，使呈扇形的生产区OT′T始终与社会无差异曲线U_1相切，且OT始终与X轴保持平行的状态上下移动。

生产区顶点O_1移动的轨迹形成一条圆滑的连续曲线，即为贸易无差别曲线TC。TC上每一点必有U_1上唯一点对应，故TC与U_1等价，代表着与该无差异曲线相同的社会福利水平。同时，TC代表着贸易均衡状态并反映具体的贸易情况。如TC上的O点，对应于U_1上的切点P，该点是无贸易状态下的均衡点。而TC上的O_1点，对应于社会无差异曲线上的P_1点，表示这时该国生产bP_1的X和dP_1的Y，但只消费了aP_1的X，其余ba部分用于出口；Y的消费为eP_1，不足部分ed依靠进口。从图中还可以看出，该国的贸易均衡状态是出口ba的X、进口ed的Y，X与Y的交换比率为ed/ba，实际上就是生产区顶点O_1与原点O连线的斜率。贸易无差别曲线上任意一点到原点O连线的斜率，均代表该点的贸易条件。

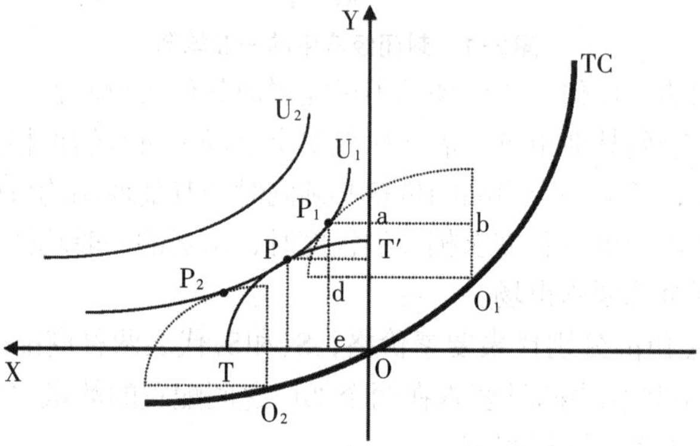

图2-2 贸易无差异曲线

人物介绍2-1

阿尔弗雷德·马歇尔

提供曲线，又称相互需求曲线，是由马歇尔和埃奇沃斯这两位英国经济学家在20世纪初提出并应用于国际经济研究的。从那时起，提供曲线被广泛用于国际经济学研究。

一国的提供曲线表明该国有多少进口商品需求，同时愿意提供多少出口。按照这个定义，提供曲线包含了需求和供给两个方面，或者一国的提供曲线表示在各种商品相对价格上该国所愿意的进口和出口的数量。推导过程如下：

对于每一条社会无差异曲线来说，都有一条贸易无差异曲线与之对应。更高的社会无差异曲线（反映更高的国民福利）意味着更高的贸易无差异曲线。社会无差异曲线远离原点向外移动时，贸易无差异曲线也随之向上移动，图2-3显示出其移动情况：$TC_1 \rightarrow TC_2 \rightarrow TC_3$。如果从原点O向TC引射线，任意一条射线必与若干TC线相交，但只与一条TC相切。如L_3交TC_2于A，切TC_3于M。射线L_3代表某一国际交换比率，L_3线上有两点A和M也分别在TC_2和TC_3上，表明该国既可以在A点也可以在M点上开展贸易并实现贸易均衡。这时该国将选择在M点开展贸易，因为M点的福利水平高于A点（$U(TC_3) > U(TC_2)$）。又由于M点是L_3线与贸易无差异曲线的切点，L_3不可能与更高的无差异曲线相交，所以M点是L_3交换比率下所能达到的最高福利水平。同理，在每一个国际交换比率下，一国最理想的、愿意选择的进出口数量组合，决定于代表该交换比率的发自原点的射线与贸易无差异曲线的切点。据此，可以由O点向各贸易无差异曲线引切线L_1、L_2、L_3等，得到一系列切点，连接这些切点，可以得到曲线OM，即提供曲线。由此，提供曲线上每一点都代表着一个交换比率和在该比率下该国所愿意接受的进出口数量。

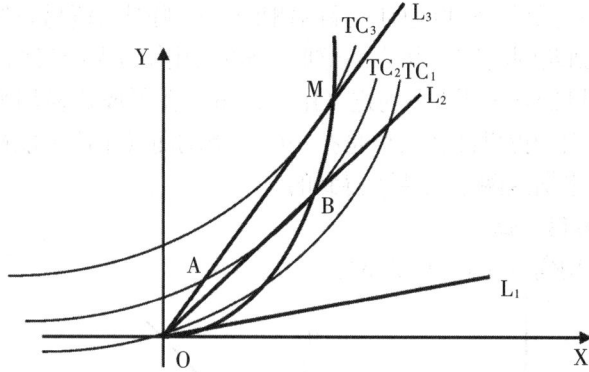

图2-3　提供曲线的推导

提供曲线OM是向右上方延伸的。从切线斜率的逐渐增大可以看出，OM的延伸逐渐变得对该国的贸易条件有利，等量出口产品X可以交换更多进口产品Y，该国的福利水平也将随之提高。但这一过程是有限度的，到达一定程度，提供曲线将向后弯曲。这是由于生产可能性曲线具有成本递增的假设前提，随着X出口的扩大和资源向X部门的转移，生产X产品的机会成本将越来越高；同时，随着进口产品的不断增多，人们对进口产品Y的消费欲望不断下降，使得出口产品X对进口产品Y的边际替代率逐渐下降，该国只愿意提供不断减少的X产品。这一结果反映在图形上表现为，OM在经过某一临界点后开始向下弯曲，其X轴坐标逐渐开始减少，表示尽管贸易条件越来越有利，该国却不愿意提供更多的出口产品X。

（二）贸易条件确定

利用同样的方法，可以画出另一国家的提供曲线，并结合两国的提供曲线获得均衡时的贸易条件（参见图2-4）。在关于产品X与Y两种商品的直角坐标系中，分别画出1国、2国的提供曲线OM和ON，二者相交于点E，表示在E点两国希望进出口的数量恰相吻合，从而E点的贸易条件（OT的斜率）即为均衡时的贸易条件。

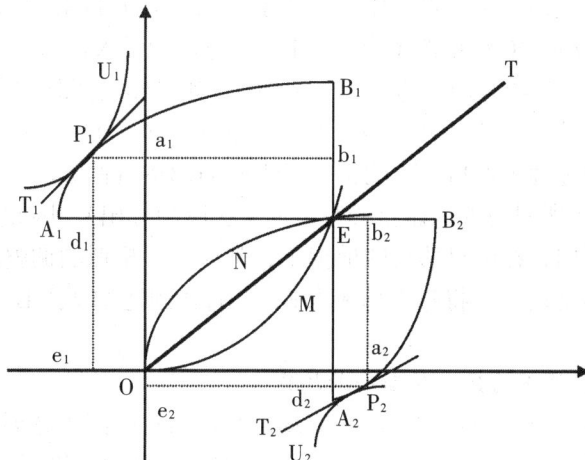

图2-4　贸易条件的确定

由图2-4，E点也是两国生产区顶点的交点。根据前面的分析，可对应于E点画出1国、2国两个国家的生产区（A_1B_1E和A_2B_2E）、社会无差异曲线（U_1和U_2）、国内价格线（T_1和T_2，它们的斜率与贸易条件线OT的斜率相同，表明国内贸易条件与国际贸易条件一致），从中可以了解到两国的贸易状态。这时，两国国内的生产与消费的差额恰好互补，即1国的出（进）口量恰好等于2国的进（出）口量。在形成贸易均衡的同时，两国国内也保持了经济均衡，因为提供曲线恰恰是在一国经济均衡（生产可能性曲线与社会无差异曲线相切）和进出口平衡这两个条件下得到的。

（三）国际均衡的稳定性

选择任意一个非均衡点S（见图2-5）。

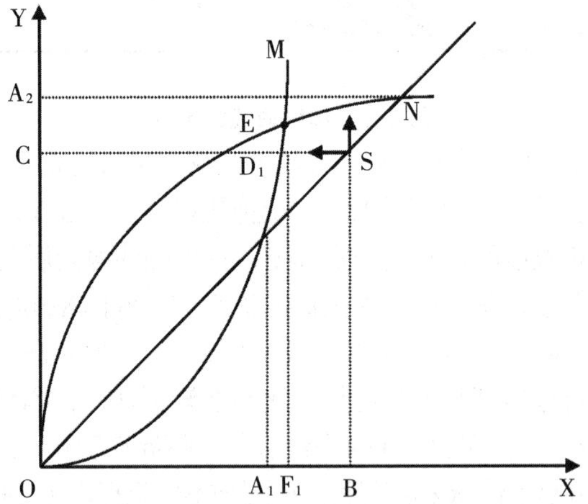

图2-5　数量调整与国际均衡的稳定性

由图2-5，假设初始的非均衡点为S，那么，OB为1国初始的出口数量，OC为2国初始的出口数量，连线点S与原点O，非均衡时的贸易条件是OS线的斜率。先考虑1国，如果贸易条件在调整的过程中保持不变的话，根据提供曲线的定义，1国愿意在这个贸易条件下出口的数量是OA_1。因此，1国将减少出口商品X，将出口数量由OB减少为OA_1。从另一个角度看，如果进口数量在调整中保持不变的话，对于1国而言，在S点所对应的进口数量为OC，若要交换OC数量的Y商品，1国愿意出口的X的数量是OF_1。从以上两个角度看，都具有使S点向左运动的趋势。对于2国，如果非均衡时的贸易条件在调整过程中保持不变的话，根据提供曲线的定义，2国愿意在这个贸易条件下出口的数量为OA_2。如果进口数量在调整过程中保持不变的话，2国进口OB的商品X，愿意出口的数量为S点向上延长线与ON交点所对应的纵轴上的数量（未在图中标出）。因此，S点有着向上调整的趋势。由此可以看出，在两种假设的前提下，都得出了相似的调整过程，S点在向左和向上两种力量调整的带动下，将趋于均衡点E。只有在到达均衡点E后，调整过程才宣告结束。

（四）国际贸易条件下的瓦尔拉斯一般均衡

贸易条件决定后，可以把瓦尔拉斯一般均衡原理由封闭经济拓展到国际贸易条件下，证明两国贸易均衡的实现。对于任何一个国家，需求的总额都等于供给的总额，如方程

（2-4）所示

$$p_X D_{1X} + p_Y D_{1Y} = p_X S_{1X} + p_Y S_{1Y}$$

$$p_X D_{2X} + p_Y D_{2Y} = p_X S_{2X} + p_Y S_{2Y} \qquad (2-4)$$

也就是说，世界需求的总额等于世界供给的总额。这个方程还可以写成

$$p_X \left[(D_{1X} - S_{1X}) + (D_{2X} - S_{2X}) \right] + p_Y \left[(D_{1Y} - S_{1Y}) + (D_{2Y} - S_{2Y}) \right] = 0 \qquad (2-5)$$

以上两式均意味着，对于任意给定的p_X和p_Y，世界超额需求的总额必定为零。假设在某一价格比率下商品X的国际市场是均衡的，即

$$D_{1X} + D_{2X} = S_{1X} + S_{2X} \qquad (2-6)$$

代入（2-5）可得

$$D_{1Y} + D_{2Y} = S_{1Y} + S_{2Y} \qquad (2-7)$$

也就是说，商品Y的国际市场也是均衡的，从方程（2-6）和（2-7）还可得出

$$D_{2X} - S_{2X} = S_{1X} - D_{1X}$$

$$D_{1Y} - S_{1Y} = S_{2Y} - D_{2Y} \qquad (2-8)$$

这表明1国对商品Y的超额需求（即1国的进口需求）与2国对该商品的超额供给（即2国的出口供给）相等，1国对商品X的出口供给等于2国对该商品的进口需求。

同样需要指出的是，方程（2-8）意味着，没有一个国家可以同时成为两种商品的净进口国或净出口国。如果1国对Y有超额需求需要进口，那么就必然有对X的出口，即一个国家的进口需要用出口所得来支付。

第二节 新古典贸易理论下的贸易利益

一、机会成本递增下的贸易利益

古典贸易理论认为，两国间商品价格的不同反映了它们的比较优势，这是形成互利性贸易的基础。与另一国相比，该国一种商品具有较低的相对价格，表明该种商品具有比较优势，而另一种商品就处于相对劣势。按照比较优势的分工原则，每一个国家都应该专门生产自己具有比较优势的商品，并用其中的一部分交换自己处于相对劣势的他国生产的商品。然而，随着这种情况的不断持续，会出现机会成本递增的情况，但专业化水平仍将继续提高，直到贸易实现均衡。此时，两国均将获得按照比较优势原则进行国际分工的贸易利益。参见图2-6。

国际贸易理论与商品价格和福利理论相结合，能够进一步精确而详细地说明获得自由贸易利益的实质。开展国际贸易可以获得至少由两部分构成的收益：来源于交换的收益和来源于专业化的收益。当均衡出现从而收益达到最大化时，生产中新的比较转换率和消费中新的边际替代率都会与国际商品的相对价格比率相等。一方面交换的条件比较有利，另一方面国家的资源得到了更专业化的使用，此时，消费者就享受到了更高水平的福利。

由图2-6，在封闭经济条件下，1国的X产品国内的相对价格（T_1线的斜率）小于2国的，表明1国在商品X的生产中具有比较优势，应该专业化生产X并对2国出口；同理，2

国在商品 Y 的生产上具有比较优势，应该专业化生产 Y 并向 1 国出口。

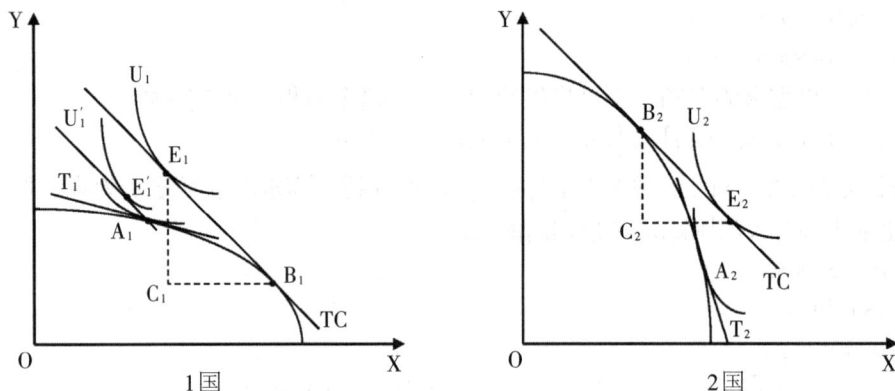

图2-6　机会成本递增下的贸易利益

以 1 国为例，我们可以清楚地区分从交换中获得的收益和从专业化中获得的收益。从贸易前的 A_1 点开始，该国消费者按照 TC 线斜率表示的国际价格比率（生产者的反应暂且撇开）消费，能够得到更高的社会无差异曲线 U_1'，表示在不考虑生产变动的条件下仅从交换中获得的收益。但是在新的相对价格下，生产者将生产量调整到了 B_1 点。此时的边际转换率（MRT）与 TC 的斜率相等，该国可以生产较多的在世界市场上定价较高的商品，效用水平由 U_1' 移动至更高的 U_1，均衡的消费点也从 E_1' 移动到了 E_1 点，表示由于生产专业化而获得的利益。从交换中所得收益和从专业化中所得收益两者的综合，便是福利提高的总水平。

需要进一步指出的是，应该考虑在向较高满足水平移动的过程中，偏好某一种商品的消费者在国际价格比率下，可能会由于他们对所偏好的商品的消费比贸易前减少而遭受一些损失。由图2-6，若 E_1' 不仅位于 A_1 点的上方，而且是左上方，也即是，开展贸易后，虽然 Y 商品的总消费有所增加，但 X 商品的消费却有所减少。偏好于 X 甚于 Y 的消费者的情况要比以前恶化。不过，偏好 Y 的消费者的境况却大大改善。倘若能够使贸易后的消费点不仅位于 A_1 点的上方，而且是在通过 A_1 点的垂直线的右侧，那么，上述不确定情形就可避免了。因为，X 和 Y 的消费都将超过开展贸易前的时期。然而，即使贸易的均衡点位于 E_1'，尚有补偿原理可以发挥作用。那些从贸易中获益的人们，通过适当的收入再分配给受损者以补偿，仍有可能获得一个净收益，从而给整个社会也带来净收益。

与古典模型不同的是，在新古典模型下，两国所进行的是非完全专业化的生产，即两种产品都生产，但偏向于具有比较优势的产品的生产。

二、需求偏好不同下的贸易利益

在机会成本递增的情况下，即使两国具有相同的生产可能性曲线，如果两国居民的爱好或需求偏好不同，仍然存在互利性贸易的基础。在对一种商品具有相对较小的需求或较小偏好的国家里，这种商品就具有较低的自给自足性质和较低的相对价格，因而这种商品就具有比较优势，其随后的国际分工状况与前面的论述相同。参见图2-7。

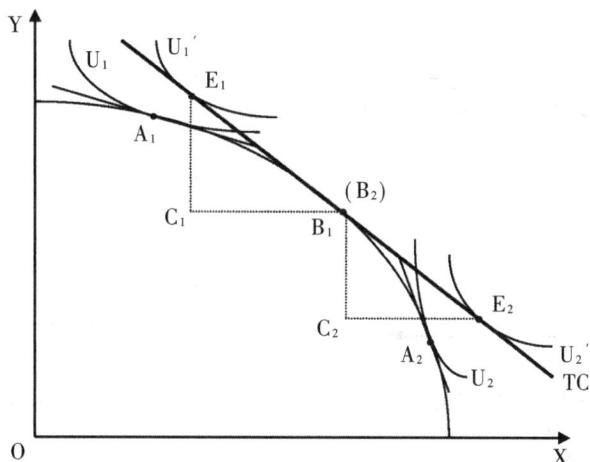

图2-7 需求偏好不同下的贸易利益

由图2-7，在自由贸易的情况下，1国专门生产X（从生产可能性曲线A₁点向下移动），2国专门生产Y（从生产可能性曲线A₂点向上移动）。生产专业化过程持续直至X的相对价格（P_X/P_Y）在两国相同、贸易达到平衡时为止，这就是B₁点（包括B₂点），即在B点满足实现贸易均衡的条件。此时，1国用B₁C₁的X交换1国数量为C₁E₁的Y，最终在无差异曲线U₁′点消费；2国用B₂C₂的Y交换1国数量为C₂E₂的X，最终在无差异曲线U₂′上消费。贸易平衡时，贸易三角形B₁C₁E₁与B₂C₂E₂为全等三角形。当贸易只是基于不同的消费偏好时，随着两国的贸易开放，其生产形式变得更为相似了。

第三节　特定要素模型

特定要素模型（specific factor model）假设一个国家生产两种产品，劳动可以在两种产品之间进行流动。与李嘉图理论的不同在于，特定要素模型中存在着劳动以外的生产要素，劳动可以在部门间流动，是一种流动要素。而其他要素是特定的，只能用于生产特定产品，不能在不同部门间自由流动。在经济实践中，特定要素和流动要素之间没有明显的界限，这只是一个调整速度的问题，即越是特定的要素，在部门之间调配它们所需的时间越长。

一、模型的基本假设

假设一个国家生产两种产品X与Y，该国有三种生产要素：劳动（L）、资本（K）和土地（T）。生产X需要投入劳动和土地，生产Y需要劳动和资本。因此劳动是一种流动要素，可以在不同部门间转移，而且每个部门都需要使用劳动，而资本和土地则是特定要素，只能在特定的部门用于特定产品的生产。

如果Y的产出Q_Y由资本和劳动数量决定，则$Q_Y = F(K, L_Y)$，图2-8是其示意图。

上文公式中的K表示资本存量，L_Y表示在Y生产中投入的劳动，遵循边际产出递减规律。相应地，假设X的生产函数为$Q_X = Z(T, L_X)$，其他特征与Y部门相似，图2-9可解释其内涵。

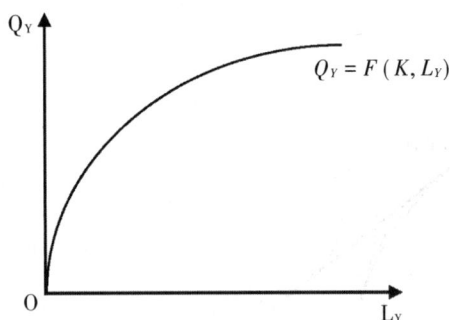

图2-8　Y产品的生产函数

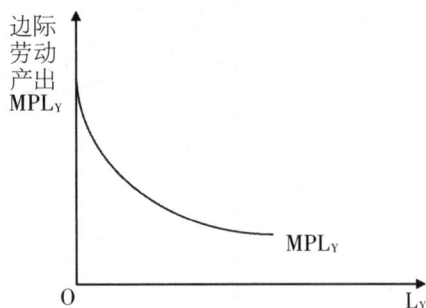

图2-9　劳动的边际产出

二、生产可能性曲线

把以上分析的两种商品的基本情况结合起来考虑，可确定该国的生产可能性边界。参见图2-10。

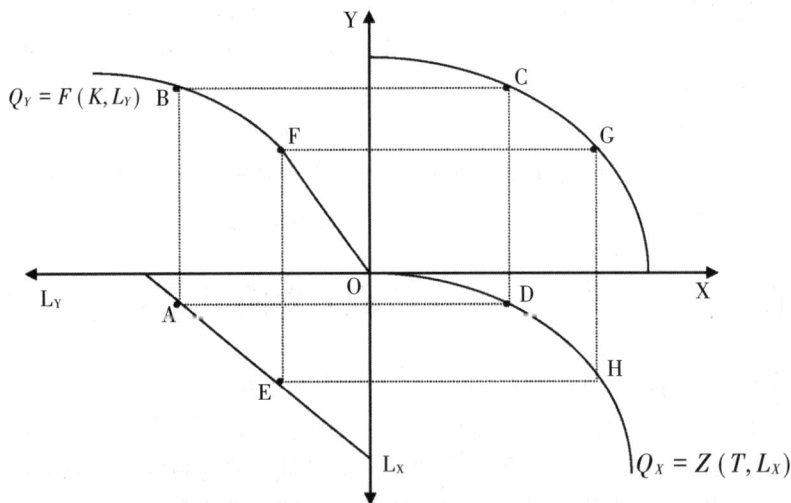

图2-10　特定生产要素模型的生产可能性曲线

由图2-10，象限Ⅱ表示产品Y的生产函数，Ⅲ象限表示一国的劳动力配置情况，在既定的劳动力供给的情况下，一个部门劳动力的增加意味着另一部门劳动力的减少。因此，劳动配置的可能情况可以用一条向下倾斜的直线来表示。Ⅳ象限表示产品X的生产函数。两组点位ABCD和EFGH表示的是劳动力在两个部门的不同配置带来的产品X和Y的两种不同组合，用点C和G的坐标数值表示，类似的点位集合还有无数个，用描点法得到该国的生产可能性边界CG，由于劳动边际产出递减规律的作用，其形状是凹向原点的。

在绘制生产可能性边界的时候，假设劳动从Y部门转向X部门。如果将1人/小时的劳动从Y部门转移到X部门，会使X部门的产出增加，增加量就是X部门的劳动边际产出MPL_X。因此，要使X部门的产出增加1单位，就必须多投入$1/MPL_X$的劳动。同时，从Y部门每转移出1单位的劳动，将会使Y的产出减少，减少的量等于部门的劳动边际产量MPL$_Y$。因此，要增加1单位X的产出，就必须减少 MPL_Y/MPL_X 单位Y的产出。所以生产可能性边界的斜率也是用Y衡量的X的机会成本，也即增加1单位X的产出放弃的Y的产量 $MRT_{XY} = -MPL_Y/MPL_X$。MRT$_{XY}$又被称为生产X的机会成本，是逐渐增加的。

三、模型分析

（一）资源配置、产出和相对价格的决定

1.给定产品价格和工资率条件下的劳动配置

由于每个部门对劳动的需求取决于该部门产品的价格和工资率，而工资率由X和Y部门对劳动的总需求决定。假设目标是利润最大化，当增加1人/小时劳动的收益应等于雇用1人/小时所需要的费用时，对应的劳动投入量就是各部门对劳动的需求量。各部门不断增加劳动数量，直到边际劳动产品价值等于工资率为止，即：

X部门

$$MPL_X \times P_X = W \tag{2-9}$$

Y部门

$$MPL_Y \times P_Y = W \tag{2-10}$$

由于边际报酬递减，边际劳动产出曲线MPL向下倾斜，所以在任何给定的价格下，边际劳动产品价值也应该是一条向下倾斜的曲线。因此，可以用式（2-9）和式（2-10）表示相应部门的劳动需求曲线。

劳动可以在各个部门间自由流动，从低工资部门流向高工资部门，直至两个部门的工资率W相等为止。于是W可以由劳动总需求等于总供给这一条件来确定。劳动总供给的函数为

$$L_X + L_Y = L \tag{2-11}$$

2.相对价格与产出之间的关系

将式（2-9）和式（2-10）合并得

$$MPL_X \times P_X = MPL_Y \times P_Y = W$$

整理后

$$-MPL_Y/MPL_X = -P_X/P_Y \tag{2-12}$$

上式表明，在生产可能性曲线上的切线同X产品的相对价格重合。

3.价格变化引起的劳动配置收入和收入分配的变化

（1）价格的同比率变化

由图2-11，X部门和Y部门的劳动需求以相同的比率上移，X产品价格P$_X$从P$_X^1$上升到P$_X^2$，Y产品的价格从P$_Y^1$上升到P$_Y^2$，使均衡工资率也以相同的比率从W^{1}上升到W^2，可见劳动在部门间的配置没有发生变化。也即，工资率和价格以相同比率上升，实际工资率（即工资率和产品价格之比）也没有受到任何影响。各部门消耗的劳动量不变，实际工资率不变，因此，资本所有者和土地所有者的收入也没有变化。也因此，总价格水平的变化没有改变经济中的任何实物数量，不会产生任何实际的影响，只有相对价格的变化才会对

资源的配置产生影响。

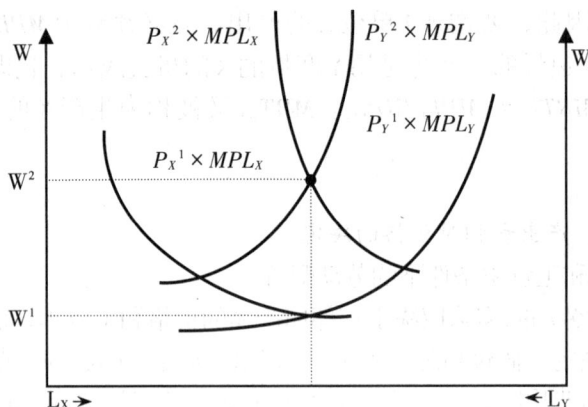

图2-11　X产品与Y产品的价格同比率上升

（2）相对价格的变化

由图2-12，只有X部门单独发生变化，X产品价格 P_X 从 P_X^1 上升到 P_X^2 （或相对于Y部门上升的幅度），从而均衡点从1移至2。需要注意的是：第一，工资率的上升幅度要比X部门价格的上升幅度小；第二，一种产品的价格单独上升与前面所讨论价格同时上升不同。劳动从Y部门向X部门转移，X部门产出增加而Y部门的产出减少。

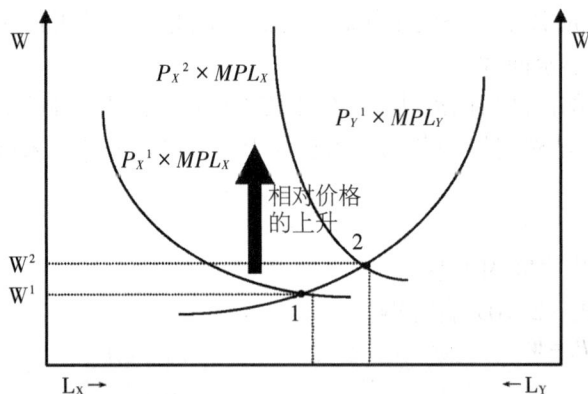

图2-12　X产品价格的相对上升

（二）相对价格对收入分配的影响

从上述分析中可以看出，工人的收益尚无法确定，取决于劳动者的消费偏好，即X和Y在他们消费中哪一个更重要。然而，随着X产品价格的上升，劳动实际工资上升且幅度较小，使得以X产品衡量的劳动实际工资下降，土地所有者收入上升且幅度大于X产品价格上升的幅度，土地要素的所有者因此获益。而与此同时，却导致了以Y产品衡量的实际工资的上升，并且占据了资本要素所有者的部分收入，由此导致资本要素所有者的利益受损。

四、特定要素模型中的国际贸易

我们仍假设有两个国家1国和2国，并且假设两国劳动资源相同，在任何给定的

P_X/P_Y下，两国的相对需求是相同的。

（一）要素数量的变化对相对供给的影响

要素数量和产品相对供给之间存在着密切的联系：在X产品相对价格一定时，拥有大量土地和少量资本的国家将倾向于生产X；相反，拥有大量资本的国家则倾向于生产较多的Y。

由图2-13，在其他条件不变的前提下，土地存量的增加会使X部门的边际劳动产出增加。因此，X部门的劳动需求曲线将向右移动，即$P_X^1 \times MPL_X$移至$P_X^2 \times MPL_X$，从而均衡点也从1移至2，均衡工资率则上升至W^2，更多的工人将从Y部门流向X部门，所以X部门的产出将增加，Y部门的产出将减少。相应地，资本供给的增加将使Y部门的产出增加，X部门的产出减少。

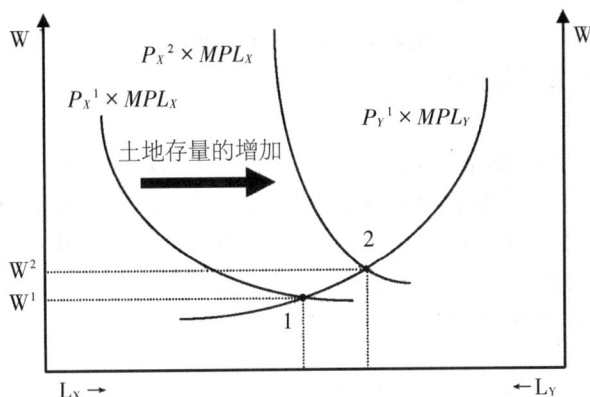

图2-13　土地存量的变动

但是，劳动的增加对相对产出的影响却不确定。因为要让各部门增加劳动量，就要降低工资率，而这同时也意味着各部门会增加雇用的劳动力，使得两个部门的产出都增加。所以，增加劳动对相对产出的影响不能确定。

（二）贸易和相对价格

在特定要素模型中，国际贸易将导致各国相对价格的趋同。假设仍有1国和2国，两国劳动资源相同，2国的资本拥有量高于1国，而1国的土地供给量高于2国，并且两国对X的需求偏好相同。参见图2-14。

图中，RS_1和RS_2分别表示1国和2国的相对供给曲线，根据假设，RS_2应位于RS_1的左上方。由此可以看出，贸易前2国的X产品的相对价格$(P_X/P_Y)_2$比1国的X的相对价格$(P_X/P_Y)_1$要高。

当两国互相开放市场进行贸易后，两国对X产品的相对供给曲线将统一于X的世界供给曲线RS_{WORLD}（位于两国相对供给曲线之间）。因此X产品的世界相对价格$(P_X/P_Y)_{WORLD}$就位于两国贸易前的相对价格之间，所以贸易使X产品在2国相对价格下降，在1国相对价格上升。

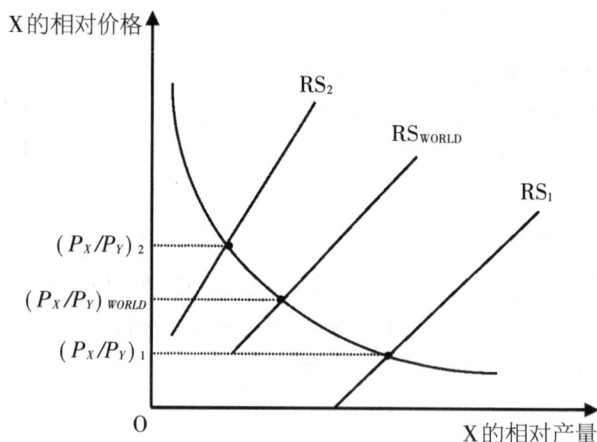

图2-14　贸易和相对价格

（三）贸易预算线及贸易模式

1.贸易预算线

　　假设 D_x 表示的是 X 产品的消费，D_Y 表示的是 Y 产品的消费。贸易前，在封闭经济条件下，生产等于消费，即 $D_x=X$，$D_Y=Y$。贸易使一个国家可以消费不同产出的 X 和 Y 的组合，但国家也必须量入为出，消费的产品总额应等于生产总额，即

$$P_x \times D_x + P_Y \times D_Y = P_x \times X + P_Y \times Y$$

转换为

$$D_Y - Y = (P_x/P_Y) \times (D_x - X)$$

　　该式表明一个国家 Y 的进口量，右边是 X 的出口量乘以 X 的相对价格。它说明一个国家能够进口的产品是有限的，我们可以称其为贸易预算线。

　　贸易预算线的斜率是 $-P_x/P_Y$，并且和生产可能性曲线相切于一点，这表示在 X 产品的相对价格给定时得到产出组合点（图2-15中的 P 点），表明一个国家总是可以消费得起自己生产的产品。

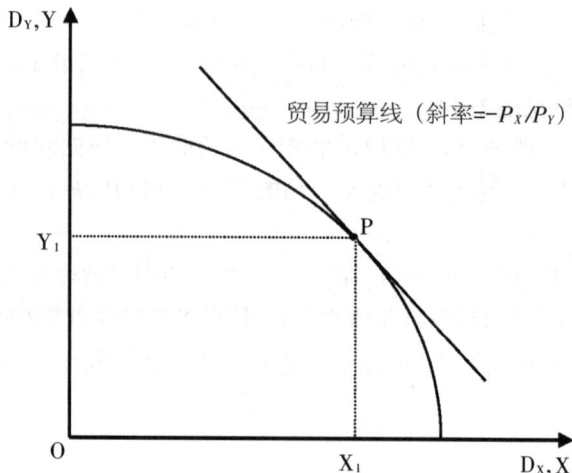

图2-15　贸易参与国的贸易预算线

2.贸易模式

在1国，X产品相对价格的上升，使得Y产品相对X产品的消费增加以及Y产品的相对产出减少，所以1国成为X产品的出口国和Y产品的进口国。而2国则相反，它成为了X产品的进口国和Y产品的出口国。并且在贸易均衡时，2国X的进口量正好等于1国的X出口量，1国Y的进口量等于2国的Y出口量。参见图2-16。

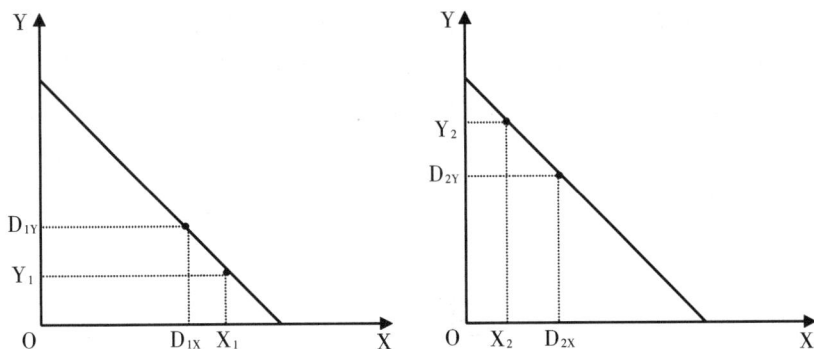

图2-16　贸易均衡

（四）收入分配和贸易所得

在2国，资本所有者得益，土地所有者受损，工人的损益不确定；在1国，土地所有者得益，资本所有者受损，工人的损益情况不确定。于是可以得出以下结论：贸易将使出口部门特定要素的所有者受益，与进口产品竞争部门特定要素的所有者受损；贸易对流动要素的所有者的影响不确定。特定要素模型也证实了这样一个事实，即贸易并非会给所有的人都带来收益，反而还会给一些人带来损失。那么，贸易收益是否一定会大于损失？这是福利经济学分析的范畴，因为不同的人对于不同的变化的感受和反应不同。比如，资本所有者对消费的反应会比较迟钝，增加消费并不能给他们带来太大的满足，而工人则恰好相反。但是，如果此前提及的补偿性原则成立的话，我们仍然要强调，贸易将会给每个人带来潜在的利益。

本章小结

1.各种价格都是相互联系、相互影响的。任何一个市场都不可能脱离其他市场而独立实现均衡；任何一个市场的不均衡都会影响到其他市场。所以，必须研究整个经济，即整个市场上所有的价格是如何相互作用最终同时达到均衡的。

2.我们可以画出另一个国家的提供曲线，两国的提供曲线交点与原点的连线就构成了均衡时的贸易条件。

3.国际贸易条件下的瓦尔拉斯一般均衡意味着：没有一个国家可以同时成为两种商品的净进口者或净出口者。如果一国对一种商品有超额需求，需要进口，那么就必然有对另一种商品的出口，即一个国家的进口需要用出口来支付。因此，贸易收支是平衡的，这是我们分析国家贸易理论需要着重关注的。

4.在机会成本递增前提下开展自由贸易，包括从交换中所得到的收益和从专业化中所得到的收益，两者综合的结果便是福利提高的总水平。即使两国具有相同的生产可能性曲线，如果两国居民的爱好或需求偏好不同，仍然存在互利性贸易的基础。

5.在特定要素模型中：（1）当两种商品的价格以相同的比例增加时，没有改变经济中的任何实物数量，也不会产生任何实际的影响。当其中一种商品的相对价格上升时，使得生产这种商品的特定要素所有者获益，生产另一种商品的特定要素所有者受损，而可流动要素所有者的收益变化不确定。（2）当一国某一特定要素增加时，必然使使用该特定要素生产的产品数量绝对增加，而另一种商品的数量绝对减少。当增加的是可流动要素时，结果不能确定。（3）国际贸易将导致各国相对价格的趋同，将使出口部门特定要素的所有者受益，与进口产品竞争部门的特定要素的所有者受损，贸易对流动要素的所有者的影响不确定。

重要概念

机会成本　一般均衡　贸易无差异曲线　提供曲线　国际均衡

复习思考

1.为什么在机会成本递增条件下会出现不完全分工？

2.提供曲线是如何确定贸易发生时的均衡相对商品价格的？什么力量使得非均衡相对商品价格向均衡水平移动？

3.两国仅仅由于需求偏好不同就可以进行分工和互利贸易吗？这和通常的情况有什么不同？

4.两国仅仅由于要素禀赋不同（或生产技术不同）就可以进行分工和互利贸易吗？

5.在特定要素模型中，为什么国际贸易将导致各国相对价格的趋同？对国内不同要素所有者的收入将产生什么影响？试加以分析。

第三章

要素禀赋理论

要素禀赋理论，又被称为 H-O 理论，是由瑞典经济学家赫克歇尔和俄林提出的，其核心思想在于用各国生产要素丰裕程度的差异来解释比较优势的形成和国际贸易的原因，是对古典贸易理论的补充和发展，属于新古典贸易理论中的一个特例。此后，萨缪尔森等人提出了生产要素价格日趋均等化的观点，进一步发展并完善了要素禀赋理论。20 世纪 50 年代初，美国经济学家里昂惕夫通过实证研究，对要素禀赋理论提出了质疑，被后人称为"里昂惕夫之谜"，并引发了人们对传统国际贸易理论的长期争论，同时促进了国际贸易理论在第二次世界大战之后的发展。通过本章的学习，可以了解到：要素禀赋理论的相关内容、"里昂惕夫之谜"以及随之涌现出的各种贸易理论与观点。

第一节　　要素禀赋理论概述

一、要素禀赋理论的提出与发展

李嘉图的比较优势理论创立 100 年之后，瑞典经济学家赫克歇尔和俄林提出了要素禀赋理论。这个理论认为，各国资源条件不同，也就是市场要素供给情况的不同，是产生国际贸易的基本原因。

要素禀赋理论的基本论点是赫克歇尔首先提出来的，俄林师承赫克歇尔，创立了要素禀赋理论。1919 年，赫克歇尔在纪念经济学家戴维的文集中发表了题为《对外贸易对收入分配的影响》的著名论文，提出了要素禀赋理论的基本论点。他在该论文中以比较优势理论各项假设为依据，提出了一个问题，即：如何解释李嘉图理论中两国比较成本之间的差异？他认为，如果这两个国家之间不存在要素禀赋的差异，在各个生产部门中的技术水平也都一样，再假设不存在任何运输成本，则两国间开展贸易对任何一国既不会带来利益，也不会带来损失。故而两国间存在比较成本的差异必须有两个前提条件：一个是两国的要素禀赋不同，另一个是两国生产不同商品时使用的要素比例不同，例如有的产品在其生产过程中使用劳动的比重大，是劳动密集型产品，另一些产品在其生产过程中使用资本的比重大，是资本密集型产品。在这两个前提下，两国间才会形成比较成本的差异，满足开展贸易的充分条件。

1929—1933年，由于西方世界经历了严重的经济危机，贸易保护主义抬头，各国都力图加强对外倾销商品，同时提高进口关税，限制商品进口。对此，瑞典人民深感不安，因为瑞典国内市场狭小，长期对国外市场依赖程度高。在此背景下，1933年，俄林在哈佛大学出版的名为《区际贸易与国际贸易》的博士论文中，更加深入而广泛地探讨和阐述了赫克歇尔的思想，使要素禀赋理论得以成型。在该书中俄林用两个国家、各生产两种产品、使用两种生产要素（劳动和资本）的2×2×2模型系统阐述了要素禀赋理论，从而成为国际贸易理论最重要的著作之一，俄林本人也因在这部著作中所做出的开创性研究成果而于1977年荣获诺贝尔经济学奖。要素禀赋理论又被称为赫克歇尔-俄林定理或模型（H-O理论）。

1941年萨缪尔森和斯托尔帕（W. F. Stolper）合著了《保护主义与实际工资》一文，提出了生产要素价格日趋均等化的观点。萨缪尔森还在1948年前后发表的《国际贸易和要素价格均衡》、《国际要素价格均衡》及《论国际要素价格的均衡》等文中对上述观点作了进一步的论证，建立了要素价格均等化学说，发展了要素禀赋理论。

要素禀赋理论的核心思想是：国与国之间互利贸易的基础在于要素禀赋差异；由于各种各样的原因，一国要素禀赋中某些要素相对丰裕，另一些要素相对稀缺；国际贸易中一国出口的应当是那些较多使用本国丰裕要素生产出来的商品，进口的则是那些较多使用本国稀缺要素生产出来的商品。因此可以说，一国出口的是本国供给丰裕的要素，进口的是本国供给不足的要素。

二、与要素禀赋有关的几个概念

（一）要素禀赋（factor endowment）

这是指一国或地区所拥有的各种生产要素的总量。由于自然条件、地理位置、历史原因以及经济发展水平的差异，国与国之间所拥有的各种生产要素的数量不同，要素之间的比例也不同，因此禀赋不同。国与国之间在生产要素禀赋上的差异，决定了它们产出上的差异。比如，一个拥有丰富铁矿资源与煤炭资源的国家，可能只有少量的耕地用以种植小麦；另一个国家拥有大量的耕地用以种植小麦，而铁矿与煤炭资源稀缺。那么前者拥有的要素禀赋较适宜生产钢铁，不太适宜种植小麦；后者反之。显而易见，正是要素禀赋的差异，决定了两国生产成本和特定产品生产的差异。

（二）要素丰裕（factor abundance）与要素稀缺（factor scarce）

要素丰裕是指一国或地区的生产要素禀赋中，某种要素相对于其他要素的供给量较大的情形。两种方法均可测算要素丰裕程度：一种方法是将本国该要素总供给量与其他要素总供给量的比率与别国相同两种要素总供给量比率进行比较；另一种方法是以要素相对价格衡量，若一国某要素的相对价格低于别国同种要素的相对价格，则该国该要素相对于别国丰裕。要素稀缺是与要素丰裕相反的概念，是指一国或地区某种生产要素的供给量相对于另一国或地区较少。

（三）要素比例（factor proportion）

这是指生产某种商品所需要的各种要素之间的比例。要素禀赋理论认为，各种商品因其属性特点，生产中所要求的要素比例不同，比如农产品生产要求较多的土地，工业品生产要求较多的能源，纺织品生产要求较多的劳动。

（四）要素密集度（factor intensity）

这是要素比例概念的延伸。根据产品生产所要求的不同要素间的比例，可以把产品划分为不同种类的要素密集型产品，在特定产品生产中耗费最多的要素，则此产品就称为该要素密集型产品。

人物介绍3-1

赫克歇尔&俄林

三、基本假设

（1）只有两个国家（资本相对丰裕的国家和劳动相对丰裕的国家），使用两种生产要素（资本和劳动），生产两种产品（资本密集型产品和劳动密集型产品）。

（2）每个国家的生产要素都是给定的，并且资源充分利用。这意味着两个国家都不存在闲置的生产要素，任何一个国家如果要扩大一种产品的生产，就必须从另外一个产业部门中吸收资源。

（3）生产要素可以在国内各部门间自由流动，但是不能跨国流动。生产要素在国内自由流动的假设意味着劳动和资本能够自由地从收益较低的部门流向收益较高的部门，因此国内各部门同种生产要素的价格在均衡时必定相等；生产要素不能跨国流动意味着，两国间生产要素的价格差异在没有国际贸易的情况下可以持续下去。

（4）两国同种产品的生产技术相同，但不同产品的生产技术不同。为了集中分析要素禀赋差别的作用，各国的生产技术假设是相同的。另外，产品的生产技术不同便于区分不同的产品。

（5）生产规模收益不变，是一次齐次的。这意味着如果在任何一种商品生产中的劳动量和资本量同比例增加，则该商品的产出也以相同比例增加。如果劳动和资本量同时翻倍，则产出也翻倍。

（6）两国的消费偏好相同。这意味着表现两国需求偏好的无差异曲线的形状和位置是完全相同的，省却了对复杂需求因素的考虑。

（7）完全竞争的商品市场和要素市场。这意味着没有任何单个的生产者和消费者能够左右商品的价格；也没有任何单个的厂商或要素的拥有者能够决定要素市场的价格。完全竞争也意味着商品价格等于其生产成本，没有经济利润；要素的价格取决于其边际生产力。

（8）无运输成本和关税，或其他阻碍国际贸易自由的障碍。这一假设也是为了简化分析，以便于集中讨论贸易的原因及结果。运输成本和关税的多少只是在最终产品价格上的单调增减。

（9）非完全专业化生产。这对发生贸易后要素价格均等化和要素价格均等化的形成起到保障作用。

（10）两国之间的贸易是平衡的。这要求贸易参加国的进口价值与出口价值相等，实际上是一国在国际贸易条件下的一种预算约束。

（11）不存在要素密集度逆转。这意味着在任意给定的要素相对价格下，两种商品的要素密集度属性不会发生改变，为的是无歧义地定义两种商品的相对要素密集度。

第二节　　要素禀赋理论的基本内容

一、要素相对价格和要素投入比例

如图3-1（a）所示，其中XX和YY分别代表商品X和Y的单位等产量线，这两条等产量线只相交一次。任选一要素价格比率p_L/p_K（等于$\tan \alpha$时，画出一簇斜率为$\tan \alpha$等成本线，等成本线的斜率代表横轴要素相对价格的负数，推导过程不再赘述），按照产量既定成本最小的生产方法，最优的成本选择为与等产量线相切的那条成本线所代表的成本。该国将选择在A和A′点生产，此时商品X和商品Y的K/L之比分别等于直线OA和OA′的斜率。当要素价格比率（绝对值）等于$\tan \beta$时，商品X和商品Y的K/L之比分别等于直线OB和OB′的斜率。得出两个结论：（1）任意给定要素的相对价格p_L/p_K，商品Y的资本-劳动之比（K/L）都大于商品X，表明Y商品的生产过程中使用了相对较多的资本，因此Y商品是资本密集型商品，而X商品是劳动密集型商品。（2）当要素相对价格p_L/p_K减小时，两种商品生产所需的资本-劳动之比（K/L）也随之减小；反之亦然。

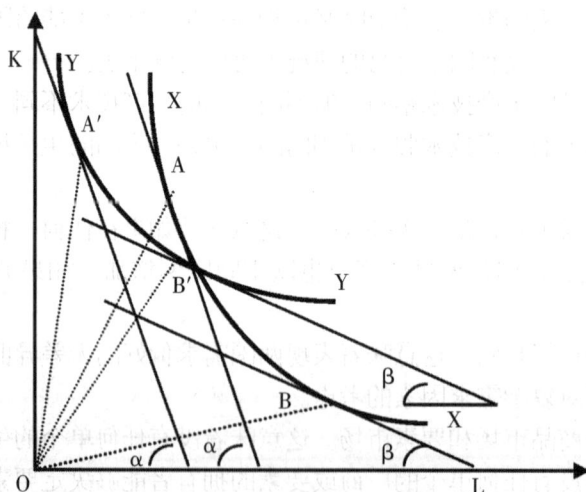

图3-1（a）　要素相对价格与要素投入比例

因此，可将两种商品生产过程中要素相对价格与要素投入比例的关系通过图形更清晰地表示出来，如图3-1（b）所示。代表商品Y的资本-劳动的比值$(K/L)_Y$的曲线始终在商品X的$(K/L)_X$曲线上面，表明与X商品相比，Y商品始终属于资本密集型的。另外，当产量一定时，伴随着劳动相对价格p_L/p_K的增加，两种商品的K/L也随之增加，二者呈正向的变动关系。原因在于，随着劳动相对价格p_L/p_K的不断提高，劳动相对资本变得越来越贵，生产者需要不断调整K/L的比例，扩大使用资本K的数量，减少使用劳动L的数量，产生了资本对劳动的替代。但是还需要注意的一点是，该曲线是凹向横轴的。原因在于要素的边际产出递减规律在发生作用，随着资本使用的不断增加，资本的边际产出逐渐下降。相对应，劳动的使用不断减少，劳动的边际产出不断上升。在保持产量不变的前提下，资本对劳动的替代程度越来越小，既定的p_L/p_K的增加，带来K/L的增幅也就越来越小。

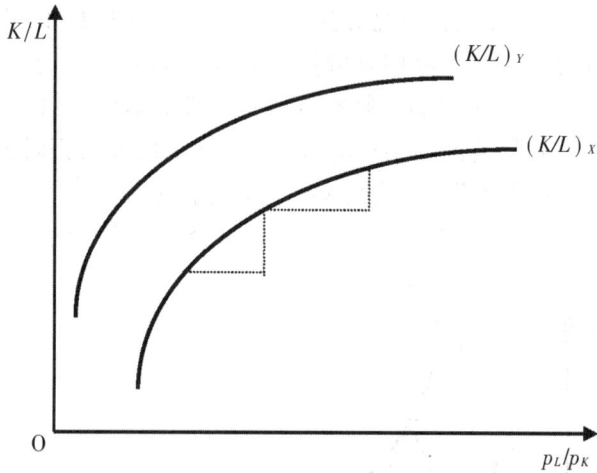

图3-1（b）　要素相对价格与要素投入比例

二、要素相对价格和商品相对价格

对于每一个商品相对价格而言，有唯一的要素价格比率与之相对应，如图3-2（a）所示。假设商品的相对价格比率$p_X/p_Y=4$，即4单位的Y可以交换1单位的X，在完全竞争条件下，边际成本=平均成本=产品价格，因此4单位的Y的生产成本与1单位X的生产成本相等。由于在完全竞争环境中，每个要素在各个部门的价格都是相等的，因此，一定可以找到一条同时与4Y和1X相切的等成本线。一旦这条等成本线被确定，其斜率即是要素的相对价格。

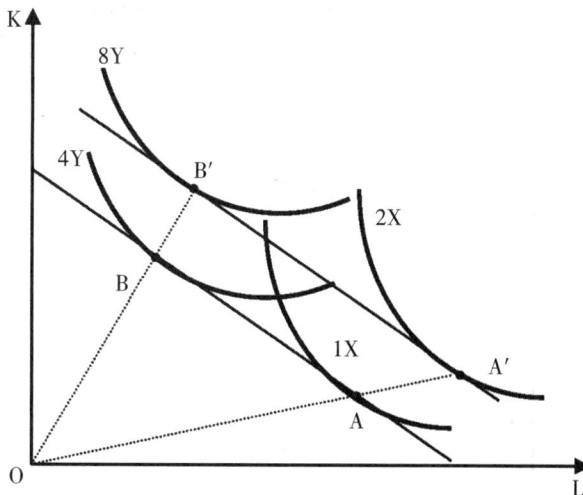

图3-2（a）　商品相对价格与要素相对价格

即使考察任何一对比例为4∶1的商品Y与X的等产量线，结论也不会改变。如果8单位

Y交换2单位X（商品的相对价格不变），可以找到它们的公切线，公切线的斜率没有发生改变，所以要素的相对价格比率也保持不变。当然，这样的性质是由生产函数的一次齐次特点作为保证，这一假设保证了同一商品等产量线形状相同，并且在坐标图内是均匀分布的。

如果商品相对价格发生变化，情况就变得不同了。如图3-2（b）所示，初始状态下X与Y的交换比率为 $p_X/p_Y = 4$，要素相对价格为 $p_L/p_K = \tan \alpha$。若商品的相对价格增加至 $p_X/p_Y = 5$，此时等产量线5Y与1X将面临相等成本，等成本线的斜率（要素的相对价格）也由 $\tan \alpha$ 增大到 $\tan \beta$，较高的商品相对价格对应着较高的要素相对价格。从要素相对价格的变动的角度也可以加以解释，因为与X相比Y属于资本密集型商品，如果劳动的相对价格 p_L/p_K 上升，意味着工资率的变动高于利息率，资本密集型的Y商品的成本，将比劳动密集型的X商品的成本受到更有利的影响。

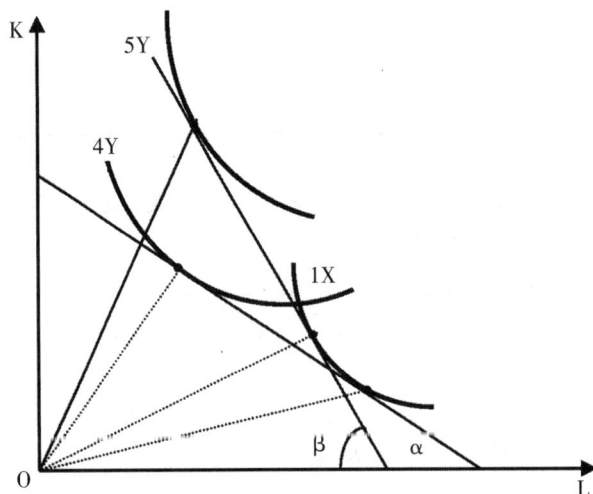

图3-2（b）　商品相对价格发生变化对要素相对价格的影响

如果把商品相对价格与要素相对价格的关系描述在图上，可以看到二者呈现出正向关系，如图3-2（c）所示。

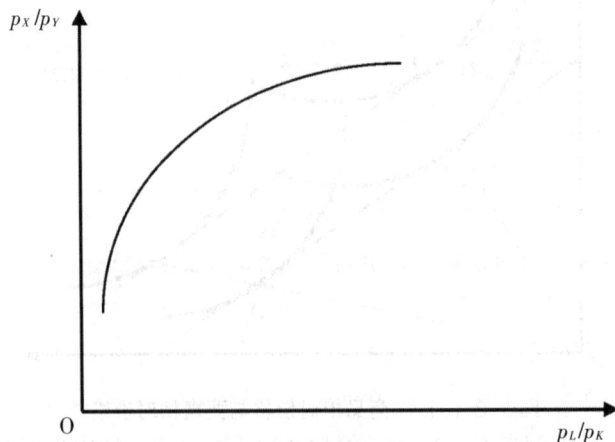

图3-2（c）　要素相对价格与商品相对价格的关系

三、赫克歇尔-俄林定理的证明

（一）理论分析

赫克歇尔-俄林定理的基本命题可以表述如下：一个国家将出口的商品是那些需要密集地使用该国相对丰裕和便宜要素的商品，而进口的商品是那些需要密集地使用相对稀缺和昂贵要素的商品。简言之，劳动相对丰裕的国家出口劳动密集型商品，而进口资本密集型商品。俄林认为，同种商品在不同国家的相对价格的差异是国际贸易的直接基础，而价格差异则是由各国生产要素禀赋不同导致要素相对价格不同决定的，所以要素禀赋不同是国际贸易产生的根本原因。俄林在分析和阐述要素禀赋时有着以下严密的逻辑思路：

（1）国家间的商品价格差异是国际贸易产生的主要原因。在没有运输费用的假设前提下，从价格较低的国家输出商品到价格较高的国家是有利的。

（2）国家间的生产要素相对价格的差异决定商品相对价格的差异。在各国生产技术相同，因而生产函数相同的假设条件下，各要素相对价格的差异决定了各国商品相对价格存在差异。

（3）国家间要素相对供给不同决定要素相对价格的差异。俄林认为，在要素的供求决定要素价格的关系中，要素供给是主要的。在各国要素需求一定的情况下，各国不同的要素禀赋对要素相对价格产生不同的影响：相对供给较充裕的要素的相对价格较低，而相对供给较稀缺的要素的相对价格较高。因此，国家间要素相对价格差异是由要素相对供给或供给比例不同决定的。

（二）数学证明

假设商品的价格等于成本

$$P = p_L L + p_K K \tag{3-1}$$

式中，工资率 p_L 和利润率 p_K 是劳动和资本的价格；L 和 K 是单位产品所需要的劳动量和资本量。假设：

（1）两国每种商品的生产技术系数完全相同。即

$$L_{1X} = L_{2X}, K_{1X} = K_{2X}, L_{1Y} = L_{2Y}, K_{1Y} = K_{2Y} \tag{3-2}$$

因此这种情况称为"同一技术系数"，即

$$\rho_{1X} = K_{1X}/L_{1X} = \rho_{2X} = K_{2X}/L_{2X}, \quad \rho_{1Y} = K_{1Y}/L_{1Y} = \rho_{2Y} = K_{2Y}/L_{2Y}$$

（2）同 X 商品相比，Y 商品采取资本密集的技术系数，即

$$\rho_{1X} = \rho_{2X} < \rho_{1Y} = \rho_{2Y} \tag{3-3}$$

（3）各国国内生产要素可以自由流动，通过市场的完全竞争，等质的生产要素在各产业部门都得到相同的报酬，不存在工资和利润率的差异。

（4）一国劳动较便宜，资本较贵，即

$$p_{1L}/p_{1K} < p_{2L}/p_{2K} \tag{3-4}$$

需要证明：$p_{1X}/p_{1Y} < p_{2X}/p_{2Y}$，即 $p_{1X}/p_{1Y} - p_{2X}/p_{2Y} < 0$。

$$p_{1X}/p_{1K} - p_{2X}/p_{2Y} = \frac{p_{1L}L_{1X} + p_{1K}K_{1X}}{p_{1L}L_{1Y} + p_{1K}K_{1Y}} - \frac{p_{2L}L_{2X} + p_{2K}K_{2X}}{p_{2L}L_{2Y} + p_{2K}K_{2Y}}$$

$$= \frac{L_{1X}}{L_{1Y}}\left(\frac{p_{1L}/p_{1K} + \rho_{1X}}{p_{2L}/p_{2K} + \rho_{1Y}}\right) - \frac{L_{2X}}{L_{2Y}}\left(\frac{p_{1L}/p_{1K} + \rho_{2X}}{p_{2L}/p_{2K} + \rho_{1Y}}\right)$$

结合式（3-2）得到

$$p_{1X}/p_{1Y} - p_{2X}/p_{2Y} = \frac{L_{1X}}{L_{1Y}}\left[\left(\frac{p_{1L}/p_{1K} + \rho_{1X}}{p_{2L}/p_{2K} + \rho_{2X}}\right) - \left(\frac{p_{1L}/p_{1K} + \rho_{1Y}}{p_{2L}/p_{2K} + \rho_{2Y}}\right)\right]$$

$$= \frac{L_{1X}}{L_{1Y}} \cdot \left(\frac{(p_{1L}/p_{1K} - p_{2L}/p_{2K})(\rho_{2Y} - \rho_{2X})}{(p_{2L}/p_{2K} + \rho_{2X})(p_{2L}/p_{2K} + \rho_{2Y})}\right)$$

由于 $p_{2L}/p_{2K} < p_{2L}/p_{2K}$，$\rho_{2X} < \rho_{2Y}$，所以：$p_{1L}/p_{1K} - p_{2L}/p_{2K} < 0$，$\rho_{2Y} - \rho_{2X} > 0$ 成立。

（三）图形证明

假设 X 商品是劳动密集型商品、Y 商品是资本密集型商品；1 国是劳动相对充裕的国家，2 国是资本相对充裕的国家。

在封闭的条件下，两国要素禀赋的差异将引起生产可能性边界的差异，进而导致相对供给的差异。两国相对供给的差异将导致两国的相对价格差异。

如图 3-3 所示，1 国、2 国各自对应的社会无差异曲线为 U₁ 和 U₂。两个国家都根据本国的社会需求偏好和生产成本，选择均衡点。在两国消费者偏好相同条件下，无差异曲线形状相同。1 国均衡点为 E₁，2 国均衡点为 E₂。两国在封闭条件下的相对价格差异由无差异曲线与生产可能性边界相切决定。1 国国内 X、Y 产品价格比为 $(P_X/P_Y)_1$，即图示中的相对价格线 P₁，2 国国内 X、Y 产品价格比为 $(P_X/P_Y)_2$，即图示中的相对价格线 P₂。无差异曲线与生产可能性边界切线 P₁ 与 P₂ 的斜率值分别为 $(P_X/P_Y)_1$、$(P_X/P_Y)_2$。P₁ 斜率小于 P₂ 斜率，两国产品的相对价格 $(P_X/P_Y)_1$ 小于 $(P_X/P_Y)_2$。因此，1 国在 X 产品上具有相对优势，2 国在 Y 产品上具有相对优势，即劳动丰裕的国家在劳动密集型产品的生产上具有相对优势，而资本丰裕的国家在资本密集型产品上具有相对优势。

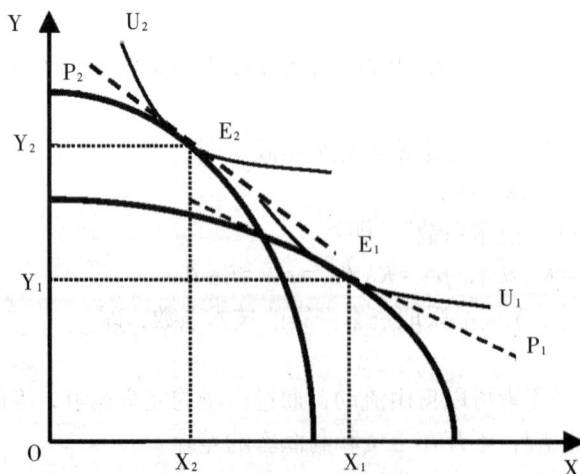

图 3-3　封闭条件下的均衡

如图 3-4 所示，在封闭的条件下，两国的要素禀赋差异导致了产品的相对价格差异。在自由贸易条件下，由于 2 国市场 X 产品的价格高于 1 国，1 国将出口 X 产品到 2 国。同样，2 国也将出口 Y 产品到 1 国。即 1 国进口 Y 产品，2 国进口 X 产品。两国自由贸易会使同一产品的相对价格趋于一致，两国将面对相同的国际均衡价格 Pᵢ。图 3-4 中两条 Pᵢ 价格线平行，表示两国面对相同的国际均衡价格（均衡的国际贸易条件）。国际均衡价格 P_i，必然位于 $(P_X/P_Y)_1$、$(P_X/P_Y)_2$ 之间，比图3-3中的相对价格线 P_1 陡峭，比相对价格线 P_2 平坦。在国际贸易中，1国出口 X 产品，进口 Y 产品，2国正好相反。此时，两国的均衡点由原来没有发生国际贸易时的 E_1、E_2，转移到 E'_1、E'_2。E'_1 与 E_1 相比，X 的产量增加，Y 的产量减少，均衡点下移。同理，2国的均衡点上移到 E'_2。贸易条件形成后，两国的消费组合 C_1、C_2 点，对应的无差异曲线为 U'_1、U'_2，两国福利提高。对于新的均衡点，1国出口量为 $O_1E'_1$，进口量为 O_1C_1，形成 $O_1C_1E'_1$ 贸易三角形；2国出口量为 $O_2E'_2$，进口量为 O_2C_2，形成 $O_2C_2E'_2$ 贸易三角形。

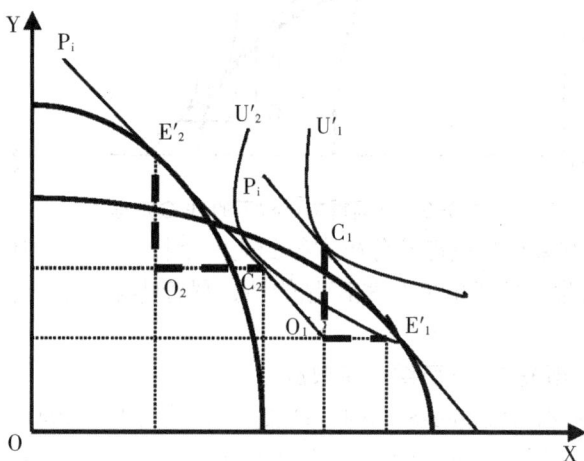

图3-4　自由贸易条件下的均衡

　　1国为劳动丰裕国家，X 为劳动密集型产品，1国出口 X 产品进口 Y 产品。2国为资本丰裕国家，Y 产品为资本密集型产品，2国出口 Y 产品进口 X 产品。结论：1、2 两国在封闭条件下，资源禀赋差异导致供给能力差异，进而引起相对价格差异。价格差异是两国发生贸易的直接原因。开展自由贸易后，一个国家会出口其要素丰裕的产品，进口其要素稀缺的产品。这就是赫克歇尔-俄林定理。

四、拓展（一）：互不相同的需求结构

　　若放开需求结构相同这一假设，赫克歇尔-俄林定理未必成立。当一个国家强烈地偏好较为密集地使用本国较为富裕的要素生产出来的产品时，那么贸易后每个国家有可能出口另外一种商品，即那种密集使用较为缺乏的要素生产出来的商品（如图3-5所示）。沿用此前假设，贸易前，1国和2国的均衡点分别为 A_1 和 A_2，由于1国对商品 X 的需求过于强烈，2国对商品 Y 的需求过于强烈，对应的商品相对价格 $(p_X/p_Y)_1 > (p_X/p_Y)_2$。1国表现在 Y 商品上具有比较优势，2国表现在 X 商品上具有比较优势。贸易后，贸易条件 R 满足 $(p_X/p_Y)_1 > R > (p_X/p_Y)_2$，1国在 B_1 点生产，E_1 点消费，出口 Y，进口 X；2国在 B_2 点生产，E_2 点消费，出口 X，进口 Y。贸易三角形 $B_1C_1E_1$ 与 $B_2C_2E_2$ 是全等的，并且两国与贸易前相比，福利水平都得到了提高。与需求结构相同的分析不同在于，劳动相对丰裕的国家将出口资本密集型商品，进口劳动密集型商品；而资本相对丰裕的国家则恰恰相反，与 H-O

定理的结论相反。

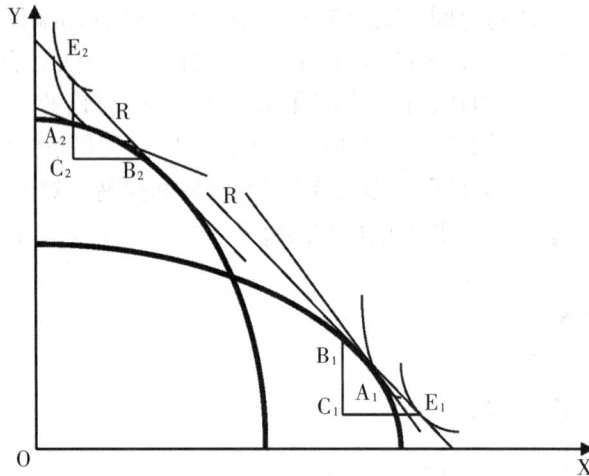

图3-5　不同需求结构下的H-O定理

尽管如此，这个结果只是在理论分析中得到的一个特例。现实中，如果每个国家都不过分需求本国较富裕生产要素的密集型产品的话，尽管需求结构不同，也能得到与H-O理论相同的结论。

五、拓展（二）：斯托尔帕-萨缪尔森效应

斯托尔帕-萨缪尔森（Stolper-Samuelson）定理最早出现于1941年发表的《贸易保护与实际工资》一文中。通过对H-O理论的分析得出的结果为：两国同一商品的价格将实现均等化。现在以商品X（劳动密集型产品）相对价格上升为例，考察商品相对价格变动是如何影响要素价格的。在完全竞争条件下，生产要素在每一部门的报酬等于其边际产品价值，即等于其边际产出与商品价格的乘积。在均衡条件下，生产要素在所有部门的报酬应当是相同的。此时，如果商品X的相对价格上升，那么X部门的劳动和资本的报酬与Y部门就不再保持一致，X部门的劳动和资本可以获得比Y部门更多的报酬，于是资本和劳动就会从报酬低的Y部门流向报酬高的X部门。由于X部门是劳动密集型的，所以X部门生产扩张需要相对较多的劳动和较少的资本相匹配。Y部门是资本密集型的，只能释放出相对较少的劳动和较多的资本。于是在生产要素重新配置过程中，对劳动新增的需求超过了劳动新出现的供给，而资本新出现的供给则超过了对资本新增加的需求，因此在要素市场上，劳动的价格将会上升，而资本的价格将下降。随着生产要素价格的重新调整，每个部门的厂商在生产中所使用的资本-劳动比率也将随之变化。由于劳动变得相对更加昂贵，资本变得相对更加便宜，所以每个部门的厂商都会调整其要素使用比例，尽量多使用变得便宜了的资本，来替代一部分变得昂贵了的劳动。最后，每个部门所使用的资本-劳动的比率都要高于X商品变化前的要素使用比例。

由上面的分析可以得出以下重要结论：国际贸易将导致在出口产品生产中密集使用的生产要素（本国的相对充裕要素）的报酬提高，在进口产品生产中密集使用的生产要素（本国的相对稀缺要素）的报酬降低，而不论这些要素在哪些行业中使用。这就是著名的斯托尔帕-萨缪尔森定理。

六、拓展（三）：要素价格均等化

人物介绍3-2

保罗·萨缪尔森

　　要素价格均等化定理，实际上是一个推论，因为它直接从H-O定理得来，并且只有当H-O定理成立时它才成立。萨缪尔森曾经严格地证明了要素价格均等化定理。由于这个原因，该定理又被称为赫克歇尔-俄林-萨缪尔森定理（简称H-O-S定理）。该定理指出，如果各国都以各自的要素禀赋比率差距为基础进行贸易，其结果将是贸易前相对丰富的要素价格上涨，相对稀少的要素价格下降，从而逐渐达到要素价格比率的国际均等化。这就是所谓要素价格均等化定理。

　　将图3-2（b）、图3-2（c）合并在一起（萨缪尔森-约翰逊图），如图3-6所示。

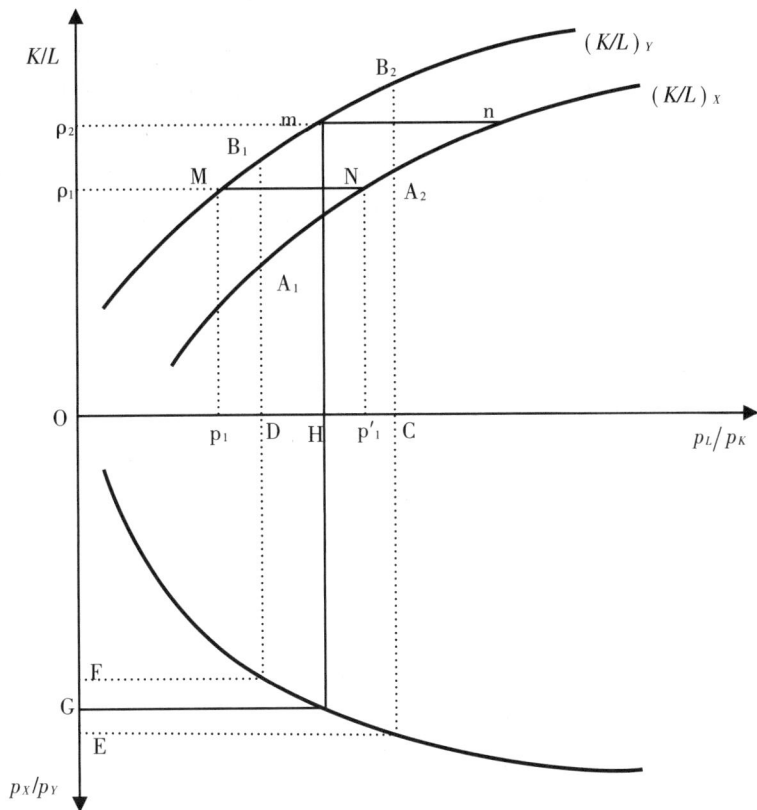

图3-6　要素价格均等化定理

　　在图3-6中，分别以$\rho_1 = (K/L)_1$、$\rho_2 = (K/L)_2$标识两个国家的要素相对禀赋，由于1国相对于2国是劳动密集型的，因此$\rho_1 < \rho_2$。ρ_1、ρ_2大小决定了要素相对价格p_L/p_K的变动范围。考虑1国，给定要素禀赋ρ_1，要素的相对价格就可以在p_1和p'_1之间变动。而在p'_1点，1国将完全专业化生产商品A。在资源全部被利用的假设前提下，一个国家的K/L实际上是两个部门要素投入比例的加权平均值。

$\frac{K}{L} = \frac{L_X}{L}\frac{K_X}{L_X} + \frac{L_Y}{L}\frac{K_Y}{L_Y}$，其中：$\frac{L_X}{L}$ 和 $\frac{L_Y}{L}$ 分别代表该国劳动量在两个部门的分配比例，作为权数（大于0小于1）之和为1。如果要素相对价格比率为 p'_1，X 部门的要素相对比率将与国家的要素禀赋比率相等，为 ρ_1，Y 部门的产出必须为零才能满足 $\frac{K}{L} = \frac{L_X}{L}\frac{K_X}{L_X} + \frac{L_Y}{L}\frac{K_Y}{L_Y}$ 成立，这违背了非完全专业化的假设前提。因此，对1国而言，两种要素的相对价格比例必须在 p_1 和 p'_1 的区间内变动。2国也是同样的道理。

由于要素相对价格与商品相对价格、要素相对比例之间存在唯一对应的关系，因此后二者也有着相对应的变动区间。假设贸易前1国国内各部门实现了均衡，确定的商品相对价格在 G 点，要素相对价格在 D 点，X 和 Y 生产中使用的要素比例分别为 A_1 和 B_1 的纵坐标；2国国内的商品相对价格在 E 点，要素相对价格在 C 点，X 和 Y 生产中使用的要素比例分别为 A_2 和 B_2 的纵坐标。根据假设条件，劳动相对丰裕的1国与资本相对丰裕的2国相比，商品的相对价格 $(p_X/p_Y)_1 < (p_X/p_Y)_2$，与图中点 F 的值小于点 E 的值相对应。按照比较优势进行分工，贸易条件必须介于二者之间，假设贸易条件最终形成于点 G，与之唯一对应的要素相对价格位于点 H，同时也确定了两种商品的要素投入比率。从中可以看出，从贸易前两国要素相对价格存在差异，到贸易后形成了唯一的一个要素相对价格，这就是要素价格均等化的特征之一。

以上为要素相对价格均等化的过程，而非要素绝对价格。要素绝对价格均等化意味着自由贸易使得两国相同类型劳动力的实际工资和相同类型资本的实际利润率也相等。然而，给定贸易使相对要素价格均等化，在所有商品和要素市场上存在完全竞争，并且给定两国使用相同技术以及在两种商品生产上面临着不变规模收益的附加假设，贸易将使同质要素的绝对收益均等化随之发生。

根据斯托尔帕-萨缪尔森定理，国际贸易将使1国劳动工资率上升和资本市场上均衡利润率下降，以及2国劳动工资率下跌和利润率上升。于是，1国和2国劳动力的相对工资差距缩小。产品的价格是由生产成本决定的。在完全自由贸易条件下，

$(K/L)_{1X} = (K/L)_{2X}$，$(K/L)_{1Y} = (K/L)_{2Y}$，由于规模经济不变，因此，两个部门中两种要素的边际生产力在两国都相等，即

$MPK_{1X} = MPK_{2X}, MPL_{1X} = MPL_{2X}, MPK_{1Y} = MPK_{2Y}, MPL_{1Y} = MPL_{2Y}$

在完全竞争下，均衡条件要求要素的边际产品价值=要素价格，即

$p_X MPK_{1X} = p_{1K}, p_X MPK_{2X} = p_{2K}, p_Y MPK_{1Y} = p_{1K}, p_Y MPK_{2Y} = p_{2K}$

由此可以得到 $p_{1K} = p_{2K}$，同理可以证明得到 $p_{1L} = p_{2L}$。

由图3-6可知，只有线段 MN 与 mn 有重叠区的存在，均等化才能实现（如果不存在完全的专业化，要素的绝对价格均等也会出现）。同时，商品的相对价格也一定落在重叠区所对应的商品相对价格的范围以内。

从理论上讲，要素价格均等化实现条件的分析是比较复杂的，还要考虑以下特殊情况（如图3-7所示）。假设存在两种情况：

第一，不存在均等化区域。在这种情形下，至少有一个国家肯定是完全专业化的，而

且可以排除要素相对价格均等化的可能性。当两国要素禀赋差别比较大时，在贸易前，2
国的商品相对价格位于DG上（比如说在G′点），1国的商品相对价格位于FE上（比如说
在F′点），对应的要素相对价格分别位于$p_1'p_1''$和$p_2'p_2''$上。开展贸易后，共同的商品相
对价格分别将落在G′点和F′点之间：它可能处于F′E或者ED上，也可能处于DG′上。如
果处于F′E上，如H点，1国就会同时生产两种商品，并且要素的相对价格为p_{1H}；反之，
2国将会完全专业化地生产商品Y并且要素相对价格是p_2'。实际上，必须强调的是，如果
出现完全专业化，就可以不再使用要素相对价格与商品相对价格之间一一对应的关系了，
这样，无论贸易条件如何，要素的相对价格分别为两国完全专业化生产时的水平。如图
3-7所示，如果贸易条件处于ED区域，2国将会完全专业化地生产商品Y，1国完全专业
化地生产商品X；如果该比率落在DG′区域，2国会同时生产两种商品，而1国则完全专
业化地生产商品X。

　　当两国其他条件均不发生改变，只是两种产品的要素投入比例差距缩小时，会使
$(K/L)_Y$和$(K/L)_X$曲线的距离缩小，图3-6中MN和mn之间的重叠区域逐渐减小，当到达
一定程度以后，均衡化区域将消失。这也是一种不存在均衡化区域的情形，所形成的完全
专业化生产将阻碍要素价格均等化的实现。具体的分析过程同上。

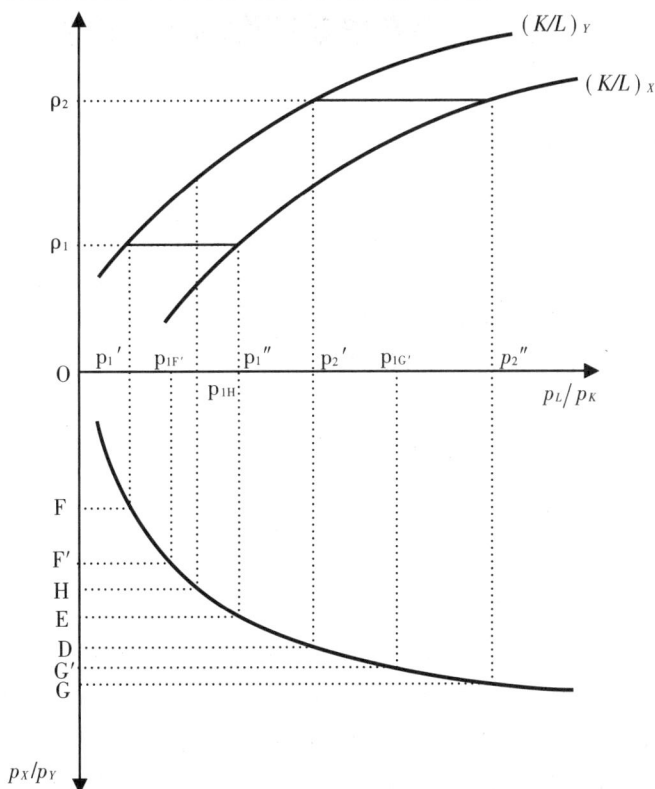

图3-7　不存在要素价格均等化的情形

　　第二，存在均等化区域的时候。尽管存在均等化区域，但贸易前的那种均衡的商品价

格并没有使得两国的要素相对价格落在该区域之内。如果贸易前，1国商品相对价格$(p_x/p_y)_1$对应的要素相对价格落在了MN线上且与mn非重叠区所确定的范围以内，2国的

商品相对价格$(p_x/p_y)_2$所对应的要素相对价格落在了mn线上且与MN非重叠区所确定的范围以内。如果贸易后，最终确定的商品相对价格所对应的要素相对价格落在了mN的水平线之间（不包括点m和点N），能够实现要素价格均等化。但是，如果恰好落在了Mm或Nn的水平范围以内，结果也将会使得某个国家完全专业化生产，并且不可能出现要素价格的均等化。

综上所述，可以将以上的分析总结为：（1）需要强调非完全专业化是实现要素价格均等化的前提；（2）如果两国之间的要素禀赋差距足够大（以至于MN与mn没有重叠区域），要素价格均等化难以实现；（3）如果两种商品的要素禀赋差距足够小（以至于MN与mn没有重叠区域），要素价格均等化也难以实现；（4）尽管有时要素均等化难以实现，但国家贸易还是带来了要素相对价格均等化的趋势，使得两国的要素相对价格向中间位置靠拢。

第三节　要素禀赋理论的实证检验

在要素禀赋理论提出以来的较长时间中，其是解释工业革命后贸易产生原因的主要理论。但是，第二次世界大战以后，国际贸易商品结构和地区分布发生了很大的变化，传统的国际贸易理论显得越来越脱离实际，于是引起了经济学家们对包括要素禀赋论在内的已有的学说的怀疑，并促使他们对这些理论进行检验。对H-O理论的第一次实证检验是在20世纪50年代初。经济学家里昂惕夫在1953年发表的一篇论文中，对要素禀赋理论提出了质疑，引发了人们对传统国际贸易理论的长期争论。

一、里昂惕夫之谜（Leontief Paradox）

（一）里昂惕夫的实证检验

里昂惕夫（Wassily Leontief）于1953年利用美国投入产出模型计算了1947年美国的贸易结构，对赫克歇尔-俄林的理论进行了实证分析。他将生产要素分为两类：资本和劳动，并对200多个子部门进行了分析，再整合为50多个产业部门，其中有38个部门和国际贸易有关。计算出每百万元的进口商品和出口商品的资本和劳动投入，其中美国的进口是利用美国的进口替代产业的资料计算的。

根据1947年的统计资料，美国生产进口替代产品时，每单位劳动力所使用的资本数量是生产出口商品的1.3倍，即美国进口产品的资本-劳动比率要大于出口产品的资本-劳动比率。里昂惕夫因而得出与要素禀赋论相反的结论："美国参加国际分工是建立在增减劳动密集型生产专业化的基础上，而不是建立在资本密集型生产专业化基础上。换言之，这个国家是利用对外贸易来节约资本和安排剩余劳动力，而不是相反。"1956年，里昂惕夫在《生产要素比例和美国的贸易结构：进一步的理论和经验分析》一文中，运用1951

年的统计数据，对美国贸易结构进行了第二次调查，其结果肯定了第一次调查的结论，美国生产进口替代商品时，每个劳动力所使用的资本数量是生产出口商品的1.06倍。然而，按照第二次世界大战后初期美国要素禀赋状况，美国明显属于资本相对充裕、劳动相对稀缺的国家。按照要素禀赋理论，它的出口应以资本密集型产品为主，进口以劳动密集型产品为主。何以出现如此大的反差？里昂惕夫的惊人发现，引起了经济学界的极大关注，因此他的这项研究被称为"里昂惕夫之谜"或"里昂惕夫悖论"。里昂惕夫计算的美国1947年、1956年的贸易结构数据，以及鲍德温（Baldwin）计算的1971年的贸易结构数据，见表3-1。

人物介绍3-3

华西里·W.里昂惕夫

表3-1　　　　　　　　　　美国1947年、1956年及1971年的贸易结构

	生产要素的种类和单位	出口产品	进口产品	进口产品/出口产品
1947年投入产出和贸易结构	资本（美元） 劳动（人年） 资本/劳动	2 550 789 182 14 100	3 091 339 170 18 180	1.30
1956年投入产出和贸易结构	资本（美元） 劳动（人年） 资本/劳动	2 256 800 174 12 977	2 303 400 168 13 726	1.06
1971年投入产出和贸易结构（Baldwin计算）	资本（美元） 劳动（人年） 资本/劳动	1 876 000 131 14 200	2 132 000 119 18 000	1.27

（二）其他人的检验

里昂惕夫的结论引起了国际经济学界的大争论，一些人试图对赫克歇尔-俄林的理论进行重新评价，另一些人则怀疑里昂惕夫方法和数据上的错误。里昂惕夫和其他人用多种方式在这个结果上纠缠许久。他的方法被复查了好几次，证明确实无误。众所周知，相对于世界其他国家来说，美国的确是资本充裕的。然而，对美国从第二次世界大战到1970年间的更多的研究还是证实了里昂惕夫悖论结论的成立（见表3-2）。

表3-2　　　　　　　　要素禀赋理论的实证检验：美国的数据

学者	数据年份	$(K_X/L_X) / (K_M/L_M)$	（H-O预测：>1）
威特尼（Whitney，1968）	1899	1.12	
里昂惕夫（Leontief，1954）	1947	0.77	
里昂惕夫（Leontief，1956）	1947/1951	0.94（或不包括自然资源行业，1.14）	
鲍德温（Baldwin，1971）	1958/1962	0.79（或不包括自然资源行业，0.96）	
斯特那得和马斯克斯（Sternand & Maskus，1981）	1972	1.05（或不包括自然资源行业，1.08）	

表3-2中显示，以1899年和1972年的数据检验，悖论不成立。但从第二次世界大战后到1970年之前这段时间的数据看，悖论基本成立。把自然资源行业排除在外这一特殊

做法有时可以消除悖论，但这很容易被否定。不能将第二次世界大战后早期的结果作为暂时的例外而予以忽视：对整个一代人时间的错误预测，对任何理论都是破坏性的。狭义的赫克歇尔-俄林理论在错误的预测这一点上不能开脱。正如里昂惕夫所指出的那样，悖论依然存在。

此外，瓦尼克（Vanek，1963年）则发现1947年美国的进口与出口相比更加具有资源密集的特性；特新（Teesing，1966年）研究了多个OECD国家国际贸易的技能含量，他发现与进口相比，美国的出口商品中具有相对更高的技能投入；法立德（Fareed，1972）用学校教育的成本支出作为衡量人力资本的指标，发现美国的出口贸易具有人力资本密集的特点。

其他国家的一些学者也做了许多卓有成效的工作。日本两位经济学家建元正弘（M. Tatemoto）和市村真一（S. Ichimura）1959年使用了与里昂惕夫相类似的研究方法对日本的贸易结构进行分析发现，从整体上看，日本这个劳动力丰裕的国家，输出的主要是资本密集型产品，输入的则是劳动密集型产品。但从双边贸易看，日本向美国出口的是劳动密集型产品，从美国进口的是资本密集型产品；日本出口到不发达国家的则是资本密集型产品。之所以出现这种情况，建元和市村认为，是因为日本资本和劳动的供给比例介于发达国家和不发达国家之间，日本与前者的贸易在劳动密集型产品上占有相对优势，与后者的贸易则在资本密集型产品上占有相对优势。因此，就日本的全部对外贸易而言，建元和市村的结论支持里昂惕夫之谜，但在双边贸易上，他们的结论则支持了要素禀赋理论。

民主德国的两位经济学家斯托尔帕（W. F.Stolper）和劳斯坎普（K. Roskamp）对民主德国的贸易的研究表明，该国出口品相对于进口品是资本密集型的，由于民主德国大约3/4的贸易是与东欧其他国家进行的，而这些国家相对于民主德国而言是资本贫乏的国家，所以斯托尔帕和劳斯坎普的结论与要素禀赋论是一致的。

1961年，加拿大经济学家沃尔（D. F. Walhl）分析了加拿大与美国的贸易，发现加拿大出口品为相对资本密集型，因为加拿大的大部分贸易与美国进行，而美国相对于加拿大而言资本丰富，所得结论与里昂惕夫之谜一致，与要素禀赋理论相悖。

二、对"谜"的各种解释

对里昂惕夫之谜的解释成为国际贸易理论发展的契机。对里昂惕夫之谜的解释可以分为谜内解释和谜外解释。谜内解释主要是在H-O理论的框架下进行的，第一种是从要素禀赋和要素密集度入手进行解释；第二种是从H-O理论的假设入手，说明假设如果不成立，则理论不能成立。谜外解释则是在H-O理论的框架以外进行的。

（一）美国劳动力的效率论

里昂惕夫认为美国有比较高的劳动效率，其原因是美国有比较好的企业家能力、企业组织、工作环境，因此在相同的资本劳动比率的条件下，美国的劳动生产率是外国劳动生产率的3倍。如果将美国的劳动供给乘以3，美国将是劳动资源禀赋丰裕的国家。但是，克莱宁（Kreinin）在1965年对365家同时在美国和外国进行生产的跨国公司进行分析发现，美国的劳动生产率比外国的高1.2~1.25倍。因此里昂惕夫的劳动生产效率论不能解释自己的实证结论。

（二）关税和贸易壁垒阻碍论

还有观点认为，里昂惕夫之谜是由美国的对外贸易政策造成的。美国为了保护国内劳动密集型产业，对劳动密集度较高商品的进口实行了更多的限制，从而使美国实际进口的劳动密集型商品减少了。H-O模型以自由贸易为前提条件，里昂惕夫则根据美国实际的进出口情况进行计算，这样里昂惕夫的结论势必与赫克歇尔-俄林模型相矛盾。因为假如实行自由贸易，美国进口劳动密集型产品的数量将会增加，里昂惕夫之谜不一定产生。克莱维斯（Kravis）1956年的一项研究指出，美国进口中的劳动密集型产品的确要比劳动密集度低的商品受到更高的进口壁垒的限制。美国经济学家鲍德温（Baldwin）认为是美国的关税政策保护了美国的劳动密集型行业，阻碍了外国的劳动密集型产品的进口。而里昂惕夫是根据1947年的美国的进口结构作为计算对美国进口替代行业的选择依据。如果排除关税的阻碍，鲍德温认为进口产品中的资本劳动比率将下降5%。但是里昂惕夫1947年的计算结果是高于30%，而1951年则高于6%。所以，这种解释只能部分解释里昂惕夫之谜。

（三）要素密集度逆转

要素密集度逆转（factor intensity reversal）是指同一种产品在不同要素相对充裕的国家中属于不同类型的要素密集型产品。例如，有可能会出现这种现象：对于某一值域的要素价格比率，商品Y相对于商品X是资本密集型的，但对于另一值域之内的要素价格比率而言，商品Y相对于商品X却变得劳动更加密集，此时就发生了要素密集度逆转（如图3-8所示）。

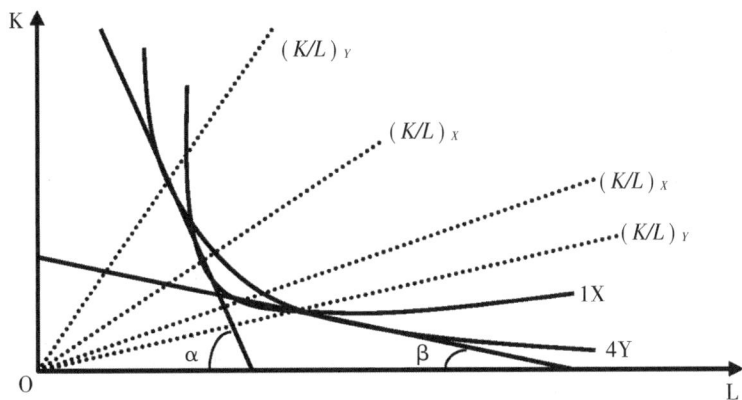

图3-8　要素密集型逆转

在商品相对价格不变的情况下，$p_X/p_Y=4$。商品X与商品Y有两个交点（前文分析的只有唯一的交点），这样就会面临两条共切的等成本线，斜率分别为$\tan\alpha$和$\tan\beta$，表示两个要素相对价格比率p_L/p_K。当要素相对价格为$\tan\alpha$时，商品Y相对于商品X为拥有较高的资本-劳动比率，因此商品Y是资本密集型的；但是，当要素相对价格为$\tan\beta$时，商品Y相对于商品X则属于劳动密集型商品。这就是要素密集型逆转的基本含义。如果把这一概念引申到不同国家，尽管两国都生产这两种产品，但是在不同的要素相对价格下，这两种产品的密集型属性并不一致。其结果可能是，出口商品Y与商品X在美国和其他国家的定义并不一致。

里昂惕夫在计算美国出口商品的资本劳动比率时，用的都是美国的投入产出数据。对于美国进口的商品，用的也是美国的数据，而非出口国的数据，这样一来，就有可能出现美国进口"资本密集型产品"（这种产品在其他国家可能属于劳动密集型的），出口"劳动密集型产品"（在其他国家可能属于资本密集型的）。如果排除要素密集度逆转的情况，重新计算或许能够得出美国出口的仍然主要是资本密集型产品，进口的是劳动密集型产品的结论。但是，应当指出的是，要素密集度逆转情况的发生概率是极小的，里昂惕夫对他所研究的资料进行了定量分析，要素密集度逆转发生的比率只有1%。明哈斯（Minhas）在1962年发表的研究结果中表明，有大约1/3的研究样本中出现要素密集型逆转的情况。明哈斯的研究结果受到了里昂惕夫的质疑，他认为明哈斯的数据来源有偏差，在纠正这些偏差后，出现生产要素密集型逆转的情况仅剩8%。另一位经济学家鲍尔也对明哈斯的研究结果重新进行了检验，结果表明要素密集型逆转的情况在现实中很难发生。因此，试图通过要素密集型逆转对"谜"进行的解释也没有很强的说服力。

（四）技能和人力资本理论

一些学者认为，里昂惕夫的研究中的一个重大缺陷是只考虑了实物资本，生产要素只是被简单地分为劳动、资本或土地，而完全忽略了人力资本。1965年基辛（D.B. Keesing）对美国的劳动素质进行了分析，发现美国实际上是技术劳力丰裕的国家。他利用美国1960年人口普查资料，将企业人员按照熟练程度分为8等：科学家、工程师；技术人员、制图人员；其他专业人员；经理；机械工、电工；其他熟练工；办事员、销售人员；非熟练工。一般来说，熟练工人需要更多的教育和培训，大量科技人员的产生也需要人量科研和开发经费的投入，在这些劳动力背后，实际上是大量的资本投入。一些经济学家在调查了美国劳工的平均工资、高技能职员在整个雇员中的比率，以及研究开发支出在产品增加值中的比重情况发现，美国人力资本投入在全世界具有领先地位，美国拥有的科技人员和熟练工人数量也是全世界最多的。美国出口行业的劳动生产率和包含的人力资本要高于进口竞争行业。只是简单地用劳动人数和劳动时间来计算美国进口产品的资本-劳动比率可能没有反映出熟练工人和非熟练工人之间的区别。美国经济学家爱德华·利马将生产要素进一步划分为12种类型，实际上这种进一步的划分在一定意义上是对赫克歇尔-俄林模型的进一步补充和完善。建立在详细划分基础上的生产要素禀赋理论是基本符合实际的。

（五）自然资源说

还有些学者认为，里昂惕夫之谜是由于自然资源差别造成的。里昂惕夫在计算过程中只考虑了劳动和资本这两种生产要素，而没有考虑自然资源这种生产要素。但是自然资源这种生产要素不可忽视，在各个国家中，自然资源的种类和数量有很大的差异。自然资源的差别对各个国家进出口商品的种类和数量有很大的影响。英国经济学家瓦内克（Vanek）提出，如果可以证实美国依赖于某几种自然资源产品的进口，而这些自然资源产品又是资本密集型的，那么就可以解开里昂惕夫之谜。进口方面，美国是矿产和木材的主要进口国。这些产品不仅需要耗费大量的自然资源，也需要使用大量的物质资本，这就是为什么美国进口竞争行业资本密集度较高的原因之一。从出口方面看，美国的土地资源丰富，农产品的出口量很大，而农产品相对来说需要较多的土地和劳动力，这也是为什么美国出口行业相对来说劳动密集度较高的一个原因。里昂惕夫本人也承认如果在计算中剔除自然资源行业，则美国进口资本密集型产品、出口劳动密集型产品的现象就会消失。鲍德温也曾对这个观点作过验证。他的研究表明，如果剔除自然资源品，则生产进口替代品时，每个工人所需要的资本数量，相对于出口商品生产，由原来的127%下降到104%，虽然"谜"并未消除，但比例已经大大下降。这说明美国某些自然资源产品和资本之间存在着相互替代的关系。美国自然资源产品的进口具有资本密集型的特点，这样在美国的进口贸易中就加重了资本密集型产品的份额。

（六）技术差距说

技术差距说（theory of technological gap），又被称为技术间隔说，是美国经济学家波斯纳（Posner）、格鲁伯（Gruber）和弗农（Vernon）等人进一步论证的关于技术领先国家具有较强开发新产品和新工艺的能力，形成和扩大了国家间的技术差距，而有可能暂时享有生产和出口某类高技术产品的比较优势理论。

波斯纳认为，人力资本是过去教育和培训进行投资的结果，因而可以作为一种资本或独立的生产要素，而技术是过去对研究与开发进行投资的结果，也可以作为一种资本或独立的生产要素。但是，由于各国对技术的投资和技术革新的进展不一致，因而存在着一定的技术差距，这样就使得技术资源相对丰裕或者在技术发展中处于领先的国家，有可能享有生产和出口技术密集型产品的比较优势。

为了论证这个理论，格鲁伯和弗农等人根据1962年美国19个产业的有关资料进行统计分析，其中5个具有高度技术水平的产业（运输、电器、工具、化学、机器制造）的科研和开发经费占总数的89.4%，技术人员占总数的85.3%，销售额占总数的39.1%，出口量占总数的72%。实证研究表明，美国在上述5个技术密集型产业的生产和出口方面，确实处于比较优势。因此，可以认为，出口科研和技术密集型产品的国家也就是资本要素相对丰裕的国家。根据上述统计分析，美国就是这样的国家。从这个意义上说，技术差距说是完全可以和要素禀赋理论相衔接的。

（七）偏好相似理论

1961年，瑞典经济学家林德尔（Linder）在他的《论贸易和转变》一书中，提出了偏好相似理论（preference similatity theory），用以解释H-O理论所不能解释的一些情况。林德尔认为俄林的资源禀赋理论只适用于初级产品贸易，而不适用于工业品的贸易。

他的基本观点是，一种工业品要成为潜在的出口产品，首先必须是一种在本国消费或投资生产的产品，即产品出口的可能性决定于它的国内需求。因为，第一，企业家对国外市场不可能像对国内市场那么熟悉。他们只是在能赚钱的地方捞取利润，这些赚钱的机会主要来源于国内需求，企业家不可能想到满足一个国内不存在的需求。一个企业的规模日益扩大后，感到本国市场狭小，开始扩大销售范围，但也只有在相当长时间地为国内市场进行生产以后，才会想到出口产品赚取国外利润。第二，就发明新产品的生产而言，林德尔认为，国内市场需求是更加必需的。一项发明很可能是由于努力解决本身环境所遇到的切身问题而产生的。创造发明所形成的新产品一般是适用本国市场需要的产品，它的生产和销售活动总是首先在本国市场中进行，然后才逐渐地适应出口的需要。第三，由于创造发明和发展新产品工作必须和市场紧密配合，因此出口的工业品不论是消费品还是资本品必须先有国内市场，才能获得相对优势。如果消费者和市场在国外，取得信息的成本将是高昂的。因此，只有国内市场有需求的产品才会是具有最大的相对优势的产品。

林德尔认为，平均收入是影响需求偏好的最主要因素。平均收入水平对需求的偏好影响反映在两个方面：一是对消费品的需求，二是对资本品的需求。就消费品而言，当收入提高后，除了能够满足相同基本需要的更精致的产品可能替代原来使用的产品外，还有可能出现能满足新的需求的产品。需求在"质量上的变化"似乎是普遍的现象。增加的收入只有一部分用来购买更多的同一产品。另外，不平均的收入分配会扩大两国间进出口货物的范围，增加两国之间需求的一致性，因为贫穷国家中的高收入者和富有国家中的较低收入者可能需求同一种产品。林德尔指出，对于资本品的需求，不存在类似人均收入水平和消费品需求之间的同样关系，但是人均收入水平和资本品的需求之间存在着另一种关系。资本存量是否丰富决定了对新资本品需求的质量构成。资本丰富的国家，一般也就是人均收入水平较高的国家，它比资本稀缺的国家需要更复杂的资本设备。尽管人均收入水平和资本品需求没有直接的因果关系，但人均收入水平的差别至少可以说明资本品需求结构存在着差别。收入相对较低的人选择质量较低的消费品，为的是在一定收入限制下，其消费尽可能多样化。同理，资本比较稀缺的国家选择质量较低的资本品，为的是使它能够得到的资本设备分布更均匀一些。

基于上述分析，林德尔认为，两国人均收入水平相当，其需求偏好也就相似，两国间的贸易范围可能是最大的；人均收入水平有较大差异，需求偏好就会相异，两国就存在潜在的贸易障碍；若两国中一国具有某种产品的比较优势，而另一国不存在对这种产品的需求，则两国无法发生贸易。

（八）产品周期理论

人物介绍3-4

弗农·雷蒙德

产品周期理论（theory of product cycle），又被称为产品生命周期说，是由美国经济学家弗农提出，并经威尔士（L.T.Wells）等人加以发展的，是根据产品生命周期规律与特点，探讨产品的创新、生产、出口、进口等过程在经济体之间动态转移的理论。这种产品生命周期理论，目前已经在产品开发和市场营销领域得到广泛的应用。但当初弗农等人提出这种理论，主要是用于解释美国的工业制成品生产和出口变化情况。该理论是将时间因素引入对比较优势的分析中，对比较优势的转移进行了动态分析。弗农将美国的产品周期分为四个阶段，建立了一个产品周期四阶段模式，也即产品周期理论（如图3-9所示）。

第三章 要素禀赋理论

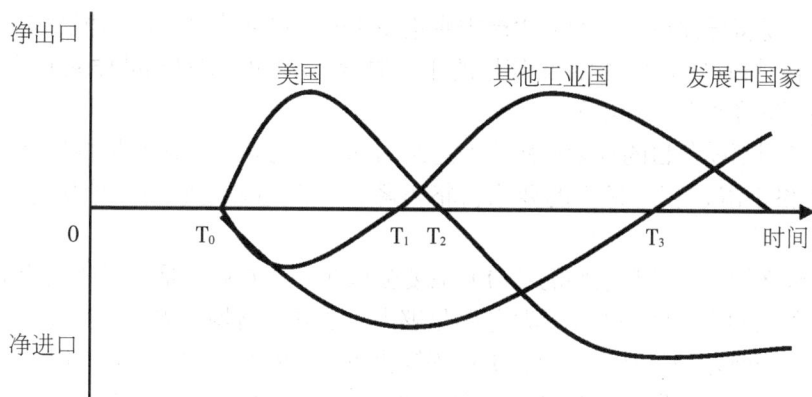

图3-9 产品周期理论

0-T_0：弗农认为美国在技术方面处于世界领先水平，所以，在这一阶段，美国进行了技术和产品的创新，推出了新的产品。在新产品推出阶段，厂商需要得到市场的反馈，以便对产品进行进一步改进，需要靠近市场，所以在这一阶段，新产品仅在国内市场销售。

T_0-T_1：在这阶段的前期，美国开始向西欧和日本，以及发展中国家出口比较成熟的新产品，成为新产品的净出口国，而西欧和日本，以及发展中国家成为产品的净进口国。在这一阶段的中期，新产品的技术日臻完善和标准化。美国厂商为了扩大市场份额，降低成本，开始在西欧和日本投资建厂。而此时，西欧和日本的厂商也开始模仿美国技术，因而西欧和日本的净进口减少，美国的净出口也下降。

T_1-T_2：在这一阶段，新产品的技术日臻完善和标准化，美国失去了比较优势，而成为产品的净进口国，西欧和日本成为产品的净出口国。

T_2-T_3：在这一阶段，发展中国家在劳动工资上的优势以及与发达国家技术差距的缩小，使得发达国家向发展中国家转移技术或者直接投资，发展中国家开始出口这类产品，并且在国际贸易中的份额逐渐加大。

总之，产品周期理论是一种动态经济理论。从产品要素的密集程度来说，在产品周期的不同阶段，其生产要素比例会发生规律性变化。从不同国家来说，在产品周期的不同阶段，其比较优势将从某一国家转向另一国家，这就使得H-O理论变成一种动态的要素禀赋理论。

本章小结

1.一个国家出口的商品是那些需要密集地使用该国相对丰裕和便宜要素的商品，而进口的商品是那些需要密集地使用相对稀缺和昂贵要素的商品。

2.当一个国家强烈地偏好较为密集地使用本国较为富裕的要素生产出来的产品时，那么贸易后每个国家有可能出口另外一种商品，即那种密集使用较为缺乏的要素生产出来的商品。现实中，如若每个国家都不过分需求本国较富裕生产要素的密集型产品，尽管需求结构不同，也能得到与H-O理论相同的结论。

3.国际贸易将导致在出口产品生产中密集使用的生产要素（本国的相对充裕要素）的报酬提高；在进口产品生产中密集使用的生产要素（本国的相对稀缺要素）的报酬降低，而不论这些要素在哪些行业中使用。

4.如果各国都以各自的要素禀赋比率差距为基础进行贸易，其结果将是贸易前相对丰富的要素价格上涨，相对稀少的要素价格下降，从而逐渐达到要素价格比率的国际均等化。

5.要素价格均等化是有条件的：（1）需要强调非完全专业化是实现要素价格均等化的前提；（2）如果两国之间的要素禀赋差距足够大，要素价格均等化难以实现；（3）如果两种商品的要素禀赋差距足够小，要素价格均等化也难以实现；（4）尽管有时要素均等化难以实现，但国家之间的贸易还是带来了要素相对价格均等化的趋势，使得两国的要素相对价格向中间位置靠拢。

重要概念

要素禀赋　要素丰裕　要素稀缺　要素比例　要素密集度　要素价格均等化　里昂惕夫之谜

复习思考

1.如果放松要素禀赋理论中需求结构相同的假设，H-O理论分析的结论是否依旧能够成立？请说明原因。

2.试用图示方法证明"要素价格均等化"实现的条件。

3.什么是"斯托尔帕-萨缪尔森"定理？

4.什么是要素密集度逆转？如果考虑这一因素，H-O理论是否仍然能够成立？请用图示的方法证明。

5.请论述对"里昂惕夫之谜"进行解释的各种理论的主要观点。

第四章

现代贸易理论

传统贸易理论很好地解释了国与国之间不同种类产品的贸易，即产业间贸易。然而第二次世界大战以来，大量的国际贸易，尤其是发达国家之间的贸易更多地发生在同一产业内部，即一国同时出口并进口同一产业的产品，即产业内贸易。而运用传统贸易理论解释这些现象时往往显得比较乏力。问题的焦点集中在：规模经济、产品差异与不完全竞争是当前各国经济发展面临的常态，传统贸易理论的假设条件与现实产生了一定的冲突，进而也削弱了对现实国际贸易问题的解释力度。为此，自20世纪70年代中期以后，经济学家们开始放松传统贸易理论过于严格的假设条件，缩小理论与现实之间的接口距离，重新审视当前国际贸易发展中出现的新问题、新情况。通过本章的学习可以了解到：产业内贸易的内涵与衡量方法，产业内国际贸易理论的产生与发展，规模经济、不完全竞争与国际贸易、异质性企业理论等当前国际贸易前沿领域的内容。

第一节　　　从产业间贸易到产业内贸易

一、第二次世界大战后国际产业内贸易日趋增长带来的挑战

第二次世界大战后，国际贸易的实践和经济学分析工具的新进展引起了经济学家对贸易理论和贸易政策的重新思考。从实践上看，世界经济贸易格局发生了重大变化。在西方世界，随着西欧、日本经济的恢复和重新崛起，美国这个世界头号经济强国的霸主地位受到了强有力的挑战。发达国家之间劳动-资本比率逐渐相近或相同，技术和劳动生产率的差距也日趋缩小。过去美国企业的主要竞争对手来自国内，但现在更多的威胁来自国外企业，贸易摩擦日益频繁。而一些后进国，通过运用合理的经济发展战略，晋升到新兴工业化国家的行列。来自这些国家和地区的制成品，对老牌发达国家的同类产品带来了极大的威胁，发达国家内贸易保护的呼声日趋高涨。

与此同时，国际贸易也出现了传统国际贸易理论未曾预示的格局。按照李嘉图的比较

优势理论，各国应致力于更多地生产比较优势的产品，并出口这些产品以换回生产上处于相对劣势的产品。而根据H-O理论，各国应出口那些密集地使用本国相对丰富的生产要素所生产的商品，并进口那些密集地使用本国相对稀缺的生产要素所生产的商品。由于发达国家和发展中国家要素禀赋的巨大差异，大量的国际贸易应发生在这两类国家之间，这意味着国家之间的相似性与贸易量之间有相反的关系。然而，事实上，世界贸易额中相当多的一部分是发生在要素禀赋相似的工业化国家之间的。而且，在第二次世界大战后的相当长时间内，发达国家之间的贸易份额以及这种贸易占这些国家收入的份额都在上升。

传统贸易理论认为，国家间的差异（技术差异或者要素差异）是贸易产生的源泉，那么世界贸易构成也应该能够基本反映这一事实。各国应出口那些要素含量反映它们要素禀赋的货物，但实际的贸易中却包含大量的要素密集度相似货物的双向贸易。这种产业内贸易显然是传统贸易理论所无法解释的。例如日本向美国出口丰田汽车，从美国进口福特汽车。

二、产业内贸易的定义与分类

沃顿（Verdoorn）在考察比、荷、卢经济联盟内部的贸易形式所发生的变化时，第一次注意到了这种贸易的存在。他发现，经济联盟内部各国专业化生产的产品大多是同一贸易分类目录下的。为了研究国际贸易中商品集中度和价格弹性之间的关系，麦可利（Michaely）计算了商品出口和进口差异性的系数，他把商品分为5类，通过对36个国家数据的计算，发现在一般情况下，发达国家之间的进出口商品组成有较高的相似性，发展中国家之间的进出口商品相似性较小。这种新的贸易类型可以概括为同一产业内的产品在国家间进行贸易的现象，巴拉萨（Balassa）把它称为产业内贸易，也有人称之为双向贸易（two-way trade）和贸易重叠（trade overlap）。从统计上讲，产业内贸易是指一个国家在出口的同时又进口某种同类产品。在这里，同类产品是指按照国家产品标准分类统计法（Standard International Trade Classification，SITC）统计时，至少是前3位数都相同的产品。也就是说，属于同类（division）、同章（chapter）、同组（group）的产品既出现在一国的进口项目中，又出现在一国的出口项目中。

格鲁贝尔（H.G.Grubel）和劳埃德（P.J.Lloyd）属于最初系统研究此类问题的学者。他们收集了大量的文献资料试图从理论上证明产业内贸易的存在，并指出必须区分属于同一产业的同质（homogeneous）产品和非同质（differentiated）产品两种情况。

同质产品的产业内贸易大体包括以下情况：

（1）大宗原材料的国际贸易。运输成本占整个产品成本的比重非常大，从而使这些产品的贸易半径比较小，这种产品的消费者会从最近的原料生产点来获得这些产品，而自然资源的可得性决定了这些产品生产的区位。因此会出现一个国家同时进口和出口这些产品的情况。

（2）转口贸易和再出口贸易活动。一些国家和地区进行大量的转口贸易和再出口贸易，这种进出口贸易商品的基本形式没有发生变化。

（3）产量的季节性差别导致的国际贸易。一国供给和需求的不一致以及自然灾害可能会引起一个国家在某些时候进口一些常规出口的产品，例如一个国家可能在农产品收获前从其他国家进口，而在收获之后向其他国家进行出口。

（4）由于合作生产以及特殊的技术条件，引起的一些完全同质的服务进行的国际贸易。如在金融全球化和服务贸易的自由化中，经常同时"进口"与"出口"。

差异产品又可区分为水平差异（horizontal differentiated）产品和垂直差异（vertical differentiated）产品两种情况。水平差异产品是指具有相同质量但在其他方面具有不同特点的产品。例如，具有相同质量但是花色和品种各不相同的丝质领带。垂直差异是指花色品种相同但是质量不同的产品。例如，都是红颜色但是不同的材料如丝、羊毛、棉、人造纤维等做成的领带。在垂直差异的情况下，又可把这些差异产品分别归为不同的三组：第一组，使用不同的投入要素但属于相近的替代品的产品。例如，使用塑料和木头作为投入要素的家具制品。第二组，使用相同的投入要素但在最终使用目的上相互不是替代品的产品。例如，石油和沥青（要素投入都是原油）。第三组，使用相似的生产要素投入且在最终消费目的上高度替代但在质量与式样方面存在差异的产品。对于垂直差异，毋庸置疑，所有消费者都偏好高质量的产品，当然，这假设了存在普遍认同的质量评价准则。因此，不考虑预算约束，所有消费者追求最高质量的产品，从而产品的需求和消费者收入水平有关。至于水平差异，不同消费者对各种产品特征的评价是不同的。但不论如何，消费者普遍喜欢"多样性"，因而，对不同产品的需求，与对"多样性"的偏好和对产品的主观评价有关。当前产业内贸易理论的研究大多把格鲁贝尔和劳埃德的分类作为研究起点。

对同质产品产业内贸易做出理论解释比较简单，对差异产品产业内贸易的理论探讨是产业内贸易理论的重点。

三、产业内贸易的测量标准

为了衡量不同的国家、不同产业的产业内贸易水平以及演进状况，建立适当的产业内贸易指标非常必要。20世纪60年代以来，西方学者建立了各种产业内贸易的指标。

沃顿在1960年最早提出用进口比重和出口比重的乘积来测定不同产业间的贸易水平，他在比较荷卢联盟1938年和1955年的数据后发现，同盟国之间专业化分工主要发生在产业内。

巴拉萨（Balassa）1966年在研究欧共体各国之间的分工时提出了C_i这样一个测定指标

$$C_i = 1 - \frac{|X_i - M_i|}{X_i + M_i}$$

$$C = 1 - \frac{1}{n}\sum_{i=1}^{n} C_i$$

式中，X_i和M_i分别代表某国i产业的出口值和进口值，C_i是i产业的产业内贸易水平，$0 \leq C_i \leq 1$，C_i越接近1，产业内贸易水平就越高，相反，C_i越接近0，产业内贸易水平就越低。C是所有贸易水平的算术平均数，表示该国产业内贸易的总体水平。

格鲁贝尔和劳埃德（1975）认为，巴拉萨指标有两大缺陷：第一，C只是一个简单的算术平均数，不能反映出每个产业的权重；第二，未考虑总的贸易失衡对C的影响。他们在该指标的基础上建立了一个新的指标

$IIT_{ij} = 1 - C_{ij}$，其中 C_{ij} 是 j 国 i 产业的产业内贸易程度。

接着，他们以每个产业的进出口值占进出口值的比重作为权重，对所有 IIT_{ij} 加权平均，得出一个国家的产业内贸易指标

$$IIT_j = 1 - \sum_i \frac{IIT_{ij}(X_{ij} + M_{ij})}{\sum_i (X_{ij} + M_{ij})} = 1 - \frac{\left[\sum_i (X_{ij} + M_{ij}) - \sum_i |X_{ij} - M_{ij}| \right]}{\sum_i (X_{ij} + M_{ij})}$$

式中，X_{ij}，M_{ij} 分别代表 j 国 i 产业的出口额和进口额，$i=1$，2，3，…，n，如果 j 国的所有贸易均为产业间贸易，即 $X_{ij} = 0$ 或 $M_{ij} = 0$，则 $IIT_j = 1$，如果 j 国所有的贸易均为产业内贸易，即 $X_{ij} = M_{ij}$，则 $IIT_j = 0$。因而 $0 \leq IIT_j \leq 1$。

格鲁贝尔和劳埃德注意到，如果存在贸易失衡，则该指标倾向于低估产业内贸易水平。为此，他们又提出了一个修正指标

$$IIT_j = 1 - \frac{\left[\sum_i (X_{ij} + M_{ij}) - \sum_i |X_{ij} - M_{ij}| \right]}{\sum_i (X_{ij} + M_{ij}) - \left| \sum_i X_{ij} - \sum_i M_{ij} \right|}$$

在分母部分减去贸易失衡的部分后，贸易失衡对产业内贸易水平的扭曲就可以得到有效修正。此后，大部分经济学家都接受了该修正指标。但是，阿奎诺（Aquino）却认为 IIT_j 只考虑了总的贸易顺差或逆差对计算的影响，没有考虑每一个产业的顺差或逆差对总的产业内贸易水平的影响的不同。于是他在 1978 年提出了一个修正公式，将每一个产业的顺差和逆差分别考虑，其公式为

$$IIT_j = 1 - \frac{\left[\sum_i (aX_{ij} + bM_{ij}) - \sum_i |aX_{ij} - bM_{ij}| \right]}{\sum_i (aX_{ij} + bM_{ij})}$$

其中

$$a = \frac{\sum_i (X_{ij} + M_{ij})}{2 \sum_i X_{ij}}, \quad b = \frac{\sum_i (X_{ij} + M_{ij})}{2 \sum_i M_{ij}}$$

阿奎诺修正指标不仅没有得到学术界的认同，反而遭到了沃那（Stefano Vona）等经济学家尖锐的批评，认为阿奎诺修正指标造成的问题比它解决的问题要多得多。例如，沃那等人曾证明格鲁贝尔-劳埃德修正前的指标比之修正后的和阿奎诺修正的更为合理。在目前产业内贸易文献中，人们大多采用修正前的格鲁贝尔-劳埃德的产业内贸易指数作为衡量一国产业内贸易水平高低的指标。

四、与传统贸易理论的比较

产业内贸易理论的突出特点是用国际贸易产品的异质性或差别性、需求偏好的相似性和多样性、专业化分工和规模收益递增等概念来解释同一产业部门内部同种类产品的国际贸易问题（见表4-1）。

表4-1   传统贸易理论和产业内贸易理论比较

产品	市场		
	完全竞争市场	垄断竞争市场	寡头垄断市场
同质产品	传统理论	—	布兰德（1981）
垂直差异产品	新H-O理论（法尔维1981）	—	谢克德和萨顿（1984）
水平差异产品	—	对多样化的需求（克鲁格曼1979）	伊顿和基尔奇考斯基（1984）
		对商品特色的需求（兰卡斯特1980）	

第二节　　　　　　　　　　新H-O理论

通过对赫克歇尔-俄林模型的假定进行调整，在产品特性或差异与劳动和资本等要素的不同组合之间建立一种联系，就使赫克歇尔-俄林模型具有了广泛的解释力，也成为对产业内贸易的一种理论解释，因此被称为新赫克歇尔-俄林模型（Neo-Heckscher-Ohlin Model）或新要素比例学说。

对垂直性产业内贸易首先进行研究的是福尔威（R. E.Falvey），其建立的新赫克歇尔-俄林模型仍然可称为2×2×2形式的模型，即两个国家、两种要素和两种产品的情况。该模型的基本假设是：（1）市场是完全竞争的。（2）两种生产要素——劳动和资本在两个国家中是同质的，并且假定劳动可以在两个产业间自由流动，但资本是一种特定化的要素。（3）两个国家都存在两个产业，其中一个是生产无差异产品的农业产业，提供小麦产品；另外一个是生产差异产品的制成品产业，提供布产品。假定布产品的差异性体现在布的质量上，即布这种产品是垂直差异产品。进一步假定布的质量是在不存在规模经济的条件下生产出来的连续的不同质量。这种连续不同的质量用ρ表示，质量越高，对应的ρ值就越大。（4）在生产不同质量的布产品中，生产质量越高的产品相应所需要的每单位劳动的资本数量也越高。由此可知，生产质量ρ表示为单位产品中单位劳动要素所需资本量。（5）对不同质量商品的需求取决于商品的价格和消费者的收入。假定每个消费者在每个时期都购买一定数量的不同质量的布产品，并且消费者在收入水平较低时，虽然很喜欢高质量产品，但在受到收入约束的条件下，仍将大部分收入用于购买低质量产品，而在收入水平较高时，消费者会消费较多的高质量产品，消费较少的低质量产品。

在完全竞争的条件下，对于任何质量的布产品来讲，价格等于单位产品的生产成本，即有如下等式关系

$$P_1(\rho) = C_1(\rho) = W_1 + \rho R_1$$

$$P_2(\rho) = C_2(\rho) = W_2 + \rho R_2$$

式中，1、2表示两个不同的国家，W表示劳动力的工资报酬，R表示特定资本的报酬。

假设1国资本丰裕，2国劳动丰裕，即$W_1>W_2$、$R_1<R_2$，由此得出$R_1/W_1<R_2/W_2$。依照H-O定理，国家1为降低生产成本，必然大量生产较少使用劳动而更多使用资本的高质量布产品；国家2则相反。因此，总有一种质量为ρ'的布，其单位成本在两国都相同。因此，在ρ'质量下，满足

$$W_1+\rho'R_1=W_2+\rho'R_2$$

推导出

$$\rho'=\frac{W_1-W_2}{R_2-R_1}$$

将两国生产任何其他质量的布的单位成本相对于这一边际质量商品成本差别写成

$$\begin{aligned}C_2(\rho)-C_1(\rho)&=W_2+\rho R_2-(W_1+\rho R_1)\\&=(W_2-W_1)+\rho(R_2-R_1)\\&=(W_2-W_1)+\rho\frac{W_1-W_2}{\rho'}\\&=\frac{W_1-W_2}{\rho'}(\rho-\rho')\end{aligned}$$

国家1在生产质量为ρ的布时，只有当该品种产品的单位成本低于国家2，即：$C_1(\rho)<C_2(\rho)$，也就是$\frac{W_1-W_2}{\rho'}(\rho-\rho')>0$时，才会有比较优势。由于$W_1>W_2$，要使$\frac{W_1-W_2}{\rho'}(\rho-\rho')>0$，只有当$\rho>\rho'$时才能成立。由此可知，国家1生产的布产品要想相对国家2有成本优势或者比较优势，其必须生产质量优于边际质量ρ'的所有布产品，或者说，对于资本相对便宜的国家1，在生产质量高于ρ'的布产品品种上具有比较优势，而在生产质量低于ρ'的布产品品种上具有比较劣势。同理可得，对于劳动力相对便宜的国家2来说，在生产质量低于ρ'的布产品品种上具有比较优势，而在生产质量高于ρ'的布产品品种上不具备比较优势（如图4-1所示）。

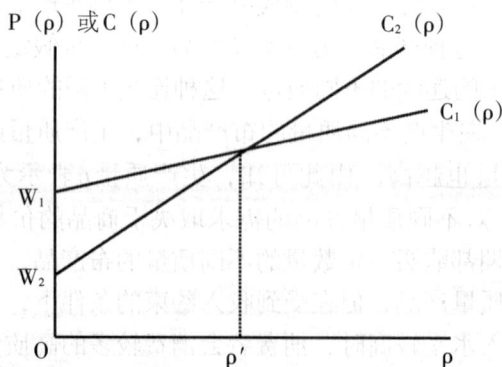

图4-1　国家生产垂直差别产品的比较优势

由图4-1可知，在生产$0\sim\rho'$之间质量的布产品上，国家2的成本小于国家1的成本，具有比较优势；在生产ρ'以上质量的布产品上，国家1的成本小于国家2的成本，具有比较优势。

在贸易开放的条件下，两国各自都有对质量高于ρ′的布产品和质量低于ρ′的布产品的需求，这使两国间发生产业内的贸易。由此形成的产业内和产业间贸易格局是：资本相对丰裕的国家会生产并出口较密集使用资本要素的高质量的布产品，而劳动相对丰裕的国家会生产并出口较密集使用劳动要素的小麦以及不太密集使用资本的较低质量的布产品。

另外，还可以把生产要素中的劳动细分为技术工人或含有人力资本的熟练劳动和普通的非熟练劳动，并假定某种产品中质量较高的品种含有较高比例的人力资本。在这种假定条件下，仍然能够采用"赫克歇尔-俄林"理论对产业内贸易现象进行一种解释：人力资本禀赋较多的国家会生产和出口密集使用人力资本的产品和品种，并进口密集使用非熟练劳动的产品和品种。

第三节　规模经济与国际贸易

一、规模经济与市场结构

传统国际贸易理论的一个重要的假设是规模收益不变，即无论生产产品的数量是多少，经济组织追加生产单位产品的效率总是相同的。但事实上，规模的变化通常会带来效率的变化。经济学家将单个厂商从同行业内其他厂商的扩大中获得的生产率的提高和成本的下降而造成的规模经济称为外部规模经济。外部规模经济的来源主要产生于三个方面：(1) 生产设备及供应的专门化。经济的发展，使某些工业部门所需要的机械设备越来越趋于专门化，因而单独一家企业很难生产和供应整个产品生产的全部设备，因而这类部门的发展就有赖于机械生产部门的整体发展，相互之间提供专业化的中间投入。(2) 劳动市场共享。厂商的集中能为拥有高度专业化的工人创造出一个完善的劳动力市场，这个市场不仅有利于厂商也有利于工人，因为厂商会较少面临劳动力短缺的问题，同时工人也会较少面临失业。(3) 技术外溢。同一个产业的生产企业越多，相互之间的技术交流和促进越便利，从而越有利于新技术的普及或广泛使用。

规模经济也可以从厂商内部来影响厂商的生产效率，这就是内部规模经济。在内部规模经济的情况下，厂商自身规模经济的扩大可以提高生产效率并降低平均成本。内部规模经济之所以会出现，是由于：(1) 现代工业技术生产的特征之一是大规模生产，而大规模生产必须建立在一定的技术和管理基础上。如企业只有在一定规模上才能采用生产线、大型电子办公设备等。因此，一个较大规模的企业可能比若干个规模相同的小企业更有效率。(2) 大规模生产实行更细致的专业化分工，采用更有效率的机器，实行综合管理经营，从而大大提高了生产效率。(3) 生产的几何维量关系造成规模经济。比如输油管道直径增加2倍，可使流量高于2倍。双倍的船舶吨位可以使货舱容量高于2倍。另外，大量的科研和发展活动，巨额原材料买卖，这一切只有对那些已达到规模经济的厂商来说才是可能的和经济的。在一些行业中，内部规模经济具有强大的力量，以至于一个厂商能够满足市场总需求的50%以上。显然，由于生产要素的不可分性以及市场规模不可能达到允许许多厂商在各自的最小有效规模上生产，便不会有更多厂商在这个市场上进行竞争，因此，具有内部规模经济的行业往往是不完全竞争的行业。

通过一个假设的例子可以说明外部规模经济与内部规模经济的区别。假设某行业最初由10家厂商组成，每家生产100件产品。整个行业的产出是1 000件。现在考虑两种情形：假设该行业规模扩张了1倍，即由20家厂商组成，每家仍生产100件产品，如果此时效率提高了，即产品的平均成本下降了，就说明实现了外部规模经济；假设全行业的产出不变，仍是1 000件，但只剩下5家厂商，每家厂商各生产200件产品，若每件产品的生产成本下降，则存在内部规模经济。

外部的和内部的规模经济对市场结构具有不同的影响。一个只存在外部规模经济的行业一般由许多较小的厂商构成（即大厂商没有优势），且处于完全竞争的状态；相反，存在内部规模经济的行业中，大厂商比小厂商更具有成本优势，就形成了不完全竞争的市场结构。产业内贸易理论根据上述规模经济的性质发展了两个模型，一个是存在高度竞争市场的外部经济模型，另一个是存在内部经济的不完全竞争模型。由于外部经济对各厂商来说是外在的，对该厂商所在的行业来说则是内在的，因而，外部经济是同完全竞争市场结构相容的。这种规模经济的概念最先由马歇尔提出，于是产业内贸易理论经济学家将这种方法称为"马歇尔方法"，而将后一种分析方法称为"张伯伦方法"，顾名思义，是应用了张伯伦垄断竞争理论。外部和内部规模经济都是国际贸易的重要原因。但是，由于它们对市场结构有不同的含义，因此很难在同一个贸易模型中包括两种不同形态的规模经济。

二、外部规模经济与国际贸易

（一）具有外部规模经济的竞争行业与国际贸易

具有外部规模经济的行业具有如下生产函数：$M = n^\alpha X$（$\alpha > 1$），其中，X为单个厂商的平均产量；n为厂商数量；α为规模经济指数。该函数意味着行业产出规模不仅仅取决于厂商数量及生产规模，而且行业产量的增长会快于既定规模厂商增加带来的产量增长（如图4-2所示）。

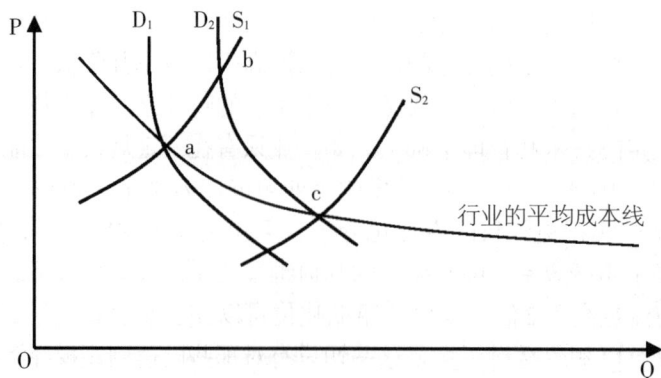

图4-2 外部规模经济的市场均衡

n可变，说明该行业是一竞争性行业，外部经济使得该行业面临一条向下倾斜的平均成本曲线。D（对该产业的需求）随着市场的扩大而向右移动，价格本应上升至b点；但由于外部经济的存在，整个行业的生产率上升，成本下降，使得S（行业供给）也向右移动，从而在c点达到了新的均衡。

一国如果能够在一些行业中进行大规模的生产使这些产品价格变得比较低，那么这种外部经济将驱使该国巩固已经存在的行业贸易格局而不管资源条件如何，即使其他国家有潜力能以低成本生产这种商品。

例如，瑞士的手表业生产的规模经济是一种外部规模经济，假设泰国的工资低于瑞士，这意味着在任何产量水平下，泰国的成本比瑞士低。但是由于历史的原因，瑞士的手表产量已经达到 Q_1，平均成本为 P_1，而泰国手表业刚起步，其所面临的成本为 C_0，尽管泰国有以更低的价格生产手表的潜力，但是瑞士仍然可以阻止其进入手表行业（如图4-3所示）。

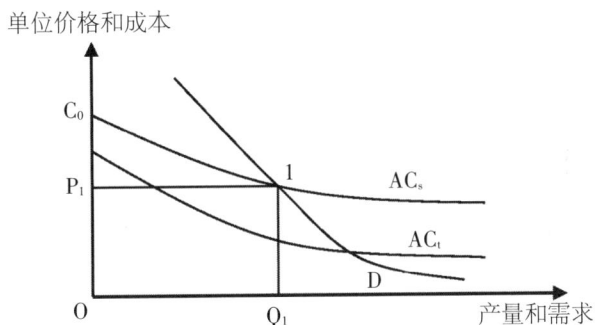

图4-3　历史偶然导致外部规模经济与市场进入

外部经济使历史的偶然性决定了生产模式，尽管这种格局和比较利益原则是相违背的。

另一种外部经济来源于知识的积累。知识的积累而产生的外部经济和基于现存的产出的外部经济是有区别的，在行业成本取决于经验的情况下，成本是以生产的累计产出衡量的。大多用学习曲线（learning curve）表示单位成本和积累产出的关系。成本随着积累产量的上升而下降称为动态递增报酬（dynamic increasing returns）。类似于一般的外部经济，一个行业的动态外部经济也因为初始优势或者起步较早而固定（如图4-4所示）。

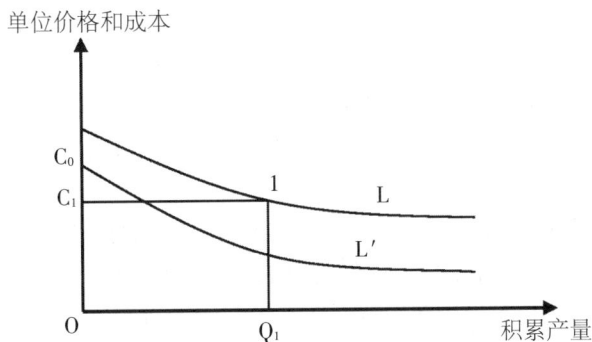

图4-4　学习曲线

其中，L表示最先进入某行业的国家，L′表示另一个生产成本比较低的国家，但是缺少生产经验。如果第一个国家有足够的先行时间，第二个国家就可能进不了这个市场。因为第一个国家的积累产出是Q_1，其成本为C_1；而第二个国家的初始成本为C_0，高于C_1。

（二）外部规模经济和同类国家之间的国际贸易

该模型是由经济学家默瑞·坎普在1964年提出的，主要是为了从外部规模经济的角度来解释发达国家之间贸易的成因。通过坎普模型可以解释两个技术相同、资源禀赋相同，甚至需求相同的国家为什么会进行贸易。

图4-5反映了这种规模经济的生产可能性边界（PPF）是一条凸向原点的曲线。这意味着，对于任何一种产品而言，随着产量的增加，每个产品的相对成本逐渐下降。当该国专业化生产一种产品的时候（在M或N点上生产），该产品的生产成本达到最低。

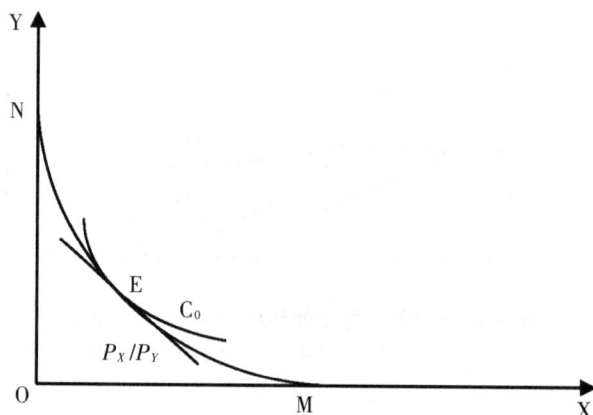

图4-5 商品X与商品Y的生产可能性曲线

为了集中说明规模经济与贸易的关系，假设1国、2国的生产技术、资源禀赋和需求偏好都相同，因此，两国的生产可能性边界和无差异曲线也完全相同。

在没有贸易的情况下，任何一国都必须根据本国的生产能力和消费偏好来决定两种产品的数量。假设这一点为E，在这一点上，两国都生产和消费一定数量的两种商品，社会效用水平为C_0。

由于两国产品的相对价格、生产量和消费量完全相同，在比较优势的理论中，两国不会发生贸易。现在假设，商品X的生产发展迅速，有更多的人从事生产，在图4-6中，生产点由E移到了I，由于规模经济，在点I上，商品X的机会成本下降而商品Y的机会成本上升。另一方面，假设2国的商品Y的生产扩大，生产点从E移到了C，2国的Y机会成本下降，而X的机会成本上升。

此时，两国的生产成本发生了变化。1国的X商品的相对价格低于2国，而2国的Y商品的相对价格低于1国。两国便有了贸易的动力。1国会出口一部分X商品进口一部Y商品，2国则正好相反，出口Y进口X。两国在介于封闭经济中的X的相对价格P_X/P_Y下进行交换，结果是两国都能在F点消费，社会福利水平从C_0上升到C_1。

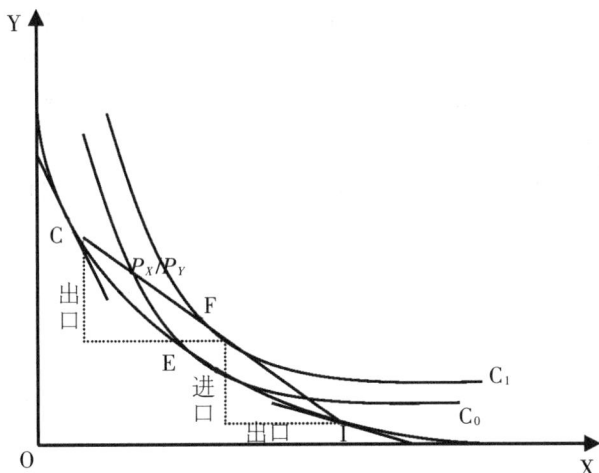

图4-6 规模经济与国际分工

图4-7则说明了一种更为极端也是更优的状况。如果两国都集中生产一种产品（在M点或N点上生产），然后进行交换，则两国都在G点上消费，其社会福利水平会大大提高。在图4-7中以C_3标识，从而达到最优状况。

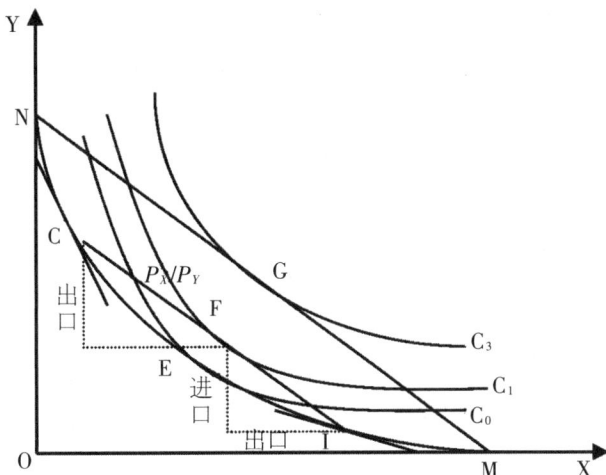

图4-7 规模经济与完全专业化国际分工

进一步分析世界产出与世界福利。如图4-8所示，在规模报酬递增的条件下，将两个国家的生产可能性曲线加总可以得到世界生产可能性曲线。它是由两段相接于点E的凹形曲线构成的。假如两国都生产X商品，那么其均衡点就在2A；假如两国都生产Y商品，那么其均衡点就在2B；假如两国实行国际专业化分工，即当1国专业化生产X商品，2国专业化生产Y商品时，世界产出组合的均衡点将出现在E（A，B）上，如果世界产出的无差异曲线C_w恰好与此点相切，那么此时整个世界产出将得到具有规模经济的最优解。点E与点2A与点2B之间的弧线上的点（如D点）表示一国专业化生产而另一国同时生产两种商品时的世界产量组合；曲线以内的点（如C点）表示两国均未实行专业化生产时的世界产量组合，也就是说，在C点上，若两个国家不进行国际专业化分工与贸易合作，都分配资源既生产X产品又生产Y产品，那么它们总共只能得到M加上N的产品，此时整个世界经济的均衡点将出现在M到N这两点连线之内的某一点上，这意味着规模经济的丧失与世界经济福利的下降。由此可知，若1国、2国分别专业化生产X商品和Y商品，并按世界价格线P_w（点2A与2B的连线）进行交换，则世界的社会无差异曲线C_w才会在E点达到最大化。

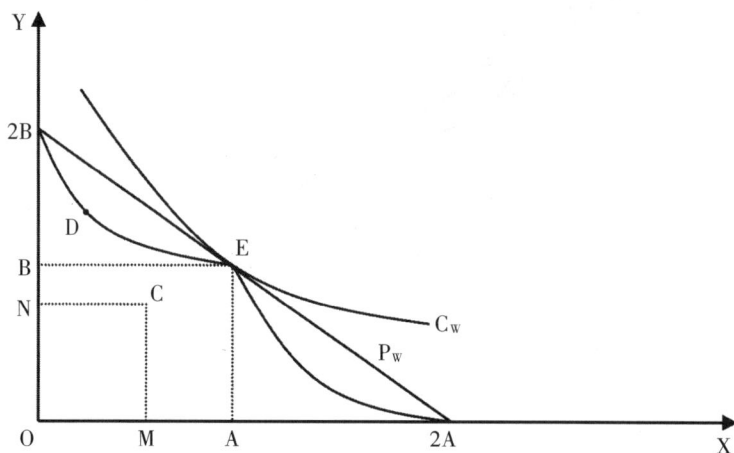

图4-8　规模经济与世界福利效果

第四节　　内部规模经济、不完全竞争与国际贸易

　　传统贸易理论的另　个重要假设是不完全竞争的市场结构。但是，拥有内部规模经济的，更多的是处于垄断竞争和寡头竞争地位的企业，这些企业所面临的市场结构也不同于以往所分析的完全竞争的市场结构，而是不完全竞争的市场结构。在这种市场结构下，厂商的定价行为往往背离产品价格等于边际成本的原则。从整个国家来看，商品之间的价格比率不等于其成本比率，国际分工不能完全由机会成本调节，从而影响到资源的配置和社会福利，难以达到最优境界。由于完全垄断像完全竞争一样不切实际，而解释卡特尔和国际商品协议行为的模式是从寡头垄断理论中推导出来的，因此贸易理论主要分析了与国内同产业内部规模经济有关的寡头和垄断竞争两种不完全竞争对国际贸易所产生的影响。

一、垄断竞争与国际贸易

（一）局部均衡分析

1.基本假设

假设每个厂商的产品存在差别，消费者不会因为有一个细小的价差而去购买其他厂家的产品，产品的差别可以保证每个厂商的产品可以在某一行业中拥有垄断的地位。第二个假设是每个厂商把其他厂商的定价看成是既定的，它不考虑自己的价格会冲击其他厂商的价格。这样，垄断竞争模型假设即使每个厂商实际上面临其他厂商的竞争，但是其行为和一个垄断者的行为是相似的，所以称为垄断竞争模型。

垄断竞争模型在现实中，与有些行业的竞争是非常相似的，例如汽车制造业，不同的企业提供的汽车产品间有着明显差异，但又互相具有竞争性。

在这个模型中，每家厂商的商品不完全相同，但是能相互替代。每家厂商因其产品的特殊性在感觉上认为自己是一个垄断者，但是消费者对商品的需求仍然取决于其他厂商的相似产品的数量和定价。厂商的数目越多，每家厂商的定价越低。在图4-9中用向下倾斜的曲线PP表示厂商数目和价格之间的关系，厂商的数目越多，竞争越激烈，价格水平越低；CC曲线表示厂商数目和平均成本之间的关系，厂商越多，生产规模越小，每家厂商的平均成本越高，这样厂商可能面临亏损。

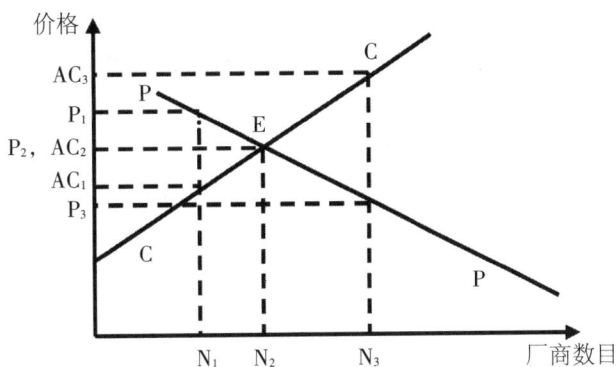

图4-9　垄断竞争市场中厂商数目与价格的决定

当CC和PP相交于E点时，表示价格等于平均成本，厂商的利润为零，此时厂商的数目为N_2。如果厂商的数目小于N_2，在N_1点，厂商的定价为P_1，平均成本为AC_1，厂商将获得垄断利润。如果厂商的数目是N_3，厂商的平均成本是AC_3，而定价是P_3，厂商将面临亏损。这就是垄断竞争的一般模型。

2.垄断竞争市场结构下的国际贸易

在贸易中运用垄断竞争的基础是扩大市场规模，在规模经济的行业中，商品的种类和生产的规模都受制于市场的规模，而国际贸易能够将世界市场联系在一起，大于一国国内市场。这样，一个国家或者企业就可以不受国内市场的约束，进行专业化生产，而各国的消费者通过贸易可以消费更多的商品。所以各国在技术和资源上没有差别，贸易仍然提高了互利的机会。

由图4-10可知，CC曲线表示厂商数目和平均成本之间的关系。在厂商数目是确定的情况下，总销量的增长可以降低平均成本，所以大市场的平均成本线为C_2，低于小市场的平均成本线。PP曲线表示厂商数目和定价之间的关系，销量的增加不改变PP曲线。当市场规模扩大以后，销量增加，价格下降，厂商的数目比小市场有所增加，但是增加弹性小于价格的下降。这表示在大市场中，消费者可以在较低的价格水平中进行更多的选择。

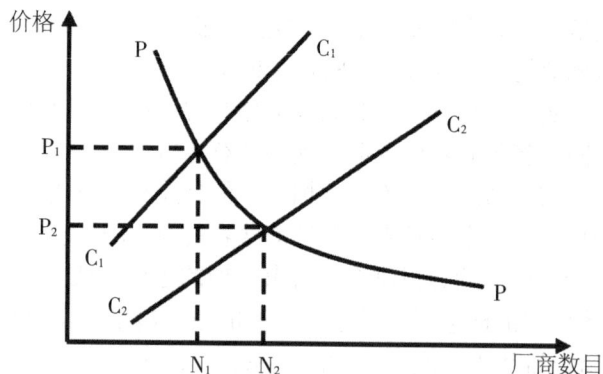

图4-10 垄断竞争市场结构与国际贸易

（二）一般均衡分析

假设一个封闭的经济体系（世界），生产两种商品：一种是差别商品Y，另一种是同质商品X。生产商品Y的部门有着递增的规模报酬和垄断竞争，同时生产商品X的部门是完全竞争和规模报酬不变的。两个产业都使用同质的资本和劳动作为它们的生产要素，两种要素可以在部门间自由地流动并且得到充分的利用。如果给定要素价格和商品价格，那么两个部门之间将会存在一定的要素配置。

图4-11可以看成是埃奇沃斯盒状图在两个国家之间的拓展。在图中，盒的边长代表经济中所存在的劳动和资本的总数量（$\bar{K}$和$\bar{L}$）。点Q是向量OQ的终点，它给出了在一体化经济中部门Y的资源配置。从中可以看出，Y部门使用OK_Y和OL_Y的劳动。与Q点相似，Q′表明了部门X的资源配置，其中OK_X和OL_X为Y部门使用的资本和劳动。而且商品Y与商品X相比属于资本密集型的（Y部门的资本-劳动之比更大）。

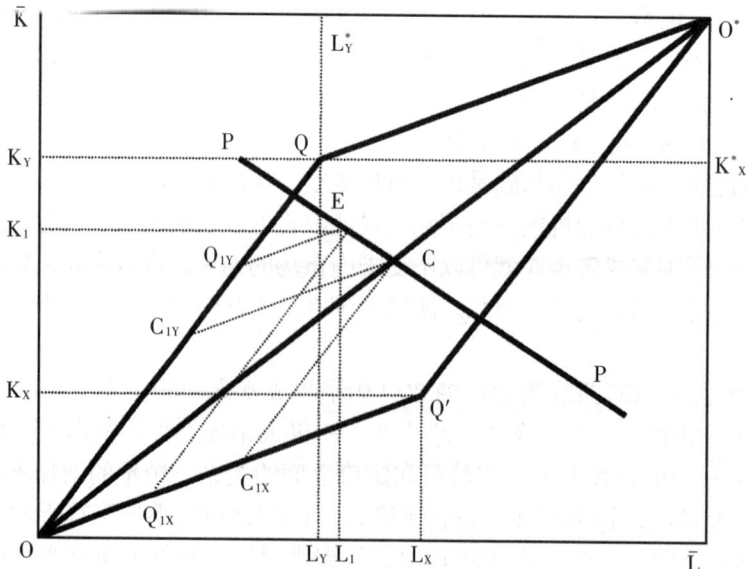

图4-11 垄断竞争下开展国际贸易的一般均衡分析

既然两种要素都得以充分利用，就有$OK_Y + OK_X = O\bar{K}$，因此就有了$OK_X = K_Y\bar{K} = O^*K^*_X$，

同理，$OL_Y + OL_X = O\bar{L}$，所以 $OL_X = L_Y\bar{L} = O^*L^*_x$。从而根据图形，有 $O^*Q = OQ'$，也就是说，向量 O^*Q 与向量 OQ' 有着同样的长度和斜率，并且向量 O^*Q' 与 OQ 的长度和斜度也是相同的。因此，OQO^*Q' 是平行四边形。

　　假设世界由1国和2国组成，二者在偏好、技术和市场结构方面完全相同，仅有的差别是要素禀赋的不同。从 O 点出发度量1国的禀赋以及从 O^* 出发度量2国的禀赋，在两个国家之间 $\bar{K}$ 和 $\bar{L}$ 的分割可以用盒中的一点来表示。假设点 E 是分割点，1国的资本存量为 OK_1，劳动为 OL_1；其余为2国的要素禀赋。E 点位于埃奇沃斯盒状图对角线之上，反映出1国相对于2国是一个资本相对丰裕的国家。

　　由于两国贸易后的商品价格和要素价格与一体化的世界相同，1国就可以用经济一体化时的那种技术来生产两种商品，即它将以 OQ 的斜率表示的技术生产商品 Y，以 OQ' 的斜率表示的技术生产商品 X。在表示1国的埃奇沃斯盒状图 OK_1EL_1 中，可以决定用于生产 Y 和 X 的资本和劳动的配置，画出平行四边形 $OQ_{1Y}EQ_{1X}$，得到1国用于生产 Y 和生产 X 的要素配置。

　　过 E 点做出一条斜率等于要素价格比率 p_L/p_K 的直线，与对角线 OO^* 相交于 C 点，由于在完全竞争和垄断竞争的市场结构中，长期均衡的超额利润都为零，即单位产品的价格等于平均成本，或单位产品的要素成本。而要素的成本就是要素所有者的报酬，要素所有者的总报酬又等于国民收入，这样沿着直线 EC 的所有点都表示本国的既定国民收入，又都等于在 E 点处的国民收入水平。同理，从原点 O^* 出发考察 EC，发现沿着这条直线，2国的国民收入水平也是不变的。从而 OC/OO^* 就度量了世界收入（产出）中1国的份额。

　　根据假设，两国的需求结构相同，那么，两国必然以相同的比例需求这两种商品，因此也必然对要素需求的比例相同（由于生产商品的技术条件不变，可以把商品看作两种要素的综合体）。因而，消费点都将在对角线 OO^* 上。由于全部国民收入都被消费掉，所以消费点将是 C 点。为了确定消费点 C 所包含的本国两种商品的消费结构，可以采用与前面相似的分析方法，画出平行四边形 $OC_{1Y}CC_{1X}$，从中可以得到1国 Y 部门的消费点 C_{1Y}，X 部门的消费点 C_{1X}。可以看出，由于 $OC_{1Y} < OQ_{1Y}$，可以说明1国是 Y 部门的净出口国；同理可得是 X 部门的净进口国。类似的，2国是 Y 部门的净进口国，X 部门的净出口国。这一结果与要素禀赋理论的结论相一致。但是，由于 Y 部门商品属于规模收益递增的差异产品，为了满足多样化的需求，所以任何一个国家都不会生产所有种类的 Y，而是生产其中的一部分。因此，1国在出口 Y 的同时仍会从外国进口一些自己所不能生产的一部分，而2国在进口 Y 的同时也会自己生产一部分，商品 Y 的贸易属于产业内贸易。而 X 商品属于在完全竞争的市场结构下生产的同质产品，因此 X 商品的贸易属于产业间贸易。这样，两国之间的贸易是产业内和产业间并存的贸易模式。需要指出的是，埃奇沃斯盒状图并不能反映出每个国家具体生产何种 Y 商品，但对于所分析的问题而言并不重要。

二、寡头垄断与国际贸易

(一)寡头垄断下的同质产品贸易

布兰德（Brander，1981）和克鲁格曼（Krugman，1983）建立了一个简单的开放条件下的古诺均衡模型对这一问题进行了分析。假设有两个厂商1和2，厂商1在1国，厂商2在2国；两个市场是相对独立的；技术和需求函数在两国都相同，并且生产成本是一样的（边际成本不变）。它们生产相同的同质产品。假设决策的变量是产量，那么每个厂商都要决定它的产品在国内和国外各出售多少（全部产出都是在国内生产的）。发生贸易后，两国间的运输成本依照"冰山假设"（Iceberg Hypothesis），则货物的一部分被充作运输成本。运输成本全部由生产者负责，并且假设运输成本是对称的，也就是说，厂商1的产品运送到2国的市场的单位运输成本等于厂商2的产品运送到1国所需要的单位产品的运输成本。

根据古诺的假设，每个厂商都会通过假设其他厂商所供给的产量保持不变来决定自己的产量，以使利润最大化。这里与传统的古诺均衡模型的不同之处在于，每个厂商都同时在两个不同的市场上经营，在每个市场上，针对其他厂商在同一市场的供给，每个厂商都采取古诺式的策略。具体而言，如果用q_{ij}（$i,j = 1,2$）表示厂商i在市场j所提供的数量，可以得到，厂商1在假设q_{21}和q_{22}保持不变时会选择q_{11}和q_{12}来使利润最大化；同理，厂商2在假设q_{11}和q_{12}不变时选择q_{21}和q_{22}来使利润最大化。每个厂商在计算利润时必须考虑到国外市场上出售商品所需要的运输成本（如图4-12所示）。

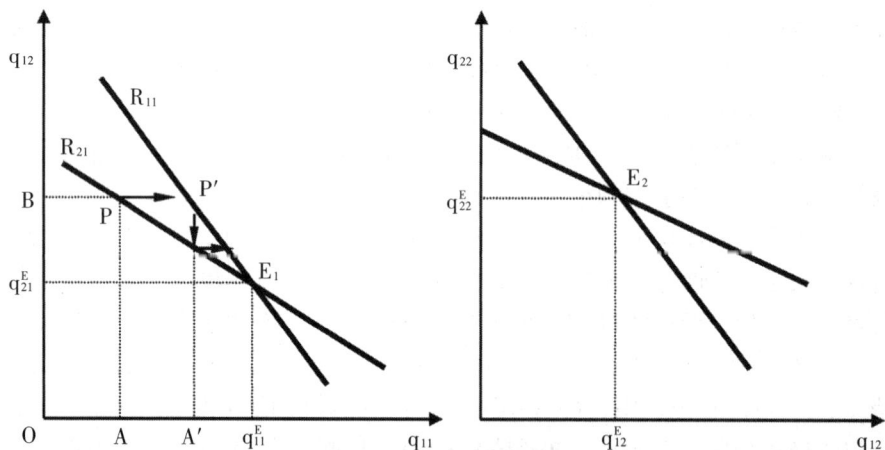

图4-12 开放条件下的古诺均衡

从图4-12可以看出，每个市场都有一对反应曲线，用R_{ij}（厂商i在市场j中的反应曲线）来标识它们。出于简单化的考虑，假设它们是线性的，并且在一个市场上的一个厂商的反应曲线仅仅依赖于在这个市场上另一个厂商所供给的数量，而与其他市场上的供给无关。比如，R_{21}并不随着q_{22}、q_{12}的变化而变化。

先考察1国。取任意一个初始位置，如在厂商2的反应曲线上的P点，此时厂商1提供的数量为OA，厂商2提供的最优数量为OB。考虑到厂商2提供的数量为OB，厂商1将依据自己的反应曲线重新调整产量，最优的产量是OA′（即厂商1的反应曲线R_{11}上的P′点的横坐标）。厂商2根据厂商1的产量OA′，将重新调整自己的产量，将由P′向下运动至R_{21}上。如此这般调整下去，最后将收敛于均衡点E_1。运用同样的方法可以得到，在2国，E_2

是两个厂商的古诺均衡点。

如果给定假设条件即两个市场的大小相同、产品的成本相同、运输成本相同，则两个均衡解将是对称的，即：$q_{11}^E = q_{22}^E$，$q_{12}^E = q_{21}^E$ 成立。同时，由于存在运输成本，则 $q_{ii} > q_{ji}$ 成立，即在每个国家的市场中，由本国厂商满足的需求份额总是大于外国厂商所满足的份额。

因为企业在外国市场占有的份额要低于在国内市场占有的份额，所以企业在外国市场的边际收益相对于国内市场而言要高一些。对此，企业的决策是将产品以低于本国市场的价格"倾销"到国外，Krugman（1983）称这种现象为相互倾销（reciprocal dumping）。尽管从表面上看，如果这种销售不影响在本国销售的其他产品的价格，那么厂商所获得的总利润水平就提高了。同样道理，其他国家的厂商也会采取同样的战略将更多的产品销往对方国家市场的产品销量提高，这种相互倾销行为所形成的贸易不是由于两家分属不同国家的厂商生产了差异产品，而是因为各自在最大限度追求利润。由此可以看出，在相互倾销贸易理论中，各国开展对外贸易的原因只在于垄断或寡头企业的市场销售战略，与产品成本差别无关，也与要素禀赋差别无关。相互倾销贸易理论将建立在不完全竞争基础上的国际贸易理论推向了更高的层次：即使各国生产的产品之间不存在任何差异，寡头垄断企业仍然可以出于最大限度利润的追求，开展各国之间的贸易。不完全竞争企业的市场战略，使国际贸易的结构更加不确定。在那里，既然国际贸易产生于企业为获取最大限度的利润而确定的市场战略，贸易的结构就只服从于垄断企业的市场战略或以获取最大限度利润为标准。

人物介绍4-1

保罗·克鲁格曼

（二）寡头垄断下的异质（差异）产品贸易

尽管同质产品的产业内贸易可以通过赫克歇尔-俄林贸易理论框架来解释（如转口贸易和季节性贸易），也可以通过运输成本和寡头的战略性行为等因素来解释，但是，对差异产品贸易的解释需要更复杂的理论。由于差异产品的贸易在整个产业内贸易中占有很高的比例，经济学家对解释这种现象感到非常困难。解释差异产品的产业内贸易理论可以分为两类：一类是解释水平差异产品的产业内贸易，另一类是解释垂直差异产品的产业内贸易。

1.水平差异性产品

伊顿和基尔奇考斯基（Eaton & Kierzkowsky，1984）考察了这样一种情况。模型假设消费者对于水平差异商品的偏好是依照兰卡斯特（Lancaster）偏好而不是D-S（迪克西特-斯蒂格利茨）偏好。D-S偏好是指消费者喜欢消费同一类商品的多种模式，当同类商品所有模式价格一样时，消费者选择消费等量的所有可得到的各种模式。而兰卡斯特偏好则假设某个人特别偏好商品的某一个模式。假设某类商品的各种不同模式能用单位圆圆周上的点来表示，每个点代表一个不同的模式，在这种情况下，每个消费者的理想模式也可用圆周上的点表示。当每个消费者被提供一定数量的某种商品并可自由地选择任何潜在可能的模式时，不管被提供的商品类型有多少，他都将选择理想模式。而且，当一个消费者比较两种不同的模式时，他宁愿选择距理想模式较近的一个。

2.垂直差异性产品：谢克德和萨顿模型

这一类模型与前面讨论的并不相同，在这些模型中，产品是垂直差异的。厂商要开发一个质量较高的品种就要在产品投入市场之前进行研究与开发。这种研究与开发的费用就被看作固定成本。假设平均可变成本为常数（或者在最简单的模型中假设为零），或者随着产品质量的改进而缓慢提高。消费者被假设为都具有同样的嗜好，因此他们根据所见的产品质量对产品有一个共同的排列。但是消费者的收入水平不同，质量较高的产品就被收入较高的消费者所购买。

厂商的决策是一个三阶段的过程：每个厂商首先要决定是否进入一个既定的市场；然后他要决定生产什么质量的产品；最后他要决定销售价格。这些决策一部分取决于已经在市场里的厂商数目。这些模型中的均衡，包括厂商的数目，对于一些变量，特别是对于收入分布的范围、消费者的嗜好以及平均可变成本与产品质量之间的关系是很敏感的。如果收入分布的范围很广，并且可变成本是随质量递增的，较多的厂商就可以并存。如果收入分布较窄，并且平均可变成本不随质量变动，则市场就可能只由一两个厂商占领，这种情况被谢克德和萨顿（Shaked & Sutton，1984）称为"自然（卖主）寡占"（natural oligopoly）。

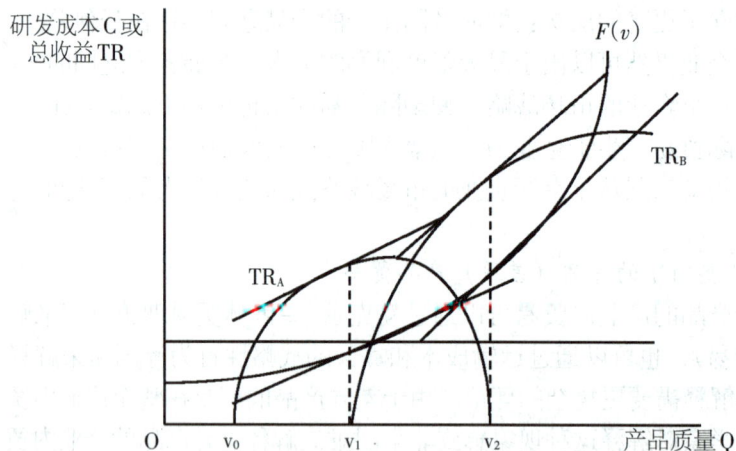

图4-13 一种垂直差异产品的双垄断均衡

如图4-13所示，$F(v)$是开发质量为v品种的产品所需的研发成本。假定厂商A先进入市场并生产质量较低的品种v_1，TR_A是其总收益曲线。厂商B后进入市场，生产质量较高的品种v_2，其总收益为TR_B。

厂商A生产品种v_1时为最佳选择，因为此点的边际收益（TR_A曲线上的斜率）与边际成本（$F(v)$在v_1点上的斜率）正好相等。如果其生产高质量的品种v_2，其总收益为零。相反，它可以通过生产质量较低的品种得到收益。但如果一直以降低生产的质量来提高收益，最终消费者会转向购买质量较高的品种。

厂商B的情况正好和厂商A相反，它无法一直通过提高质量来增加收益。若如此，消费者会转向消费质量较低的品种。如果厂商B生产质量较低的品种v_1，其总收益为零。在生产v_2质量的产品品种上，其边际收益（TR_B曲线上的斜率）与边际成本（$F(v)$在v_2点上的斜率）相等，是收益最大化的选择。

　　假定有两个完全一样的国家。在封闭条件下，两个国家中各自都有两个厂商生产同一种垂直差异产品。如果由这两个国家组成的"世界"允许进行自由贸易，这样，一个国家的厂商会直接面临另一个国家生产同样质量产品厂商的竞争。竞争的结果会使一个品种只在一个国家生产，但不能预测哪两家厂商会生存下来，然而，每个生存下来的厂商会面对由国内和国外市场相加后的一个更大的市场。扩大了的市场会导致规模经济，规模经济导致产品的生产成本和销售价格下降，消费者因此而受益。

　　如果放松该模型中的两个国家完全一样的假定，即两个国家的收入水平不相同，那么，这种产业内贸易的不确定性就消除了。如果一个国家的平均收入水平比另外一个国家高，则该国在封闭经济条件下生产的产品质量也会比另一个国家的高。两国开展国际贸易后，可供给的产品品种比以上收入相同模型中的要多。其中，高收入国家会专门生产质量高的品种，并出口其中的一部分，同时，从低收入国家进口某些质量较低的品种。低收入国家的生产和贸易模式与高收入国家正好相反。

第五节　异质性企业贸易理论

一、异质性企业贸易理论产生的背景

　　古典国际贸易理论中的比较优势理论和新古典国际贸易理论中的要素禀赋理论，以完全竞争市场和规模报酬不变为前提假设，分别得出国家间生产率的差异和要素禀赋的不同是产业间贸易形成的原因，但是无法解释生产率、要素禀赋差异较小时仍进行国际贸易的原因。产业内贸易理论在传统贸易理论的基础上改变了规模报酬不变和完全竞争市场的假设，分析了在垄断竞争和规模经济的情况下产业内贸易发生的原因。但是不论是古典、新古典国际贸易理论还是产业内贸易理论，其研究均从宏观层面出发，分析国家间生产分工和贸易活动的进行，忽视了微观个体的差异性。

　　企业异质性理论正是从微观企业视角进行分析，该理论假定企业的生产率存在异质性，在此基础上建立微观企业的分析框架，使得国际贸易理论分析从宏观层面深入到微观层面，更加贴近现实，具有说服力。该理论讨论的主要问题包括：为何只有少数企业服务于国际市场，大多数企业都只服务于国内市场？贸易开放对行业内所有企业的影响都一样吗？贸易开放对社会资源配置效率和总福利有什么影响？

二、异质性企业理论的主要内容

　　异质性企业理论主要包括以伯纳德（Bernard）和梅利茨（Melitz）为代表的两类异质性企业贸易模型，其中由于梅利茨基础模型的简明性和可拓展性，特别是与新贸易理论的一脉相承，其成为异质性企业贸易模型中影响最大、接受度最高的基础模型。梅利茨模型主要是基于克鲁格曼的垄断竞争和规模经济的分析框架，在此基础上构建异质性企业动态模型，并将企业微观层面的生产率异质性一并纳入一般均衡的分析当中。梅利茨的模型在封闭经济和开放经济两种情况下分别讨论了异质性企业贸易的差异，下面将分别介绍：

　　在封闭经济环境中，其假设包括：（1）企业只有劳动力一种要素投入。（2）企业进入市场需要支付不可撤销的固定国内市场进入成本 f_e，$f_e > 0$。（3）企业生产率是外生给定

的，每个企业在支付了进入成本f_e之后，可以从连续分布$G(\varphi)$中随机抽取自身的生产率水平$\varphi > 0$。（4）企业依据生产率水平φ决定是否进行生产。（5）生产中的企业面临一个概率为δ的外生冲击，受到冲击的企业会直接退出市场。

梅利茨推导出企业的价值函数为：$v(\varphi) = \max\{0, \frac{1}{\varphi}\pi(\varphi)\}$，其中$\pi(\varphi)$为企业利润。企业停止生产的条件为：$\varphi_a^* = \inf\{\varphi : v(\varphi) > 0\}$，当企业生产率$\varphi < \varphi_a^*$时，企业立即退出并且永远不会生产。在封闭经济的背景下，企业选择自由进入（free entry，FE）市场的条件：$\pi = \frac{\delta f_e}{1 - G(\varphi_a^*)}$。该条件刻画了垄断竞争市场结构的特征，企业考虑到未来所面临的不确定性冲击，以及固定成本的支付，因此必须有一个正的平均利润水平。在企业进入市场价值预期为零的情况下，临界生产率φ_a^*越大，市场中企业获得的平均利润就越大。

另外，在生产过程中，企业可能因面临生产利润为零（zero cutoff profit，ZCP）而选择退出市场的情况，退出市场的临界条件可表示为：$\pi = f k(\varphi_a^*)$。该条件表示当临界生产率企业的利润为零时，市场中平均利润水平与临界生产率φ^*之间的关系，由于生存在市场中的企业生产率水平均大于φ_a^*，因此企业能够获得正的利润，这些正的利润可以弥补企业进入市场的固定成本和未来的不确定性冲击。φ_a^*越小，行业中的生存企业越多，只要其生产效率高于临界生产效率就能获得正的利润。

FE和ZCP相交所对应的φ_a^*是进入市场的预期净价值为零的生产率水平，同时处在该生产率水平上的企业的利润为零。这个φ_a^*是封闭经济中的市场均衡状态下的临界生产率水平。图4-14所示为封闭经济模型的市场均衡。其中，$\bar{\pi}$代表均衡时的平均利润，φ_a^*代表均衡时的平均生产率，只有当企业生产率$\varphi > \varphi_a^*$时，企业才会选择生产。

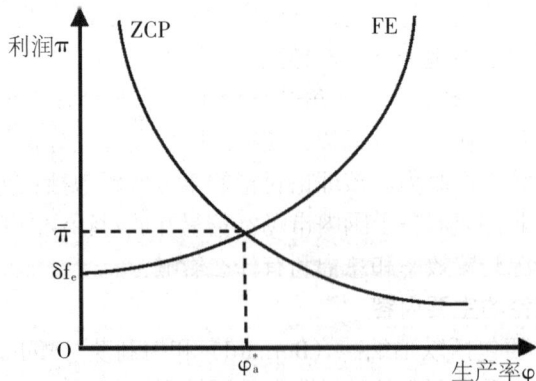

图4-14 封闭经济市场均衡

在开放经济环境中，梅利茨在封闭经济模型的基础上加上了国际贸易的影响，该模型在前文的假设之中加入以下几个假设：（1）世界由一些同样的国家组成。（2）世界由$n+1 \geq 2$个国家构成，每个国家可以和另外$n \geq 1$个国家进行贸易。（3）企业进入每一个出口市场都需要支付一个固定成本f_{ex}，$f_{ex} > 0$。（4）企业将每单位商品运到外国市场需要支付冰山成本$\tau > 1$。

梅利茨在此基础上通过计算得出企业利润函数为：$\pi(\varphi) = \pi_d(\varphi) + \max\{0, n\pi_x(\varphi)\}$，

其中 $\pi_d(\varphi)$ 代表国内市场的利润，$\pi_x(\varphi)$ 代表国际市场的利润。在开放经济中，企业仍可能面临因生产利润为零而选择退出市场的情况，新的临界条件（ZCP）可表示为：$\pi = fk(\varphi_a^*) + p_x n f_x k(\varphi_x^*)$，其中 p_x 为企业会选择出口的概率，φ_x^* 代表出口临界生产率。

开放经济模型均衡为：（1）当企业生产率 $\varphi < \varphi_i^*$ 时，其中 φ_i^* 代表临界生产率，企业选择退出市场。（2）当企业生产率 $\varphi_i^* \leqslant \varphi < \varphi_{ix}^*$ 时，其中 φ_{ix}^* 代表出口临界生产率，企业选择只服务于国内市场。（3）当企业生产率 $\varphi \geqslant \varphi_{ix}^*$ 时，企业服务于两个市场。

对比封闭经济条件下的 ZCP 函数和开放经济条件下的 ZCP 函数，前者相比后者增加了一个正值，即开放经济条件下的 ZCP 曲线向坐标轴的右上方移动，意味着贸易的开展导致零利润退出市场的临界生产率水平和企业平均利润的提高。φ_a^* 和 φ_i^* 之间生产效率较低的企业在新的贸易均衡中不再会得到正的利润而退出市场，从而增加了较高生产率企业（$\varphi \geqslant \varphi_i^*$）的市场份额，导致资源的重新配置，提高了社会资源配置效率和总福利。

异质性企业贸易理论的主要结论为：第一，国际贸易引发的出口市场进入成本和竞争效应会对企业决策产生重大影响。由于生产率最高的企业将能承担出口固定成本而选择出口，之后其为了获得更大利润而扩大生产规模，导致劳动要素的成本上升，使生产率最低的企业被迫退出市场，生产率位居中游的企业将继续进行本土化生产。第二，异质性企业的"资源再分配效应"使资源在行业内生产率不同的企业间重新配置。贸易自由化使得资源重新分配，分配的结果有利于那些生产率较高的企业，因为这些企业既为国内市场生产也为国际市场生产。第三，出口成本的存在不会影响贸易的福利增强特性。当生产率较低的企业退出市场后，出口收益向高生产率的企业集中，其结果是整个产业的生产率因国际贸易而提升。因此，一国贸易曝光的增加会导致福利收益提高。

人物介绍4-2

马克·梅利茨

专栏4-2

中国出口企业
生产率之谜

本章小结

1.在目前产业内贸易文献中，人们大多采用修正前的格鲁贝尔−劳埃德的产业内贸易指数作为衡量一国产业内贸易水平高低的指标。

2.产业内贸易和产业间贸易的区别：（1）产业内贸易和产业间贸易的测定指标、商品结构、地理方向不同。（2）产业内贸易和产业间贸易理论不同。（3）产业内贸易与产业间贸易的利益分配和贸易政策趋向不同。

3.产业内贸易与产业间贸易的联系：（1）现实中的国际贸易是产业内贸易和产业间贸易有机结合的产物。（2）要素禀赋决定了一个国家对外贸易商品结构的框架。（3）产业内贸易是一个国家对外商品贸易结构高级化的反映。

4.新要素禀赋理论首先研究了垂直差异性产品国际分工问题，认为：劳动相对丰裕的1国生产质量较低的产品价格较低，具有比较优势；资本相对丰裕的2国生产质量较高的产品价格较低，具有比较优势。

5.外部的和内部的规模经济对市场结构具有不同的影响。一个只存在外部规模经济的行业一般由许多较小的厂商构成（即大厂商没有优势），且处于完全竞争的状态；相反，存在内部规模经济的行业中，大厂商比小厂商更具有成本优势，就形成了不完全竞争的市场结构。

6.一国如果能够在一些行业中进行大规模的生产致使这些产品价格变得比较低，这种外部经济驱使该国巩固已经存在的行业贸易格局而不管资源条件如何，即使其他国家有潜力能以低成本生产这种商品。

7.坎普模型说明了即使两个技术相同、资源禀赋相同，甚至需求相同的国家，由于外部规模经济的原因，也能够产生国际分工进行贸易，结果将使两国各自以及世界的福利水平提高。

8.在垄断竞争模型中，贸易可以划分成两类：产业内贸易和产业间贸易。产业内贸易指某一产业内差异产品之间的双向贸易，它反映出规模经济；产业间贸易则指的是一个产业的产品与另一产业产品的交换，它反映出比较优势。产业内贸易对收入分配的影响不如产业间贸易那么强烈。

9.在开放条件下的古诺模型分析表明：由于存在着运输成本，则模型成立，即在每个国家的市场中，由本国厂商满足的需求份额总是大于外国厂商所满足的需求份额。因为每一个企业在外国市场上占有的份额要低于在国内市场上占有的份额，所以企业在外国市场上的边际收益相对于国内市场而言要高一些。对此，企业的决策是将产品以低于本国市场的价格"倾销"到国外，Krugman（1983）称这种现象为相互倾销（reciprocal dumping）。在相互倾销贸易理论中，各国开展对外贸易的原因只在于垄断或寡头企业的市场销售战略，与产品成本差别无关，也与要素禀赋差别无关。

10.异质性企业理论的结论表明：第一，国际贸易引发的出口市场进入成本和竞争效应会对企业决策产生重大影响。第二，异质性企业的"资源再分配效应"使资源在行业内生产率不同的企业间重新配置。第三，出口成本的存在不会影响贸易的福利增强特性。

重要概念

产业间贸易　产业内贸易　内部规模经济　外部规模经济　不完全竞争　产品差异化　异质性企业

复习思考

1.什么是产业内贸易？其与产业间贸易有什么区别？衡量方法有哪些？

2.什么是规模经济？有几种类型？

3.为什么外部规模经济可以成为国际贸易产生的原因？

4.叙述规模经济与差异性产品理论的基本内容。

5.请对产业内贸易理论进行简要评价。

6.请简单介绍异质性企业理论的结论。

第五章

国际贸易与经济增长

随着时间的推移，一国的要素禀赋、技术条件以及需求状况等变量会发生不同程度的变化，这些变量的变化将引起国际贸易的结构、方向和贸易条件也发生变化。另外，国际贸易也能够对一国的经济增长产生作用，经济学家对这一问题有着不同的见解。通过本章的学习，可以了解到以下内容：经济增长的贸易效应，生产要素增长与技术进步对国际贸易的影响，经济增长对一国贸易条件和福利的影响，国家贸易对经济增长的作用等。

第一节   **经济增长的贸易效应**

一、生产效应

假设一国有两个部门：出口品生产部门 X 和进口品竞争部门 Y，根据经济增长中两个部门生产增长的不同情况，把经济增长分为五种类型：

（一）中性增长（N）

在经济增长过程中，出口部门与进口竞争部门的生产增长率相同，则出口供给的增加率同进口需求的减少率相等，这种情况称为中性增长，即不改变原有的进出口贸易结构。如果分别用 ΔS_X 和 ΔS_Y 表示生产的变化量，则中性增长可定义为：$\dfrac{\Delta S_X}{S_X} = \dfrac{\Delta S_Y}{S_Y}$。

（二）顺贸易偏向型增长（P）和超顺贸易偏向型增长（UP）

若两个部门的生产同时增长，出口部门的产出增长率快于进口竞争部门，即 $\dfrac{\Delta S_X}{S_X} > \dfrac{\Delta S_Y}{S_Y} > 0$，则出口增长的幅度将大于进口减少的幅度，使贸易规模扩大，这种情况称为顺贸易偏向型增长。若只有出口部门的生产增长，进口竞争部门的生产增长率为负，即 $\Delta S_X > 0$，且 $\Delta S_Y < 0$，出口与进口将同时增加。这种情况称为超顺贸易偏向型增长。

（三）逆贸易偏向型增长（A）和超逆贸易偏向型增长（UA）

若两个部门生产都增长，但进口竞争部门的增长率大于出口部门，则进口减少的幅度将大于出口增加的幅度，即 $0 < \dfrac{\Delta S_x}{S_x} < \dfrac{\Delta S_Y}{S_Y}$。将导致贸易规模的收缩，称为逆贸易偏向型增长。如果在经济增长过程中，只有进口竞争部门的生产增长率提高，出口部门增长率为负，即 $\Delta S_x < 0$，且 $\Delta S_Y > 0$，则出口将下降，进口将减少，贸易规模严重萎缩。这种情况称为超逆贸易偏向型增长，将导致国民经济向自给自足方向发展（如图5-1所示）。

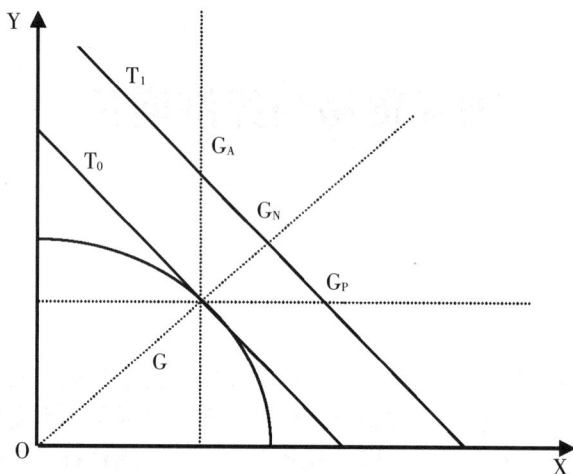

图5-1　经济增长的生产效应

在图5-1中，生产效应是在商品的相对价格不变时，根据出口商品与进口竞争商品的变化比较得出。假设该国发生了经济增长，生产可能性曲线向外扩张，与原 T_0 平行的新的商品交换比率线 T_1 与之相切。经济增长的生产效应属于何种类型，取决于贸易条件曲线 T_1 与扩张后的生产可能性曲线相切点（生产点）的位置。如果生产点：（1）位于点 G_N，该点恰好位于射线 OG 的延长线上，表明出口品和进口竞争品的生产以同一比率增加，为中性经济增长；（2）位于点 G_N 和 G_P 之间，表明出口商品 X 的增长率大于进口竞争品 Y（$\dfrac{\Delta S_x}{S_x} > \dfrac{\Delta S_Y}{S_Y} > 0$），属于顺贸易偏向型经济增长。位于点 G_P 以下，表明出口商品 X 的生产绝对量的增加，而进口竞争品 Y 的生产绝对量的减少，为超顺贸易偏向型经济增长。（3）位于 G_N 和 G_A 之间，为逆贸易偏向型经济增长，而位于 G_A 以上则属于超逆贸易偏向型经济增长。

二、消费效应

在经济增长过程中，需求会发生相应的变化。经济增长将会改变国民经济收入总量和收入分配状况，而消费需求是收入的函数，经济增长的消费效应将对一国的国际贸易产生影响。分析包括三种情况，增长是使该国相对而言更加依赖贸易、对贸易的依赖程度不变还是更加自给自足。事实上，对消费效应的分析思路与生产效益的分析基本类似，按照消费变化后出口产品和进口产品的消费变动比例状况可分为五种类型：

（一）中性增长（N）

假设 ΔD_X 和 ΔD_Y 分别代表增长发生后消费出口品和进口品的变动量。如果出口部门与进口竞争部门的消费增长率相同，则出口供给的增长率同进口需求的减少率相等，称为中性增长，不改变原有的贸易依赖程度，可以定义为：$\dfrac{\Delta D_X}{D_X} = \dfrac{\Delta D_Y}{D_Y}$。

第五章　国际贸易与经济增长

（二）顺贸易偏向型增长（P）和超顺贸易偏向型增长（UP）

若两个部门消费同时增长，但进口部门产品需求增长率高于出口竞争部门，即 $\frac{\Delta D_Y}{D_Y} > \frac{\Delta D_X}{D_X} > 0$，意味着该国对贸易的依赖程度加深，有利于贸易规模的扩大。因此，被称为顺贸易偏向型增长。如果只有对进口竞争部门产品的需求增长，但对出口竞争部门的产品需求减少，即 $\Delta D_Y > 0$，而且 $\Delta D_X < 0$，进一步加强了对国际贸易的依赖，被称为超顺贸易偏向型增长。

（三）逆贸易偏向型增长（A）和超逆贸易偏向型增长（UA）

如果两个部门的消费同时增长，但出口部门的产品需求增长率高于进口竞争部门，即 $0 < \frac{\Delta D_Y}{D_Y} < \frac{\Delta D_X}{D_X}$，意味着该国更加自给自足，不利于贸易规模的扩大。因此，则被称为逆贸易偏向型增长。如果只有对出口部门产品的需求增长，但对进口竞争部门的产品需求绝对的减少，即 $\Delta D_X > 0$、$\Delta D_Y < 0$，自给自足的状况进一步加深，被称为超逆贸易偏向型增长（如图5-2所示）。

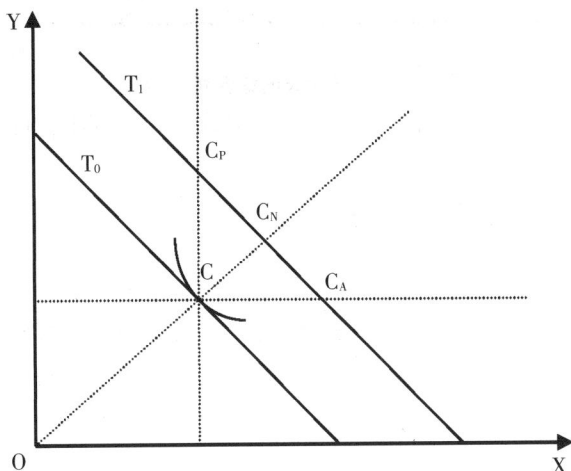

图5-2　经济增长的消费效应

在图5-2中，经济增长的消费效应属于何种类型，取决于贸易条件曲线T_1与扩张后无差异曲线相切（消费点）的位置。如果消费点：（1）位于点C_N，该点恰好位于射线OC的延长线上，表明出口品和进口竞争品的生产以同一比率增长，为中性经济增长；（2）位于点C_N和C_P之间，表明进口商品Y的消费增长率大于出口商品X（$\frac{\Delta D_Y}{D_Y} > \frac{\Delta D_X}{D_X} > 0$），属于顺贸易偏向型经济增长。位于点$C_P$以上，表明进口商品Y的消费增长率更高，而对出口商品X的消费绝对地减少，为超顺贸易偏向型经济增长。（3）位于C_N和C_A之间，为逆贸易偏向型经济增长，位于C_A以下属于超逆贸易偏向型经济增长。

三、综合效应

经济增长会从生产和消费两方面同时影响外贸数量与结构。例如，当进口竞争产品的生产和消费都增加时，则前者导致贸易（进口）减少，后者导致贸易（进口）增大，其贸易效应分别为逆贸易偏向型和顺贸易偏向型经济增长。经济增长的总贸易效应，取决于生产效应和消费效应的作用方向与程度，是二者共同作用的结果。若要进行判断，必须分析两种效应同时作用的综合效应（如图5-3所示）。

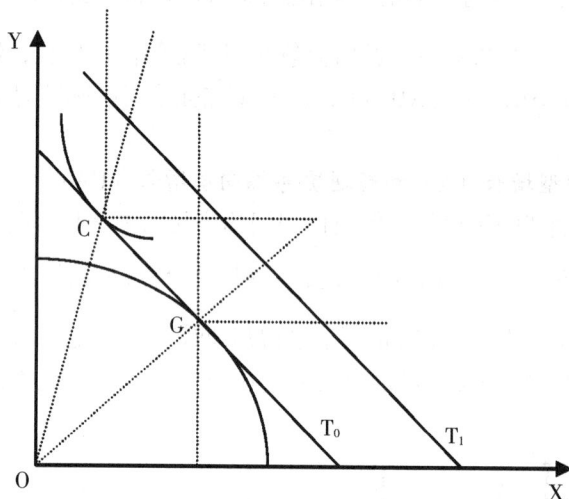

图5-3 经济增长的综合贸易效应

经济增长的综合贸易效应，因生产效应和消费效应的不同组合而异，大体上分为以下三种情况：

（1）生产、消费效应作用方向相同，尽管贸易量可能增大或减少，但经济增长综合效应将沿着同一方向作用。

（2）生产、消费效应作用方向相反，一个使贸易量增大，另一个使贸易量减少，这时的净效应难以确定，最终将取决于生产与消费效应中力量较强一方作用的方向。通过严格的数学证明可以发现以下规律：超逆贸易偏向效应总是强于顺贸易偏向效应（在任何情况下都是UA）；而超顺贸易偏向效应并不强于逆贸易偏向效应（在任何情况下都不是UA，但A也是有可能的）。

（3）生产、消费效应中，一方为中性，另一方为偏向性，这时，综合效应将与偏向性效应的一方保持一致。

对经济增长的综合效应进行总结（见表5-1）。

表5-1   经济增长对贸易形式影响的综合效应

消费效应 生产效应	中性	顺贸易	超顺贸易	逆贸易	超逆贸易
中性	N	P	P或UP	A或UA	UA
顺贸易	P	P	P或UP	非UP	UA
超顺贸易	P或UP	P或UP	UP	非UA	都可能
逆贸易	A或UA	非UP	非UA	A或UA	UA
超逆贸易	UA	UA	都可能	UA	UA

资料来源：甘道尔夫. 国际经济学 [M]. 顾舟，王小明，等译. 北京：中国经济出版社，1999：167.

第二节　　生产要素增长的贸易效应

经济增长过程中会发生生产要素数量和构成比例的变化。一般来说，随着人口的增长和资本的积累，劳动力和资本这两个生产要素是不断增加的。土地、自然资源的情况比较复杂，一方面，其会在生产过程中被逐步消耗；另一方面，也会由于投资改良和新资源的出现而扩大。为了便于说明，假设只有两种生产要素：劳动力和资本。劳动力和资本的增长有两种情况：平衡增长和不平衡增长。生产要素的增长效果表现为该国生产可能性曲线向外扩展。

一、生产要素的平衡增长

平衡增长，又称完全中性的增长，它是指生产要素以相同的速度增长。具体到劳动和资本的两要素模型中，是指劳动力和资本增长的比率相同，即一国不改变要素的相对丰裕程度或比例，表现为生产可能性曲线在原来基础上等比例扩大（如图5-4所示）。

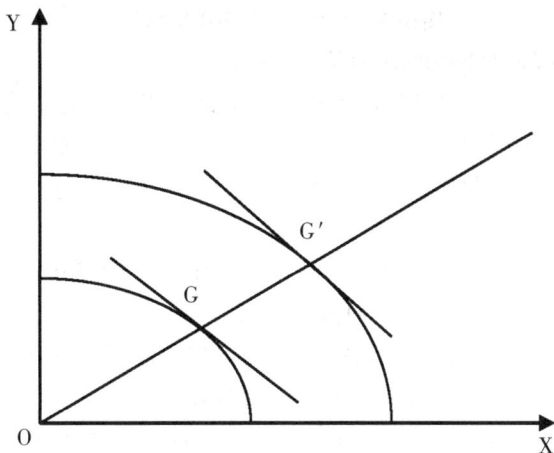

图5-4　生产要素的平衡增长

图5-4表明1国生产要素平衡增长的情况。在1国劳动和资本都增长相同比例的条件下，每一种产品的产量也增加相同的比例。1国的生产可能性曲线以相同的比例向外平移。此时，从原点引出的任意射线与新旧生产可能性曲线相交于G和G′点，经过两点分别作生产可能性曲线的切线，其斜率应相等。当劳动和资本以相同的比率增长且商品生产的规模收益不变，要素生产率及要素报酬率在增长前后都不变时，则增长前后该国人均实际收入和福利水平也保持不变。

二、生产要素的不平衡增长

不平衡增长又称偏向性增长，它是指只有一种生产要素增长。在资本存量保持不变的情况下，由于劳动在一定程度上可以替代资本，故两种商品产量都可能会增加。劳动增长将导致X商品的产量以更大的幅度增加，生产可能性曲线由TT移至T′T′。此时，生产可能性曲线表现为较多地向X轴扩张，而资本密集型Y商品的增长幅度相对较小。同理，如果发生了资本的增长，生产可能性曲线将由TT移至T″T″。生产可能性曲线沿纵轴的移动的比例远远高于沿横轴移动的比例（如图5-5所示）。

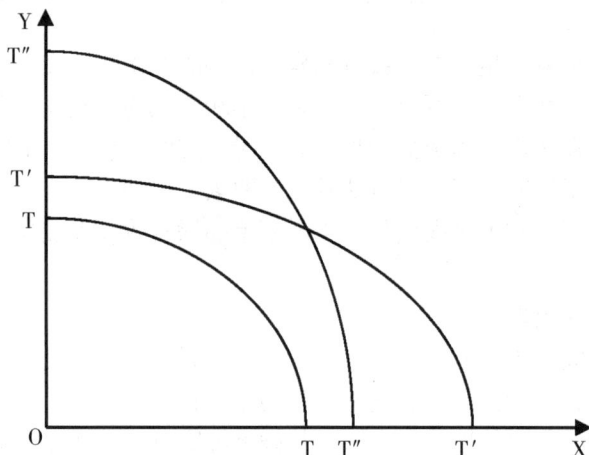

图5-5　生产要素的不平衡增长

三、雷布津斯基定理（Rybczynski Theorem）

波兰学者雷布津斯基曾于1955年指出：如果商品和生产要素的相对价格不变，一种生产要素增加，另一种生产要素不变，则密集使用已增长生产要素的产品，其绝对产量将增加；密集使用未增加生产要素的产品，其绝对产量将减少，这一结论被后人称为雷布津斯基定理。

雷布津斯基定理可以用埃奇沃斯盒状图进行描述（如图5-6所示）。假设初期生产均衡点为Q，X产品的资本-劳动之比以O_XK_X线的斜率表示，Y的资本密集度以O_YK_Y线的斜率米表示。当规模收益不变时，等产量线是均匀分布的，因此可以以契约线上的点到原点的距离的远近作为产量高低的标志。例如，线段O_XQ的长度可以表示X商品的产量，线段O_YQ的长度可以表示Y商品的产量。如果劳动要素由O_XO增至O_XO'，且产品价格及要素价格不变，则初始条件下两种产品的资本-劳动之比都不发生改变（要素相对价格与产品生产中要素相对比例之间有着一一对应的关系）。新的生产点一定在新契约曲线上，且该曲线必通过O_XK_X与O'_YK_Y'的交点Q'。比较Q'和Q离原点O_X和O_Y的距离的大小可知，当劳动要素增加时，资本密集型产品Y的产量减少、劳动密集型产品X的产量扩大。如果单纯只是资本数量增长，劳动数量不变，就会得到相反的结论。

若该国出口X，进口Y，则单纯劳动的增长，会引起商品X生产的绝对增长，Y生产的绝对减少，属于超顺贸易偏向型增长；相反，属于超逆贸易偏向型增长。因此，可以得到以下结论：如果在商品相对价格不变的情况下，只是本国丰裕要素数量增长，带来的将是超顺贸易偏向型增长；反之，如果只是本国稀缺要素的增长，将带来超逆贸易偏向型增长。

若两种生产要素同时增长，原要素禀赋资本-劳动比率为ρ，即K/L，X、Y商品生产的资本-劳动投入比率分别为ρ_X和ρ_Y，则两种要素同时增长的贸易效应如图5-7所示：

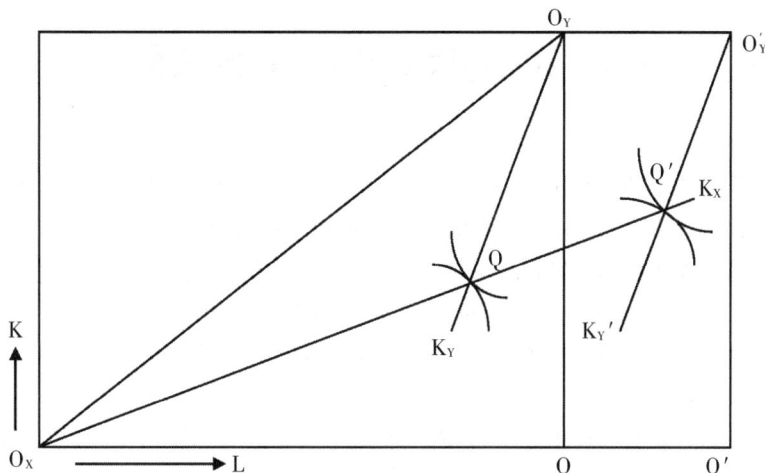

图5-6　雷布津斯基定理

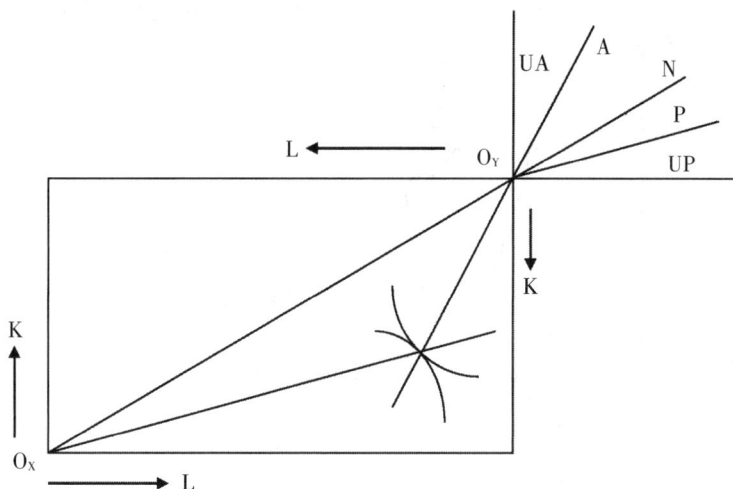

图5-7　两种要素同时增长的情形

存在以下五种情况：（1）如果两生产要素等比例增长，即 $\Delta K/\Delta L=\rho$，则 $\Delta X/X=\Delta Y/Y$，为中性增长，出口产品 X 生产的增长与进口竞争产品 Y 的增长相等。反映为要素增长的 O_Y 的顶点位置的上移，其轨迹为 O_XO_Y 的反向延长线。（2）如果劳动要素的增长快于资本要素的增长，则增长的路线向下偏移，为顺贸易偏向型或超顺贸易偏向型增长。它们之间的界限为 $\Delta K/\Delta L=\rho_X$。如果 $\rho_X<\Delta K/\Delta L<\rho$，则 $\Delta X/X>\Delta Y/Y$，为偏向出口产品的增长，即顺贸易偏向型增长。（3）如果 $\Delta K/\Delta L<\rho_X$，则 $\Delta X>0,\Delta Y<0$，为超顺贸易偏向型增长。（4）如果资本要素的增长快于劳动要素的增长，则增长的路线向上偏移，为逆贸易偏向型或超逆贸易偏向型增长。如果 $\rho_Y>\Delta K/\Delta L>\rho$，则 $\Delta X/X<\Delta Y/Y$，为偏向进口产品的增长，即逆贸易偏向型增长。（5）如果 $\Delta K/\Delta L>\rho_Y$，则 $\Delta Y>0,\Delta X<0$，为超逆贸易偏向型增长。

一、技术进步的类型

英国经济学家希克斯（1932，1963）曾经对技术进步的类型进行分类。按照他的定义，在资本-劳动比率不变时，如果技术进步导致两种要素的边际生产力相同增加，那么，技术进步就是中性的。如果所节约的那一种要素边际生产力的相对提高小于其他要素，则称为要素节约型技术进步（factor-saving bias）。如果具体到资本和劳动两种生产要素，可以把技术进步的类型分为三种：中性技术进步、劳动节约型技术进步、资本节约型技术进步。

（一）中性技术进步

中性技术进步指劳动和资本这两种生产要素的边际生产力以相同的比例提高。在生产要素相对价格不变的情况下，生产同样数量产品所需要的资本和劳动，将等比例地降低。产品中包含的资本-劳动比率即产品的要素密集度的类型和程度不发生变化（如图5-8所示）。

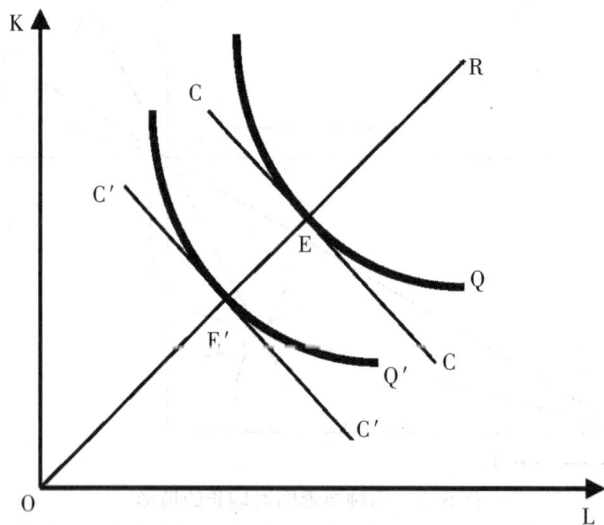

图5-8　中性技术进步

在图5-8中，等产量线Q是某商品技术进步前的等产量线，要素相对价格是CC线的斜率，使用的资本-劳动比率为OR线的斜率，均衡点为E。如果发生了中性技术进步，等产量线Q将向原点方向移动至Q'，此时Q和Q'表示相同的产量水平。由于技术进步提高了要素的边际生产力，要素的使用数量减少，在要素相对价格不变的前提下，成本减少，新的均衡点为E'。可以发现，在要素相对价格不变的情况下，点E和点E'均在射线OR上，表示技术进步在劳动和资本数量节约的比例方面作用相等，意味着在劳动和资本边际生产力提高的幅度方面作用也相同，这种技术进步就属于中性技术进步。

（二）劳动节约型技术进步

劳动节约型技术进步指的是，该技术进步使资本边际生产力的提高大于劳动边际生产力的提高。在要素相对价格不变的情况下，生产中一部分劳动将被资本取代，即单位产品的资本–劳动比例上升（如图5-9所示）。

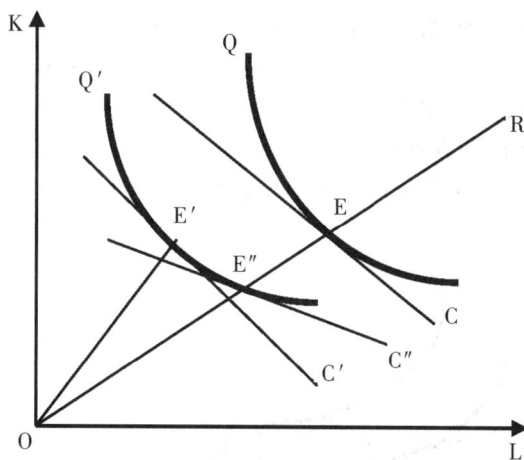

图5-9　劳动节约型技术进步

在图5-9中，Q和Q′分别为技术进步前和技术进步之后的两条等产量线。由于资本边际生产力的相对提高要大于劳动边际生产力的相对上升，所以在等产量线Q′中K/L比率相等的点E″上，边际技术替代率MRTS（=劳动的边际产出/资本的边际产出）下降，C″线的斜率比原C线更加平缓。从另一个视角也可判断，如果保持要素相对价格不变，由于资本的边际生产力提高大于劳动，在原有的价格比例下厂商将投入更多的资本，少投入劳动，实现了资本对劳动的替代，使得商品的K/L上升。均衡点E′与原点O的连线的斜率表示了K/L的值，比技术进步前有提高。

（三）资本节约型技术进步

与劳动节约型技术进步相对应的是资本节约型技术进步。二者的分析方法相同，但结果相反（有关分析略，如图5-10所示）。

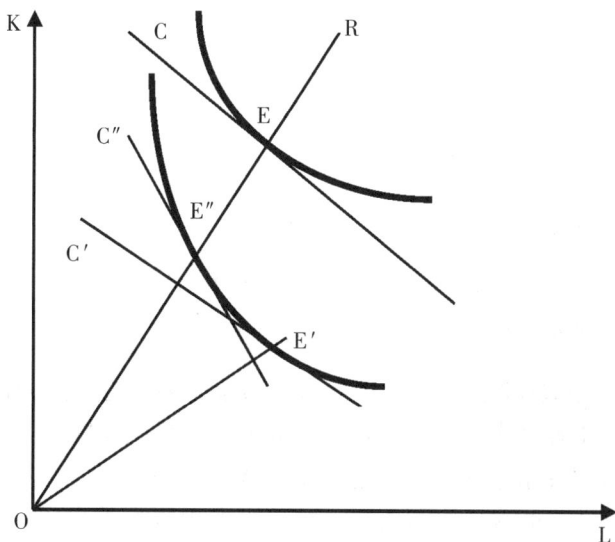

图5-10　资本节约型技术进步

二、技术进步的贸易效应

技术进步带来的贸易效应如何还不得而知，因为这是按照要素价格比率不变的假设进行的分析。在这种条件下，发生了技术进步的部门的生产成本必然低于技术进步前，这会影响到与其他产品的比价关系和要素的投入比例，造成不同增长类型。

（一）中性技术进步的贸易效应

如果该国生产两种商品X和Y，其中X为劳动密集型商品，Y为资本密集型商品（如图5-11所示）。

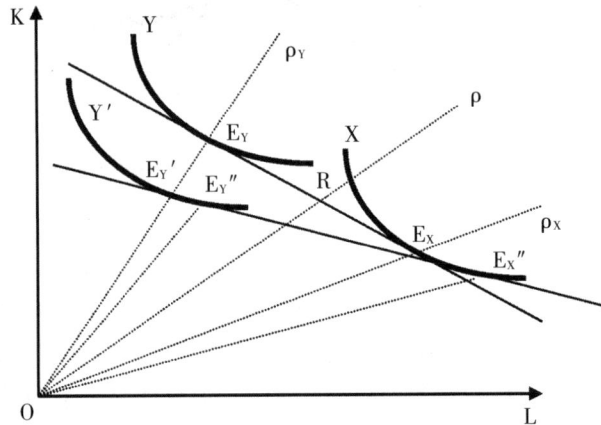

图5-11　中性技术进步的贸易效应

在图5-11中，X，Y两条曲线是表示各生产固定单位两种商品所需要的劳动、资本投入组合的单位等产量线，共切的等成本线分别切于E_X和E_Y点，两种商品的价格比率可以确定；OR线表示该国的要素禀赋情况$\rho = K/L$，OE_Y线表示Y商品的要素数量比例$\rho_Y = K_Y/L_Y$；OE_X线表示X商品的要素数量比例$\rho_X = K_X/L_X$。如果排除完全专业化的情形，以下等式成立

$$\frac{K}{L} = \frac{L_X}{L}\frac{K_X}{L_X} + \frac{L_Y}{L}\frac{K_Y}{L_Y}$$

整理后可得

$$\frac{L_X}{L} = \frac{\rho_Y - \rho}{\rho_Y - \rho_X}$$

式中，$\frac{L_X}{L}$表示劳动分配在商品X生产上的比重，如果越大，表示X商品生产中使用的国家资源越多，产量越大；反之亦然。而另一种商品Y的情况则相反。从上式中发现，如果ρ_Y与ρ越接近，$\frac{L_X}{L}$越小，X商品的产量越小，Y商品的产量越大。ρ_Y与ρ的接近程度通过点E_Y和点R之间的距离反映。相反，如果ρ_Y与ρ越远离（也即ρ_X与ρ越接近），点E_Y与R的距离越远（E_X与R距离越近），则X的产量越大，Y产量越小。因此，ρ越接近ρ_X，越有利于X产量的扩大；ρ越接近ρ_Y，越有利于Y产量的扩大。要明确这样一个概念，"越接近"是相对于另一种商品的距离而言的。当发生技术进步后，相对距离概念有利于此后分析。

假设该国是劳动丰裕的国家,进口竞争部门的Y商品发生了中性技术进步,单位产量曲线Y变成了Y′。在保持商品交换比率1:1不变的条件下,等产量线Y′与等产量线X有共同的成本,将面临一条新的共切的等成本线,并且相切于点E_Y''和E_X''。此时,两种商品的资本-劳动之比都减少了,发生技术进步后,新的ρ_Y(原点O与点E_Y''连线的斜率)离ρ更近了一些,而ρ_X离ρ则更远了一些,说明有更多的资源流向了Y商品的生产部门,Y商品的生产扩大,而X部门产量将减少。因此,该国发生了超逆贸易偏向型的经济增长。相反,如果中性技术进步发生在出口X部门,则该国将发生超顺贸易偏向型经济增长。

综上得出以下结论:当中性技术进步发生在本国相对稀缺要素密集型产品上时,为超逆贸易偏向型增长;当发生在本国相对丰裕要素密集型产品上时,为超顺贸易偏向型经济增长。

(二)要素节约型技术进步的贸易效应

分析要素节约型技术进步所造成的影响,须区分两种情况,一种情况是,发生要素节约型技术进步的部门较为密集地使用所节约的要素;另一种情况是,发生要素节约型技术进步的部门较为密集地使用其他要素。

1.资本密集型部门的资本节约型技术进步

以资本密集型部门为例,考察资本节约型技术进步的情况(如图5-12所示)。

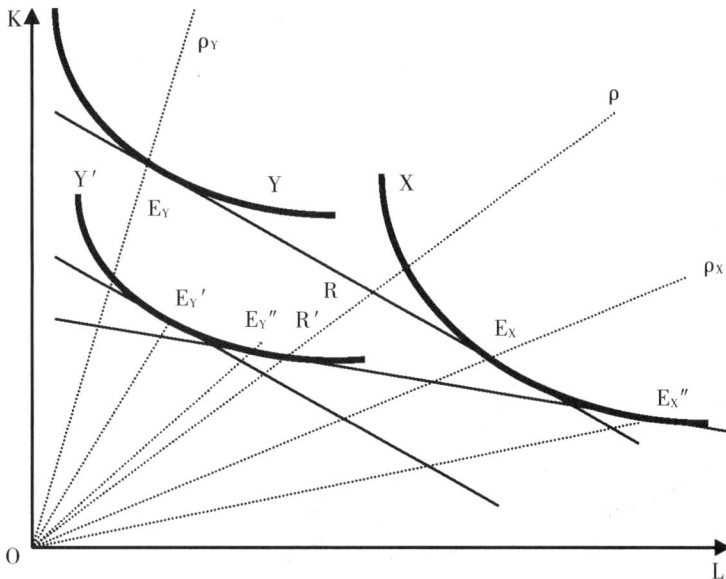

图5-12 资本密集部门的资本节约型技术进步

仍然假设该国是劳动丰裕的国家,资本密集型部门Y发生了资本节约型的技术进步,单位产量曲线Y变成了Y′。在保持商品交换比率1:1不变的条件下,等产量线Y′与等产量线X有共同的成本,将面临一条新的共切的等成本线,并且相切于点E_Y''和E_X。此时,两种商品的资本-劳动之比都减少。此处发现当资本密集型部门发生的是资本节约型技术进步时,比该部门发生中性技术进步导致的ρ_Y(原点O与点E_Y''连线的斜率)离ρ更近了一些，而ρ_X离ρ则更远了一些，说明有更多的资源流向了Y商品的生产部门，Y商品的生产扩大，而X部门产量将减少。但新的ρ_Y线不可能越过ρ，因为要保证$\dfrac{K}{L}=\dfrac{L_X}{L}\dfrac{K_X}{L_X}+\dfrac{L_Y}{L}\dfrac{K_Y}{L_Y}$的成立，$\rho_Y$必须大于$\rho$。由此可以看出，该国发生了超逆贸易偏向型的经济增长。

类似方法可证明，如果该国劳动密集型X部门发生了劳动节约型技术进步。则X产品的生产规模将扩大，Y产品的生产规模将缩小，属于超顺贸易偏向型经济增长。

综上得到以下结论：某一产业部门发生技术进步，如能节约生产中使用较多的那种生产要素，那么，这一产业就会发生比中性技术进步更大的扩大，而另一产业部门的产出将缩小。如果这种部门是出口部门，那么就属于超顺贸易型增长，如果属于进口竞争部门，则为超逆贸易偏向型增长。

2.资本密集型部门的劳动节约型技术进步

现在考察资本密集的部门发生劳动节约型技术进步的情况。劳动相对丰裕国家的资本密集型部门Y发生了节约劳动的技术进步。可以发现，随着等成本线的变化，从而造成p_L/p_K下降，部门X的资本-劳动之比肯定下降，但是部门Y的变化则不确定，情形一（如图5-13所示）说明了部门Y的ρ_Y上升的情形，而情形二（如图5-14所示）表明了相反的情况。因此，对生产水平的影响是不确定的。事实上，如果是第二种情况，新的ρ_Y相对于ρ_X距离ρ更近，那么Y部门的产出将扩大，X部门的产出将缩小，属于超逆贸易偏向型经济增长。但是，如果属于第一种情况，难以判定新的ρ_Y相对于ρ_X距离ρ的相对距离变动情况，无法判断所述的贸易增长类型。因此如果劳动密集型部门X发生了资本节约型的技术进步，也难以判断其贸易增长类型。

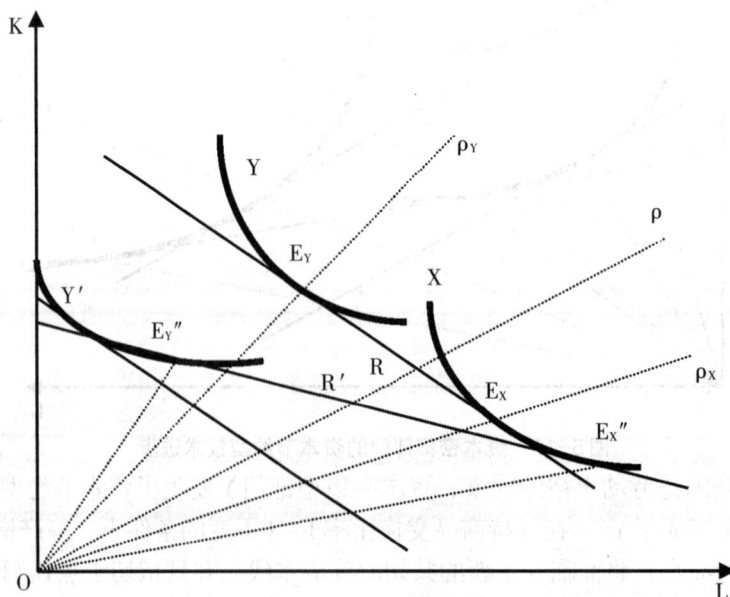

图5-13　资本密集型部门发生劳动节约型技术进步（情形一）

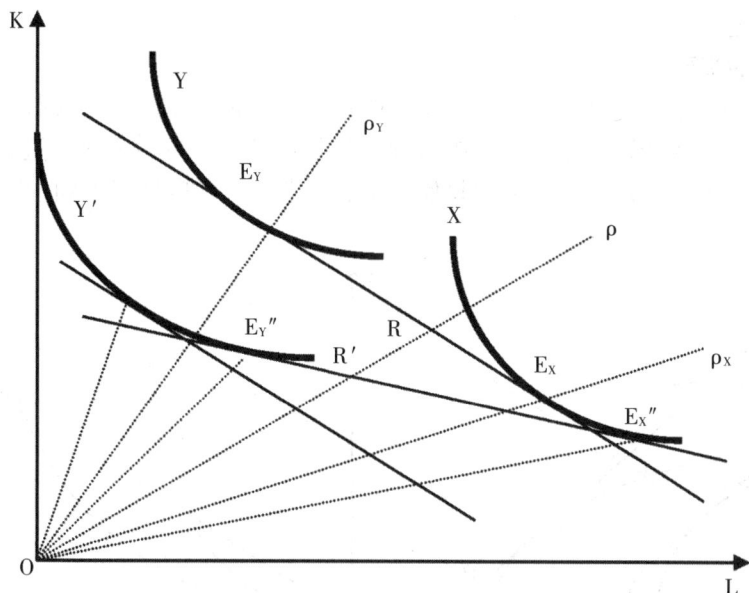

图5-14　资本密集型部门发生劳动节约型技术进步（情形二）

综上得到如下结论：如果本国相对丰裕要素部门发生了相对稀缺要素节约型的技术进步，这种经济增长类型很难判断。

通过上面的分析，可以对技术进步的贸易效应进行总结（见表5-2）：

表5-2　　　　　　　　　　　技术进步的贸易效应

	发生部门	贸易效应
中性技术进步	两个部门	贸易扩大
	资本密集型出口部门	贸易扩大
	资本密集型进口部门	贸易收缩
	劳动密集型出口部门	贸易扩大
	劳动密集型进口部门	贸易收缩
资本节约型技术进步	资本密集型出口部门	贸易扩大
	资本密集型进口部门	贸易收缩
	劳动密集型出口部门	不确定
	劳动密集型进口部门	不确定
劳动节约型技术进步	资本密集型出口部门	不确定
	资本密集型进口部门	不确定
	劳动密集型出口部门	贸易扩大
	劳动密集型进口部门	贸易收缩

第四节　　经济增长、贸易条件与福利

在国际贸易中，一国经济增长是否能够真正且长久地带来福利水平的提高，需要区分

大国与小国讨论。

一、小国的情形

如果发生经济增长的是小国，由于小国的进出口占世界市场的份额很小，因此小国贸易量的变化无力改变贸易条件，该国所面临的贸易条件不发生变化。选取增长方式的一种进行说明，即生产效应是超顺贸易偏向型、消费方式是顺贸易偏向型的（如图5-15所示）。

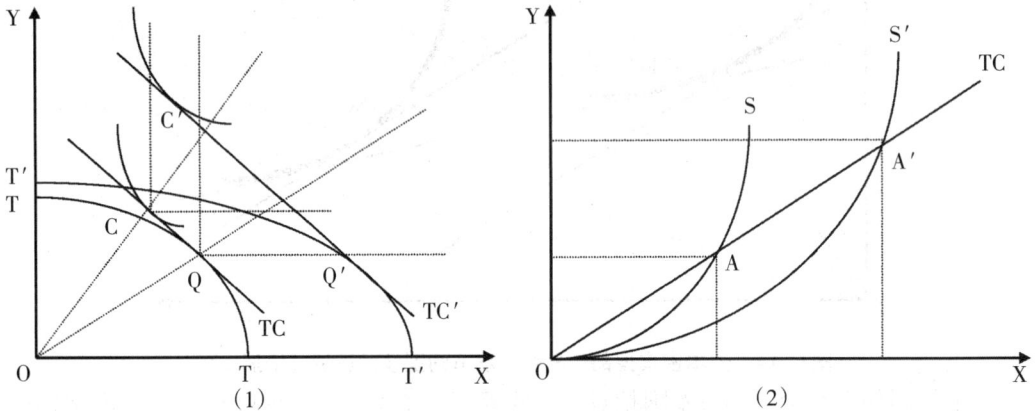

图5-15 小国经济增长的贸易条件与福利水平

假设该小国是劳动丰裕的国家，出口X，进口Y。从图5-15（1）中可以看出，经济增长以前，该国的生产点为Q，消费点为C。此时出口和进口商品的数量与1图5-15（2）中的提供曲线S上的A点的横坐标和纵坐标相对应。当小国发生经济增长后，生产可能性曲线向外扩张。由于小国的经济增长不影响贸易条件TC，因此在原贸易条件TC下，生产点调整到Q′，消费点调整到C′。此时出口X与进口Y的数量与提供曲线S′上的A′点的横坐标与纵坐标相对应。增长后与增长前相比，贸易量扩大，社会福利水平提高。

但是不同增长方式对该国的人均福利水平的影响是不同的。如果是单纯依靠劳动要素的增长，尽管总的社会福利水平提高了，即增长以后所能消费的X与Y商品的数量都增加了，但如果平均到每个人，人均消费水平并不一定提高，还可能恶化。当然这需要考虑一国人口的增长速度与可供消费商品的增长速度的差异。但是，如果这种增长是技术进步带来的，比如本国的出口部门发生了劳动节约型技术进步，在总的社会福利提高的同时，人均福利水平也得到了提高。

由于分析的只是经济增长方式的一种情况，即生产是超顺贸易偏向型、消费是顺贸易偏向型的。由于生产效应与消费效应之间有着多种组合方式，因此将对最终贸易的扩大和减少产生多种影响。但是有一点可以肯定，当商品都为正常商品的前提下，技术进步使得贸易量增加或减少需要依靠它的类型，但小国的福利水平（无论是总福利还是人均福利）总是提高的。劳动要素的增长能够带来总福利水平的提高，但对于人均福利的改善与否并不确定。

限于篇幅，还有一些情形并没有分析，比如，当该国的经济增长是由要素数量增加引起的，以及不同部门发生了资本节约型的技术进步等，请读者自己思考。

二、大国的情形

（一）大国的经济增长与贸易条件

大国发生经济增长后，如果其进出口数量发生改变，将对国际市场产生影响，并影响到贸易条件（如图5-16所示）。

在图5-16（1）中，显然，当贸易条件与增长前的水平相同时，经济增长将使该国贸易规模扩大，生产点为Q′，消费点在C′。但是，由于大国的进出口占世界较大的份额，当经济增长发生后，该国进口需求增加，将使国际市场上Y商品的价格上升；同时，该国出口供给商品X的增长，将使国际市场上X商品的价格下跌。因此，经济增长后，大国所面临的贸易条件比经济增长前恶化。贸易条件的恶化部分抵消了增长给该国带来福利增加的程度。贸易条件的恶化表现为新的贸易条件线TC″比TC更加平缓，在新的贸易条件下，本国选择在Q″点生产，在C″点消费。因此，经济增长后的贸易规模有所扩大，但是却小于贸易条件不变的情形。

在图5-16（2）中，利用提供曲线可以更为清楚地表明大国经济增长对贸易条件的影响。S和S′是贸易前后该国的提供曲线，S*为世界其他国家的提供曲线。增长前，该国与其他国家的贸易实现均衡，确定的贸易条件线是TC，增长之后，该国的提供曲线向外扩展到S′，与其他国家的S*确定的贸易条件线是TC″。可见，与经济增长前相比，贸易量扩大了，但是TC″的斜率与TC相比更小，意味着本国出口同样数量的X交换回的Y数量更少，贸易条件恶化了。

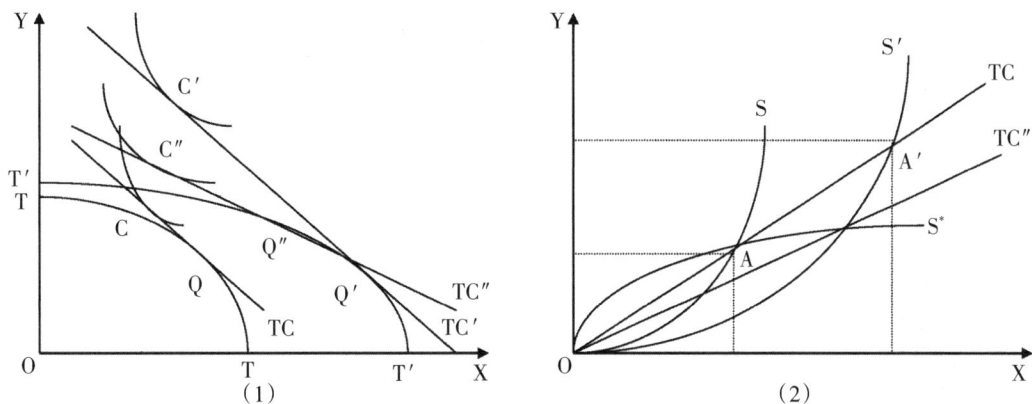

图5-16　大国经济增长的贸易条件与福利水平

增长对该国福利的影响取决于贸易条件效果和财富效果的净影响。财富效果是指由于增长引起人均产量的变化。正的财富效果，就其本身而言，会增加该国的福利。否则，该国的福利趋于减少或保持不变。也就是说，如果经济增长和贸易条件导致财富效果是正的，则该国的福利肯定会增加。如果贸易条件效果和财富效果朝相反的方向移动，则该国的福利的变动将取决于这两股力量的相对强度。

（二）贫困化增长（immiserizing growth）

贫困化增长与贸易条件恶化相关，其理论渊源可谓久远。自李嘉图以来，贸易条件一直是贸易理论的一个中心问题，也是争论最多的问题之一。埃奇沃斯（E. Y. Edgeworth，1894）把贸易条件内生化，并直接与经济增长联系起来综合考察其福利效果，并指出了完全专业化与贫困化增长的可能性。

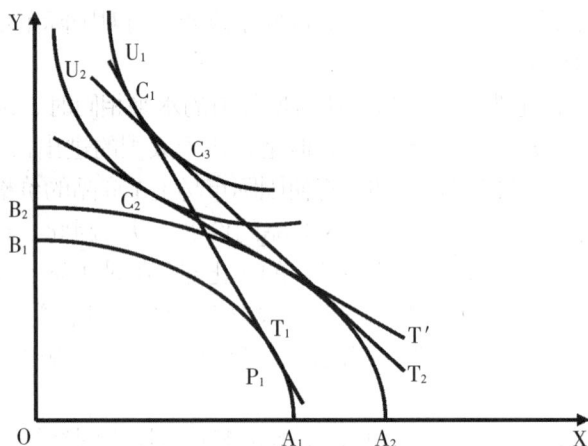

图5-17　贫困化增长图示

在图5-17中，其中X表示劳动密集型产业；Y表示资本密集型产业；A_1B_1表示本国的生产可能性曲线。在贸易自由化条件下，本国在P_1点生产，在C_1点消费，贸易条件线为T_1，通过贸易达到福利水平为U_1；增长后其生产可能性线外移至A_2B_2。由于国际价格的变化，随着本国经济的增长，其贸易条件恶化为T'，新的消费点为C_2，仅达到福利水平U_2，低于U_1。如果本国的贸易条件线降至T_2（它同时与A_2B_2和U_1相切于C_3），则本国在经济增长后仍将维持原来的福利水平。因此只要本国的贸易条件线降至T_2以下，本国必然会出现贫困化增长的现象。通过上面的分析可以看山，在贸易白由化的条件下，即使不发达国家的贸易条件长期恶化，也并不必然引起贫困化增长，但是当这一恶化超过了一定程度，贫困化增长就出现了。

专栏5-1

"一带一路"与
数字经济

贫困化增长不是绝对的，而是在一定条件下发生的。这些条件包括：（1）发生经济增长的是大国，能影响贸易条件。（2）属于顺贸易偏向型增长，因此导致进出口数量的增加和贸易条件恶化。（3）外国对该国出口产品缺乏弹性，故该增长国出口增加导致价格下跌后，不会引起对其出口产品需求大量增加，最后势必导致出口产品价格的明显下降。（4）出口占经济增长国国民收入的比重很大，所以当贸易条件恶化时，将使以进口产品表示的实际国民收入大幅度下降。（5）该国对贸易的依赖很深，即使在福利水平降低的情况下，也无法压缩出口。（6）技术进步对经济增长作用较小。否则，即使贸易条件恶化，也不会导致该国福利水平的降低。对于贫困化增长，该国可以采用适度的关税政策，抑制进出口数量，也可以采用产业政策扶植本国相关产业的增长等，尽量避免"贫困化增长"的出现。

第五节 国际贸易对经济增长的影响

一、传统贸易思想

（一）贸易的动态利益思想

古典学派和新古典学派是自由贸易的热烈拥护者，他们不仅论证了对外贸易的静态利益，而且在他们的著作中包含着丰富的关于对外贸易的动态利益的思想。

亚当·斯密认为，分工的发展是促进生产率长期增长的主要因素，而分工程度则受到市场范围的强烈约束。对外贸易是市场范围扩展的显著标志，因而能够促进分工的深化和生产率的提高，加速经济增长。

大卫·李嘉图认为，英国废除《谷物法》转向谷物的自由贸易，不仅将获得建立在比较优势原理上的静态利益，而且通过降低食品价格，制造部门可吸收更廉价的劳动力，从土地所有者那里转移更多的利润，增加资本家的利润和投资，加快制造部门的扩张和整个经济的增长，从而获得动态的贸易利益。

约翰·穆勒认为，国际贸易对于一个资源未开发的国家来说，可以起到工业革命的作用。他还认为，对外贸易不仅能够取得直接的利益，还可获得间接的效果。他说，市场的每一次扩张都具有改进生产过程的趋势，为比国内市场更大的市场进行生产的国家，可以采用更广泛的分工，使用更多的机器，而且更有可能对生产过程有所发明和改进。

古典学派和新古典学派关于对外贸易的动态思想反映了他们已从某些角度联系经济增长来研究贸易问题，并且这些思想为对外贸易与经济增长理论奠定了一定的基础。

（二）"剩余出口"论

"剩余出口"论（vent for surplus theory）由亚当·斯密提出，其基本论点是：通过对外贸易来扩大本国市场、刺激需求，以产生促进本国经济增长的动力。亚当·斯密假设，一国在开展对外贸易之前处于不均衡状态，存在闲置的资源或剩余产品。但该国由封闭转向开放后，便可出口其剩余产品或由闲置资源生产的产品，即对外贸易为本国的剩余产品提供了"出路"。他指出，不管对外贸易在哪些国家之间发生，其都具有两种明显的利益，即它使用本国土地和劳动生产出剩余产品得以实现，并且换回本国所需要的其他产品，剩余产品与国外产品相交换，剩余产品也就被赋予了价值。由于出口的是剩余物或由闲置资源生产的产品，因而无须从其他部门转移资源，也不必减少其他国内经济活动，出口所带来的收益或由此而增加的进口也没有机会成本，因而必然促进该国的经济增长。

（三）"大宗商品"理论

"大宗商品"理论（the staple theory）是加拿大经济学家因尼斯（H.Innis）于20世纪30年代根据加拿大对外贸易和经济发展的史实总结出来的。该理论假设"大宗商品"，即原材料或自然资源密集型产品的供给是无限的，这些产品的开发、使用和新发现，常常导致大量的国内剩余，通过扩大对外贸易，便可解决剩余问题，减少国内资源的闲置和失业，增加国民收入和消费，提高储蓄和投资，从而带动整个经济的增长。

（四）"供给启动"论

"剩余出口"论和"大宗商品"理论主要从需求方面分析对外贸易带动经济的增长，澳大利亚经济学家马克斯·科登（Cordon）则将对外贸易与宏观经济变量联系起来，从供给的角度剖析对外贸易对经济增长的影响，他关于对外贸易对经济增长率的影响理论被称为"供给启动"论，该理论特别强调对外贸易对生产要素供给量的影响和对劳动生产率的作用。

科登认为，一国开展国际贸易，将产生五个方面的效应：（1）收入效应，即通过对外贸易，将取得的静态利益转化为国民收入总量的增长；（2）资本积累效应，即当来自贸易增加的收入部分用于投资时，将使该国的资本积累增加；（3）替代效应，即若投资品为进口含量较大的产品，则对外贸易的开展会使投资品的供给增加，对消费品的相对价格下降，从而导致投资率提高，而投资率的提高必将推动经济增长率的上升；（4）收入分配效应，即对外贸易的开展，将使出口生产密集使用的生产要素的报酬和这些要素所有者收入大为提升，若这些要素所有者属于国内储蓄倾向较高的集团，在其他条件不变的前提下，这种收入分配的变化将会提高经济的储蓄率，因而提高资本的积累率；（5）要素加权效应，即假设生产要素的劳动生产率增长不一致，则产出的增加率可视为各种生产要素增长率的加权平均。当出口贸易扩大，而且出口生产大量使用的是劳动生产率增长更快的要素时，出口生产增长率将会提高更快。科登进一步认为，对外贸易对宏观经济产生的这五方面的影响都是累积性的，这意味着对外贸易对经济增长的促进作用将随着经济的发展而不断加强。

（五）"增长引擎"论

"增长引擎"论（the engine of growth），又称"增长的发动机"学说，最先由经济学家罗伯特逊（D. H.Robertson）提出，纳克斯（R.Nurkse）进一步补充和发展。

纳克斯在对19世纪英国和新移民地区的经济发展的原因进行研究时认为，19世纪的国际贸易为许多国家的经济发展做出重要的贡献。这种贡献不仅来自对外贸易的直接的静态利益，即各国按比较优势原则进行专业化分工而后开展贸易，使资源得到更为有效的配置，产量增加，消费水平提高，还来自对外贸易的间接的动态利益，即对外贸易的发展，使生产规模扩大而取得规模经济利益，以及传递经济增长的利益。纳克斯认为，19世纪的国际贸易具有这样的性质："中心国家经济上的迅速成长，通过国际贸易而传递到外围的新国家去，它是通过对初级产品的迅速增加的需求而把成长传递到那些地方去的。19世纪的国际贸易不仅是简单地把一定数量的资源加以最适当的配置的手段，它更是经济成长的发动机"。

罗伯特逊、纳克斯及其追随者认为，对外贸易，尤其是出口的高速增长是通过以下途径来带动经济增长的：

（1）一国的出口扩大意味着进口能力增强，而进口中的资本货物对经济增长具有特别重要的意义。

（2）出口增长使一国更加趋于按比较优势原则配置资源，提高生产专业化程度，从而提高劳动生产率。

（3）出口增长使一国的市场扩大，从而能够进行大规模生产获得规模经济的利益。

（4）出口发展使一国出口产品及相关产业面临激烈的竞争，迫使企业加速技术改造，降低成本，提高质量，提高经营管理水平。

（5）出口发展会鼓励国内外投资，刺激国民经济各部门的发展。

二、贸易对经济增长作用理论的发展

（一）对传统理论的进一步发展

根据亚当·斯密的"剩余出口"论的思想，缅甸经济学家迈因特（H.Myint）摒弃了传统贸易理论中关于自然资源充分利用和劳动力充分就业的假设，从发展中国家普遍存在的资源剩余和劳动力就业不足的现象出发，说明了发展中国家可以不必花费多少成本就能扩大生产范围，出口剩余产品，换回进口品，提高消费水平，加速经济增长。

在大卫·李嘉图的动态利益思想的基础上，刘易斯（W. A.Lewis）于1954年提出了与发展中国家关系特别密切的二元经济模型。他把发展中国家经济划分为资本主义部门（即工业部门）和非资本主义部门（即传统农业部门）。资本主义部门运用再生产资本，雇用劳动力，进行以利润最大化为目的的生产活动；非资本主义部门受制度和组织形式及资源条件的约束，劳动的边际产品低，常常低于其平均产品，劳动力供给因而具有"无限"的特点。资本主义部门通过积累和吸收非资本主义部门的剩余劳动力，必然推动整个经济的增长，尤其是在剩余劳动力尚未吸收完、资本主义部门工资不断上升的情况下，利润和积累在国民收入中的比重将不断上升，经济增长将加速。如果资本主义部门生产的是出口产品，传统部门生产的是进口产品，对外贸易无疑将有助于扩大资本主义部门产品的市场和需求，并降低劳动力的工资，从而进一步增加资本主义部门的利润和积累，促进经济增长。

20世纪80年代中期以来，以罗默、卢卡斯和斯文森等人为代表的新增长理论，把技术变动作为推动生产率增长的核心因素。这一理论通过对增长因素的计量分析，指出发达国家经济增长的大部分应归功于生产率的提高。基于这一事实，新增长理论构造了一系列模型，将技术变动内生化，来研究国际贸易与技术进步及经济增长的关系。该理论认为，技术变动有两种源泉：一种是被动的，是通过经济行为学来的，被称为"干中学"（learning by doing）；另一种是主动的，是自己创造出来的，被称为技术革新，它是研究和发展（R&D）的结果。国际贸易可以通过"技术外溢"（technology spillover）和外部刺激来促进一国的技术变动和经济增长：一方面，不管什么技术都有一个外溢的过程，作为先进技术的拥有者，有时通过国际贸易有意无意地将技术传播到别的国家，使别国的生产者逐渐学会和掌握这些技术；另一方面，国际贸易提供更为广阔的市场、更为频繁的信息交流和更加激烈的竞争，迫使各国努力开发新技术、新产品。国际贸易与技术变动的相互促进关系将保证一国经济的长期增长。

（二）对传统理论提出的质疑与挑战

在众多发展经济学家不断发展和完善传统理论关于对外贸易促进经济增长的理论观点的同时，一些经济学家根据部分发展中国家出口的增长并没有带来经济的发展这一不可回避的现实，对传统理论关于对外贸易促进经济增长的基本结论和一些推论提出了多方面的质疑和挑战。

普雷维什（R.Prebisch）、辛格（H.Singer）和缪尔达尔（G.Myrdal）等人认为对外贸易已成为发展中国家经济进步的阻力。普雷维什和辛格认为，由于初级产品贸易条件有不断恶化的趋势，出口初级产品的国家不可能由于对外贸易而提高其长期经济增长率；缪尔达尔则主张对外贸易将会使发展中国家的经济落后持久化，甚至创造更多的落后领域。这种贸易悲观主义观点支配着许多发展中国家20世纪五六十年代的贸易战略选择，引导它们走上内向型进口替代工业化的发展道路。

1970年，美国经济学家克拉维斯（I.B.Kravis）明确地把对外贸易形容为"增长的侍女"。他认为，一国的经济增长主要是由于其国内因素决定的，外部需求只构成了对增长的额外刺激，这种刺激在不同国家的不同时期有不同的重要性。在他看来，对外贸易既不是增长的充分条件，也不是必要条件，而且还不一定必然对经济增长有益。这种观点虽然得到许多人的赞同，但克拉维斯并没有进一步指出在什么机制和条件下对外贸易能够促进经济增长。就连提出"增长引擎"论的经济学家也认为，由于在20世纪世界市场对初级产品的需求已发生变化，初级产品在世界贸易总值中所占的比重下降，发展中国家已不能依靠初级产品的出口来带动它们的经济发展。而发展中国家输出制成品的前景也是黯淡的，这是因为发展中国家的劳动生产率低下和国内市场狭窄，因而不能取得最低限度的生产效益。同时发达国家所生产的制成品在世界市场上的竞争地位和它们所采取的保护关税政策，也阻碍了发展中国家的制成品进入世界市场。刘易斯把贸易对不发达国家的重要性的这种变化称为"增长发动机的降速"。他认为，要想使对外贸易这台"发动机"重新加速，较好的政策选择就是建立发展中国家之间的关税同盟，走"南南合作"的道路。

专栏5-2

出口导向型经济困境与"双循环"

1958年，印度裔美国经济学家巴格瓦蒂（J. Bhagwati）通过对发展中国家出口贸易的观察和分析发现：尽管经济增长所带来的财富会提高一国的福利水平，但如果过度出口会导致该国贸易条件的极端恶化，且这种恶化所造成的本国出口商品的国际购买力的降低，超过了增长所带来的财富，这种增长就有可能使该国的净福利水平出现恶化，即所谓"贫困化"增长。

本章小结

1.（1）生产、消费效应的作用方向相同，都是促使贸易量增大或减少，这时经济增长的综合效应，将沿着同一方向作用。（2）生产、消费效应的作用方向相反时：超逆贸易偏向效应总是强于顺贸易偏向效应（在任何情况下都是UA）；而超顺贸易偏向效应并不强于逆贸易偏向效应（在任何情况下都不是UA，但A也是有可能的）。（3）生产、消费效应中，一方为中性，另一方为偏向性。这时，综合效应将与偏向性效应的一方保持一致。

2.当劳动和资本以相同的比率增长且商品生产的规模收益不变，要素生产率及要素报酬率在增长前后都不变时，则增长前后该国人均实际收入和福利水平也保持不变。

3.雷布津斯基定理：如果商品和生产要素的相对价格不变，一种生产要素增加，另一种生产要素不变，则密集使用已增长生产要素的产品，其绝对产量将增加；密集使用未增加生产要素的产品，其绝对产量将减少。如果在商品相对价格不变的情况下，只是本国丰裕要素数量增长，带来的将是超顺贸易偏向型增长；反之，如果只是本国稀缺要素增长，将带来超逆贸易偏向型增长。

4.（1）当中性技术进步发生在本国相对稀缺要素密集型产品上时，为超逆贸易偏向型增长；如果发生在本国相对丰裕要素密集型产品上时，为超顺贸易偏向型经济增长。（2）某一产业部门发生技术进步，如能节约生产中使用较多的那种生产要素，那么，这一产业就会发生比中性技术进步更大的扩大，而另一产业部门的产出将缩小。如这种部门是出口部门，那么就属于超顺贸易偏向型增长，如果属于进口竞争部门，则为超逆贸易偏向型增长。（3）如果本国相对丰裕要素部门发生了相对稀缺要素节约型的技术进步，这种经济增长类型很难判断。

5.增长对该国福利的影响取决于贸易条件效果和财富效果净影响。财富效果是指由于增长引起人均产量的变化。正的财富效果，就其本身而言，倾向于增加该国的福利。否则，该国的福利趋于减少或保持不变。如果经济增长和贸易条件导致财富效果是正的，则该国的福利肯定会增加。如果财富效果和贸易条件效果朝相反的方向移动，则该国的福利的变动将取决于这两股力量的相对强度。

6.在贸易自由化的条件下，即使不发达国家的贸易条件长期恶化，也并不必然引起贫困化增长，但是当这一恶化超过了一定程度，贫困化增长就出现了。

重要概念

生产效应　消费效应　生产要素增长　技术进步　雷布津斯基定理　贫困化增长

复习思考

1.请论证雷布津斯基定理的推导过程。
2.技术进步对国际贸易产生什么影响？
3.试分析小国条件下经济增长的贸易与福利效应。
4.试分析大国条件下经济增长的贸易与福利效应。
5.国际贸易对经济增长有什么影响？

第六章

国际贸易政策理论

一国的对外贸易政策随着世界政治、经济和国际关系的变化，本国在国际分工体系中地位的变化，以及本国产品在国际市场上竞争能力的变化而不断变化。因此，在不同时期，一个国家往往实行不同的对外贸易政策，在同一时期的不同国家，也往往实行不同的对外贸易政策。通过本章的学习，要了解国际贸易政策的内容；认识在不同的历史条件下，不同经济发展水平的国家为维护自身的利益，会制定不同的国际贸易政策和采取不同的国际贸易措施的规律性；明确国际贸易政策的类型和历史发展趋势；了解当代国际贸易政策发展的新趋势。

第一节　　国际贸易政策概述

一、对外贸易政策的含义和性质

对外贸易政策是各国在一定时期内对进口贸易和出口贸易所实行的政策。其大体上包括三个方面：第一，对外贸易总政策，包括进口总政策和出口总政策。它是一国从整个国民经济出发，依据本国的经济发展战略，制定在较长时期内所实行的政策。第二，进出口商品政策，它是根据对外贸易总政策和经济结构、国内外市场状况而分别制定的商品进口政策和商品出口政策。第三，国别对外贸易政策，它是根据对外贸易总政策和对外政治、经济关系而制定的国别和地区政策。

对外贸易政策是一个国家经济政策的一部分，是为该国经济服务的。如一国为增加财政收入而对进口商品征收关税；为保护本国经济，减少收支逆差，限制外国商品进口而采取关税、非关税壁垒；为扩大出口，发展对外贸易而采取鼓励出口政策；为吸引外资，促进对外贸易，发展本国经济而采取经济特区政策等。对外贸易政策又是一个国家对外政策的组成部分，不能不受到该国对外政策以及与之交往国家政治、经济关系的制约和影响，外贸政策可以配合对外政策，为本国某些政治目的服务。

因此，一国制定对外贸易政策的目的在于维护国家的经济安全，具体表现在：第一，保护本国的市场；第二，扩大本国产品和服务的出口市场；第三，促进本国产业结构的调整；第四，积累资本或资金；第五，维护本国对外的政治关系和利益。

二、对外贸易政策的类型与演变

从对外贸易的产生与发展来看，对外贸易政策基本上有两大类型，即自由贸易政策和保护贸易政策。自由贸易政策和保护贸易政策在不同的时期、不同的国家其自由程度和保护程度也是有所不同的。

在资本主义生产方式准备时期（16世纪—18世纪中叶），为了促进资本的原始积累，西欧各国实行了重商主义下的强制性的保护贸易政策，通过限制货币（贵金属）出口和扩大贸易顺差的办法来扩大货币的积累，其中英国实行得最为充分。这一政策在当时为资本主义生产方式的确立提供了巨额资本和财富，促进了资本主义生产方式的形成。

在资本主义自由竞争时期（18世纪中叶—19世纪末），资本主义生产方式占据了统治地位，这个时期对外贸易政策的基调是自由贸易。当时，英国的工业生产水平最高，迫切要求向外扩张，以极具竞争力的工业制成品来换取原料和粮食。所以，英国是率先实行自由贸易政策的国家。但由于各国经济发展水平的不同，一些经济发展起步较晚的国家，如美国和德国则采取保护贸易政策。

在垄断资本主义时期，对外贸易政策又发生了数次变化。在垄断的前期（19世纪90年代至第二次世界大战期间），随着资本主义发展进入垄断时期，垄断代替了自由竞争，资本输出占据了统治地位。特别是1929—1933年资本主义世界发生了经济大危机，使市场问题急剧恶化，出现了超保护贸易政策。第二次世界大战后，各国经济进入了恢复和发展时期，随着生产国际化和资本国际化，各国都逐渐放宽了对进口的限制，出现了世界范围的贸易自由化。与此同时，广大发展中国家为了民族工业的发展则实行贸易保护主义。20世纪70年代中期以后，资本主义国家经济发展缓慢，在世界范围内又出现了新贸易保护主义浪潮。特别是20世纪80年代以来，鉴于各国不能实行严格意义上的自由贸易与保护贸易，尤其是国际服务贸易中的自由贸易与保护更加艰难，各国普遍实行了管理贸易政策，即越来越多地靠政府对内制定一系列的贸易政策、法规来协调管理本国进出口贸易的有序发展；对外通过协商，签订各种对外经济贸易协定，以协调和发展缔约国之间的经济贸易关系，进一步加强国家对对外贸易的干预，维护自由、公平的贸易环境和竞争秩序。

对外贸易政策就其实质而言，既反映经济基础和当权阶级的利益和需要，同时又维护和促进经济的发展。

三、对外贸易政策的制定与执行

各国对外贸易政策的制定与修改是由国家立法机构进行的。西方国家的最高立法机构在对外贸易方面是最高权威机构。这类立法机构在美国是国会，在法国是国民议会，在德国是联邦议会等。最高立法机构在制定和修改对外贸易政策及有关规章制度前，一般要征询大垄断集团的意见，各垄断集团通过各种机构，如企业主联合会、商会等的经常协调，确定共同市场，并向政府提供各种建议，直至派人参与制定或修改有关对外贸易政策的法律草案，以反映垄断阶层的利益。各国在制定贸易政策过程中，一般要考虑以下因素：

（1）本国经济结构与竞争优势；（2）本国产品和服务在国际市场上的竞争能力；（3）本国与他国在经济、投资方面的合作情况；（4）本国国内物价、就业状况；（5）本国与他国的政治关系；（6）本国在世界经济、贸易制度中享有的权利与应尽的义务；（7）各国政府领导人、决策者的经济思想与贸易理论。

最高立法机构所颁布的对外贸易的各项政策，既包括一国在较长时期内对外贸易政策的总方针和基本原则，又包括规定某些重要措施以及给予行政机构的特定权限。例如，美国国会往往授予总统在一定范围内制定某些对外贸易法令、进行对外贸易谈判、签订贸易协定、增减关税、确定数量限额等权力。

各国对外贸易政策主要是通过以下方式执行的：首先，通过海关对进出口贸易进行管理。一切进出国境的货物和行李物品、运输工具，除国家法律有特别规定的以外，都要在进出关境时向海关申报，接受海关检查；其次，国家广泛设立各种机构，负责促进出口和管理出口，如美国商务部、美国贸易代表办公室、美国国际贸易委员会等；最后，政府出面参与各种国际机构与组织，进行国际贸易、关税等方面的协调与谈判，如世贸组织内部的贸易谈判。

第二节　自由贸易政策

自由贸易政策的主要内容是：国家取消对进出口贸易的各种限制和障碍，对本国进出口商品给予各种特权和优待，对商品的进出口不加干预，使其自由进出口，在国内外市场上自由竞争。

一、英国推行的自由贸易政策

18世纪中叶以后，英国率先进行产业革命，工业迅速发展。进入19世纪，英国作为"世界工厂"的地位已经确立，并得到巩固，它不怕与外国商品进行竞争。在这种条件下，重商主义的保护贸易政策便成为英国经济发展和对外扩张的一大障碍，英国工业资产阶级迫切要求废除保护贸易政策而实行自由贸易政策。他们要求其他国家向英国提供原材料、粮食和市场，而英国向其他国家提供工业制成品。

在19世纪20年代，以伦敦和曼彻斯特为基地的英国工业资产阶级开展了一场大规模的自由贸易运动，经过长期激烈的斗争，最终战胜了地主和贵族阶级，逐步取得了自由贸易政策的胜利。这大大促进了英国经济和对外贸易的发展，使英国经济总量跃居世界首位。到1870年，英国在世界工业生产中所占的比重达到了32%，煤、铁产量和棉花消费量都占世界总量的一半左右。英国在世界贸易总额中的比重占了近四分之一，几乎相当于法、德、美三国的总和。它拥有的商船吨位居世界第一。伦敦成为国际金融中心。

在英国的带动下，到19世纪中叶，许多国家降低了关税，荷兰、比利时也相继实行了自由贸易政策。自由贸易政策代表了工业资产阶级的利益，扫除了障碍，为促进资本主义生产力的发展起了积极的作用。

二、第二次世界大战后的贸易自由化

第二次世界大战后到20世纪70年代初，世界政治和经济形势发生了深刻的变化，这

种变化也引起了各国对外贸易政策的重大变化，出现了全球范围的贸易自由化倾向，即国家与国家之间通过多边和双边贸易条约与协定，削减关税壁垒，抑制非关税壁垒，取消国际贸易中的障碍与歧视，促进世界商品的交换与生产。其主要表现在以下两个方面：

（一）大幅度削减关税

1.关贸总协定缔约国间互相减让关税

从1947年有关缔约国签订了《关税与贸易总协定》以来，至1986年，在关贸总协定的主持下，举行了八次多边贸易谈判，每次谈判都达成了减让关税的协议，各缔约国平均进口最惠国税率由50%下降到5%左右，对促进贸易自由化起了很大的作用。

2.欧洲经济共同体实现了关税同盟

欧洲经济共同体（简称欧共体，现为欧洲联盟）对内取消关税，对外通过谈判，减让关税，导致关税大幅度下降。

关税同盟是欧共体建立的重要基础。根据《欧洲经济共同体条约》的规定，内部成员国之间将削减关税直到全部取消关税。这一目标在欧共体原六国之间提前于1969年完成，实现了工业品与农产品的自由流通。1973年1月英国等国加入后，也于1977年和原六国实现了全部互免关税，从而实现了欧共体内部的贸易自由化。

在对外方面，欧共体与欧洲自由贸易联盟之间逐步降低工业品关税，到1977年7月1日，实现了工业品互免关税，建立起了一个包括17国在内的占世界贸易40%的工业品自由贸易区。欧共体还与非洲、加勒比和太平洋地区的46个发展中国家于1975年签订了《洛美协定》，欧共体对来自以上三个地区的全部工业品和96%的农产品进口给予免税待遇。此外，欧共体还与地中海沿岸的一些国家、阿拉伯国家、东南亚国家联盟等缔结了优惠贸易协定。

3.普遍优惠制的实施

普遍优惠制是发达国家对来自发展中国家和地区的制成品和半制成品的进口给予普遍的、非歧视的和非互惠的关税优惠。普遍优惠制于1971年由欧洲经济共同体率先执行，普惠制共有27个给惠国，实施16个普惠制方案，给予160多个发展中国家和地区以关税优惠，在一定程度上促进了贸易自由化的发展。

（二）降低或撤消非关税壁垒

第二次世界大战以后，随着经济的恢复和发展，发达国家在不同程度上放宽了进口数量限制，扩大进口自由化，增加自由进口的商品；放宽或取消外汇管制，实行货币自由兑换等。以上措施均在不同程度上推进了贸易自由化的发展进程。

关贸总协定原则上要求成员国取消进口数量限制。经济合作与发展组织也有类似规定，到了20世纪60年代初，经合组织成员国之间的数量限制已取消了90%。对来自非成员国的进口也不同程度地扩大了自由化的范围。欧共体各成员国之间工业品的进口数量限制已被取消，农产品进口数量限制也随着内部关税削减而逐步取消。欧共体对外部国家和地区的进口数量限制也有所放宽。

20世纪50年代末以后，随着国际收支状况的逐步改善，各资本主义国家都在不同程度上放宽或解除了外汇管制，恢复了货币自由兑换，实现了外汇自由化。

（三）贸易自由化的主要特点

第二次世界大战后的贸易自由化与资本主义自由竞争时期的自由贸易政策相比有以下特点：（1）美国成为贸易自由化的积极倡导者和推行者。第二次世界大战后，美国成为世界上最强大的经济和贸易国家，为实现对外经济扩张，成了贸易自由化的积极倡导者和推行者。（2）贸易自由化是在资本主义世界经济迅速增长的基础上展开的。贸易自由化还与西欧诸国、日本等的经济快速发展，以及国际分工的深化有关，反映了全球生产力快速提升的内在要求。（3）贸易自由化主要是通过多边贸易条约与协定，即关贸总协定在世界范围内进行的。此外，区域性关税同盟、自由贸易区、共同市场等也促进了贸易自由化的发展。（4）贸易自由化是在新的历史条件下、新的格局条件下进行的。

贸易自由化的发展是不平衡的，主要表现在：（1）发达国家之间的贸易自由化要超过发展中国家的贸易自由化；（2）区域性经济贸易集团内部的贸易自由化超过对集团外国家的贸易自由化；（3）工业制成品的贸易自由化要超过农产品的贸易自由化；（4）工业制成品中机器设备的贸易自由化要超过工业消费品的贸易自由化。

资本主义自由竞争时期的自由贸易政策代表着资本主义工业资产阶级的利益，而第二次世界大战后的贸易自由化则代表着垄断资产阶级的利益。因此，一旦贸易自由化要危害到某些占统治地位的垄断集团的利益时，贸易自由化将会被削弱，贸易保护主义会重新抬头。

第三节　保护贸易政策

贸易保护是相对于自由贸易主义而言的。它最初起源于重商主义学说，以后从侧重于获得贵金属，发展为重点获得一国的工业生产利益。在认可自由贸易利益的前提下，一国为获得强大的国民工业，可以暂时牺牲眼前利益，这一思想最早由美国的亚历山大·汉密尔顿（Alexander Hamilton）在《制造业报告》（1791）中提出。需要强调的是，保护贸易理论虽然和自由贸易理论相对立，但并不意味着它们二者不能相容。事实上，保护贸易和自由贸易论者观点并非完全对立，也存在较多共识。

一、汉密尔顿的保护关税论

亚历山大·汉密尔顿是美国独立后的首任财政部长。美国独立以前的很长时期内，一直受到英国殖民统治的政治上的控制和经济上的剥削，美国实际上不过是英国政治上的附庸和经济上的原材料供应市场，美国经济发展尤其是工业的发展受到了严重的制约，经济发展水平十分落后。

汉密尔顿的保护关税论主要是围绕着制造业展开分析的，他在1791年的《制造业报告》中提出了贸易保护的思想，认为制造业在国民经济发展中具有特殊的重要地位。在国民经济各部门中，制造业具有许多突出的优点：一是制造业能够为其他部门提供先进、效率更高的生产工具和技术设备；二是制造业需要消耗大量的原材料和中间产品以及生活日用品，因而促进了其他相关部门的发展和壮大；三是制造业可以吸收大量劳动力，因而将吸引外国移民迁入，缓解人口稀缺的问题；等等。鉴于此，汉密尔顿强调，保护和发展制造业对维护美国经济和政治上的独立具有特别重要的意义。

汉密尔顿认为，保护和发展制造业的关键在于加强国家干预，实行保护关税制度。具体措施包括：第一，严格实行保护关税制度，以高关税来限制外国工业品输入，保护国内新兴工业部门特别是制造业的发展。第二，限制国内重要原材料的出口，同时采用免税的办法鼓励本国急需的原材料的进口。第三，限制改良机器等国内先进机器设备的输出。第四，政府采取发放信用贷款的办法扶持私营工业的发展。第五，政府以津贴和奖励金等形式鼓励各类工业生产经营者。第六，建立联邦检查制度，保证和提高产品质量。第七，吸收外资，满足国内工业发展需要。第八，鼓励外国移民迁入，增加国内劳动力的供给。

汉密尔顿的关税保护论对于落后国家寻求经济发展和维护经济独立具有普遍的借鉴意义。当然，在当时的历史条件下，汉密尔顿没能进一步分析其保护措施的经济效应和经济后果，没有注意到保护贸易措施也有制约本国经济发展的消极方面。

二、保护幼稚工业论

19世纪初，德国还是一个政治上分裂、经济上落后的农业国。在政治上，拿破仑战争后虽然封建割据局面有所改善，但德意志境内依然小邦林立（尚有38个邦），邦与邦之间关卡重重，各邦内省与省之间也因地方税率的差异而彼此分割。直到1834年，各邦才建立起统一的关税同盟，1848年结束封建割据局面，完成政治上的统一。在经济上，其发展水平不仅落后于工业革命已经完成的英国，而且与早已进入工业革命阶段的法国以及美国、荷兰等国也存在很大差距。

德国经济学家弗里德里希·李斯特（F.List）在1841年出版了著作《政治经济学的国民体系》，系统阐述了幼稚工业保护论。他的贸易保护论是建立在对斯密自由贸易主张加以否定的基础上的，他认为，"流行学派把那些还没有出现的情况假设为实际已经存在的情况。他假设世界联盟和持久和平的形势已经存在，然后由此推定出自由贸易的巨大利益。这就把因与果混淆了。"李斯特还认为，"财富的生产力比之财富本身，不晓得要重要多少倍，它不但可以使已有的和已经增加的财富获得保障，而且可以使已经消失的财富获得补偿。个人如此，对整个国家来说更是如此。"在李斯特看来，一国通过自由贸易获得财富尽管是重要的，但是有耗尽的时候，而财富的生产力才是更加重要的。因此，与其实行自由贸易而获得财富，还不如通过保护发展本国的工业，以获得财富的生产力。

李斯特认为，当时的葡萄牙和西班牙处于农业时期，德国和美国处于农业时期，法国仅靠近农工商业时期的边缘而尚未进入农工商业时期，只有英国实际进入了农工商业时期。李斯特根据其经济发展阶段论，对各国的贸易政策进行了历史主义的解释，并为德国及其他一些经济落后的国家实行保护贸易政策提供了理论依据。

李斯特主张实行的是以关税为核心手段的保护制度。其主要内容如下：

1.保护对象

李斯特认为，要使德国富强，必须同时发展工业和农业。但是它们的发展方式不同。农产品、原材料始终应实行自由贸易，因为限制原料输入不利于充分利用国家的自然资源和力量。工业品则不同，输入工业品会使一国处于对外国的依赖地位，等于放弃了发展自己工业的手段。所以，只应以工业为保护对象，不应保护农业。工业中，保护的重点又是那些重要的工业部门。对于奢侈品和对国内工业的发展具有重要推动作用的复杂机器的输入，则应采取低保护政策。总体上，保护工业就是保护幼稚产业。不过，虽属幼稚产业，但如果国内并无强有力的竞争对手，也不需要保护。

2.保护程度

李斯特主张实行有节制的保护，但不是绝对禁止进口。虽然李斯特认为保护程度不能从理论上决定，但还是提出了自己的设想，即保护程度一般应在20%～60%之间；在建立一个技术工业部门时，可实行40%～60%的保护税率，待其建成进入正常生产活动以后，持久的保护税率，则不应超过20%～30%的水平。

3.保护期限

保护期限应当是有限度的，当被保护产品的价格低于同种进口产品后，便不需要再保护了。另外，如果被保护的工业部门在30年内仍未形成竞争能力，也应放弃保护。

4.实施步骤

保护制度应有步骤地实行，随着工业发展，逐步提高关税。如果突然割断同其他国家原有的贸易关系，反而不利于经济发展。当工业力量变得强大以后，又应当适时地逐步降低保护程度，允许有限度竞争，激发国内工业家的竞争情绪。

李斯特从总体上明确了贸易保护政策的重要性，他指出，历史向我们证明，限制政策并不是凭空臆想，而是出于利益的分析，由于各国在追求独立与优势方面的争夺，也就是说，它是国际竞争和战争的自然结果；因此在国家利益上的这种冲突还没有停止以前，换个说法，就是一切国家还没有在同一个法律体系下合成一体以前，这个政策是不能舍弃的。他强调一国的贸易保护政策是为了保护自己的幼稚工业，一旦本国的工业成长起来，就要放弃贸易保护的政策。一国并非对所有幼稚工业都实行保护，对那些经过一段时间的保护仍然不能发展起来的产业，就要放弃贸易保护。由此可见，李斯特的贸易保护是对那些处于成长过程中的产业在特定发展阶段的保护。这种保护无疑只是为了该产业的成长。这是李斯特贸易保护论的核心。

应该说，李斯特将一国参加国际贸易的经济利益分析动态化是十分重要的。他主张，自由贸易的理论基础强调各国通过国际分工和交换，可以获得经济利益的结论是建立在短期分析基础上的，而且也没有考虑到一个国家，特别是后起的国家经济发展的需要。如果从一国经济发展的角度看，这种短期的贸易利益是非根本性的。当一国处在工业发展的过程中时，这种短期利益的取得可能葬送该国生产力的发展，从而阻碍其经济走向工业化，结果是失去长远经济发展的利益。从这一分析角度出发，李斯特的贸易保护理论存在明显的合理性。

专栏6-1

美国的机车行业——一个取得成功的幼稚产业

三、凯恩斯的"超保护贸易政策"

从19世纪末到第二次世界大战期间，垄断代替了自由竞争。垄断资本要求对外贸易政策更具有扩张性和侵略性，从自由贸易政策和保护贸易政策过渡到代表垄断资产阶级利益的侵略性保护贸易政策。由于这种政策具有更大的掠夺性和扩张性，因而被称为超保护贸易政策。

凯恩斯的贸易保护论集中反映在他的著作《就业、利息和货币通论》中。他对重商主义大加赞扬，在评论马歇尔对重商主义的态度时指出，"马歇尔提到重商主义时，总不能算是毫不留情，但他从未尊重重商主义之最中心理论，甚至没有提到过他们论证中之真理成分。"在凯恩斯看来，重商主义的合理性在于，一国可以通过保护贸易增加国内的就业，这是经济学家们尚未论及的。

凯恩斯还强调一国贸易收支顺差与总需求的关系。他指出，"设总投资量之多寡，完全由利润动机决定，则国内之投资机会，在长期内，定于国内利率之高低，而对外投资之多寡，则看贸易顺差之大小而定。"因此，政府应该干预对外贸易。在凯恩斯看来，如果一国政府还不能合法地干预国内经济的话，对贸易收支的特别关注，是带动投资的好办法，因为一国出口增加意味着，外国对本国企业产品的需求增加了，从而对这些出口企业的需求增加，这些企业就扩大生产、追加投资；另一方面，贸易收支顺差不仅对出口企业有积极影响，对国内其他企业也有积极影响，贵金属流入带来国内利率水平的降低，从而使国内企业投资成本，或借入资本的成本降低，起到了鼓励本国私人投资的作用。可以说，凯恩斯的贸易保护是其需求决定论的自然延伸，这是一种在干预经济尚未被一国法律所认可的条件下，政府唯一所能做的保护本国企业方法。

与自由竞争时期的保护贸易政策相比，超保护贸易政策有明显的不同：（1）它不是防御性地保护国内幼稚工业，以增强其自由竞争的能力，而是保护国内高度发达或出现衰落的垄断工业，以巩固对国内外市场的垄断；（2）保护的对象不是一般的工业资产阶级，而是垄断资产阶级；（3）保护的手法也趋于多样化，不仅仅是高关税，还有其他各种奖出限入的措施。

超保护贸易政策在第一次世界大战与第二次世界大战期间最为盛行。特别是1929—1933年资本主义世界爆发了空前严重的经济危机，失业加剧，市场问题进一步尖锐化。随后，许多资本主义国家都提高了关税，实行外汇管制等，同时，各国积极干预外贸，鼓励出口，扶植垄断组织夺取国外市场。

四、新贸易保护主义

第二次世界大战后的贸易自由化倾向发展到20世纪70年代中期出现了转折，一度削弱的贸易保护主义又重新抬头，非贸易自由化倾向日益加强，出现了新贸易保护主义。其间，资本主义国家经历了1973—1975年和1979—1982年两次由石油危机演变成的世界性经济危机，国家经济普遍陷入滞胀和衰退，就业压力增大，世界市场矛盾日益突出，各国的垄断资产阶级和劳工团体纷纷要求政府采取贸易保护措施保护国内市场。此外，由于各国工业的发展不平衡，美国的经济地位相对下降，贸易逆差迅速上升，不仅日本和西欧各国在钢铁、汽车、电器等工业产品上与美国展开了激烈的竞争，甚至新兴工业化国家及其他一些国家也开始在国际市场上对美国产生威胁。另外，国际货币关系存在一定的失调，资本主义国家普遍实行了浮动汇率制，汇率的长期失调影响了国际贸易的正常开展。在这种情况下，美国一方面迫使拥有贸易顺差的国家开放市场，另一方面加强对进口的限制，采取了许多保护贸易措施。随着世界经济相互依存性的加强，贸易政策的连锁反应也更强烈，其他国家纷纷仿效和报复，致使新贸易保护主义更加蔓延和扩张。

新贸易保护主义不同于20世纪30年代的旧贸易保护主义，其具有以下特点：

第一，被保护的商品不断增加，范围不断扩大。从传统的工业品、农产品转向高级工业品和服务部门，从一般的服装、鞋类到钢铁、汽车、电子产品和数控机床等高级工业品。

第二，贸易保护措施多样化，关税壁垒和直接限制的非关税壁垒措施被间接的贸易限制所取代。随着关税减让谈判的继续进行，关税壁垒的作用越来越有限，发达国家更多地利用非关税壁垒措施来保护市场，比如，以关贸总协定的免责条款为依据，滥用反补贴、反倾销这些所谓的维持"公平"贸易的武器来削弱新兴工业化国家及其他出口国家在劳动密集型产品成本方面的优势，阻挡进口产品的竞争。

第三，贸易政策措施向制度化、系统化和综合化的方向发展。发达国家由于政府管理贸易的加强，从保护贸易制度转向更系统化的管理贸易制度，不少发达国家越来越把贸易领域的问题与其他经济领域的问题甚至包括某些非经济领域的问题联系起来，进而推动其贸易政策明显地向综合性方向发展。

第四，奖出限入措施的重点从限制进口转向鼓励出口，双边和多边谈判与协调成为扩大贸易的重要手段，措施包括经济、法律、组织等诸多方面，如出口补贴、出口退税、出口信贷等。

第五，从国家壁垒转向区域性贸易壁垒。建立经济一体化，实行区域内的共同开放和区域外的共同保护，一方面有利于局部缓解国际矛盾，改善国际收支，另一方面也产生许多不利影响，如削弱多边贸易体系、降低资源的配置效率、增强贸易的歧视性待遇等。

现在，一方面贸易自由化的浪潮愈加高涨，另一方面贸易保护主义也以各种新面貌不断出现。这种新型的贸易保护主义往往披着促进全球利益发展的外衣，利用发达国家与发展中国家的经济发展差距，实施变相的贸易保护。国际贸易中仍在不断出现新型的"隐形"保护主义，其中最为典型的是"绿色壁垒"和"技术壁垒"，更有违背世界贸易组织的基本原则者，在"有秩序的销售安排"（orderly marketing arrangement，OMA）和"有组织的自由贸易"（organized free trade，OFT）下，搞灰色区域措施。

综观世界各国特别是发达国家对外贸易政策演变的历史，可以发现：（1）贸易政策本质上是国家意志的体现。只要世界上有不同的国家，就有不同的国家利益，各国政府总是代表本国或本国统治阶级的利益，实行有利于本国的对外贸易政策。但在具体实行时往往不是对国内所有阶级或集团有利，所以在国内存在激烈的斗争。（2）自由贸易政策一般发生在世界科技进步、各国经济普遍高涨时期。在通常情况下，各国实行的都是宽松程度不同的保护贸易政策，可以说西方发达国家的对外贸易政策演变的历史基本上是贸易保护主义的历史。（3）一个国家在国际经济中的地位决定了这个国家实行何种贸易政策，居特殊地位的国家往往积极推行自由贸易政策，其他国家则实行保护贸易政策。

第四节　　　　　　　　　战略性贸易政策

20世纪80年代中期以来，一些新贸易理论经济学家提出了战略性贸易政策的观点。

该观点认为，由于国际市场上的不完全竞争性质和规模经济的存在，一国政府可以通过补贴或保护国内市场的手段，扶植本国战略性产业的成长，增强其在国际市场上的竞争能力，以获得规模经济的收益，并取得市场份额。市场竞争变成一场少数几家企业之间的"博弈"，谁能占领市场，谁就能获得超额利润。

一、战略性贸易政策的含义

在当代国际贸易中，很多制成品的生产都享有规模经济的好处，即随着各种投入要素量的增加，其产出的增加倍数会大于投入的增加倍数，表现在厂商的成本结构上随着产量的增加，平均成本趋于下降。规模经济的存在使得其对应产业的市场结构表现为不完全竞争，特别是寡头垄断。寡头垄断厂商的产品价格高于其边际成本，因而此类产品的出口厂商的利润中就包含了一部分垄断租金。战略性贸易理论旨在说明，一国政府为了增强国家竞争力，对某些具有战略意义的产业采用鼓励产品出口或限制产品进口，以达到增强国家竞争优势目的的贸易政策。其核心思想是政府政策可以使不完全竞争市场特别是寡头市场中的竞争向有利于本国厂商的方向倾斜，从而使外国厂商的超额利润向本国厂商转移。

不完全竞争和规模经济是战略性贸易政策实施的必要条件，此外还必须具备以下条件：（1）政府必须拥有可靠的信息。对实行政府干预可能带来的预期收益要心中有数。（2）对接受补贴的企业的垄断地位的判断，判断是否能在一个相当长的时期内保持自身的垄断地位。因为其他企业的进入竞争可能会导致垄断利润的消失。（3）别国政府不会采取相应的报复措施。

20世纪70年代中期以来，世界产业结构和贸易格局发生了重大变化，高科技和知识经济的影响越来越重要，一国政府应该从战略角度，主动、积极地选择一些能够增强国家竞争力的理想产业。流行的标准是高附加值、高工资和高技术的"三高"产业，通过政府的扶植政策促进发展。一些国家的战略性贸易政策的实践，似乎也证实了流行观念的正确。例如，日本政府在20世纪五六十年代，将资金从传统的劳动密集型产业（如纺织业）引导到人均附加值高的重工业，政府试图鼓励那些被认为将反映日本未来比较优势的产业（如钢铁业）的发展，结果，日本经济增长极为迅速。但是美国著名经济学家克鲁格曼（P. Krugman）明确指出，上述说法在理论上是站不住脚的，日本成功的原因有很多，不一定是战略性贸易政策的功劳。日本一些最成功的产业，如汽车工业和家电工业，并不在政府的优先照顾之列。因此，较为有影响的战略性贸易政策理论的代表人物应归于20世纪八九十年代的克鲁格曼，而在其之前的理论尚不成熟。

二、以出口补贴促进出口

"以出口补贴促进出口"的战略贸易政策是指政府通过出口补贴或出口税收优惠等鼓励出口的政策措施使本国企业在国际竞争中获胜。加拿大经济学家巴巴拉·斯潘塞（Barbara J. Spencer）和詹姆斯·布朗德（James A. Brander）在1985年首先提出，在市场失灵即不完全竞争状态下，政府对国内企业实行出口补贴可以帮助其在国际竞争中获胜，并使企业获得的利润大大超过政府所支付的补贴。

该论点认为在某些规模经济显著的寡头垄断产业，如果一方对另一方采取进攻性的战略行为，如投资导致过度产出等，就会迫使对方在竞争中让步，但这种进攻性的战略行为往往会给实施者本身带来损失，迫使这种威胁变得可置信。此时，如果政府能够率先以出口补贴的政策对本国厂商给予支持，那么在原有的两个厂商之间的古诺–纳什均衡（Cournot-Nash equilibrium）就会演变为本国厂商的产出扩大、利润增加，迫使外国厂商的产出缩小、利润下降，实现使利润由外国厂商向本国厂商转移的目的，并且所转移的利润大于出口补贴，从而使补贴国的净福利增加。

现以美国波音公司与欧洲空中客车公司的例子加以说明。在现实中，这两家也确实是飞机制造业中最主要的公司。表6-1是无补贴时的两大企业的竞争收益。在国际市场上，若波音公司首先进入该市场，则博弈的结果必选择表中右上角，即波音公司生产而空中客车公司不生产。若空中客车公司首先进入，则选择左下角；若同时进入，则选择右下角，均退出市场；若双方都生产，则每生产一架飞机各自损失5万美元。

表6-1 　　　　　　　　　　　　　　无补贴时的两企业竞争

空中客车公司 生产每架飞机的利润 （万美元）　　波音公司	生 产	不 生 产
生 产	−5　　　　　　−5	0　　　　　　100
不 生 产	100　　　　　　0	0　　　　　　0

如果欧洲国家政府采取战略性贸易政策，向空中客车公司每生产一架飞机补贴10万美元，则将改变市场博弈规则。若初始条件下，波音公司首先进入市场，博弈均衡的结果为波音生产，空中客车公司不生产。但由于欧洲国家政府的补贴，空中客车公司选择生产，转向表6-2中的左上角，波音公司在短期内还能以亏损维持竞争，但长期就不能维持了，博弈竞争的结果是选择左下角，空中客车公司生产而波音公司退出市场，空中客车公司每生产一架飞机的利润110万美元远远超出政府补贴的10万美元。政府补贴可以通过税收回收，而政府帮助空中客车公司占领了国际市场。可见，政府的出口补贴型的战略性贸易政策可以使本国企业获得国际竞争优势，这是有效的。不过，该战略成功的条件是，对手国政府不采取同样的措施，两家竞争企业的实力必须大致相当，若竞争实力相差太大，补贴也无济于事。例如，两家公司同时生产时，每架飞机波音公司有5万美元的利润，而空中客车公司有5万美元的亏损，则空中客车公司接受每架飞机10万美元的补贴只能维持与波音公司在短期内平分市场，却难以长期获得补贴而生存。

三、用关税抽取垄断租金

当国内不存在供给或供给为完全竞争时，只要国内存在着潜在进入该产业的厂商，那么该国使用关税来抽租外国垄断厂商的利润就有利于本国福利的提高。这是因为，有潜在进入的国内厂商存在，外国垄断厂商的定价应受到限制，即为防止价格过高招致新厂商加入，损害自己的优势地位，外国垄断厂商往往不得不吸收掉一定幅度的关税，使得价格上升的幅度小于关税上升的幅度，这样消费者剩余的损失就会被关税收入抵消且有余，从而提高整体的国民福利水平。

表6-2　　　　　　　　　　　　有补贴时的两企业竞争

波音公司＼空中客车公司　生产每架飞机的利润（万美元）	生 产		不 生 产	
生 产		5		0
	−5		100	
不 生 产		110		0
	0		0	

由图6-1可知，D是本国对外国垄断厂商的商品的需求曲线，MR为边际收益曲线，外国垄断厂商的边际成本曲线是C，它在这里被假设为不变的。在自由贸易条件下，外国垄断厂商在进口国市场上有一定的垄断力量，为实现利润最大化的目标，这些垄断厂商在进口国的销售量会确定在边际收益等于边际成本的水平上，此时的产量为m_2，而价格则根据进口国的需求定在高于边际成本的水平P上。

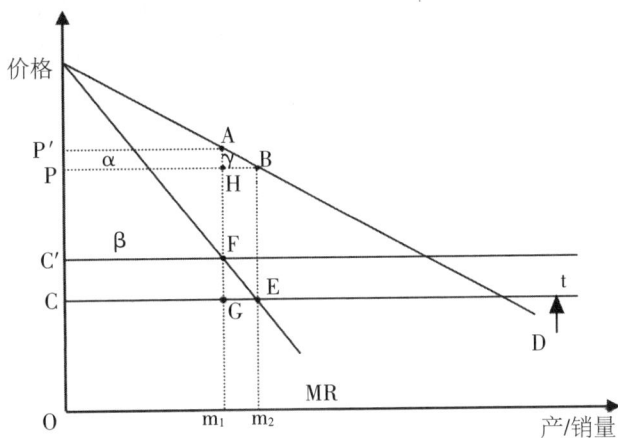

图6-1　国内无潜在进入者条件下的垄断抽租

假设本国政府决定对来自外国垄断厂商的进口商品征收数额为t的关税，此时关税使外国垄断厂商的边际成本曲线向上平移t单位至C′，在新的均衡中产（销）量由m_2下降到m_1，而价格则由P上升到P′。这样，本国的消费者剩余损失为$\alpha+\gamma$（即矩形PP′AH+三角形AHB）的面积，同时关税收入增加为矩形β（即矩形CC′FG）的面积。当考虑线性需求函数时，需求曲线的斜率为边际收益曲线斜率的一半。因此，消费者剩余损失$\alpha+\gamma$约为关税收入β的一半（三角形AHB的面积为关税税率的二阶项，当关税税率较小时，该部分面积可以忽略不计）。因此，征收小额关税来抽取外国垄断厂商的经济租金，往往能够提高本国的福利水平。

在外国寡头存在的情况下，小额关税可以改善本国福利的结论是否可以扩展到本国需求曲线为非线性的情况呢？其关键是需求曲线和边际收益曲线的斜率。如果需求曲线比边际收益曲线更加平坦，则征收关税后价格上升的幅度会小于关税征收的幅度，即外国垄断厂商可能出于担心高价会招致潜在厂商进入或销售量下降太多而适当降低出口价格，吸收部分关税，这样进口国政府所得关税收入在弥补价格上升引起的消费者剩余损失后有余，从而使贸易条件改善，净福利增加。相反，如果需求曲线比边际收益曲线更加陡峭，则征收关税可能会导致价格更大幅度的提高，使贸易条件恶化。

潜在进入者的存在对外国垄断厂商在征税后维持原定价格构成压力，为防止高价招致新厂商进入，外国垄断厂商往往会消化部分关税造成的涨价因素，如无潜在进入者威胁，则外国垄断厂商降价出口的压力要小很多，并有可能仍维持原价。

战略性贸易政策理论具有积极的一面。该理论的核心是认为政府通过干预对外贸易，扶植战略性产业的发展，对一国经济发展并参与国际竞争具有积极作用。但是，该理论也有消极的一面。作为零和博弈，一国的成功以牺牲别国利益为代价，这就容易引发贸易保护主义的抬头以及遭遇别国的报复。

第五节　发展中国家的贸易政策

第二次世界大战以前，亚、非、拉大多数国家是殖民地、半殖民地或附属国。由于长期受到奴役、剥削和掠夺，这些国家的经济结构单一、畸形，经济发展水平落后，人民生活贫困。战后，这些国家在政治上纷纷独立，但经济条件却千差万别，选择了各自不同的贸易政策与发展战略。

一、进口替代的发展战略

（一）进口替代的含义

进口替代的发展战略把实行进口替代作为发展经济的主要措施。所谓进口替代，就是以本国自己生产的产品在国内市场上取代原来需要进口的产品。按照国际贸易理论的标准说法，这样实现的经济增长是一种"进口偏向型增长"。由于国际经济运行中的各种因素作用，特别是长期将资源用于生产进口替代产品最终将减少用于生产出口产品的投入，进口的减少在长期中通常都会使出口随之减少。进口替代的经济增长因此将降低整个对外贸易占一国GDP的比例，因此这是一种比较内向型的经济发展。

（二）进口替代发展战略实施的背景

19世纪，由于历史原因，广袤的亚、非、拉地区处于落后、停滞和半停滞的发展状态，西欧和北美许多国家却开始了大规模工业革命和工业化运动。到20世纪初，一个以发达的、工业化的欧美资本主义和帝国主义占据统治地位，落后的、被殖民化或半殖民化的亚非拉众多国家屈居从属地位为特征的世界政治经济格局形成了。经过20世纪上半叶两次世界大战的剧烈冲突，帝国主义和殖民主义统治体系在世界范围内趋于瓦解，广大的亚非拉国家陆续走上独立自主发展道路。

在这样一个历史背景下，如何选择有利于推动自身经济发展并维护民族独立地位的发展战略的问题就摆在了许多发展中国家面前。当时，大多数新兴发展中国家在经济上拥有两个"历史遗产"：一是它们拥有相对丰富的自然资源，长期以来就源源不断地向发达国家出口这些资源产品，以初级产品换取发达国家的工业制成品；二是在这些国家中缺少为发展经济所需要的熟练劳动者和专门技术人才，基础设施薄弱，本来就十分稀缺的先进技术绝大多数都是"舶来品"。此外，这些国家的社会制度现代化建设刚刚起步，新政权的首要任务往往是维持社会和政治稳定。正是在这些历史因素的制约下，许多发展中国家选择了后来被称为"进口替代"的发展战略。

进口替代发展战略的直接目的是建立和发展国内工业基础，减少和摆脱对发达国家工业制成品的进口依赖。在20世纪五六十年代，亚洲、拉丁美洲、东欧和非洲的许多国家都在不同程度上实施了这一发展战略方针。拉丁美洲的著名学者劳尔·普雷维什论证了进口替代战略的经济依据。他认为，从国际分工及其发展的角度看，发展中国家继续向发达国家出口初级产品并从发达国家进口工业制成品是没有出路的，因为由于需求结构变化和技术进步等原因，初级产品与制成品的交换价格将会朝着不利于初级产品生产者的方向变化。发展中国家必须走面向国内市场的独立工业化道路。

由于发展中国家的具体条件不同，各国实施进口替代的进程有很大差异。一般可分为两类：一类是原来工业基础比较薄弱的国家，它们的进口替代一般是从建立非耐用消费品工业入手；另一类是在第二次世界大战前已建立一定规模的工业特别是轻工业的国家，它们战后进口替代的内容一般侧重于建立耐用消费品和基础工业。

（三）进口替代发展战略的政策措施

为配合实现进口替代的目标，国家往往会采取一定的保护和鼓励政策。

1.贸易保护政策

这是实施进口替代的一项基本政策，主要内容是对制成品，特别是消费品进口通过关税（如高额关税、进口附加税等）和非关税手段（如进口数量限制、许可证等）加以限制。但针对不同的商品实行有差别的保护：对本国进口替代工业产品的贸易保护程度较高，而对其他部门产品的贸易保护程度较低，例如，对粮食和其他生活必需品等进口限制较松，以维持国内较低的生活费用；对食品加工品和一般消费品进口则管制较严；对奢侈品甚至有时是完全禁止的。另外，对进口替代工业的最终产品保护程度较高，而对发展这类工业所需要的原材料、燃料、机器设备和零配件进口则保护程度较低。

2.比较严格的外汇管理政策

严格的外汇管理是要将有限的外汇用于经济发展最急需的一些领域。主要措施有：私人和企业不能持有外汇；企业和居民必须将从不同途径取得的外汇全部或部分地售给指定的外汇银行；规定出口商只能接受可作为国际清偿手段的外国货币；实行外汇配给，对进口替代工业给予适当照顾；对资金流出国外实行管制等。

在汇率方面，通常实行币值高估的汇率制度。所谓币值高估，即对本国货币规定较高的兑换他国货币的比率，以有利于进口不利于出口，也使关税保护部分地失去作用。因此，较多的发展中国家实行了复汇率制度，对非必需品的进口实行币值低估以限制它们的进口，以对本国同类产品起到价格保护的作用；而对有关国计民生的必需品和资本货物的进口，采取币值高估，以降低本国产品的成本。对传统的出口产品实行币值高估，因为这些产品的供给弹性低，即使是高估的汇率也不会使出口下降，对新的出口货物，则实行低估汇率，以提高出口的竞争能力。

3. 优惠的投资政策

为加速国内资金积累，国家在财政税收、价格和信用等方面往往会给予进口替代工业特殊优惠，以促进其发展。主要措施包括：对国民经济的重点发展部门的税收减免优惠，其中包括减免该工业国外投入物的进口税和企业所得税等；对非重点发展部门则征收较高的税率；积极发展国有和私营的金融机构，并对进口替代工业发放低息优惠贷款；通过国家投资经济参与进口替代工业（特别是基础工业）的发展，大力促进基础设施建设和公用事业的发展。

（四）进口替代发展战略实施的效果

1. 积极作用

很多实行进口替代战略的发展中国家都取得了相当大的经济增长成就，国内逐步建立起现代化或半现代化的工业企业，对工业品尤其是对消费品进口的依赖程度降低，并培养出一批专业技术人才和熟练劳动者。政府部门通过大量的工业建设活动也获得了管理经济的经验和知识。

（1）工业特别是制造业得到了迅速的发展

由于进口替代战略的实施提供了一个有保护的、有利可图的市场，这些国家的工业，特别是制造业得到了迅速的发展。统计资料显示，1950—1960 年，亚非拉国家制造业年平均增长率为 6.9%，1960—1970 年为 8.1%，这个速度不仅大大超过了发展中国家的历史纪录，也超过了同期西方发达国家制造业的增长速度。从国家和地区的情况看，大多数实行进口替代发展战略的国家工业增长速度都比较快。例如，印度前三个五年计划期间（从1951—1952 年度到 1965—1966 年度）是工业发展的"黄金时期"，工业年平均增长率在三个五年计划期间分别达到 7.5%、6.6% 和 8.7%。巴西在二战后的进口替代时期，工业增长速度也比较快，1948—1965 年工业年平均增长率为 8.8%，1957—1961 年工业年平均增长率为 10.7%。工业特别是制造业的增长成为这些国家经济发展的主要推动力量。

（2）促进了经济结构的调整

进口替代发展战略的实施促进了这些国家经济结构的改造，单一的、畸形的经济结构状况得到了很大的改善。在国内生产总值中，工业特别是制造业的比重上升很快，而农业比重相对下降。在制造业内部，那些侧重基础工业替代的国家，重工业的增长速度远远快于轻工业。

（3）提高了经济自立程度

进口替代的贸易政策提高了发展中国家经济的自立程度。进口的制成品在国内总供给中的比重大大下降，这些国家的设备自给率也大大提高。

2. 局限性

进口替代发展战略的实施在产生积极作用的同时也带来了许多新的问题。

（1）在消费品领域或下游产品推行进口替代战略，往往导致对资本品或上游产品进口需求的增加，例如发展国内化肥工业伴随着对国外化工机械进口需求的增长，原来旨在克服外汇短缺瓶颈的进口替代战略反而使外汇短缺更加严重了。

（2）由于未能将国内资源优先用于可挣取外汇资金的出口产业上，发展国内工业所需要的巨额资金通常只能通过对国内农业产出的征税来筹措，尤其是在实行进口替代的早期阶段。这加重了城乡经济矛盾，延缓了国内农业的现代化进程。

（3）政府实施进口替代战略时，投资重点往往是那些资本密集型的重化工业，以及大型基础设施建设。这些投资项目对增加国内就业的作用相对有限，直接或间接地造成不充分就业问题在实施进口替代战略的国家中日益突出。

（4）实施进口替代战略需要大量资金投入，政府部门为保证资金流向符合自己的战略部署的部门，往往对经济活动实行全面严格的控制，压抑了社会经济中企业和居民部门的自主经营活动。

（5）伴随进口替代战略而来的政府全面干预经济，官僚主义、错误计划和低效率使用资金等问题开始严重起来。

二、出口导向的发展战略

（一）出口导向战略的含义

与进口替代相对立的是出口导向型的经济发展，它主要以出口的增长来带动整个经济的发展。国际贸易理论把这样实现的经济增长说成是"出口偏向型增长"。在长期中，一国出口的大幅度增加不能不导致进口的最终增加，光是为了避免资源的浪费也不得不如此。这样一来，出口带动的经济增长自然会提高整个对外贸易占一国 GDP 的比重，从而促成一种名副其实的外向型经济增长。

（二）出口导向战略实施的背景

由于进口替代战略在实践中所出现的诸多问题，20 世纪 70 年代以来各国人士会对它的批评意见大大增多了。20 世纪 70 年代前后，一些东亚发展中经济体开始寻求另一种发展战略，即出口导向发展战略，也被称为"外向型发展战略"。这些经济体具有一些共同特征：人口和劳动力众多，土地资源相对稀缺，拥有相当数量的熟练和半熟练工人，他们能够适应加工型劳动生产的要求。20 世纪 70 年代前后，也正是国际政治开始走向缓和、欧美工业化国家经济结构出现明显调整的时候。经过 20 余年的战后高速经济增长，这些工业化国家经济中出现了劳工成本上升、企业之间竞争加剧的形势，一些大型跨国企业组织开始寻求建立海外加工基地。在这样的背景下，寻求外向型发展战略的经济体取得了显著的快速经济增长成就。从 20 世纪 60 年代中期到 20 世纪 80 年代中期，韩国、新加坡以及中国香港和中国台湾等地区的经济增长率平均每年高达 6% 以上，它们出口贸易的年平均增长速度则更高，达到 10% 以上。出口商品绝大部分为制成品，尤其是来料加工制成品。为了促进出口贸易的增长，这些经济体推出了许多有利于出口产业发展的优惠措施，例如减免资本和中间物品的进口关税，保持汇率稳定并尽可能避免汇率高估以便防止因汇率高估或波动而影响出口贸易的正常开展，积极引进外国技术、管理经验和资本。20 世纪 70 年代末 80 年代初，这些经济体因其成就而被国际社会称为"亚洲四小龙"。

"第一代亚洲四小龙"的成功对其他发展中经济体起到了示范作用。随后不久就出现了"第二代亚洲四小龙"：马来西亚、泰国、菲律宾和印度尼西亚。这也是一些人口稠密的发展中经济体，面临解决国内就业矛盾、快速实现向工业社会过渡、缩小国际经济差距的艰巨任务。这些国家更加积极地吸引外国直接投资，大力建立出口加工区，努力稳定货币汇率。到 20 世纪 90 年代后半期，这些新兴发展中国家沿着出口导向路径也取得了快速经济增长的瞩目成就。

20世纪90年代以来，世界政治进一步走向缓和，以欧美大型跨国企业为主体的力量推动了经济全球化在世界范围内的发展。发展中国家实行的外向型经济发展战略客观上与经济全球化趋势相吻合，从而确立了其在发展政策选择上的主流地位。韩国在1996年加入所谓"富国俱乐部"的经济合作与发展组织（OECD），被普遍地认为是二战后发展中国家通过实施外向型发展战略而取得成功、跨入发达国家行列的一个典型。

（三）出口导向战略的政策措施

实施面向出口的贸易发展政策，关键是提高出口商品的竞争能力，不断开拓和扩大国际市场。因此，实施出口导向发展战略的国家也必须相应地采取一系列不同于进口替代时期的政策和措施。

1.在外贸政策方面

放松贸易保护，大力鼓励出口。主要措施包括：对出口制成品减免关税，外销退税（退还原材料进口关税），对出口给予补贴；对产品出口提供信贷和保险；对出口部门所需要的原材料、零配件和机器设备等的进口减免关税或减少进口限制；给出口商提供一定比例的进口限额和许可证等。但一些实行出口导向与进口替代相结合战略的国家或处在两种战略过渡期的国家，对消费品的进口仍保持较高的限制。

2.在外汇和汇率政策方面

除给予出口企业和出口商优先提供外汇或实行外汇留成、出口奖励等措施外，还需调整汇率水平，以改变本币高估而造成的不利于本国产品出口的情况。在此过程中，很多国家都实行了本币对外贬值的办法。

3.在投资政策方面

对面向出口的企业提供减免企业所得税等方面的种种优惠，如1976年新加坡通过的一项《经济发展奖励法（所得税免除法）》规定，凡企业出口产品达到一定数量或占该企业销售总额一定比例者，其出口产品所得的税率由40%降至4%，减免期为5年。1975年，新加坡又通过了上述法令的修正案，把减免期延长为10年。此外，一些国家还对出口工业规定了加速折旧，对出口企业国家优先提供原材料、土地、基础设施和其他服务。

4.在外资政策方面

为解决出口导向发展战略实施过程中的资金和技术缺乏问题，吸收外国先进的管理经验，打开国际市场销售渠道，一些国家和地区先后实施了非常具有吸引力的鼓励外国投资的政策，给外国投资者提供各种优惠和方便。如享受"国民待遇"；放宽利润和信贷方面的政策；优先提供基础设施和公用事业服务；简化投资审批手续；给外国投资者及其家属提供居住等方面的方便等等。一些国家还与西方发达国家签订了投资保护协定和避免双重税收协定。

（四）出口导向战略实施的效果

1.积极作用

出口导向发展战略的实施有效地推动了这些国家和地区对外贸易和国民经济的迅速

增长：

（1）对外贸易增长迅速。由于有效吸引了国外的资金、技术，再加上一系列鼓励出口的政策的配合，这些国家的制成品，尤其是劳动密集型产品如纺织、服装、玩具、制鞋、电子产品等，逐步在世界市场打开了销路。对外贸易发展迅速，制成品在出口中所占比重迅速提高。

（2）加快了资金积累，促进了国民经济的快速增长。新兴工业化国家制成品出口增长，不仅为这些国家和地区积累了资金，为提高国内投资率和扩大国外机器、设备及原材料进口提供了可能，同时也直接推动了与出口工业有关的经济部门的发展，带动了国民经济的增长。

（3）制造业在国内生产总值中所占的比重显著上升，工业化进程快于其他发展中国家和地区。

2.局限性

出口导向发展战略也存在其不可避免的局限性。

一个突出的局限性就是这种战略的实施带来了国内经济对国际市场和国际资本的高度依赖性，而且在实践中容易引起国内经济各部门和各地区经济发展的不平衡。不少发展中国家在推行出口导向发展战略时，依然强调政府主导的思路，它们主要不是努力为企业活动创造一个公平竞争和健康成长的环境，而是带有任意性地扶植亲信企业集团。出口导向发展战略的成功在很大程度上掩盖了其固有的局限性，并由此而使矛盾累积起来。

围绕出口导向发展战略的国内外经济矛盾终于在1997年以金融危机的形式迸发出来。这场金融危机的直接原因是东亚发展中经济体维护本国货币汇率稳定的努力与国际投机资本对这种汇率制度的攻击之间的矛盾，但在其背后则深藏着各种内外矛盾，包括东亚发展中经济体对国际市场和国际资本的依赖性，它们的经济增长由于国内发展的不平衡而缺少充足的持续性动力，以及由于经济体制改革的相对滞后而造成的国内企业组织和金融机构的低下竞争力和危机应付能力。

三、全球化发展战略

（一）国际贸易政策战略转变的必然性

随着国际环境的变化，出口导向战略的外部条件也在发生着变化。

1.传统出口产业出现激烈的国际竞争

一般来说，出口导向战略起步于劳动力密集型产业和成熟制造业。随着越来越多的发展中国家走上了以一般制造业为主的出口导向发展道路，国际市场竞争激烈，出口的进一步发展受到限制，出口对经济的拉动转变为对出口市场的依赖。

2.国际分工深化使产业布局国际化

在跨国投资大发展的背景下，国际产业分工格局不仅取决于一国自身的发展战略，而且在很大程度上取决于跨国公司的全球战略，本国的发展只是跨国公司全球战略的一个组成部分。因此，出口导向不是本国发展战略的反映，而是跨国公司全球战略的表现。在另一些国际投资中，产业的国际转移是投资的原因。某些产业的出口可能得到了发展，但在产业水平上却处于较低的层次，这种产业对国民经济的拉动作用是有限的。例如，出口加工性质的出口发展在外贸总量上有显著的表现，但其对国民经济的作用主要是促进就业，较少产生产业关联性质的联动效应。

3.当地市场成为跨国公司投资的目标

在一部分投资中，特别是在一些新产品的投资中，跨国公司是以当地市场为目标的。投资的结果不是发展了出口，而是让出了市场，因而也不可能在此基础上发展起新的出口。这是市场竞争方式上的变化，即跨国公司通过直接进入当地市场竞争，改变了国际投资对出口发展的作用。

由此产生的一个更深层次的变化是经典比较优势理论适用性的变化。不论是单要素劳动生产率意义上的比较优势，还是由要素丰裕度决定的要素密集型产业的比较优势，比较优势总是被作为发展战略的基点，也被作为出口导向战略产业选择的基点。上述这些变化即使还没有使建立在要素生产率和丰裕度意义上的发展战略完全失效，也已在一定程度上使这种战略选择原则受到重大影响。

建立在两种意义的比较优势基础上的发展战略，既为发展中国家的发展指出了一条可行的道路，也使发展中国家永远处于世界发展行列的后排。因为其发展是建立在产业的国际转移基础上的，也是建立在劳动力或自然资源基础上的而不是技术或知识基础上的——这是发展中国家要素禀赋的基本特征。这种发展战略，即使是历史证明有效的出口导向发展战略，也只可能改变发展中国家的绝对落后状态，而不能改变其相对落后状态。

（二）全球化战略的提出

随着经济全球化的发展，出口导向战略将被更高层次的全球化战略所取代。这种全球化战略，与出口导向战略相比有着一系列不同的特点：

1.跨国公司投资成为生产出口能力提高的重要因素

在传统出口导向战略下，出口能力的提高更多地取决于本国比较优势和要素优势的发挥。随着跨国公司地位的进一步提高，国家发展战略越来越多地受到跨国公司全球战略的影响。生产出口能力的提高部分地取决于跨国公司对东道国优势要素的利用，只是跨国公司全球市场战略的一个组成部分。一个发展战略是否有效，从某种程度上说，不仅在于能否充分利用优势要素，而且在于能否有效地与大型跨国公司的发展战略相结合。

2.要素的充分流动使国际分工深化

在出口导向发展战略中，充分利用本国的要素优势决定了本国国际分工地位。其结果往往是发展中国家更多生产和出口劳动密集型产品。由于当代生产要素流动性的增强，特别是资本、技术、管理和市场要素的流动，新兴的许多产业并不依赖于自然资源，生产地点的选择受要素禀赋的约束减小。这一变化的结果是国际分工不再简单和主要地表现为初级产品、传统制造业和现代制造业之间的分工，发展中国家已经开始参与到现代制造业的分工之中，甚至直接发展起一批新兴产业来。简言之，在全球化生产战略中，充分利用本国优势要素不是唯一的发展路线，充分利用要素的国际流动发展非本国优势要素密集型产业了新的可能。

3.民族工业概念的消亡

产业间分工的深化可能使一个国家，甚至一个大国不具备完整的工业体系，而要素投入的国际化又使一个国家一个产业的发展不再完全或主要依靠自身的要素投入。前者使一些现代产业甚至一些重要的产业不再作为国民经济发展的目标，一个完整的工业体系是不必要的，不经济的，甚至是不可能的。传统的建立一个以重工业为核心的现代工业体系作为现代化目标的发展战略在指导方针上需要调整。后者使一个国家新发展起来的产业带上较强的引进标记，如国外的品牌。在这些国外品牌下人们很难看到本国的经济利益，更难以把它们作为民族工业。全球化使许多产业的发展采用国际要素组合的方式，传统的民族工业模式受到根本的冲击。

4.全方位经济分工的参与

国际分工的深化和扩大使分工不再只限于工业和农业领域，而广泛地延伸到广义的第三产业。随着国际服务贸易的扩大和自由化程度的提高，从作为简单劳动密集型的劳务承包工程到作为高级复杂知识性服务的研究咨询服务，都成为国际分工的组成部分。在信息经济时代到来以后，软件开发已成为一个特别发展的新领域并成为国际贸易中迅速增长的组成部分。发展中国家不能简单地把自己的国际分工地位定在劳动密集型产品的生产出口上，也不能仅仅注重工业的发展，而应当广泛地注重新崛起的服务业的发展和国际分工的参与。只有这样，才能在国际分工中获得更大的利益。

（三）全球化战略为发展中国家带来机遇

全球化战略的实施赋予了发展中国家弥补原出口导向发展战略缺陷的机遇。一些重要因素的变化使发展中国家可能同步发展起新兴产业：

1.产品生命周期规律的变化

由于人均生产总值、购买力、产品生产技术的成熟过程、国内市场的保护等因素，耐用消费品出现过显著的国际转移规律，在其生命的不同阶段在不同发展水平的国家生产。但是以电子技术为核心的现代消费品并不完全遵循这一规律。电子产品的价格迅速下降，发展中国家特别是新兴市场经济国家购买力的迅速提高，使这些产品在不同收入水平国家间依次转移的时间差几乎消失。新兴市场经济国家和发展中国家不必等到一种产品在发达国家中完全成熟，其企业需要把它们转移生产时才可开始生产。在现代电子技术产品的生产和消费上，不同类型国家几乎是同时起步的。

2.生产阶段的技术要求降低

前述现象产生于现代产品的一个特征，即在其研究开发的重要性日益提高的同时，生产阶段的技术要求降低了，生产过程不必由发达国家来承担，而是由新兴市场经济国家或发展中国家来承担，因为其劳动力价格相对较低。新产品的生产则是在发展中国家开始或在发达国家和发展中国家中同时开始。

3.新产业发展过程中市场要素的重要性提高

本地市场越来越成为新产业发展的主要条件。由于消费购买力重要性的降低，电子技术产品在新兴市场经济国家和发展中国家也可以很快形成市场，从而支撑产业的发展。

4.人的经济地位发生重大变化

在以传统制造业为基础的经济中，人口数量大是走劳动密集型产业发展道路的主要原因，也是发挥比较优势的基本方式。同时，人口多也成为经济发展的负担。但是在知识经济中，有一定教育基础的劳动者成为一种重要的资源，成为发展现代知识产品的重要条件。例如，软件开发需要大批有一定教育水平的劳动力，现代电子产品的生产需要有一定教育水平的劳动者。人口数量对某些产业的发展还具有决定性的拉动作用。

四、发展中国家的战略选择

发展中国家和地区在对外开放的前提下，实行开放型的贸易发展战略，即通过放宽贸易限制，利用外资、引进技术，大力发展面向国外市场的产业，以出口贸易带动企业和国民经济的技术改造，加速产业结构和产品结构的优化调整，促进国民经济的发展。发展中国家和地区一般从实行进口替代的发展战略开始，建立和发展民族工业，在民族工业壮大以后，逐步转向实行出口导向的发展战略。但有的发展中国家实行的是进口替代和出口导向相结合的发展战略，也就是在积极扩大国内市场需求的基础上，不断扩大进口替代的广度和深度，与此同时不断扩大对外开放，鼓励扩大出口，进入国际市场。因此，应根据国内各个工业部门发展的不同情况，采取不同的对外贸易政策措施，对发展水平较低的工业部门实行进口替代的发展战略，对发展水平较高的工业部门实行出口导向的发展战略。

第二次世界大战结束时，全部亚非拉发展中国家和地区人口占世界人口的70%以上，其产出仅占世界总产出的不到20%。50多年以后的2000年，全部发展中国家和地区人口占世界人口的比重仍为70%以上，但占世界总产出的比重已升高至40%。发展中国家经过艰辛曲折的努力，取得了有目共睹的巨大发展成就。但是，进入21世纪后，发展中国家面临更加艰巨的发展任务。资源和环境问题的突出，众多贫困人口的存在，收入分布严重的不平衡，城乡的巨大差别，教育、人才培养和使用机制上的种种缺陷，企业创新动力的不足和竞争力的低下，政府过度管制经济的倾向，等等，都是有待发展中国家克服的问题和面对的挑战。发达地区的经济在继续增长，新的信息技术革命又为其经济增长提供了助推力，发展中国家实现缩小与发达国家经济差距的任务更加严峻了。发展中国家在新世纪必须加倍地努力，制定和实施更加合理的平衡发展战略。

发展经济学早已总结了发展中国家发展战略的成败与规律，指出了从进口替代战略走向出口导向战略的必然性、必要性和出口导向战略的科学性。从国际条件看，发展中国家发展战略转变的原因在于，20世纪50年代以前世界经济整体上保护程度较高，国际直接投资发展有限，发展中国家工业化的更可行的道路是在保护下独立发展，以本国生产代替进口，尤其是发展一般制造业。从进口替代走上出口导向有内外两方面原因：从内部原因讲，是工业水平的提高使进一步的进口替代产生困难，或在经济上不合理，进口替代发展起来的工业也为进一步的发展提供了基础。从外部原因讲，发达国家需要进行产业结构升级，成熟产业需要向外转移，同时开始向发展中国家开放市场，提供了发展中国家一般制成品出口的机会。出口导向战略普遍成功的关键在于这一战略符合当时世界经济的整体条件。国际投资增大、国际分工以制造业产业间分工为特征、发达国家市场开放等，这些都成为出口导向战略的有利国际条件，在很大程度上也是首先走上出口导向发展战略国家的有利国际条件。

在不同阶段发展中国家所实行过的进口替代和出口导向发展战略看起来有资源配置上

的不同侧重点，前者强调开拓国内市场资源，后者强调发挥比较优势，参加与国际分工。这两种思路事实上都有各自的道理，不应各执一词，以偏概全。发展战略选择的关键是充分调动社会成员的积极性，协调国民经济各部门和各地区的发展，在积极发挥比较优势参与国际竞争的同时不断为经济增长注入新的活力，使创新开发成为国内企业的自觉活动。不少发展中国家之所以尚未做到这一点，主要原因在于未能处理好政府与企业、政府与市场之间的关系。其中有的国家在实行进口替代战略时未处理好，在实行出口导向战略时也未处理好。例如，韩国在这方面就是一个可资借鉴的实例。韩国经济蕴藏巨大发展潜力，但同时也由于未能处理好政府与市场的关系而具有高度脆弱性。20世纪末的亚洲金融危机中，韩国经济严重衰退，其人均收入水平跌至发达国家门槛标准之下。危机爆发后，一些韩国大企业和金融机构资不抵债，纷纷倒闭。这些大企业过去在政府的扶植下，快速扩张和膨胀，挤进了"世界500强"，事后却被证明是外强中干。

第二次世界大战后几十年的发展经验和此次亚洲金融危机的教训表明，发展中国家在制定发展战略方针时，所面对的真实问题不在于要不要利用国际资源，要不要发挥政府的作用，真正重要的问题在于怎样去利用国际资源，怎样有效地发挥政府的作用同时又最充分地调动最广大社会成员的参与性和积极性，并使国内经济体制不断健康和成熟起来，使企业创新努力经久不息。

可以预见，越来越多的发展中国家会选择平衡发展的思想，把政府政策的重点放在制度建设和人文环境的改善上，而不是直接地过多地干预经济活动，人为扶植大企业。当社会经济具备追求发展的内在动力时，政府部门的主要职责将会从资源的直接分配者转向为资源的公平合理有效率流动创造条件。

专栏6-2

"301调查"：过时的贸易保护主义大棒

本章小结

国际贸易政策即一国的对外贸易政策，一个国家在不同的时期、不同的国家在同一时期，根据国内外市场的不同情况，所采取的贸易政策是不同的。纵观世界经济贸易的动态发展，贸易政策主要有自由贸易政策和保护贸易政策两种类型。汉密尔顿与李斯特的保护幼稚工业理论具有合理的一面，至今仍然得到人们的广泛认可。而进入垄断资本主义时期的超保护贸易政策受到人们的广泛反对。随着经济全球化和世界各国贸易实践的不断深入，20世纪八九十年代兴起的战略性贸易政策正在受到人们的广泛关注，这与各国经济的产业结构进一步向高新技术及信息产业调整有关。当然，战略性贸易政策理论需要进一步完善、发展和证实。保护贸易理论与自由贸易理论将长期并存，指导并影响着各国的贸易政策。发展中国家在工业化和民族经济的发展过程中，由于各国在不同时期的经济发展水平相差悬殊，在对外贸易方面，他们推行的具体政策各不相同，但主要是保护性的贸易政策，大致有进口替代战略下的外贸政策、出口导向战略下的外贸政策和全球化战略下的外贸政策。

重要概念

对外贸易总政策　国别政策　商品政策　自由贸易　保护贸易　超保护贸易政策　战略性贸易政策　进口替代　出口导向　全球化战略

复习思考

1.各国制定对外贸易政策的目的是什么？

2.简述国际贸易政策的基本类型及其特征。

3.试述李斯特的保护幼稚工业理论的主要内容。

4.凯恩斯的"超保护贸易政策"的主要内容是什么？

5.第二次世界大战后的贸易自由化和新贸易保护主义的主要特点是什么？

6.何谓战略性贸易政策？其特点是什么？

7.论述发展中国家在工业化过程中的贸易政策。

第七章

关　税

国际贸易政策措施是各国政府干预对外经济贸易活动、保持经济稳定和发展的重要手段。关税是各国在对外贸易中常用的、传统的贸易政策工具。根据不同的情况、针对不同的进出口商品，关税有各种不同的种类，征税的方式也多种多样。随着世界各国关税水平的普遍下降，利用结构性关税达到有效保护更是受到广泛重视。通过本章的学习，要了解和掌握关税的概念、种类、税则制度、计税方法以及关税的经济效应等。

第一节　　关税的内涵与分类

关税（tariff；customs duties）是指一国海关对越过该国关境的进出口商品向进出口商征收的一种税收。

关税是国际贸易政策中最常用也是最有效的政策。关税由海关负责计征，海关的职能除了计征关税外，还执行国家有关进出口的政策、法令和规章，对进出本国的货物实行货运监管和稽查走私。

海关征收关税的领域称为关境或关税领域。一般说来，一国的关境与其国境是一致的。但有时也可不一致。当一国在国境内设有自由港、自由贸易区、保税区等免税区域时，该国的关境就小于国境。而有些国家相互之间结成关税同盟（customs union），参加同盟的国家在领土基础上合成统一的关境，即对内免除相互间的关税，对外则统一关税，这时对一个国家而言，关境就大于国境了。随着各国对外开放程度的提高和经济区域化发展，关境与国境不一致已成为较普遍的现象。

关税与其他税收一样，具有强制性、无偿性和固定性的特点。它是一个国家的重要财政收入来源，税款由海关直接缴到国库。但关税也有其不同之处：首先，关税的征收对象是进出口货物，由海关依法征收，纳税人为自然人或法人（进出口商）；其次，关税是一种间接税，税款由进出口商在通关时先垫付，然后将税款打入商品成本，用提高商品价格的办法，把税负转嫁给买方或消费者；最后，关税是一国实施对外贸易政策的重要手段，税率高低直接影响一国的经济和对外贸易的发展。

现代国际贸易中，关税种类繁多，可以按照不同的标准进行分类。

一、按照关税征收的目的分类

（一）财政关税（revenue duty）

财政关税又称收入关税，是指以增加国家财政收入为目的而征收的关税。财政关税收入的关键在于税率的高低和进出口商品的数量。一般说来，在确定税率时，必须充分考虑到税率对进出口商品数量的影响，如果为了增加收入而大幅度提高税率，则会因为商品在国内外市场上的售价过高影响销售从而减少商品的进出口数量，当商品的进出口数量减少幅度超过关税税率提高的幅度时，关税收入也将减少，增加财政收入的目的也就很难实现，所以，财政关税的税率一般不太高。

很多国家早期的关税征收，目的均是增加财政收入。如美国联邦政府成立之初，关税收入占政府全部收入的90%以上。而现在，随着经济的发展，税收来源增多，关税收入在政府收入中的比重已明显下降。20世纪80年代，美国关税收入的比重已降至1%左右。目前仍有一部分经济发展水平较低的国家实行财政关税政策，而一些发达国家早已利用关税的保护作用，实行贸易保护主义。

（二）保护关税（protective duty）

保护关税是以保护本国生产和本国市场为主要目的而征收的关税。一般说来，保护关税的税率都很高，因为税率越高保护作用就越强，有时税率高达百分之几百，以大幅度提高进口商品的价格从而削弱外国商品在本国市场上的竞争力。保护关税主要是对工业制成品特别是对国内生产威胁较大的进口商品征收高额关税，而对原辅料的进口一般都实行较低的关税，对本国出口商品也较少征收关税。这种关税措施上的利己行为，使国际市场问题日益严重。

（三）调节关税（regulate duty）

调节关税是以调整本国经济和产品结构为主要目的而征收的关税。在当代经济发展中，各国都面临着经济结构和产品结构调整的任务。除了政府实施一系列的鼓励政策外，各国还采取调整关税税率的方法。对于国内需要扶植和发展的产业和产品，调高同类商品的进口税率，削弱进口商品的竞争力，使本国产品能在高额关税保护下顺利发展；对于一些已失去优势，不具备发展前景的产业和产品，国家通过降低进口商品的关税税率，引进竞争，促使国内的产业和产品尽快改造和更新，从而完成经济结构和产品结构的调整。

二、按照征收的对象或商品流向分类

（一）进口税（import duty）

进口税是指进口国海关在外国商品输入时，对本国进口商所征收的关税。外国商品直接进入关境时要征收进口税，或者外国商品从自由港、自由贸易区运往国内市场销售在办理通关时征收进口税。进口税可以是常规性的，按海关税则征收的关税；也可以是临时加征的，在正税以外额外征收的附加税。进口税税率根据征税国与贸易伙伴的贸易关系性质的差异而不同。

进口税一般具备限制商品进口的保护作用，各国对不同的进口商品实行有差别的进口税率。大多数国家对工业制成品征收高额关税，对资源等初级产品则征收较低关税，以鼓励本国生产。如美国在20世纪80年代初对进口男衬衣征收的普通关税率高达45%，而进口棉布的税率仅为13.5%。

进口税可分为最惠国税和普通税。第二次世界大战后大多数国家或成为关贸总协定（现为世界贸易组织）成员，或签订双边贸易协定，互相提供最惠国待遇，享受最惠国税，因此，一般把最惠国税称为正常关税。

进口税是各国保护本国生产和市场的主要手段之一。所谓的关税壁垒即指高额进口税。

（二）出口税（export duty）

出口税是指出口国海关在本国商品输出时，对本国出口商所征收的关税。通常是在本国出口商品离开关境时征收。为了鼓励贸易顺差和获取最大限度的外汇收入，许多国家，特别是西方发达国家已不再征收出口税。征收出口税的主要是一些经济发展水平相对较低的发展中国家，多数以燃料、原料或农产品为征税对象。

征收出口税的目的与进口税有所不同，一般出于增加财政收入和保证本国的生产或本国市场供应的需要。以增加财政收入为目的的出口税，税率通常不高，税率高既不利于出口，也不利于增加收入；以保护本国市场为目的的出口税主要对出口原料等初级产品征收，以防止外国在本国市场上低价收购，提高本国的生产成本，削弱本国的产品竞争力。此外，一些国家还对某些本国生产不足而需求量较大的生活必需品征收出口关税，以防止供给不足而引起的价格上涨。

（三）过境税（transit duty）

过境税是指一国海关对通过其领土（或关境）运往另一国的外国货物所征收的关税，又称通过税。过境税最早产生于中世纪并流行于欧洲各国，但作为一种制度，是在重商主义时期确定起来的。由于运输业的发展及运输竞争的加剧，货物过境对增加运输收入、促进运输业发展的作用日益显著，再加上各国的财政收入来源的增加，从19世纪后半叶开始，各国相继废止了过境税，代之以签证费、准许费、登记费、统计费、印花税等形式。

三、按照征收关税的依据分类

（一）正常关税（normal duty）

正常关税，是根据颁布的税率而征收的关税，简称正税。正税是相对于附加税而言的。

（二）进口附加税（import surtax）

进口附加税是指对进口商品除了征收正常的进口关税以外，根据某种目的再加征的额外进口税。由于这类关税在海关税则中并不载明，并且是为特殊目的而设置的，因此，进口附加税也称特别关税。

进口附加税通常是一种为特定目的而设置的临时措施。其目的主要有：（1）应对国际收支危机，维持进出口平衡；（2）防止和抵制外国商品低价倾销，保护本国市场；（3）对某个国家实行贸易歧视或报复等。有些进口附加税对所有进口商品征收，有些只针对某项商品征收，以限制这种特定商品的进口。1971年上半年美国经历了78年来首次贸易逆差，国际收支恶化，到8月15日，为了应付国际收支危机，美国政府宣布对进口商品一律加征10%的进口附加税，以限制进口，调节国际收支失衡。

根据不同目的，进口附加税主要有反补贴税、反倾销税、报复关税、科技关税等。

1.反补贴税（counter-vailing duty）

反补贴税又称抵消税或补偿税，是指因出口国对出口商品给予直接或间接的贴补，使其对进口国同类产品造成重大损失和威胁时，由进口国海关征收的一种进口附加税。

征收反补贴税必须具备两个条件：（1）其进口产品在生产、制造、加工、买卖、输出过程中接受过现金或其他补贴，不管这种补贴是来自政府还是来自同业公会；（2）这种进口产品对进口国同类产品造成重大损失或威胁。

征收反补贴税的目的在于抵消该商品所得到的补贴，削弱其竞争能力，征收的税额一般等于商品得到补贴的数额。

国际贸易中，一般认为对出口商品采取补贴方式是不合适而且是不公平的，它与国际贸易体系的自由竞争原则相违背。为此，反补贴税被视作进口国抵御不公平贸易的正当措施。征收的目的在于抵消进口商品所享受的补贴金额，削弱其竞争力，保护本国产业。

2.反倾销税（anti-dumping duty）

反倾销税是指出口国进行商品倾销，对进口国同类产品的生产和销售造成严重损害或重大威胁时，由进口国海关征收的一种进口附加税。其目的在于抵制商品倾销，保护本国同类产品和本国市场。

所谓倾销，是指低于本国国内市场价格或低于正常价格，在其他国家进行商品销售的行为。它会造成国际市场价格的不合理，使进口国厂商处于不平等的竞争地位，造成冲击。进口国政府为了保护本国产业免受外国商品倾销的冲击，就有可能考虑对实施倾销的产品征收反倾销税。但对倾销的认定，对所谓"正常价格"的解释，反倾销的实施方式等，各个国家之间存在着一定的分歧。"正常价格"通常是指：（1）相同产品在出口国用于国内消费时在正常情况下的可比价格；（2）相同产品在正常贸易情况下向第三国出口的最高可比价格；（3）产品在原产国的生产成本加上合理的推销费用和利润所构成的结构价格。一些发达国家常利用反倾销限制来自低成本的发展中国家的产品进口。反倾销扩大化的趋势明显，成为非关税壁垒的主要手段之一。

3.报复关税（retaliatory duty）

报复关税是指对特定国家的不公平贸易行为采取行动，而临时加征的进口附加税。加征报复关税大致有几种情况：对本国输出的物品课以不合理的高额关税或实行差别税率，对本国物品输出设置障碍，对贸易伙伴违反某种协定等采取措施。美国是20世纪90年代以来运用报复关税最频繁的国家。1999年3月因"香蕉贸易战"，美国对欧盟的部分产品加征报复关税。美国《1988年综合贸易和竞争力法案》的"超级301"条款，就是对"不公平"贸易伙伴实施报复的条款，其报复手段之一就是加征临时性报复关税。

4.科技关税（scientific duty）

科技关税是对技术先进、竞争力特别强的产品所征收的进口附加费用。科技关税是一种进出口价格控制。由于各国经济发展的不平衡，技术发展相对迅速的国家出口技术密集型产品，对发展相对缓慢的国家市场形成了巨大冲击。进口国为了保护本国高新技术的发展，就通过征收这种进口附加费用，来提高这类进口产品的售价，以削弱其竞争力。

（三）差价税（variable levy duty）

差价税又称差额税，指当本国某产品的国内价格高于同类进口产品的价格时，对进口产品按国内价格与进口价格之间的差额征收的关税。征收差价税的目的在于削弱进口产品的竞争力，保护国内产品和国内市场。差价税没有固定税率，税额随价格差额的变动而变动，差多少征多少，最终将进口商品的价格与国内产品的价格拉平。差价税的征税方法有两种：一是完全按价格差额征收，差多少征多少；二是先征一般关税后，再按差额征收。

四、按照关税优惠条件分类

（一）普通关税和优惠关税

由于国与国之间政治、经济关系的差异，一些国家对来自不同国家的同样产品会采取不同的税率，以示区别对待。普通关税采用普通税率，适用于没有签订含最惠国待遇条款的贸易协定的国家和地区的进口商品。在当今的关税中，对同类商品的征税，普通税率是最高的，被称为歧视性关税。优惠关税采用优惠税率，不同的经济贸易关系适用不同程度的优惠税率。优惠税率有最惠国税率、协定税率、普惠制税率、特惠税率等多种形式，这些都在一国的海关税则中一一列明。

（二）最惠国税（MFNs duty）

最惠国税是指一个国家为了发展与特定国家的贸易关系，缔结最惠国待遇条款的贸易协定，给予对方比普通关税低的关税待遇。最惠国税率比普通税率要低，且税率差幅较大，如美国进口绸缎，最惠国税率为11%，普通税率高达60%，对银首饰进口，最惠国税率为27.5%，普通税率更是高达110%。最惠国待遇是双向的，当一国停止或取消给对方的最惠国待遇时，自己所享受的最惠国待遇也随之取消。

（三）特惠税（preferential duty）

特惠税是指一国对来自某个国家和地区的全部或部分进口商品，给予特别优惠的减免税待遇。其税率低于最惠国税率，只适用于特定国家和地区的商品，非优惠国或地区不得引用最惠国待遇条款享受这种税率。特惠税可以是互惠的，也可以是非互惠的。

目前实行特惠税的主要是欧盟向非洲、加勒比和太平洋地区发展中国家单方面提供特惠的《洛美协定》。《洛美协定》在关税方面的优惠主要有三点：（1）欧盟对来自上述国家和地区的工业品全部给予免税优惠；（2）农产品的96%免税；（3）不需要这些发展中国家给予反向优惠。这是目前世界上商品享受范围最广、免税程度最大的一种特别优惠的关税，还包括放宽部分非关税壁垒。当然也有严格限制受惠出口国"免检进入"欧盟国家市场的条款，包括允许欧盟单方面中止任何一项特许权的条款。现在还将环境和资源保护、人口政策等广泛地纳入欧盟与其他国家的合作之中。

（四）普遍优惠制（generalized system of preference，GSP）

普遍优惠制简称普惠制，是指工业发达国家对发展中国家或地区出口的制成品和半制成品给予普遍的、非歧视的、非互惠的优惠关税制度。

普惠制的主要原则是普遍的，非歧视的，非互惠的。普惠制的目标是扩大发展中国家对工业发达国家制成品和半制成品的出口，增加发展中国家的外汇收入，促进发展中国家的工业化，提高发展中国家的经济增长率。

实行普惠制的国家，在各自提供普惠制计划方案时对受惠国和受惠商品作了种种规定。

1.对受惠国家和地区的规定

普惠制的原则是对所有发展中国家和地区一视同仁，不得实行歧视，无例外地提供优惠。但在执行中不少给惠国从各自的利益出发，设置种种限制，阻碍这一原则的实行。美国在公布普惠制方案时宣称，某些社会主义国家、石油输出国组织成员国家不在美国的受惠国之列。

2.对受惠商品和范围的规定

普惠制的原则是应对所有发展中国家和地区的制成品和半制成品普遍给予关税减免的优惠。而实际上，各给惠国公布的受惠商品名单中，农产品很少，工业制成品的优惠较多，但一些竞争激烈而发展中国家有一定优势的产品如纺织品、鞋类及一些皮革制品却不在受惠商品之列。

3.对受惠商品减税幅度的规定

受惠商品的减税幅度大小取决于最惠国税率与普惠制税率之间的差额，农产品的减税幅度小于工业制成品的减税幅度，有些工业制成品甚至还可以免税，但大多是发展中国家很少出口的产品。

4.对给惠国的保护措施的规定

给惠国在接受普惠制原则时就规定了保护措施以保护自己的利益。通常的内容包括：（1）免责条款，即当受惠商品进口量增加对本国生产者造成或即将造成重大损害时，给惠国保留完全或部分取消关税优惠待遇的权利；（2）预定限额，对给惠商品预先规定限额，超过限额的进口不享受普惠制待遇；（3）竞争需要标准，即对来自受惠国的某种进口商品，如超过当年所规定的限额，则取消下年度的该种商品的关税优惠待遇。20世纪70年代开始，美国等给惠国又提出一种名曰"毕业条款"的保护措施，即认定一种受惠商品已具备某种市场竞争力，对同类商品构成威胁时，宣布该商品"毕业"，从而失去优惠关税的待遇。

5.对原产地的规定

普惠制的实施是为了鼓励受惠国发展工业，因此对产品产地有严格的标准，一般包括原产地标准、直接运输规则等。按照原产地标准的规定，产品必须全部产自受惠国或地区，或规定产品中所包含的进口原料或零件经过高度加工、发生了实质性变化后，才能享受关税优惠待遇。对于实质性的变化，现有两种判断方法：（1）加工标准，它规定进口原料或零件在经过加工后商品如税目号发生变化，就可以认定已经过高度加工，发生实质性变化了。欧盟以及日本、挪威等国采用该标准。（2）增值标准，又称百分比标准，它规定只有当进口的原料或零件的价值没有超过出口商品价值的一定百分比，或是本国生产或加工部分的价值超过出口商品价值一定百分比时，这种变化才能作为发生了实质性变化，享受关税优惠待遇。澳大利亚、加拿大、美国等国采用该标准。

直接运输规则规定受惠商品必须由受惠国直接运到给惠国，如途中须经他国时，必须由海关监管。此外，受惠国还必须向给惠国提交原产地和托运方面的书面证明，才能享受优惠关税待遇。

五、按照征税的计算方法分类

（一）从量税（specific duty）

从量税是以商品的重量、数量、长度、容量、面积等计量单位为标准计征的关税。各国征收从量税大都以商品的重量为单位。但各国应纳税的商品重量计算方法不同，一般有毛重、净重和公量三种。从量税额的计算公式为：

从量税额=商品数量×每单位从量税

由于从量税的保护作用与进口商品价格的涨落成反比关系，在从量税确定的条件下，进口商品价格上涨时，进口商品的关税税额负担相应降低，税率实际上相应下降，保护作用减弱。反之，当进口商品价格下跌时，税率实际上相应提高，保护作用增强。

第二次世界大战以后，商品种类、规格日益增多、复杂，加之通货膨胀加剧，继续征收从量税不利于发挥关税的保护作用，也不利于财政收入的增加，因而各国纷纷以从价税代替从量税来计征进口关税。

（二）从价税（Ad valorem duty）

从价税是以进口商品的价格为标准计征的关税，其税率表示为完税价格乘以从价税率。从价税额的计算公式为：

从价税额=完税价格×从价税率

从价税的保护作用与商品价格的涨落成正比。在税率不变的情况下，其税额随商品价格的变动而变动。

征收从价税的重要前提是确定进出口商品的完税价格，完税价格是指经海关审定作为计征从价税依据的货物价格，它是决定税额多少的重要因素。完税价格的确定在各国的标准各不相同，大体上分三种：（1）以装运港船上交货价格（FOB）为计征标准；（2）以成本加保险费加运费价格（CIF）为计征标准；（3）以法定价格或称进口国官定价格为计征标准。现在大多数国家规定"正常价格"为完税价格。正常价格是指正常贸易过程中，充分竞争条件下某一商品或相同商品的成交价格。如果进口商品发票中载明的价格与正常价格相一致，即以发票价格作为完税价格；如果发票价格低于正常价格，则根据海关估算价格作为完税价格。

（三）混合税（mixed duty or compound duty）

混合税又称复合税，是对某一种商品，同时采用从量、从价两种标准征收关税的一种方法。按从量税和从价税在混合税中的主次关系不同，有两种情况：一种是以从量税为主加征从价税；另一种是以从价税为主加征从量税。如美国对小提琴征收从量税每把21美元，再加征6.7%的从价税。

（四）选择税（alternative duty）

选择税是指对一种进口商品同时规定有从价税和从量税两种税率，在征税时选择其税额较高的一种征收。

六、按照关税保护的程度和有效性分类

（一）名义关税（nominal tariff）

名义关税是指一国海关依据海关税则中对某种进口商品规定的关税税率所征收的关税。对进口商品征收关税，提高了其国内市场价格，降低了其竞争力，从而保护本国同类产品的生产，其价格提高部分与国际市场价格的比率，就是关税保护率，又称为名义保护率（nominal rate of protection，NRP）。名义关税具有相对稳定性，当其他条件不变时，名义关税税率越高，其保护本国市场和同类产品的作用就越大。其用公式表示为：

$$名义关税保护率 = \frac{进口货物国内价格 - 自国外进口价格}{自国外进口价格} \times 100\%$$

在各国征收关税的实践中，法定税率与根据商品国内外价格差额计算的名义关税保护率往往存在差别，这是由于在制定法定税率时，除价格之外，还要考虑国内外货币汇率的对比、供求关系、国内税收和消费者的爱好等其他因素，但这些因素是很难用数字计算的。

在现实经济中，影响进口商品国内外价格差的因素很多，除关税外，还有进口许可证、配额、外汇管制等，都可能使同一商品在国外市场形成不同的价格。因此，NRP是这些保护措施或影响因素共同形成的对国内生产的保护率。但是考虑到关税是国际贸易中传统的、主要的保护手段，通常假设关税是唯一的保护措施，从而一国进出口税则中的某种商品的法定税率常常被认为是该国的NRP。严格地讲，后者应称为名义关税保护率，即通常所讲的名义关税。

（二）有效关税（effective tariff）

有效关税是指对某个产业单位产品"增值"部分的从价税率，代表着关税对本国同类产品的真正有效保护程度。在关税水平普遍下降的条件下，降低初级产品的名义关税，在降低关税平均水平的同时，仍然可以对加工制造业实行较高的保护，因此，有效保护率（effective rate of protection，ERP，又称实际保护率）的含义是指关税给被保护产业的生产过程带来的价值增值的增加量与自由贸易条件下增值的百分比，用公式表示为：

$$ERP = \frac{V' - V}{V} \times 100\%$$

式中，ERP为有效保护率，V′为保护贸易条件下被保护产业生产过程的增值，V为自由贸易条件下该生产过程的增值。

例如，在没有进口限制的情况下，一双皮鞋和生产皮鞋所需的皮革的国际价格分别为100美元和50美元。因此其国外加工增值为100-50=50美元。现对皮鞋进口征收20%的从价税，而对皮革进口免税，则皮鞋的国内价格提高到120美元，保护关税使国内加工制造皮鞋的附加价值增加为120-50=70美元。因此，对皮鞋的有效关税保护率为（70-50）÷50×100%=40%，而其名义税率却为20%。由此可见，对最终产品的实际保护程度，比名义税率所表现的保护程度高得多。

有效保护率的计算公式表示为：

$$ERP = (t_j - \sum a_{ij}t_{ij}) / (1 - \sum a_{ij})$$

式中，t_j是行业 j 最终产品的名义税率，a_{ij}是自由贸易下 j 行业中各种投入 i 占总收益的份额，t_{ij}是对投入 i 征收的名义税率。实际上此公式与前面所用的公式本质上是一致的。

区分名义保护率和实际保护率，对于研究一国的关税结构是否合理和有效，具有重要的现实意义：（1）当制成品进口名义关税率高于原材料进口名义关税率时，有效保护关税率高于名义关税率；（2）当制成品进口名义关税率等于原材料进口名义关税率时，有效保护关税率等于名义关税率；（3）当制成品进口名义关税率低于原材料进口名义关税率时，有效保护关税率低于名义关税率，甚至出现负的有效保护关税率。从中可以得出结论：对原材料进口征收的名义关税率相对于制成品进口的名义关税率越低，对国内生产的制成品的有效保护程度越强；反之就越弱；超过一定界限，还会出现负保护作用。因此，以出口工业制成品为主的工业发达国家，对原材料等初级产品的进口征收较低关税，甚至是负税，对半制成品的进口征收较适中的关税，对制成品的进口征收较高的关税。工业发达国家这种关税结构对发展中国家出口制成品无形地起到了限制作用，而对发展中国家出口的初级产品给予关税优惠待遇。考察一国对某商品的保护程度，不仅要考察该商品的关税税率，而且要考察对其各种投入品的关税税率，即要考察整个关税结构。

七、其他关税

（一）滑动关税（sliding duty）

滑动关税是根据商品的市场行情相应调整关税税率的一种方法。滑动关税的经济功能是通过对关税水平的适时调节，影响进出口价格水平，以适应现时国际、国内市场价格变动的基本走势，免受或少受国内外市场价格波动的冲击。滑动进口税根据同类商品国内市场价格水平，确定该种进口商品的关税率。国际市场价格较高时，相应降低进口税；国际市场价格较低时，相应提高进口税，以保持国内价格水平的稳定。

（二）指数税（index duty）

指数税是按进口货物的市场价格指数征收的一种关税。其特点是税率不变，税额随物价指数的变动而变动。指数税的关税水平不能完全反映商品价格变动水平，实际执行中非常困难。第一次世界大战结束后的法国曾采用过，以弥补当时严重的通货膨胀情况下从量税的不足。

（三）季节税（seasonal duty）

季节税是对那些具有明显季节性特征的农产品制定两种或两种以上的不同水平的税率，实际征税时，根据季节特征选择其中一种税率予以征收。进口商品，旺季时采用高税率，淡季时采用低税率，平时则采用中间税率。出口商品则相反。季节税的目的是平衡国内市场供求关系，调节进出口规模。澳大利亚、印度、巴西等国曾采用过。

第二节　关税在局部均衡中的效应

征收关税会引起进口商品价格和国内进口替代商品价格的变化，也影响着商品的供需矛盾，对进出口双方国家的经济会产生不同程度的影响，即征收关税会产生一系列的经济效应。从经济角度看，征收关税会引起资源的重新配置，从而引起各种经济活动和一国福利水平的变化。关税的经济效应是指一国征收关税对国内价格、生产、消费、贸易、财政、再分配和福利等方面所带来的影响。当然，政府也可以从中得到关税收入。但是，关税对一国经济所带来的影响究竟有多大，还取决于进口国的需求占世界市场的比例有多大。关税的经济效应可以从单个商品市场的角度来考察，也可以从整个经济的角度来分析，前者属于局部均衡分析，后者属于一般均衡分析。

采用局部均衡分析方法分析征收关税在贸易小国和贸易大国的情况下分别会带来怎样的效应。

一、贸易小国的关税效应

（一）进口关税的经济效应

关税对本国经济的影响大小取决于该国在国际市场上的地位。如果商品进口国是国际市场上的小国，那么它进口商品的价格是给定的；反之，则会对国际市场价格产生影响。现假设一商品进口国为贸易小国，政府征收一定的进口税之后，直接的结果就是使国内市场上外国商品的价格提高，并对国内的消费、生产和收入分配等产生广泛的影响。

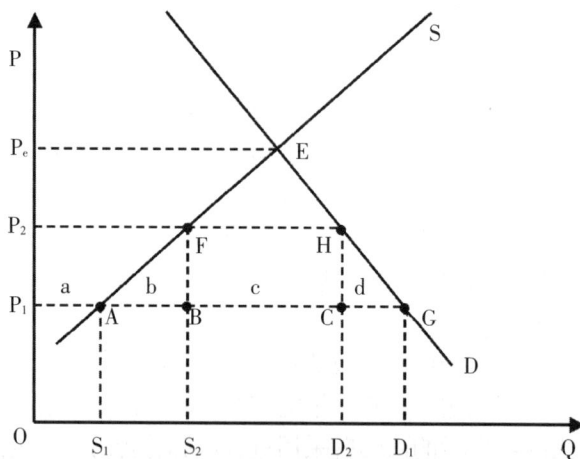

图7-1　进口关税的局部均衡效应（小国）

图7-1对进口关税的经济影响作了较好的直观说明。P_1、P_2分别是被征关税的某商品X（可进口商品）的国际市场价格（低于国内封闭条件下的均衡价格P_e）和进口国征收关税后的国内市场价格，D曲线和S曲线分别是进口国国内市场上该商品的需求曲线和供给曲线。关税效应可归纳如下：

1.价格效应（price effect）

关税的价格效应是指征收关税对进口国国内市场价格的影响。对进口商品征收关税首先会使进口商品的价格上涨，从而引起国内进口替代部门生产的产品的价格上涨，但整个国内市场价格上涨幅度的大小，要看征收关税对世界市场价格的影响力。由于贸易小国对世界市场价格没有影响力，因此征收关税后，国内市场价格的上涨部分就是所征收的关税，即关税全部由国内消费者承担，此时的国内市场价格等于征收关税前的世界市场价格加上关税。图7-1中，征收进口关税后国内消费者和生产者面对的价格由P_1上升到P_2。

2. 消费效应（consumption effect）

关税的消费效应是指征收关税对进口商品消费的影响。从消费者的角度来看，自由进口显然意味着购买商品只要支付较低的价格，从而提高实际的福利水平。征收进口关税将迫使消费者对进口商品支付较高的价格，消费者通常的反应是减少购买数量。图7-1中，自由贸易条件下总消费量是OD_1，为单位商品付出的代价是OP_1；征收关税后的消费量是OD_2，而每单位商品须付出的代价是OP_2。这样，消费者的净福利就下降了，图7-1中$a + b + c + d$（梯形P_1P_2FA+三角形ABF+矩形$BFHC$+三角形CHG）的面积代表了关税带来的消费者剩余的减少，也即消费者的损失总和。

3. 生产效应或保护效应（production or protective effect）

关税的生产效应是指征收关税对进口国进口替代品生产的影响。对于与进口商品竞争的国内生产者来说，显然是能够从保护关税中获得利益的。如果允许自由进口，国内生产的商品数量将被迫压缩到OS_1，其余部分的市场需求由进口商品来满足，进口的数量是S_1D_1。而当关税把国内市场的价格提高后，国内的生产数量随之从OS_1增加到OS_2，图7-1中a的面积即代表了生产者剩余的上升幅度。也就是说，在因征收关税所减少的进口数量中，其中一部分是由国内生产所替代的。一般而言，关税的税率越高，生产者受到的保护程度越大。图7-1中a即代表了征收关税后生产者的福利所得，也即生产者剩余增加。

4. 财政收入效应（fiscal revenue effect）

关税的财政收入效应是指征收关税对国家财政收入的影响。从政府角度来看，只要关税不提高到禁止关税的水平，就会给政府带来财政收入。图7-1中c是一个矩形，它的面积代表政府从征收关税中得到的收益，其大小等于进口数量与税率的乘积。

5. 再分配效应（redistribution effect）

关税会造成收入从国内消费者向国内生产者的再分配。关税引起国内商品价格上涨，生产者利润增加，其中一部分是从消费者支付的较高价格中转移过来的。关税还会造成收入从该国丰富的生产要素（生产可出口商品）向该国稀缺的生产要素（生产进口竞争产品）的再分配。根据斯托尔帕-萨缪尔森定理，由于征收关税使某种商品的相对价格提高，从而会增加该种商品生产中密集使用的生产要素的报酬或收入。这样，该国稀缺生产要素的实际报酬就会上升，而该国相对丰富的生产要素的实际报酬就会下降。在图7-1中，征收关税后比征收关税前，消费者剩余减少了$a + b + c + d$，其中a和c以生产者剩余和政府财政收入的形式转移给了生产者和政府。

6. 福利效应（welfare effect）

从福利的角度，即从消费者剩余和生产者剩余的角度来分析，贸易小国征收进口关税后会发生福利损失，这种损失成为了关税的社会成本（social cost of a tariff）。图7-1中，在消费损失$a + b + c + d$中，有一部分是国内没有任何人能得到相应补偿的，即图7-1中的两个小三角形b（三角形ABF，生产扭曲损失）和d（三角形CHG，消费扭曲损失）的面积。这是由于关税使本国的生产资源从效率较高的部门转移到了效率较低的部门，即一国的生产资源向没有比较优势的进口竞争部门集中，因此形成了国民的福利净损失 $b+d$ 的面积。

征收关税所产生的各种效应的大小，取决于应税商品的供给与需求弹性及关税税率的高低。对于相同的关税率，需求愈富弹性，消费效应就愈大；同样，供给愈富弹性，生产效应就愈大。因此一国对某种商品的供给与需求愈富弹性，关税的贸易效应愈大，财政效应愈小。

（二）出口关税的经济效应

一国征收出口关税的目的是限制出口，减少出口的供给。假设贸易小国征收出口关税不影响国际市场价格，那么，会对国内的生产者、消费者和政府三方面带来经济影响。

图7-2是出口关税的经济效应（小国）。

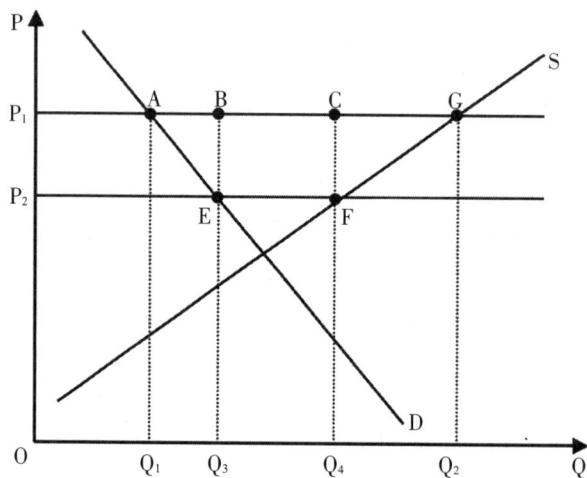

图7-2 出口关税的经济效应（小国）

由图7-2，P_1、P_2 分别是被征出口关税的某商品 X（可出口商品）的国际市场价格和出口国征收关税后的该商品的国内市场价格，D 曲线和 S 曲线分别是出口国国内市场上该商品的需求曲线和供给曲线。出口关税带来的经济效应如下：

首先，生产者由于政府加征出口关税，提高了出口成本，减少了生产者剩余，造成了生产者损失（梯形 P_1P_2FG 的面积）；生产者剩余的损失部分转移为消费者剩余和政府的财政收入。

其次，出口减少（从 Q_1Q_2 减少到 Q_3Q_4），国内供给的增加和市场价格的降低，带来了消费者剩余的增加（梯形 P_1P_2EA 的面积）。

再次，政府通过征收关税获得出口关税收入（矩形 BEFC 的面积）。

如果是贸易大国征收出口关税，会影响国际市场的总供给，从而使世界市场价格发生变化，那么，出口关税对征税国家和进口国家的影响就会不同。

二、贸易大国的关税效应

如果进口国是贸易大国，其占世界市场很大份额的进口量因关税提高而引起的下降幅度会非常之大，足以迫使出口国较大程度地把出口价格压低至世界市场价格的水平以下，此时该国征收这项关税的效应，有可能是净所得，也有可能是净损失，取决于进口国贸易条件的收益与生产扭曲损失和消费扭曲损失之和之间的比较。

第七章 关 税

图7-3为关税的局部均衡效应（大国）。由图7-3，某贸易大国进口商品Y，D为该国对Y商品的需求曲线，S_d为国内供给曲线，S_f为外国的出口供给曲线，则$S_d + S_f$为该国国内的市场总供给曲线，S_d+S_f+t为该国在对Y商品征收关税t以后的总供给曲线，P_1为自由贸易时的价格，P_2为该国征收关税后的国内市场上的价格，P_3为该国在征收关税后的世界市场的价格。

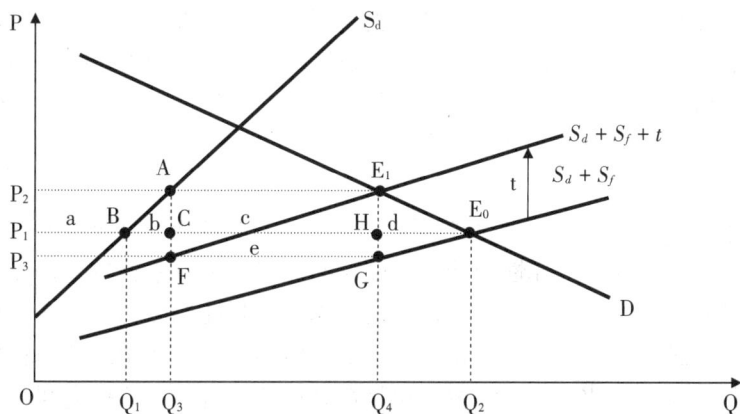

图7-3 进口关税的局部均衡效应（大国）

贸易大国对进口商品Y征收关税t以后，国内市场价格由P_1上升到P_2，进口数量由Q_1Q_2减少到Q_3Q_4。而且，该国进口数量的减少将促使国外出口商压低价格出售，最终以低于世界市场的价格P_3出口商品Y，此时关税不再完全转化为国内商品的加价，其中一部分转变为外国出口商出口价格的降低，关税$t = P_2P_3$。这样，关税就由本国消费者和外国出口商共同承担，贸易大国对进口商品征收关税有利于改善其贸易条件。

1.消费效应（consumption effect）

征收关税使国内价格上涨，消费者受损，即消费者剩余减少$a + b + c + d$（梯形P_1P_2AB+三角形ABC+矩形CAE_1H+三角形HE_1E_0）的面积。

2.生产效应或保护效应（production or protective effect）

征收关税使国内价格上涨，生产者获利，即生产者剩余增加a的面积。

3.财政收入效应（fiscal revenue effect）

政府征收关税，会增加财政收入，数额为进口量乘以关税率，即图中$c+e$（矩形CAE_1H+矩形$FCHG$）的面积。

4.贸易条件效应（terms of trade effect）

贸易大国征收关税，会引起对进口商品的需求减少，从而导致进口商品的价格下降。如果该国的对外出口商品的价格不变，那么，该国的贸易条件得到改善。

5.福利效应（welfare effect）

从整个经济角度出发，贸易大国征收关税，到底是获利还是受损，要看关税的净成本（即：消费者剩余的减少量−生产者剩余的增加量−政府的关税收入），即图中$(a+b+c+d) - a - (c+e) = (b+d) - e$的面积，也就是具体比较$b+d$和e的面积大小。e是该国从关税中获得的改善贸易条件的好处，$b+d$为该国的关税保护成本。如果该国贸易条件改善利益超过关税保护的代价，则意味着从征收关税中获得净利益，反之得到净损失。究竟是哪种情况，要具体分析商品的进口需求弹性和出口供给弹性。

三、最优关税率

最优关税率是使进口国的经济损失达到最低或收益达到最大的适当税率。以上分析表明，对贸易小国而言，任何关税都会带来社会福利的净损失，而对贸易大国来说，关税有可能带来收益。那么，大国的关税是否越高收益就越大呢？答案是不一定。因为高关税固然使进口商品的单位税收增加，但也造成进口数量的减少，总的关税收入不一定增加。如果关税过高，进口量下降严重，关税收入有可能下降。另外，如果进口缩减得厉害，造成国内价格大幅上升，消费下降，消费者所受的损失也会增加以致额外的税收不足以弥补。因此，只有在适当的税率下，进口国才有可能使收益达到最大。

那么，这个适当的关税率应当有多高呢？禁止性关税当然不可能是最优关税。在禁止性关税以内，外国商品的供给弹性越低，可征收的最优关税税率就越高，因为当外国生产者对价格的变动不能做出相应的调整时，就会为本国剥削他们提供了条件。相反，外国出口商品的供给弹性越大，最优关税的税率就越低，但零关税不能使进口国获得任何经济利益，也不是最优关税。因此，最优关税应该是在禁止性关税和零关税之间，在该点因贸易条件改善而获得的额外收益恰好抵消了因征收关税而产生的生产扭曲和消费扭曲所带来的额外损失，也就是以自由贸易为起点，当一国提高其关税税率时，其福利逐渐增加到最大值（最优关税率），而当关税税率继续增加至超过最优关税税率时，其福利又会逐渐下降，最终这个国家又将通过禁止性关税回到自给自足的生产点（如图7-4所示）。

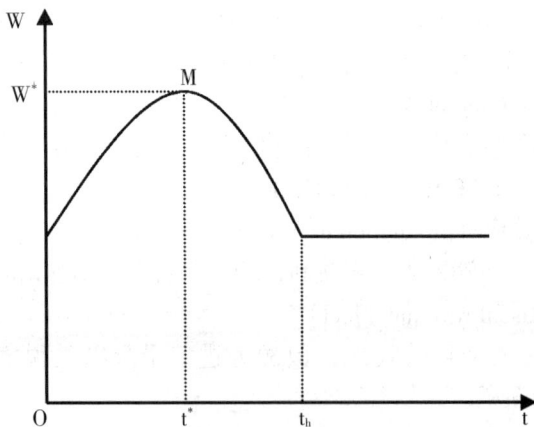

图7-4 最优关税率

在图7-4中，横轴t表示关税税率，纵轴W表示福利水平。t^*表示最优关税税率，W^*表示最大福利，t_h表示禁止性关税的水平。

最优关税实际上是当该大国通过征收最大关税收入时，关税收入中一大部分由外国生产者以降低出口价格的方式承担，这可称为关税收益，见图7-5中的e部分（矩形P_1P_EBC）的面积；同时本国消费者会由于进口商品价格的提高而产生消费者剩余的净减少，这称为关税损失，即b+d部分（三角形ABE）的面积。当在某一关税下，关税收益大于关税损失的时候，提高关税率，会增加净收益。

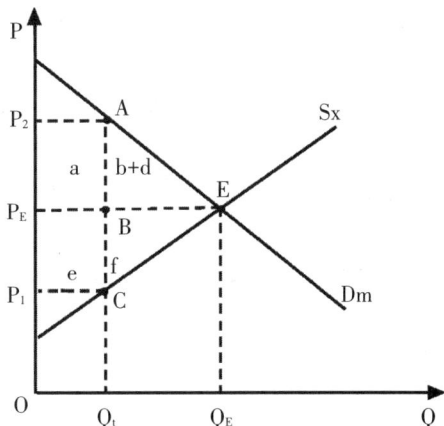

图7-5　大国最优关税原理

当在某一关税下，关税损失大于关税收益的时候，降低关税率，会增加净收益。因此，最优关税是在关税收益等于关税损失的点求得的，即最优关税率是恰好使关税变化引起的额外损失等于额外收益的关税率，可用公式表示为：

$$M\frac{dP}{dt}-t^*P\frac{dM}{dt}=0$$

式中，M 为进口商品数量，dP/dt 是由于征收关税而引起的商品国际价格的变动；$M\frac{dP}{dt}$ 就是提高关税所增加的关税收入，也就是提高关税的边际收益；dM/dt 表示税率变动造成的进口量的变化；单位商品的税额 t^*P 与 dM/dt 的乘积表示提高关税后由于贸易量的减少而造成的税收损失，即提高关税的边际成本。

依据边际收益等于边际成本的原则可得上式，对其进行整理后得到：

$$t^*=\frac{M\times dP}{P\times dM}=\frac{1}{(dM/M)/(dP/P)}$$

式中，$\frac{dM}{M}\Big/\frac{dP}{P}$ 表示外国对本国的出口供给价格弹性。令其等于 e_x，则公式可变为：

$$t^*=1/e_x$$

表示贸易大国的最优关税率是外国向进口国供应进口品的出口供给价格弹性的倒数。

e_x 实际是 S_x 曲线的弹性。S_x 曲线越陡峭，即 e_x 越小，e 部分就越大，从而 $e-(b+d)$ 也就越大，最优关税率 t^* 也就越高。S_x 曲线越平坦，即 e_x 越大，假如本国在此情况下，征收的关税率较高，外国出口商会大幅度减少对该国的出口，从而引起国际市场的价格下降较少，外国就会承担较少的关税份额，关税的绝大部分由本国消费者承担，并且消费者净损失很大。因此，该国的最优关税就会很低。

当一国征收最优关税时，该国的贸易条件确实改善了。其最大化了本国的社会福利。但其贸易伙伴国的贸易条件却恶化了，福利水平将会下降。其贸易伙伴国将会采取报复行动，对自己的进口产品征收最优关税。这样，会使国际贸易量进一步下降。可以想象，关税报复的不断升级，最终迫使各国又趋向于封闭经济状态，使国际贸易的利益丧失殆尽。

因此，自由贸易仍是世界福利最大化和使本国福利最大化的理想状态。

对于最优关税率这个概念的理解，应当注意：（1）最优关税率不能是禁止性关税，如果关税水平过高，会导致贸易的中断，自然无贸易利益可言。（2）最优关税率给一国带来的福利增加是以其贸易伙伴国遭受损失为前提的。因而可能招致伙伴国的报复，引发贸易战无疑会给双方都造成损失。所以在讨论最优关税时，必须假设不存在贸易报复。（3）最优关税虽然可以增加征税国的福利，但仍然是对世界资源配置的一种扭曲，造成世界总福利水平的下降。

必须指出，征收关税对整个世界而言仍是弊大于利。贸易总量的下降，意味着生产资源会流向效率比较低的部门。对进口国来说，即使福利水平上升了，但实际是收入的再分配。对出口国来说，实际的福利水平和资源的利用效率都出现了下降。所以，最优关税率给进口国带来的收益，实际上只是出口国损失的一部分。另外，这一最优关税率的设计是以出口国不报复为假设前提的，如果出口国采取同样的方法进行报复，那么通过征收关税所得到的利益就会在出口中失去，甚至有得不偿失的可能。

第三节　关税在一般均衡中的效应

一国征收关税所产生的经济效应，从整个经济的角度来分析，属于一般均衡分析方法，同样分贸易小国和贸易大国两种不同的情形来分析。

一、贸易小国的关税一般均衡分析

利用生产可能性曲线和社会无差异曲线，可以对关税效应进行一般均衡分析。首先分析贸易小国征收进口关税的一般均衡影响（如图7-6所示）。贸易小国B国出口Y商品，进口X商品。对X商品征收关税前，封闭经济均衡点是S_0。在自由贸易条件下，假设世界市场价格为P_w（以相对价格P_x/P_y表示），由于Y商品是B国的比较优势商品，故其生产点移至S_1，消费点为E_1，贸易量以$\triangle S_1 C E_1$表示。

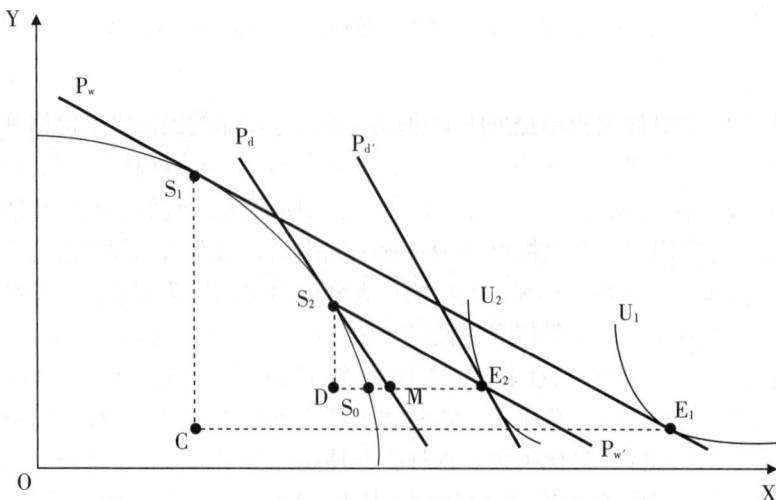

图7-6　关税效应的一般均衡分析（小国）

若B国对进口商品X征收关税，虽然所面临的世界价格不变，仍等于P_w线的斜率，但对于国内的生产者和消费者来说，他们面临的国内价格按关税幅度变为P_d线的斜率。这时，国内生产点转移到点S_2，关税高低用P_w与P_d之间的夹角大小来衡量。

政府获得关税收入后，如果以减免国内税和增加公共支出的方式进行再分配，则消费水平会扩大到比P_d更远离原点的$P_{d'}$(P_d//$P_{d'}$)线上。同时，又由于国家整体所面临的国际价格不变，所以A国的消费点（如E_2）还必须位于同P_w平行的P_w线上，较U_1低的社会无差异曲线U_2与$P_{d'}$相切于点E_2，即为征税后的消费均衡点。面积缩小的贸易三角形S_2DE_2表明贸易规模下降，B国进口X商品的数量为DE_2单位，其中DM单位的X数量被国民所消费，余下的ME_2单位的X数量以关税收入的形式被政府征收并用于再分配。$U_2 < U_1$，表明B国征收进口关税引起其福利水平下降。

如果进口关税水平足够高，致使P_d与生产可能性曲线相切于S_0点以下，B国生产和消费回到自给自足的均衡点，这种关税成为禁止性关税。

可以将贸易小国征收进口关税的一般均衡效应总结如下：

1.生产效应或保护效应

其表现为征收关税后生产点由S_1点向S_2点移动，国内进口替代品X的生产增加，出口商品Y的生产减少。这种资源转移的效率损失由经过S_2的直线P_w与生产可能性曲线U_2相交（而非相切）表示，即X商品生产的机会成本高于X商品在世界市场的相对价格，表明国内生产是无效率的。

2.消费效应

其表现为征收关税后消费点由较高的无差异曲线U_1上的点E_1向较低的无差异曲线U_2上的点E_2移动，可进口商品X的消费减少，消费损失表现为消费福利下降。

3.贸易效应

其由进口效应和出口效应共同构成，由于对X商品征收进口关税，贸易三角S_2DE_2面积缩小，表明贸易规模减小。

4.财政收入效应

可以通过比较以要素成本表示的国民产出价值与以征收关税后商品的国内价格表示的总量消费支出的差额来决定。事实上，征收关税以后，总量消费支出超过国民产品价值的部分就是关税收入。

5.收入分配效应

根据斯托尔帕-萨缪尔森的研究，当某种商品的相对价格上升时（例如，由于征收进口关税使进口商品的相对价格上升），生产该种商品所密集使用的生产要素的报酬将会上升，当资本丰富的A国对进口的劳动密集型商品X征收关税，使X商品的相对价格上升时，A国生产X商品所密集使用的要素——劳动的报酬将会上升。

二、贸易大国的关税一般均衡分析

如果贸易大国对进口商品征收关税，就会使进口商品的相对价格降低，从而改善该国的贸易条件。对此，可以用供给曲线来描述贸易大国的一般均衡。对于贸易小国而言，其贸易伙伴的供给曲线是一条与国际价格线重合的直线；但对贸易大国来说，其贸易伙伴的供给曲线必然具有一定的曲率。

由图7-7，贸易大国A和其贸易伙伴国B的供给曲线分别为OA和OB，Y为A国的进口商品。征税前贸易的均衡点为E，贸易条件为P_w。在E点，两国与P_w相切的贸易无差异曲线I_a和I_b分别代表两国在自由贸易条件下所能达到的最大福利水平。

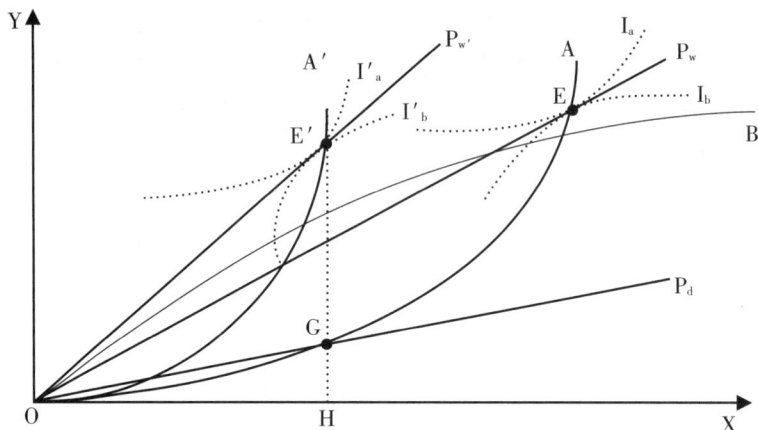

图7-7 关税效应的一般均衡分析（大国）

当A国对进口商品Y征收关税，结果将导致Y商品的国内市场价格相对上升。此时，国内意愿出口的数量减少，供给曲线内移至OA′，新的贸易均衡点为E′，贸易量下降，贸易条件从P_w变成$P_{w'}$，A国贸易条件得到改善。A国的净福利取决于贸易量下降的幅度与贸易条件改善程度的对比，但至少可以断定，A国征收关税造成其贸易伙伴国B国的福利水平下降，即$I'_b<I_b$。

A国所获得的进口量E′H中，GH是国民消费，E′G是政府的财政收入，国内相对价格是P_d。

可见，贸易大国可以通过征收关税来改善其福利水平，但前提是其贸易伙伴国不采取对抗性措施；否则，会导致关税战。

第四节　海关税则和通关手续

一、海关税则（customs tariff）

海关对进出口商品计征关税的依据是海关税则，又称关税税则，它是一国对进出口商品计征关税的规章和对进出口的应税商品、免税商品以及禁止进出口商品加以系统分类，并列明应征税率和免税的一览表。海关凭此征收关税，是一国关税政策的具体体现。

海关税则一般包括两个部分：第一部分是海关课征关税的规章条例及说明，包括该税则的实施细则及使用说明，税则中商品归类的总规则，各类、章和税目的注释等；第二部分是关税税率表，包括商品分类目录和税率两大部分。商品分类目录将种类繁多的商品加以综合，或按商品的不同生产部类，或按商品的自然属性、功能和用途等把商品分为不同的类，类以下分章，章以下分税目，税目以下再分子目（如必要），并将每项商品按顺序编项目号即税号。税率栏则按商品分类目录的顺序，逐项列出商品各自的税率、计税单位和征税标准，有的税目只列一栏税率，有的则列出两栏或两栏以上的税率。

目前各国海关税则有单式税则（single tariff）、复式税则（complex tariff）之分，一般采用复式税则。单式税则又称一栏税则，是指一个税目只有一个税率，对所有国家的进口商品采用统一的税率。复式税则又称多栏税则，是指在一个税目下订有两个或两个以上的税率，对来自不同国家的进口商品运用不同的税率。复式税则有两栏、三栏税率甚至更多。

海关税则按照制定者的不同，可分为自主税则（autonomous tariff）和协定税则（conventional tariff）。自主税则又称国定税则（national tariff system）或通用税则（general tariff system），是一国政府独立制定并有权加以变更而不受对外签订的贸易条约或协定约束的税则。协定税则是指一国依据其与别国签订的贸易条约或协定，按缔约双方或多方共同商定的税率制定的关税税则。协定税则通常是按互惠原则制定的，其税率受条约或协定条款的制约，对缔约各方都有约束力，不得单方面任意修改或撤销。还有一种是被越来越多的国家采用的混合税则或称自主与协定税则（autonomous and conventional tariff），一国关税的制定同时采用自主税则和协定税则的税则制度。一国通常自主制定应税税目的协定税率，但又不排斥贸易伙伴的意向。

我国现行海关税则制度是按照国际通行的税则制度建立的。我国海关多次派代表参加《协调制度》的编写工作，并于1992年1月1日起正式实施以《协调制度》为基础的新的海关税则。为了使海关税则充分体现我国的关税政策，适应海关统计、许可证制度等方面的要求，海关在《协调制度》商品分类目录的6位数编码的基础上，根据我国的具体情况加列了7位数的子目和8位数的子目。我国加入世界贸易组织后，实行进出口合一的海关税则制度，但进出口税则分列。自2002年起至今，我国的进口税则的税率实行复式税则制，设有普通税率、最惠国税率、协定税率和特惠税率等。出口税则列在进口税则之后，实行单式税则制，不分消费国家和地区。

二、通关手续

通关手续又称报关手续，是指进出口商向海关申报进口或出口货物，接受海关的监督，履行海关规定的手续。进出口货物只有经过申报通关手续，缴纳相关税款和费用，经海关同意后才予以通关放行。其核心是海关监管。通关手续一般包括申报、验货、征税、放行等基本环节。

通关手续是货物进出口活动的正常环节，但有时它会成为限制进口的重要手段。一国在实施贸易保护政策时，烦琐的、特意设计的通关手续，是一种非常有效的保护措施。进口国可以设计多种货物进口的障碍，增加进口货物的额外开支，使进口商承担更多的风险，从而不愿进口。

专栏7-2

沉着应对
中美贸易摩擦

本章小结

1.关税是国际贸易政策的主要措施之一，是各国政府用来干预对外贸易的主要手段。在当代国际贸易中，各国政府利用的贸易政策和措施较多地倾向于限制进口和鼓励出口。

2.各国政府使用进口关税的目的有两个：一是增加财政收入，二是保护国内的产业。在当代国际贸易中，各国政府更多倾向于为了保护国内产业而设置进口关税，而且从最初保护幼稚工业转向保护成熟工业。为了限制进口，一些国家除征收正常关税外，还使用反倾销税、反补贴税和报复关税等进口附加税，以期望得到更好的保护效果。在有些情况下，为了促进进口，进口国设置了具有不同优惠程度税率的关税，如最惠国关税、特惠关税、普惠制关税等。关税由国家设置的海关根据关税税则来征收，征税的方法包括从价税、从量税、选择税、混合税。

3.一国征收关税对其经济带来多方面的影响，包括生产效应、消费效应、保护效应、贸易效应、价格效应、再分配效应等，对贸易大国和贸易小国所带来的影响是不同的。在使用关税措施进行保护时，要注意关税的结构。不仅要看关税的名义保护率，还要看关税的有效保护率。从关税的福利来看，则要采用最优关税。

重要概念

进口关税　进口附加税　保护关税　反补贴税　反倾销税　特惠税　普遍优惠制　从量税　从价税　滑动关税　关税税则　名义保护率　有效保护率　最优关税率

复习思考

1.进口关税主要有哪几种？它们各自起什么样的作用？
2.什么是进口附加税？反补贴税和反倾销税有何异同？
3.试运用图解说明关税的经济效应和保护成本。
4.什么是普遍优惠制？普惠制方案一般有什么规定？
5.征收关税的方法主要有哪几种？如何计算应征的税额？
6.试计算关税的有效保护率。假设最终商品 A 的进口价为100美元，关税税率为10%，而其原料的进口价为80美元，进口税率为0。试问：该商品的实际保护率是多少？如果原料的进口税为5%，则有效保护程度如何？

第八章

非关税

各国政府在干预其对外经济贸易的活动中除了采用关税这种贸易政策措施外，还采用非关税的贸易壁垒措施。非关税壁垒在20世纪的最后30年得到了迅速发展，形式多样，名目繁多，成为各国政府实施贸易保护的最主要的工具。通过本章的学习，要明确各种常见的非关税措施的意义、作用和有效性，了解各种措施的实施对国际贸易所带来的影响。

第一节　　　非关税措施的内涵

非关税措施又称非关税壁垒（non-tariff barriers，NTBs），是指利用关税以外的一切限制进口的手段。第二次世界大战以后，在关贸总协定成员国的努力下，各国的关税普遍下降，贸易自由化程度提高，许多非关税壁垒被废除。20世纪70年代中期以后，由于世界经济持续萧条，贸易保护主义开始抬头，非关税壁垒措施与日俱增，名目繁多，成为国际贸易中的主要手段，影响了国际贸易的正常开展。

一、非关税壁垒的特点

同关税壁垒相比，非关税壁垒在限制进口方面有以下特点：

1.非关税壁垒比关税壁垒具有更大的灵活性和针对性

一般说来，各国关税税率的制定，必须经过立法程序，一旦获得通过，就要保持一定的持续性。若要调整或更改税率，需要经过复杂严格的法律程序和手续。这种立法程序与手续，往往迂回迟缓，在需要紧急限制进口时往往难以适应。在同等条件下，关税还受到最惠国待遇条款的约束，从有协定的国家进口的同种商品适用同样的税率，因而在税率上作灵活性的调整比较困难。而在制定和实施非关税壁垒措施时，通常采用行政程序，出台迅速，程序简单，而且可以随时调整，在限制进口方面表现出更大的灵活性和时效性。同时能针对实际情况，变换限制进口措施，达到限制进口的目的。

2.非关税壁垒比关税壁垒具有更强的隐蔽性和歧视性

关税税率经法律程序确定后，往往要以法律形式公布于众，并依法执行。出口商通常比较容易获得现行税率。但是，一些非关税壁垒措施往往不公开，或者规定极为烦琐复杂的标准和手续，使出口商难以应付和适应。以技术标准来说，一些国家对某些商品质量、规格性能和安全等规定了极为严格烦琐和特殊的标准，检验手续烦琐复杂，而且经常变化，令各商品的出口国难于对付、难以适应，因而往往由于某一个规定不符，使商品不能进入对方的市场销售。此外，一些国家往往针对某个国家采取相应的限制性的非关税壁垒措施，结果，大大提高了非关税壁垒的差别性和歧视性。

3.非关税壁垒比关税壁垒更能达到限制进口的目的

关税壁垒的实施旨在提高进口商品的成本，它对商品进口的限制是相对的，如果出口国家采用出口补贴和商品倾销等手段降低出口商品的成本和价格，关税往往较难起到限制商品进口的目的。有些非关税壁垒对进口的限制则是绝对的，如进口许可证制、进口配额制等，出口厂商无论如何都无法绕过这种障碍。

综上所述，非关税壁垒在限制进口方面比进口关税壁垒更有效、更隐蔽、更灵活、更有歧视性。因此，非关税壁垒取代关税壁垒成为贸易保护主义的重要手段，有其客观必然性。

二、非关税壁垒的作用

非关税壁垒可分为直接和间接两大类，前者通过对本国产品和进口商品的差别待遇，直接限制进口；后者并不对商品进口进行直接的限制，但为了其他目的而采取的措施同样起到限制进口的作用。

发达国家的贸易政策越来越把非关税壁垒作为实现其政策目标的主要工具。对他们而言，非关税壁垒的作用主要表现在三个方面：一是作为防御性武器限制外国商品进口，用以保护国内陷入结构性危机的生产部门及农业部门，或保障国内垄断资产阶级能获得高额利润。二是在国际贸易谈判中以此逼迫对方妥协让步，以争夺国际市场。三是用作对他国的贸易歧视手段，甚至作为实现其政治利益的手段。总之，发达国家设置非关税壁垒是为了保持其经济优势地位，维护不平等交换的国际格局，具有明显的剥削性。

必须承认，发展中国家同样也越来越广泛地使用非关税壁垒措施，但与发达国家不同的是，其目的在于：（1）限制非必需品进口，节省外汇；（2）限制外国进口品的竞争力，保护民族工业和幼稚工业；（3）发展民族经济，摆脱发达资本主义国家对本国经济的控制和剥削。由于发展中国家与发达国家经济发展水平的巨大差距，设置非关税壁垒有其合理性和正当性。为此，关贸总协定在"肯尼迪回合"中增加了"贸易与发展"部分，并陆续给予发展中国家更大的灵活性，允许其为维持基本需求和谋求优先发展而采取贸易保护措施。但总的说来，从关贸总协定到世界贸易组织，对发展中国家的要求注意得还不够，发展中国家有必要为此而继续斗争。

第二节　进口配额

一、进口配额的定义和分类

进口配额（import quota）又称进口限额，是一国政府在一定时期内对某种商品进口数量或金额所加的直接的限制。在规定的期限内，配额内的商品可以进口，超过配额的不准进口，或者对其征收高额关税或罚款后才能进口。

进口配额一般有以下两种：

（一）绝对配额（absolute quota）

绝对配额是一国在一定时期内对某种商品的进口数量或金额所规定的最高数额。达到这个数额后，该商品便不允许再进口。绝对配额在实施中又分三种。

1.全球配额（global quota）

全球配额是适用于世界范围的配额，它对来自任何国家或地区的商品一律适用。全球配额强调的是进口数量，不关心这种商品来自何方。全球配额的发放是主管当局按进口商的申请先后或过去某一时期的进口实际金额批给一定的额度，直至总配额发放完毕为止。没有配额就不准进口。

2.国别配额（country quota）

国别配额又称选择配额，是指在总的配额内按国别和地区分配给固定的配额，超过配额不准进口。由于在发放配额时，主管当局带有强烈的国别政策色彩，故又称歧视性配额。为了区分来自不同国家和地区的商品，在进口商品时规定进口商必须提交原产地证明书。

一般来说，国别配额又分为自主配额和协议配额。

（1）自主配额（autonomous quota）又称单方面配额，由进口国家完全自主的、单方面规定的在某一时期内从某个国家或地区进口某种商品的限额，无须征求输出国家的同意。自主配额的发放一般根据某国过去某些年份的输入实绩，按一定比例确定新的进口数量或金额。由于各国各地区所得配额有差异，因此，容易引起一些国家和地区的不满和报复。

（2）协议配额（agreement quota）又称双边配额（bilateral quota），是由进口国同出口国政府或民间团体之间协商确定的配额。如果协议配额是由双方政府的协议订立的，则需要在进口商或出口商中进行分配；如果配额是双方的民间团体达成的，应事先获得政府许可才能执行。协议配额与自主配额不同，它是通过双方协商而定的，一般不会造成出口方的反感或报复，并可使出口国对配额的实施给予谅解和配合，容易执行。

3.进口商配额（importer quota）

进口商配额是针对某些进口商品实行的配额。进口国为了加强垄断资本主义在对外贸易中的垄断地位和进一步控制某些商品的进口，将某些商品的进口配额在少数进口厂商之间进行分配。

现在不少国家对进口配额规定得非常复杂，对配额商品规定得很细，有的按商品不同规格规定不同配额，有的按价格水平差异规定不同配额，有的按原料来源的不同规定不同配额，有的按外汇管制情况不同规定不同配额，有的按进口商的不同规定不同配额等。绝对配额通常用完后便不准进口，但目前有些国家出于某种特殊需要，订有额外的特殊配额或补充配额，如展览会或博览会配额等。

（二）关税配额（tariff quota）

关税配额是指对商品进口的绝对数额不加限制，对在某一时期内进口的在规定的配额以内的商品给予低税、减税或免税待遇，而对超过配额的进口商品则征收高额关税或附加税或罚款。

关税配额按商品进口的来源，分为全球关税配额和国别关税配额，按征收关税的目的，可分为优惠性关税配额和非优惠性关税配额。优惠性关税配额对配额内进口的商品可给予较大幅度的关税优惠，甚至免税，对超过配额的进口商品则征收原来的最惠国税率；非优惠性关税是对配额内的进口商品仍收原来的进口税，对超过配额的进口商品征收极高的附加税或罚款。进口配额制是目前使用最广的非关税壁垒措施之一，成为贸易谈判时向对方施加压力的手段之一。

二、进口配额的经济效应

非关税壁垒主要是通过数量限制发挥作用，现以进口配额作为非关税壁垒的典型方式，分析其对进口国产生的影响。

这里以局部均衡分析方法对贸易小国实行进口配额的经济效应进行分析。如图8-1所示，在自由贸易条件下，假设商品X的世界市场价格为P_1，在此价格水平下，该国国内的供应量和需求量分别为OQ_1和OQ_2，Q_1Q_2为进口量。现假设该国对商品X的进口实行配额，一定时期内发放进口配额Q_3Q_4，由于配额的有限性形成了经济租金，为国内生产者提供了生产补贴，从而使国内的生产供应量扩大到OQ_3，价格上涨至P_2，国内的消费减少至OQ_4，进口量被限制为Q_3Q_4，即配额数。国内消费者按P_2价格消费，消费者剩余减少了$a+b+c+d$，通过再分配，a为国内生产者所得，即增加的生产者剩余，c为配额收益，b和d为实行配额所造成的社会福利净损失，其中，b为国内生产者低效率地扩大生产所导致的社会福利净损失，d为国内价格提高而扭曲消费所导致的社会福利净损失。

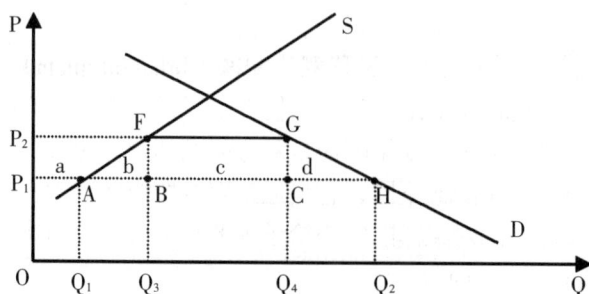

图8-1 进口配额的经济效应

可见，进口配额对本国生产、消费、价格的影响与减少同样数量进口的关税相似，只不过关税是通过提高进口商品的价格来减少进口数量和增加国内生产，而配额则从相反的方向，即先减少商品的进口数量，造成价格上涨从而增加国内生产，生产者剩余增加 a（即梯形 P_2P_1FA）的面积。但是进口配额对国内的经济利益的影响则与关税有所不同，主要反映在政府税收上。关税给政府带来收益，而进口配额中这部分的利益就不一定归政府了。这部分利益（图 8-1 中 c，即矩形 BFGC 的面积）被称为"经济租金"（economic rent），其归属完全取决于政府怎样分配进口配额。一般来说，政府有以下几种方式来分配进口配额：

（1）政府直接颁发进口许可证给进口商，许可证是免费的。进口商以国际市场价格进口商品，在国内市场上按国内的高价出售，所得利润正好等于政府的税收部分 c。这种情况下，进口国的社会总的利益变动与征收关税时一样，只不过这部分 c 从政府转到了国内的进口商或一部分消费者的手里。

（2）政府根据进口商或消费者的申请颁发许可证。谁都可以申请，政府审批颁发，过程比前者复杂。申请者须详细说明理由，相互之间还有竞争，其申请过程（被称为"寻租"行为）中必然要付出一定的代价。最后获得许可证的进口商或消费者的利益会小于 c，整个社会的利益也会少于征收关税下的情况。

（3）政府公开拍卖许可证。谁出价高，谁就能获得进口许可证。作为进口商，愿出的最高价不会超过进口所能获得的利润，即不超过 c。不管怎样，其所付出的正好等于政府所收入的。因此，c 部分由政府和进口商共享，整个社会利益的变动也与征收关税时一样。

（4）政府在设置配额以后，将权限交给出口国，由出口国自行分配。这等于将进口许可证免费给了外国的出口商，出口商按进口国国内市场上的高价出口商品，获得本应属于进口国政府或进口商的利益部分 c。这对进口国来说是一种额外损失，整个社会的净损失变成为 $b+d+c$（即三角形 ABF+三角形 CHG+矩形 BFGC）的面积，大于征收关税时的净损失。

若实行进口配额的国家为贸易大国，则配额的经济影响除了包括上述贸易小国实行进口配额的各种经济效应外，还有贸易条件效应，即其贸易条件得到改善。

三、进口配额与进口关税的比较

总的说来，一国实行进口配额所引起的整个社会的利益变动不会比征收关税时的情况好多少，那么，为什么许多国家在实际中对商品进口的限制采用配额而不用关税呢？其主要原因有下面几点：第一，配额比关税更能有效地控制进口数量，完全排除价格机制的作用。关税是间接的，配额是直接的。如果本国的进口需求是有弹性的，在征收关税的情况下，外国出口商可以通过降价来保持竞争力，本国进口的减少可能不明显。而配额则可以准确无误地将进口量确定在限额所规定的水平上。第二，配额比关税更灵活。政府可以通过发放进口许可证随时调节进口数量，而政府在调节关税方面，除非有某种例外，否则不能随意提高关税。第三，实行配额给政府更多的权力。这不仅表现在对贸易的控制上，也表现在对企业的控制上。第四，国际贸易自由化的压力。关税是最古老、最传统的贸易保护措施，降低关税税率是关贸总协定多边贸易谈判的主要议题，而且总协定的原则之一是关税只能降不能升，从而使关税保护在实际中使用越来越困难。配额虽然被认为应该取消，但实施中仍有许多灵活的方式。

在贸易保护措施中，尽管配额比关税更能灵活地体现政府的政策意图，但经济学家认为，在大多数情况下，关税要优于配额，因为配额对国内经济带来的副作用要大于关税。进口配额作为一种行政干预手段，同市场价格机制更加背离，从而容易导致经济效率的损失。除了可能产生保护垄断、保护落后倾向外，还容易造成官僚主义、腐化现象，有些进口商为得到配额，不惜以各种方式拉拢、贿赂政府官员。就增进效率和福利而言，在需求上升的情况下，配额比关税更能保护本国的进口替代工业，但总消费量在减少，可能会比关税给消费者带来更大的利益损失。在通胀时期，会对通货膨胀起推波助澜的作用。从再分配角度看，往往是某一生产商得到好处，广大消费者遭受损失。因此，如果配额产生了垄断，分配配额的效率很低，那么进口配额对进口国国内经济乃至世界经济产生的不利影响就会比关税更大。

第三节　自动出口限制

自动出口限制（voluntary export restraint，VER）又称自愿出口限制或自愿出口配额，是指出口国或地区在进口国的压力或要求下，"自愿"规定在某一时期内（一般为3~5年）某些商品对该国的出口限制，在限定的配额内自动控制出口，超过配额即禁止出口。

自动出口限制和绝对进口配额制在形式上是不同的，绝对进口配额制由进口国直接控制进口配额来限制商品进口，自动出口限制则由出口国"自愿"限制对某国的商品出口。这种"自愿"不是真实的，它是在进口国的强迫下做出的承诺，进口国以商品大量进口使其工业部门受到严重损害，造成市场混乱为由，要求有关出口国出口实行"有序的增长"，"自愿"限制商品出口，否则单方面强制限制进口。因此，"自愿"限制出口和绝对进口配额措施一样，都起到限制商品进口的作用。

一、自动出口限制的主要形式

（一）非协定的自动出口限制

这种限制不受国际协定的约束，是出口国在进口国的压力下，被迫自行规定出口配额，限制商品出口的措施。配额一般由政府有关机构规定予以公布，出口商必须申请配额，领取出口授权书或出口许可证才能输出。也有的是由本国大的出口厂商或协会"自愿"控制出口。

（二）协定的自动出口限制

进出口双方通过谈判签订"自限协定"（self-restraint agreement）或"有秩序销售协定"（orderly marketing agreement），协定中规定出口的配额，出口国实行出口许可证制或出口配额签证制，自愿限制这些商品的出口，由进口国根据海关统计进行检查。目前各种"自限协定"或"有秩序销售协定"的内容不尽相同，大体包括下列内容：

1.配额水平

配额水平是指协议有效期内各年度"自愿"出口的限额。通常以协定缔结前一年实际出口量或原协议中最后一年的配额为基础，协商后确定新协定第一年数额，然后再确定以后年份的增长率。各国为限制进口往往想方设法降低年增率，以减少商品的进口。

"自限协定"所规定的出口配额主要有以下几种：

（1）总限额，即协定商品自动出口的总数额。

（2）组限额，即将不同类别的商品分为若干组，分别规定不同的数额。

（3）个别限额，即把组内一些所谓的敏感性产品作为特别项目另行规定数额，以达到严格限制出口的目的。

（4）磋商限额，即对个别限额以外的某些产品在原则上规定一定的数额，双方按一定程序进行磋商谋求解决，在双方达成一致意见之前，进口国可以单方面实行进口限制。

2.自限商品分类

自限商品是指受协定限制的出口商品，20世纪70年代之前，这类商品较少。之后，随着国际市场竞争日益加剧，自限商品品种也日益增加，分类日趋复杂。如1974—1977年的美日纺织协定中，将日本向美国"自愿"限制出口的棉、化纤、毛三大类纺织品分为6大组，243项，第一组棉服装，第二组棉布，第三组棉制成品和棉杂品，第四组化纤服装，第五组其他化纤织品，第六组毛制品。按组分别规定各自出口限额，对组内"特别项目"又规定个别限额。这种复杂的分类，使出口商经常在履行合同时对热门货的配额感到不足，而对一些冷门货配额却用不完。

3.限额的融通

限额的融通是指协定各种自限商品限额相互融通使用的权限，主要可分为水平融通和垂直融通。

（1）水平融通是指在同一年度内组与组之间、项与项之间在一定百分率内互通使用的权限。协定中，规定替换率，即某组或某项的配额拨给另一组或另一项的使用率。替换率一般控制在1%～15%之间，有的品种禁止融通，以达到严格限制出口的目的。

（2）垂直融通是指上下年度内组与组之间、项与项之间的留用额（carry-over）和预用额（carry-in）。留用额指当年未用完的配额拨入下年度使用的额度或权限，又称留用权；预用额指当年配额不足而预先使用下年度的额度或权限，又称预用权。《国际纺织品协定》曾规定，在任何连续两年中的一年，一项或一组产品的留用权和预用权的总和为10%，其中预用权不得超过5%，即若不行使预用权，留用权可达10%。参加该协定的进出口国家或地区，可以按这项规定来磋商双边的留用权和预用权。

进口国家为了限制进口，除了竭力压低留用额和预用额外，还往往规定其他限制，如：留用额不得超过实际的余额；某些项目的留用额只限于转入下一年度的同类项目中使用；对某些特定产品规定较低的留用额，甚至禁止使用留用额。预用额也有类似的规定，对于所使用的预用额必须在下一年度的配额中扣除。

4.保护条款

保护条款是指当商品输入后引起本国市场混乱或本国生产者蒙受重大损失时，进口国有权通过一定的程序限制和禁止这类商品的进口。这实际上进一步扩大了进口国单方面限制商品进口的权限。美国和欧盟国家在对外签订"自限协定"时，都力图订入这项条款，因对出口国极为不利，往往遭到出口国的反对。

5.出口管理规定

出口管理规定是指在协定中规定出口方对自限商品应严格执行出口管理，保证在限额水平内按季度均匀出口。为此，有些出口国家除了规定出口商必须凭出口许可证输出外，还定期公布"自限"商品的"初步配额"和"最后配额"。"初步配额"为暂定配额，一般低于协定配额的水平，出口国政府先据此向出口商发放出口许可证，到一定时间再公布"最后配额"，即全年度的实际配额，并发放出口许可证。为了确保"自限协定"顺利实施，要求双方每年至少会谈一次，互相提供资料，协商解决一些问题。因此，自动出口限制在实施中主要是通过出口国实行严格的出口管理来控制出口，而进口国只是处于协助的地位。

6.协定期限

各协定期限长短不一，长期协定具有稳定性能，利于出口商预先计划和生产，安排出口，但较难根据市场变化进行调整。当今各种协定的有效期以3~5年居多。如一方欲终止协定，应提前60天通知对方。

二、自动出口限制的经济效应

如果配额的分配由出口国管理（国别配额），从这个意义上来说，自动出口限制也可称之为进口配额在出口国管理的表现形式。因此，自动出口限制对进口国的经济效应与进口配额基本相同，对出口国的影响可以分别从生产规模不变和产业收缩两方面来考察。

在产业规模不变（短期）的均衡条件下，受限制出口的相关企业必须调整其出口市场，即从受限市场向非受限市场转移。这样，必然会提高企业的机会成本，因为这两个市场并不完全是可替代的，不同的市场对需求产品的要求也不同，重新开辟市场需要新的投入。此时，自动出口限制导致出口企业的销售额会随着受限制或非限制市场的需求弹性而增加或减少。

在产业收缩（长期）情况下，自动出口限制将会降低要素投入的边际产出，从而降低出口企业产品的边际收入，产业的收缩程度则依赖于要素供给的弹性。此时，自动出口限制会导致资源的配置不当，出口产品的生产规模缩小，效益下降。

另外，出口国政府采取的做法不同，自动出口限制导致的经济效果也会不一样。政府与本国出口商以及外国进口商之间的收益分配及其效应与进口国自行分配的经济效应是相似的。

第四节　进口许可证制度

进口许可证制度（import licence system）是指国家规定某些商品的进口，必须得到批准，领取许可证后方能进口的措施，是一种凭证进口的制度。没有许可证的商品一律不准进口。许可证通常与配额、外汇管理等结合使用。

进口许可证与配额结合使用可以分为有定额的进口许可证和无定额的进口许可证两种：

（1）有定额的进口许可证一般先由国家制定商品的进口配额，然后在配额的限度内，根据进口商的申请对每一笔进口货物发给进口商一定数量和金额的进口许可证，一旦配额用完，进口许可证也发放完毕。进口许可证大多由进口国当局发放，但也有将这种权限交给出口国自行分配使用的。

（2）无定额的进口许可证，即进口许可证不与进口配额相结合，有关政府机构预先不公布进口配额，只是在个别考虑的基础上才颁发有关商品的进口许可证。这种没有公开标准的发放办法，在执行时具有很大的灵活性，更能起到限制进口的作用。

此外，从进口商品的许可程度，即根据对来源国有无限制来看，进口许可证还可分为公开一般许可证（open general licence，OGL）和特种进口许可证（special licence，SL）：

①公开一般许可证又称自动进口许可证，对进口国别没有限制，被发放这类许可证的商品，只要进口商填写公开一般许可证后便可以进口。这类商品实际是"自由进口"的商品，填写许可证只是履行报关手续，供海关统计和监督需要。

②特种进口许可证又称非自动进口许可证，进口商必须向政府机构提出申请，经严格审查批准后方可进口。这种许可证大多规定进口国别和地区，贯彻国别地区政策。

为了区分这两种许可证所进口的商品，有关当局通常定期公布有关的商品目录并根据需要随时调整。

进口许可证的使用已经成为各国管理进口贸易的一种重要手段。它便于进口国政府直接控制进口，或者方便地实施贸易歧视，因而在国际贸易中越来越广泛地用作非关税壁垒措施。有的国家为了进一步阻碍商品进口，故意制定复杂烦琐的申领程序和手续，使进口许可证制度成为一种拖延或限制进口的措施。同时，进口许可证又是进口统计和管理的一种手段，完全取消进口许可证是不现实的。因此，为了防止进口许可证被滥用而妨碍国际贸易的正常发展，关贸总协定从"肯尼迪回合"开始对这一问题进行多边谈判，并在"东京回合"达成了《进口许可证手续协议》，在此基础上，"乌拉圭回合"又提出了一项新的《进口许可证手续协议（草案）》，规定签字国必须承担简化许可证程序的义务，确保进口许可证本身不会构成对进口的限制，并保证进口许可证的实施具有透明性、公正性和平等性。

第五节　其他非关税措施

上面所述的进口配额制、自动出口限制以及进口许可证制三种限制进口的方式是非关税壁垒中数量限制的主要方式。所谓数量限制，是指对某些特定的商品或劳务的贸易，在某一时期内严格限制在一定的价格或数量之内，即直接限制进口的非关税措施。

非关税壁垒措施有非常迅速的发展，形形色色的间接限制进口措施被广泛运用，并且不断创新，主要有外汇管制（foreign exchange control）、歧视性政府采购政策（discriminatory government procurement policy）、最低限价（minimum price）和禁止进口（prohibitive import）、进口押金制度（advanced deposit）、海关估价制度（customs valuation）、各种国内税（internal taxes）、国家垄断（state monopoly）等。

一、外汇管制

外汇管制是指一国政府通过法令对国际结算和外汇买卖加以管制以平衡国际收支，控制外汇的供给与需求，维持本国货币币值稳定的一种管理措施。

外汇管制对国际贸易的影响在于：当一国实施外汇管制时，出口商必须把出口所得到的外汇收入按官方汇率卖给外汇管制机构，不能截留外汇收入；进口商必须在外汇管制机构按官方汇率买入外汇。本国货币携带出入国境也有严格限制。这样，政府有关机构可以通过确定官方汇率，集中外汇收入和控制外汇供应数量来达到限制进口商品品种、数量和控制进口国别的目的。

外汇管制的方式包括数量性外汇管制、成本性外汇管制和混合性外汇管制。数量性外汇管制是指国家外汇管理机构对外汇买卖的数量实行限制和分配。通过集中外汇收入、控制外汇支出、外汇分配等办法来达到限制进口商品品种、数量和国别的目的。一些国家还规定进口商在进口商品时首先要获得进口许可证，才能向外汇银行购买所需外汇。成本性外汇管制是指国家外汇管理机构利用外汇买卖成本差异影响不同商品的进口。方法是实行复汇率制度，即进出口的不同商品采用不同的汇率，鼓励或限制不同商品的出口和进口。混合性外汇管制是指同时采用数量性和成本性的外汇管制，对外汇实行更为严格的控制，以影响控制商品的进出口。

近年来，某些国家对进口外汇的管制有逐渐加强之势。总的说来，目前发达国家的外汇管理较为放松，发展中国家的外汇管理较为严格，主要是由发展中国家的外汇短缺、经济基础较弱、出口商品的国际竞争力不强等原因造成的。

二、歧视性政府采购政策

歧视性政府采购政策是指由政府用法律形式规定政府机构在采购商品时优先采购本国产品，进而限制进口商品销售的一种歧视性政策。商品的最终消费由私人消费和公共消费两部分构成，各国庞大的政府机构是商品销售的主要对象之一，由于政府采购数量较大，政府采购本国货使得进口商品受到歧视，缩小了进口商品的市场。这种采购政策，既可能影响国内采购，也可能影响到国际性采购。在国际性采购中，政府采购政策主要体现在采购的国别政策中。

美国是世界上最早立法实行政府采购政策的国家，而且施行此项政策最为典型，其《购买美国货法案》规定：凡是美国联邦政府所要采购的货物，应该是美国制造的，或是用美国原料制造的。只有在美国自己生产的商品数量不够时，或者国内价格太高，或者不买外国货就会伤害美国利益的情况下，才可以购买外国货。美国优先采购的商品的价格，可以高于国际市场价格的6%至12%，美国国防部和财政部采购的美国货，其价格常常比国际市场高50%以上。日本则规定，某些政府机构用品不得采购外国商品。

三、最低限价和禁止进口

进口最低限价是指一国政府规定某种商品进口的最低价格，若进口产品低于最低价，则禁止进口或征收进口附加税，以达到保护国内产业的目的。附加税税额即进口价格与最低价格之间的差额。进口国有时把最低限价定得很高，进口商品在国内市场上必然缺乏竞争力。进口最低限价的形式有启动价格、门槛价格等。20世纪70年代，美国曾实行所谓

"启动价格制"来抑制欧洲国家和日本的低价钢材和钢制品的进口。欧洲经济共同体也曾对谷物和奶制品实行过类似性质的门槛价格。进口最低限价实质上就是通过抬高进口商品的价格,削弱其在进口国国内市场的竞争力。

当一些国家感到实行进口数量限制已不能走出经济阴影时,还可以通过颁布法令,直接禁止某些商品的进口。

四、进口押金制度

进口押金制度又称进口存款制、进口担保金制,是指进口商在进口商品前,必须按进口商品金额的一定比例在指定银行无息存入一笔资金,在规定期限届满后解冻。实行这种制度旨在增加进口商的进口成本,从而达到限制进口的目的。意大利曾对400多种商品实行这种制度,要求进口商必须向中央银行缴纳相当于进口货值半数的现金,无息冻结6个月。据估计,这项措施相当于征收5%以上的进口附加税。芬兰、新西兰、巴西等国也采取过这种措施,巴西的进口押金制规定,进口商必须按进口商品的船上交货价格存入与合同金额相等的为期360天的存款才能进口。

五、海关估价制度

海关估价是指一国在实施从价征收关税时,由海关根据国家的规定,确定进口商品完税价格,并以海关估定的完税价格作为计征关税基础的一种制度。但是,海关估价若被滥用,人为地高估进口商品的价格,无疑就增加了进口商的税收负担,对商品进口形成了障碍。美国的"美国售价制"(American Selling Price System)的特殊估价标准使焦油产品、胶底鞋类、蛤肉罐头和毛皮手套等商品的国内售价很高,从而使这些商品进口税收负担大大增加,有效地限制了外国货的进口。美国的这种做法引起了其他国家的强烈反对,直到关贸总协定"东京回合"签订了《海关估价守则》,美国才不得不废除这种制度。乌拉圭回合达成了《海关估价协议》,修改了原先的估价守则。为了制约成员国的这种保护主义行为,该协议规定了主要以商品的成交价格为海关完税价格的新估价制度,其目的在于为协定国海关提供一个公正、统一、中性的货物估价制度,不使海关估价成为国际贸易发展的障碍。

六、各种国内税

某些国家,特别是西欧国家,广泛采用国内税收制度来限制进口,即通过对进口货物和国内生产货物的差别征税,使进口货物的国内税收负担加重,包括消费税、增值税、临时附加税等。这是一种比关税更灵活、更具伪装性的贸易政策和手段,因为国内税收通常不受贸易条约或协定的限制,国内税收的制定和执行是属于本国政府机构,有时甚至是地方政府机构的权限。这样,增加了进口商品的税收负担和不确定性,从而起到限制进口的作用。

七、国家垄断

对外贸易的国家垄断是指国家指定的机构和组织集中管理、集中经营某些商品的贸易。在以私营经济为主体的西方国家,平时仅对少数商品如军火、烟酒和粮食等商品实施国家垄断,在战争或经济大萧条时期,垄断商品的种类可能会更多。其目的在于,保证国内的供应和生产,防止国内市场的混乱。通过国家垄断,可以贯彻政府的意图,限制部分商品的进口。

第六节　　　　　　　　非关税壁垒的新进展

近年来，世界经济在高速发展的同时，也导致了一系列严重的资源和环境等问题，引起了人们对资源、环境和自身健康状况的极大关注。加强环境保护，改善生存环境已成为世界各国的共识，这不可避免地会影响到各国所采取的贸易政策和措施。

一、技术壁垒（technical bariffs）

贸易的技术壁垒，是非关税壁垒中使用最为广泛的一种形式，是指一国政府或非政府机构，以国家安全或保护人类健康和安全，保护动物或植物的生命和健康，保护环境，防止欺诈行为等为由，采取一些苛刻的技术法规、标准、包装、标签以及为确保符合这些要求和确保产品质量及使用性能而实施的认证和检验、检疫的规定和程序，成为其他国家商品自由进入该国市场的实实在在的障碍。其具体表现在：

（一）技术法规

技术法规是指必须强制性执行的有关产品特征或相关工艺和生产方法，许多强制性标准也是技术法规的组成部分。技术法规主要涉及劳动安全、环境保护、卫生健康、交通规则、无线电干扰、节约能源与材料等，也有一些是审查程序上的要求。目前，工业发达国家颁布的技术法规种类繁多，尤其是近几十年来，为了保护消费者的合法权益，许多工业发达国家更多地致力于消费者保护法规的制定，如日本的《劳动安全卫生法》《消费法》《蔬菜水果进口检验法》等，德国的《化妆品管理法》《仪器与日用消费管理法》等，美国的《联邦食品、药品和化妆品法》《消费产品安全法》等。

（二）技术标准

技术标准是指经公证机构批准的、非强制执行的、供通用或重复使用的产品或相关工艺和生产方法的规则和指南。有关专门术语、符号、包装、标志或标签的要求也是标准的组成部分。目前大量使用的技术标准有国际标准、国家标准和行业标准。

随着竞争的加剧，发达国家有意识地对制成品的进口规定极为严格和烦琐的技术标准，有些甚至是经过精心策划的、专门用于针对某个国家的出口产品，并且所涉及商品的范围越来越大，进口商品必须符合这些标准才准进口。

也有一些国家长期形成了一些不同的习惯和规则，因此对一些产品有不同的技术要求，如：（1）日本、英国、中国香港等国家和地区的交通规则是车辆和行人都靠左边行驶，因此，汽车的方向盘要在车子的右边。（2）日本、美国的电压为110伏，而中国与许多国家的电压是220伏，因此各国的电气产品出口到日本、美国必须符合其要求。

（三）质量认证和合格评定程序

质量认证是根据技术规则和标准对生产、产品、质量安全、环境等环节以及整个保障体系的全面监督、审查和检验，合格后由本国或外国权威机构授予合格证书或合格标志来证明某项产品或服务是符合规定的规则和标准的活动。目前世界上影响比较大的质量认证体系有ISO9000系列标准、ISO14000环保系列标准、美国的产品安全认证体系UL、欧盟的CE标志、日本的JIS标准等。

如果一种质量认证体系能被各国所接受，并能相互承认对方的检验结果，这将会促进国际贸易的发展。然而各国的情况各有不同，实际上质量认证和合格评定越来越成为各国用来保护国内市场的有效武器以及提高国际竞争力的工具。

（四）卫生检疫标准

卫生检疫标准主要适用于农副产品及其制成品、食品、药品、化妆品等。随着世界性贸易争端的加剧，发达国家更加广泛地利用卫生检疫的规定来限制商品的进口。目前各国要求卫生检疫的商品越来越多，规定也越来越严格。如美国规定其他国家或地区输入美国的食品、药品及化妆品，必须符合美国《联邦食品、药品和化妆品法案》的规定。

（五）商品包装和标签的规定

商品包装和标签的规定适用范围很广。许多国家对在本国市场销售的商品订立了多种包装和标签的条例，内容复杂、手续麻烦，外国出口商品必须符合这些规定，否则不准进口或禁止在本国销售。如法国和德国禁止进口外形尺寸与本国不同的食品罐头，美国等国家禁止使用草、谷、糠等为包装材料，美国对中国出口的毛绒玩具的包装及玩具填充物都要求极为严格，塑料袋上都要打上文字：不要套在儿童头上，以免窒息。

二、绿色壁垒（green barriers）

绿色壁垒指那些为了保护环境，直接或间接采取的限制甚至禁止贸易的措施。20世纪90年代以来，工业经济与生态环境相协调的可持续发展模式成为国际社会、各国政府以及环境保护界共同关注的问题。在贸易增长的同时，理应对人类赖以生存的环境进行保护。

由于各国经济发展水平不同，对环保标准的要求和环保资金的投入也不同。发达国家的环保标准高，发展中国家的环保标准低。因此，各国环保标准的不一致也造成了实际上的贸易障碍。目前，发达国家先后在空气、噪声、电磁波、废弃物等污染防治，化学品和农药管理，自然资源和动植物保护等方面制定了多项法律法规和产品的环保标准等。这大大阻碍了发展中国家的出口产品进入发达国家的市场。绿色壁垒主要包括：

1.绿色关税和市场准入

发达国家以保护环境为名，对一些污染环境和影响生态的进口产品征收进口附加税，或者限制甚至禁止其进口和实行贸易制裁。

2.绿色技术标准

发达国家处于垄断地位，有较高的科技水平，其在保护环境的名义下，通过立法手段，制定严格的、强制性的发展中国家目前还达不到的环保技术标准，并在测试和检验上设置障碍，限制外国商品的进入。这样，势必会导致发展中国家的产品被排除在发达国家之外。

3.绿色环境标志

这是用于那些与同类产品相比更符合环保要求的产品上的一种象征符号，表明该产品不但质量符合标准，而且在生产、使用和消费处理过程中符合环保要求，对生态环境和人类健康均无损害。发展中国家产品要进入发达国家市场，必须要申请并获得这绿色通行证，即绿色环境标志。

4.绿色包装制度

绿色包装是指能节约资源、减少废弃物、用后易于回收再利用、易于自然分解、不污染环境的包装，在发达国家市场广泛流行。发达国家还制定了相关法规，借口其他国家尤其是发展中国家产品包装不符合要求而将其拒之门外，由此引起的贸易摩擦不断。

5.绿色卫生检疫制度

各国的卫生检疫制度，特别是发达国家对农副产品和食品制定了严格的安全卫生标准和检疫措施，并以此作为控制从发展中国家进口商品的重要工具。

6."绿色补贴"

为了保护环境和资源，发达国家将严重污染环境的产业转移到发展中国家，以降低环境成本；而发展中国家的环境成本却因此而提高。更为严重的是，发展中国家绝大部分企业本身无力承担治理环境污染的费用，政府为此给予一定的环保补贴。发达国家认为发展中国家的"补贴"违反了世贸组织的规定，以此为理由限制其产品的进口。

7.信息技术壁垒

互联网电子商务是21世纪全球商务的主导模式，而电子商务的主导技术是信息技术。目前，发达国家在电子商务技术水平和应用程度上都明显超过发展中国家，并获得了战略性竞争优势。发展中国家尤其是不发达国家在出口时因信息基础设施落后、信息技术水平低、市场不完善和相关的政策法规不健全等而受到影响，在电子商务时代处于明显的劣势。这是当今世界贸易中发达国家与发展中国家、不发达国家之间的新的技术壁垒。

三、社会壁垒（social bariffs）

社会壁垒是指以劳动者劳动环境和生存权利为借口而采取的贸易保护措施。社会壁垒由社会条款而来，社会条款并不是一个单独的法律文件，而是对国际公约中有关社会保障、劳动者待遇、劳工权利、劳动标准等方面规定的总称，它与公民权利和政治权利相辅相成。国际上相关的国际公约有100多个，包括《男女同工同酬公约》《经济、社会与文化权利国际公约》等，国际劳工组织（ILO）及其制定的《强迫劳动公约（第29号）》和《结社自由和保护组织权利公约（第87号）》等国际公约，也详尽地规定了劳动者权利和劳动标准问题。为削弱发展中国家企业因低廉劳动报酬、简陋的工作条件所带来的产品低成本竞争优势，1993年，在新德里召开的第13届世界职业安全卫生大会上，欧盟国家代表德国外长金克尔明确提出把人权、环境保护和劳动条件纳入国际贸易范畴，对违反者予以贸易制裁，促使其改善工人的经济和社会权利。这就是当时颇为轰动的"社会条款"事件。此后，在北美自由贸易区和欧盟协议中也规定，只有采用统一劳动安全卫生标准的国家与地区才能参与贸易区的国际贸易活动。

目前在社会壁垒方面颇为引人注目的标准是SA8000。该标准是从ISO9000系统演绎而来，用于规范企业员工职业健康管理。通过认证的企业会获得证书，并可以使用SGS-ICS标志和CEPAA标志，还可得到SA8000证书的副本用于促销。在推行SA8000方面，欧洲走在前列，美国紧随其后，欧美地区的采购商对该标准已相当熟悉。现在全球大的采购集团非常青睐有SA8000认证企业的产品，这无疑会使很多企业为获得和维护这一认证而大大增加成本。特别是发展中国家，劳动力成本是其最大的比较优势，社会壁垒将大大削弱其在这方面的优势，从而影响其商品的出口。

专栏8-1

RCEP助力大变局中的中国经济双循环

本章小结

1.当今世界上的各种非关税措施数以千计。针对进口贸易，各国政府所采取的非关税措施主要有进口配额制、"自动"出口限制、进口许可证制、外汇管制、对外贸易的国家垄断、歧视性的政府采购政策、最低限价和禁止进口、海关估价制、进口押金制、国内税收和商业限制、技术性贸易壁垒、绿色壁垒等。针对出口贸易，各国政府所采取的非关税措施主要有出口补贴、出口退税、出口信贷和出口信贷国家担保制、商品倾销、外汇倾销、出口管制、设立经济特区等。

2.非关税措施的实施与关税措施一样，也给该实施国家带来各方面的经济效应。因非关税措施有不同于关税措施的特点，从保护角度来看，非关税措施的效果优于关税措施；但是，从社会福利的角度来看，非关税措施的效果不如关税措施。

重要概念

非关税壁垒　进口配额　自动出口限制　进口许可证制　外汇管制　进口押金　海关估价　歧视性政府采购　贸易技术壁垒　绿色壁垒

复习思考

1.什么是非关税壁垒？其主要特点有哪些？

2.什么是进口配额制？绝对进口配额与关税配额的主要区别是什么？

3.配额的经济效应与关税比较有哪些异同？

4.为什么说"自愿"出口限制具有明显的强制性？

5.什么是进口许可证？有哪几种类型？

6.什么是歧视性政府采购政策？

7.为什么说非关税壁垒是当今国际贸易发展的主要障碍？

第九章

出口鼓励和管制

　　各国政府除了利用关税和关税措施来限制进口以外，还采取各种形式的鼓励出口的措施来扩大商品的输出。限制进口和鼓励出口是国际贸易政策中相辅相成的两个方面。所以说，出口贸易管理的政策和措施，也是国际贸易政策的重要组成部分。在贸易自由化的压力之下，各国政府干预进口贸易的政策措施越来越受到约束，使贸易各国逐渐转向对出口贸易的管理，尤其是以积极的鼓励出口代替消极的限制进口。同时，出于政治、经济或军事方面的原因，贸易国家有意以各种形式来管制出口，以增强产品的竞争力，贯彻政府的出口意图。通过本章的学习，了解当今世界各国所采用的常见的出口鼓励和出口管制措施，并掌握其基本概念及其对贸易带来的影响。

第一节　　　　　出口鼓励措施

　　鼓励出口的措施是指出口国政府通过经济、行政和组织等方面的措施，促进本国商品的出口，开拓和扩大国外市场。在形式上与进口限制有所不同，隐蔽性较强。在当今国际贸易中，各国鼓励出口的做法有很多，涉及经济、政治、法律许多方面，运用财政、金融、汇率等各种经济手段和政策工具。

一、出口补贴

　　出口补贴（export subsidies）又称出口津贴，是一国政府在商品出口时，给予出口厂商的现金补贴和财政上的优惠，目的在于降低出口商品的价格，加强其在国际市场的竞争能力。政府对出口商品可提供补贴的范围非常广泛，主要包括以下两种形式：

（一）直接补贴（direct subsidies）

　　直接补贴是直接付给出口商的现金补贴。第二次世界大战后，美国和欧洲一些国家对某些农产品的出口，就采用这种形式。这些农产品的国内价格一般要比国际市场价格高，若以国际市场价格对外出口，出口厂商就会亏损。这差价部分由本国政府给予补贴，即价格补贴，这样可以鼓励厂商出口。有时候，补贴金额可能会大大超过实际的差价或利差，这就包含了出口奖励的意味，不同于一般的出口补助即收入补贴，其包括对企业的出口亏损进行补偿等。例如，中国外贸企业在改革开放以前都是国有国营的，当然出口的亏损也都由政府承担。

（二）间接补贴（indirect subsidies）

间接补贴又称隐蔽性补贴，是指政府对某些出口商品给予财政上的优惠。间接补贴主要包括：退还和减免各种国内税（如销售税、消费税、增值税等）；退还进口税；免征出口税；提供信贷补贴、汇率补贴等。例如，20世纪30年代创办的美国进出口银行只向美国出口商及其外国进口商提供优惠贷款，而不向美国进口商及其外国供应商提供。

各国的出口补贴对生产、消费、价格和贸易量的影响因其在国际市场上的份额大小而不同。出口量较小，特别是在国际市场上影响甚微的贸易小国，只是价格的接受者，出口补贴不会影响国际市场价格。由图9-1可知，该国在没有补贴时，生产量为S_1，国内需求量为D_1，国内市场价格为P_w，出口量为S_1-D_1。现在假设政府对每单位商品的出口补贴为s，单位商品出口的实际所得就变成P_w+s。在这一价格水平下，生产者愿意扩大生产，增加出口，新的生产量为S_2，国内的需求量则由于国内市场价格上涨而下降至D_2，供给满足国内需求之后的剩余部分即为出口量S_2-D_2。

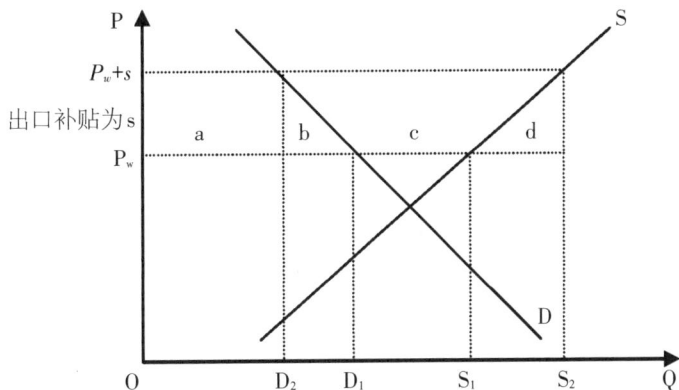

图9-1　出口补贴效应的局部均衡分析（贸易小国）

由此可见，出口补贴的结果是：国内价格上涨，出口商品的生产扩大，国内消费减少，出口量增加。原因是有了出口补贴，使得出口比国内销售更加有利可图，而且政府没有限制出口数量。在此情况下，企业当然要尽量出口，除非在国内市场销售也能获得同样的收入。由于补贴只是给出口的商品，要想在国内市场获得同样的收入，除了提价别无他法。在涨价之后，消费自然减少。从另一角度来说，国内消费者也必须付出与生产者出口所能得到的一样的价格，才能确保一部分商品留在国内市场而不是全部出口。

国内价格上涨自然使消费者遭受损失，损失量为$a+b$。消费者的损失变成了生产者的剩余，生产者还从政府的补贴中得到一部分（c），总收益增加了$a+b+c$，即除去消费者的损失，还有净收益c。但政府的出口补贴总量为$b+c+d$（即出口补贴s×新的出口量），减去生产者所得，整个社会仍有净损失$b+d$。

但是，如果出口国是贸易大国，出口补贴对其国内价格、生产、消费及社会利益的影响虽然具有同样的经济效应，但程度是不同的。因为贸易大国增加出口会造成国际市场价格的下降，出口商品的生产者就不能得到全部出口补贴收益，生产和出口的增长幅度也会小于贸易小国，国内价格的涨幅和消费量的下降幅度也会低于贸易小国，但整个社会的净损失却比贸易小国要大。

由图9-2可知，贸易大国的净损失为 $b+d+e+f+g$。其中 b 是消费价格扭曲减少国内消费造成的净损失，d 是生产价格扭曲而过多生产造成的净损失，$e+f+g$ 是出口产品国际价格下跌引起贸易条件恶化造成的损失。由于 $b+e$ 相当于贸易小国出口补贴时的 b，$d+g$ 相当于贸易小国中的 d，贸易大国的实际损失比贸易小国的实际损失 $b+d$ 多了一块 f，而贸易大国的出口增长量却小于贸易小国，因此，在出口已占世界市场很大份额时，还使用补贴来刺激出口在经济上未必是明智之举。

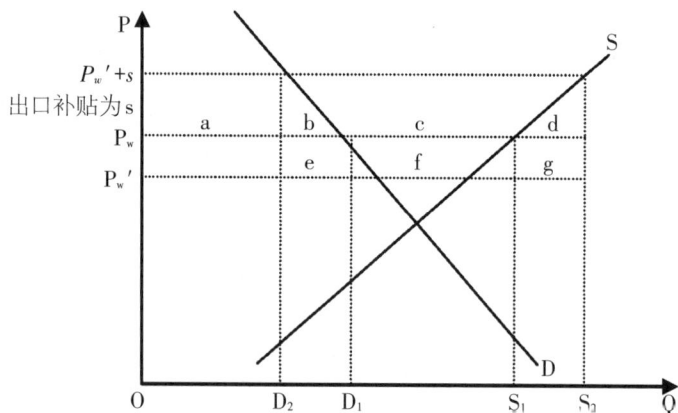

图9-2 出口补贴效应的局部均衡分析（贸易大国）

鼓励发展出口工业，除了实行出口补贴外，也可以使用产业政策。产业政策之一是对出口产品进行生产补贴。什么是生产补贴？根据世界贸易组织的规定，除出口补贴以外的补贴都是生产补贴。与出口补贴的主要区别在于，生产补贴是对所有生产的产品实行补贴，无论该产品是在国内市场销售还是向国外出口。这些补贴包括政府对工商企业的资助、税收减免、低息贷款等直接的方式，也包括对某些出口工业生产集中的地方给予区域性支持、对研究与开发项目给予资助等间接的方式。这些政策措施是对具体的企业或行业的支持，实际上降低了这些出口企业的生产成本，提高了出口竞争能力，起到促进出口的作用。

如图9-3所示，S曲线和D曲线分别代表某国国内某商品A的供给和需求。在自由贸易的情况下，该国商品A生产量为 S_1，出口量为 X_1，本国需求量为 D_1。现在假设该国政府对本国商品A实行生产补贴，单位商品的补贴额为 s，这实际上相当于每单位商品的生产成本下降 s，所以供给曲线向下平移 s。在国际市场价格不变的情况下，生产商就会在新的供给曲线上将生产量扩大到 S_2，仍然按原来的市场价格（P_w）出售，但实际收益是每单位 P_w+s。由于生产商没有提高或降低国内价格，国内的需求不变，新增加的产量就是新增加的出口。生产补贴使出口由原来的 X_1 增加到 X_2。

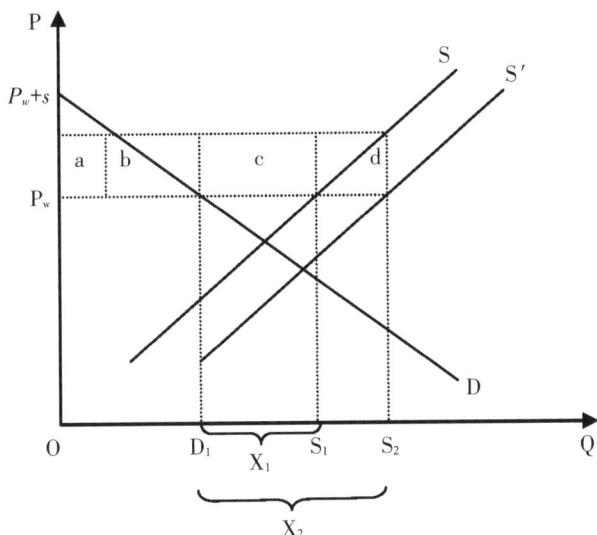

图9-3 出口产业的生产补贴

与出口补贴不同，生产补贴不会影响国内市场价格，从而也不会在增加出口的同时牺牲本国消费者的利益。其主要原因是产业政策按产量进行补贴，而不是按市场销售量进行补贴。对生产商而言，在国内市场销售也可得到与在国外销售一样的报酬，因此就没有必要在本国提高价格了。在社会福利分配方面，由于国内价格不变，国内的消费者也就没有损失。与出口补贴相比，整个社会的净损失更小。如图9-3所示，生产补贴的结果是生产者增加了收益（$a+b+c$），政府的补贴支出是（$a+b+c+d$），社会净损失为d。但在出口补贴的情况下，社会净损失是 $b+d$（见前文分析）。因此，从整个社会的利益来说，生产补贴要好于出口补贴，但对政府来说，生产补贴要比出口补贴支出更多。

可见，出口补贴会带来整个社会的福利净损失，那么政府为什么还要对出口实行补贴呢？原因有二：一是生产出口商品的产业发展具有广泛的外部经济效应。考虑到经济发展的动态效应，补贴的收益可能还是大于政府的支出，而上述分析只是出口商品本身的静态效应。二是出口企业的利益集团说服了政府作出对其有利的决定。也可能是两者兼而有之。

出口补贴虽然从总体上来看数额不大，一般一个国家的出口补贴不超过其出口总额的1%，但对于特定的产品或某些出口企业，出口补贴可能是一个相当大的量，在鼓励本国生产商的同时，却可能对进口国的同类产品的生产者形成威胁。所以，根据世界贸易组织规则的规定，出口补贴属于"不公平的竞争"，允许进口国在本国同类产业遭到受补贴产品进口的冲击，并造成重大损害时，征收抵销性的反补贴税，使市场恢复到自由贸易条件下的均衡水平。

二、出口信贷

出口信贷（export credit）又称对外贸易中长期贷款，是出口国政府为了促进本国商品出口，加强本国商品的国际竞争能力所采取的对本国商品给予利息补贴并提供信贷担保的中长期贷款方式。

（一）出口信贷的主要特点

1.着重于本国资本性货物的出口，出口信贷的利率一般低于相同条件资金贷放的市场利率，利差由国家补贴。因为大型成套机械制造业在国民经济中占重要地位，其产品价值高，金额大，加强这些资本性货物的出口对一国的生产和就业影响很大，所以为扩大出口，各国政府竞相以低于市场的利率向外国进口商和本国出口商提供贷款。

2.出口信贷的贷款，通常只占买卖合同金额的85%左右，其余约15%由进口厂商先支付现汇。

3.由于政策性贷款由政府资助，因此许多国家都成立专门发放出口贷款的机构，管理和分配信贷资金。另外，很多国家的政府还设立专门的机构和专业银行为本国提供出口信贷的商业银行进行保险，即出口信贷国家担保制（export credit guarantee system）。例如美国的进出口银行、日本的输出入银行、英国的出口担保局、法国的对外贸易银行、加拿大的出口开发公司等以不同形式或在不同程度上，为本国贷款银行承担保险责任。当外国进口商不能按时付款或拒付货款时，由出口国政府担保支付一部分或全部货款，减少贷款银行的风险。国家担保制保险的范围，不仅包括一般商品性风险，还包括由政治因素、外汇管制、货币贬值等所引起的不能按时付款或拒绝付款的风险。

（二）出口信贷的类型

1.按贷款期限划分

（1）短期信贷，贷款期限一般在180天以内，主要适用于原料、消费品及小型机器设备的出口。

（2）中期信贷，贷款期限为1~5年，常用于中型机器设备的出口。

（3）长期信贷，贷款期限通常为5~10年，甚至更长，常用于重型机器、成套设备的出口等。

2.按借贷关系划分

（1）买方信贷（buyer's credit）。买方信贷的形式有两种：一种是贷给进口方银行，再由进口方银行转贷给进口商；另一种是直接贷给进口商，通常需要进口商银行担保。

在采用买方信贷的条件下，当出口方贷款银行直接贷款给外国进口商时，进口商先用本身的资金，以即期付款方式向出口商交纳买卖合同金额15%~20%的订金，其余货款以即期付款方式将银行提供的贷款付给出口商，然后按贷款协议所规定的条件，向供款银行还本付息；当出口方供款银行贷款给进口方银行时，进口方银行也以即期付款的方式代进口商支付应付的货款，并按贷款协议规定的条件向供款银行偿付贷款本金和利息等。至于进口商与本国银行之间的债务关系则按双方规定的办法在国内结算清偿。买方信贷不仅使出口商可以较快地得到货款和减少风险，而且使进口商对货价以外的费用比较清楚，便于他与出口商讨价还价。因此，这种方式在目前较为流行。

（2）卖方信贷（supplier's credit）。卖方信贷是指银行对本国的出口商提供信贷，再由出口商向进口商提供延期付款的信贷方式。

在采用卖方信贷的条件下，通常在签订买卖合同后，进口商先支付货款5%~15%的订金，作为履约的一种保证金，在分批交货、验收和保证期满时，再分期支付10%~15%的货款，其余的货款在全部交货后若干年内分期摊还，并付给延期付款期间的利息。出口商把所有的款项与利息按贷款协议的规定偿还给本国的供款银行。所以，卖方信贷实际上是出口商从供款银行取得贷款后，再向进口商提供延期付款的一种商业信用。

三、商品倾销

商品倾销（dumping）是指一国产品以低于正常价格的办法进入另一国市场。也就是说，商品倾销是以远低于国际市场价格、国内批发价格，甚至以低于生产成本的价格，向国外抛售商品，从而打击竞争者、占领市场的一种手段。确定正常价格有三种方法：一是采用国内价格，即相同产品在出口国用于国内消费在正常情况下的可比价格；二是采用第三国价格，即相同产品在正常情况下向第三国出口的最高可比价格；三是采用构成价格，即该产品在原产国的生产成本加合理的推销费用和利润。这三种确定正常价格的方法是依次采用的，即若能确定国内价格就不用第三国价格或构成价格，依此类推。另外，若被认定为非市场经济国家的产品，由于其价格不是由竞争状态下的供求关系决定的，故选用替代国价格，即以一个属于市场经济的第三国所生产的相似产品的成本或出售价格作为基础，来确定其正常价格。

从表面上看，低于正常价格销售会使出口商蒙受损失。但是实际上，倾销的这种损失不仅可以通过各种途径得到补偿，还可以获得更高的利润。例如，以国内垄断高价补偿国外低价销售损失的"空间倾销"；靠倾销击败竞争者、占领市场后，以垄断高价补偿倾销时期损失的"时间倾销"；接受国家组织的出口补贴来补偿倾销亏损等。

商品倾销在经济学上属于三级价格歧视，而成功地实施上述价格歧视至少应该具备以下三个条件：（1）在国内市场上有一定的垄断力量，在很大程度上可以控制产品的定价；（2）两国的需求价格弹性不同，出口国价格弹性低于进口国价格弹性。在厂商追求利润最大化条件下，在国外的卖价要低于国内。（3）能有效地将国内和国外市场分开，不能出现商品返销国内的现象，如利用关税和交通运输费、保险费的存在可以保证返销产品价格高于国内卖价。

实行商品倾销的具体目的在不同情况下有所不同，有时是为打击或摧毁竞争对手，有时是为建立新的销售市场，有时为阻碍当地同类产品的生产与发展，有时是为推销过剩产品，转嫁经济危机，有时是为打击发展中国家的民族经济以达到经济和政治上的目的。商品倾销主要有三种形式：

（1）偶然性倾销（sporadic dumping），通常是指因为本国市场销售旺季已过，或因公司改营其他业务，在国内市场上很难售出积压的库存商品，因而以倾销方式在国外市场抛售。由于这种倾销时间短、数量小，对国内同类产业影响不大，进口国通常较少采用反倾销措施。

（2）间歇性或掠夺性倾销（intermittent or predatory dumping），是以低于国内市场价格甚至低于成本的价格在国外市场销售，打击并挤垮竞争对手后再以垄断力量提高价格，从而获得高额的垄断利润。这种倾销严重地损害了进口国的利益，违背了公平竞争的原则，因而许多国家会采取反倾销措施予以制裁。

（3）持续性倾销（persistent dumping），又称长期性倾销（long-term dumping），是指长期地、持续地以低于国内市场价格在国外市场销售商品。这种倾销因具有长期性，所以采用"规模经济"，扩大生产、降低成本，或依靠本国政府的出口补贴来进行。

商品倾销已成为当今世界各国争夺市场、扩大出口的重要措施之一，这也加剧了各国在世界市场上的矛盾，因此，反倾销也成为各国保护贸易的有力武器。其中，发展中国家成为最大的受害者，有的发达国家并不遵守世界贸易组织的有关规定，实际上，反倾销已成为一些国家特别是发达国家实行贸易保护主义的一种工具。

四、外汇倾销

外汇倾销（foreign exchange dumping）是出口企业利用本国货币对外贬值的机会，向国外倾销商品，争夺国际市场的一种手段。由于货币贬值以后，出口商品以外国货币表示的价格降低，从而提高了竞争能力，达到扩大出口的目的。以日本为例，假设美元与日元比价由原来的1美元等于80日元升到1美元等于121日元，日元贬值率约为33.9%。过去一件价格为800日元的日本商品输往美国，在美国市场的售价为10美元，现在这件商品价格可折合成6.61美元。日本出口商在美国销售所得6.61美元，按照贬值后汇率计算仍可换回800日元，他的利益并未因日元贬值而受影响。对日本出口商而言，面对日元贬值，他可采取三种对策：（1）继续按原价10美元在美国市场销售。按新汇率计算，每件商品可多得日元，使出口商的利润大增；（2）在6.61~10美元之间，适当降价，促进商品出口；（3）以6.61美元价格在美国市场销售，加强价格竞争，以增加更多的商品出口。总之，一国货币贬值可以提高该国商品的价格竞争力，促进本国商品的出口。而同时，进入该国市场的外国商品的价格就会上涨，削弱该外国商品的价格竞争力，从而又会限制进口。所以，实行外汇倾销会同时起到扩大出口和限制进口的双重作用。

实施货币贬值以扩大出口并不是任何时候都奏效的。第一，由于货币贬值会引起国内通货膨胀，货币贬值率有可能被国内通货膨胀率赶上，外汇倾销的目的难以完全实现；第二，外汇倾销对实行同样幅度货币贬值的贸易伙伴也是无效的；第三，外汇倾销也是以贸易伙伴不实施报复为条件的。

最后还需注意，外汇倾销实际上会使同量出口商品所能换回的进口商品数量减少，因为本国货币的购买力下降，贸易条件会趋于恶化。也就是说，外汇倾销可以推动商品出口的大量增加，但并不等于出口额必然随之增加。此外还可能还会引起国内经济的混乱，出现得不偿失的结果。

五、经济特区政策

经济特区（special economic zone）是指一个国家或地区在其管辖的地域内划出一定非关境管辖的地理范围，实行特殊的经济政策，以吸引外商从事贸易和出口加工等业务活动。其目的是促进对外贸易的发展，鼓励转口贸易和出口加工贸易，繁荣本地区和邻近地区的经济，增加财政收入和外汇收入。因此，建立经济特区是一国实行对外开放和鼓励扩大出口的一项重要政策，在当代国际贸易中占有相当重要的地位。

经济特区的由来历史悠久，早在1228年，法国南部马赛港就已在港区之内开辟自由贸易区。到了14世纪，德意志北部的几个自由市联合起来，建立自由贸易联盟（即历史上著名的"汉萨同盟"），选定汉堡和不莱梅两地作为自由贸易区。16世纪，意大利的里窝那自由港成为最早的自由港雏形。从17世纪到19世纪，欧洲各国相继将一些地理位置优越的港口辟为自由港、自由贸易区。到第二次世界大战（以下简称二战）前，共有26个国家设立了75个经济特区。二战后，强劲的经济发展势头带动经济特区的发展。当前，经济特区主要包括以下类型：

1. 自由港和自由贸易区

自由港（free port）又称为自由口岸。自由贸易区（free trade zone）则是由自由港发展而来的，其范围包括了自由港的邻近地区。它们都是指在关境以外划出的区域，在区域内对进出口商品全部或大部分免征关税，并且准许在港内或区内的商品自由储存、展览、拆散、改装、重新包装、整理、加工和制造等，从而吸引外国商品的转口和外国企业投资生产，增加财政和外汇收入，促进对外贸易和经济的发展。

自由港或自由贸易区分为两种类型：一种是把港口或设置自由贸易区的城市全划为自由港或自由贸易区，如我国的香港特别行政区；另一种是把港口或设置自由贸易区的城市的一部分划为自由港或自由贸易区。

2. 出口加工区

出口加工区（export processing zone）源于自由贸易区，是一个国家或地区在其港口或港口邻近地区、国际机场等地方划出一定范围，提供基础设施以及免税等优惠待遇，吸引外资，发展出口加工工业。它与自由港不同，自由港以转口贸易为主，面向商业；出口加工区以加工工业为主，面向工业。其目的在于吸引外国投资，引进先进的技术、设备和管理，扩大工业品出口，增加外汇收入，促进外向型经济的发展。

3. 保税区

保税区（bonded area）又称保税仓库区（bonded warehouse），是指一国海关所设置的或经海关批准注册的特定地区和仓库。保税区的功能基本类似于自由贸易区。外国商品在保税区内可以暂免进口税，如再出口，无须缴纳出口税；进入本国消费市场，则应缴纳关税。保税区的设立有利于货主选择有利的时机进行交易，有利于贸易的顺利开展和促进转口贸易。各个国家保税区的具体规定各有不同，在做法上也有差异。如日本将保税区根据职能的不同分为：（1）指定保税区（designated bonded area）与保税货棚（bonded shed），是为方便报关的短期储存场所；（2）保税仓库，其储存期较长，便于贸易特别是转口贸易的发展；（3）保税工厂（bonded factory），是在海关的监管之下从事加工、制造、分类等保税业务的专门工厂；（4）保税陈列场（bonded exhibition），是便于展览和广告宣传的场所，能够促进贸易的发展。

4. 自由边境区与过境区

自由边境区（free perimeter），是指一国或地区为了发展边境落后地区的经济而设立的经济特区。其特征与自由贸易区基本一致，目的是利用外资开发边境地区的经济，与出口加工区相比，自由边境区的进口商品在加工以后主要供区内使用，少数用于再出口。设置自由边境区有一定的期限，当该区域的经济发展到一定程度时，优惠待遇会逐步取消，直至废除自由边境区。这种经济特区仅在拉丁美洲少数国家设置。

过境区（transit zone），又称中转贸易区，是指一些沿海国家为方便内陆邻国的进出口货运，开辟某些海港、河港或国境城市作为过境货物的自由中转区。简化过境货物的海关手续，不征关税或只征小额的过境费用，准许过境货物在区内短期储存、重新包装，但不得加工制造。

5.科学工业园区

科学工业园区（science-based industrial park）又称高科技园区（hi-tech park），是一种科技型经济特区，是以加快科学技术的发展并把其成果应用于工农业生产、提高工农业产品质量、开发新产品、扩大产品国际市场份额为目的，通过多种优惠措施和方便条件将智力、资金、管理等生产要素高度集中在一起，从事高新科技研究、试验和生产的新兴产业开发基地。由于科学工业园区以优化现有产品、开发新兴产业产品为主，因此它与高校、科研机构等有密切的联系。科学工业园区主要分布在发达国家和新兴工业化国家，世界知名的科学工业园区有：美国的"硅谷"、英国的"剑桥科学园区"、新加坡的"肯特岗科学工业园区"、日本的"筑波科学城"等。

6.综合性经济特区

综合性经济特区是在出口加工区的基础上形成和发展起来的，是世界经济特区发展的新阶段和新趋势。它具有规模大、经营范围广、多行业、多功能的特点，不仅重视出口加工业和进出口贸易，同时还经营农牧业、旅游业、金融服务业、交通运输业、邮电通信业以及其他一些行业，如巴西的玛瑙斯自由贸易区。

第二节　　出口管制措施

世界经济发展趋势和各国对外贸实行干预的基本点是鼓励出口和限制进口，并越来越偏重于鼓励出口。然而，许多国家出于一定的政治、军事和经济上的目的，往往对某些产品特别是战略物资和高技术产品等的出口实行管制，以限制或禁止这类商品的出口。出口管制是一国对外贸易政策的一部分，尤其是发达国家往往运用出口管制作为其实行贸易歧视的重要手段。

出口管制（export control），或称出口控制，是指出口国政府通过法令和行政措施，对本国的出口贸易实行管理和控制。

一、出口管制的对象

采取出口管制政策的国家一般对以下几种商品或技术实行管制：

1.战略物资和先进技术。主要包括武器、军事设备、军用飞机、军舰、先进的电子计算机及其相关资料，以及核能矿物，可用于核武器研制的技术设备，可用于生化武器研制的原料及技术设备。

2.国内生产所需的各种原材料、半成品及国内市场供应不足的某些商品。例如，大多数发达国家对化学品、石油和天然气、药品、活的牲畜等实行出口许可管理，由于是国内紧缺物品，有时甚至禁止出口。

3.实行自动出口限制的商品。为了缓和与进口国的贸易摩擦，在进口国的要求和压力之下，不得不对某些具有很强国际竞争力的商品实行出口管制。如《国际纺织品协定》项下的商品、双边的自动限制项目下的商品。当然，一旦进口国的压力有所减缓或基本放弃，出口国政府就会相应地放松管制措施。

4.历史文物、艺术珍品、贵金属等特殊商品。大多数国家都规定这类珍稀物品要特许出口。英国规定，古董或艺术品的生产或制作年代比出口日期早100年以上者，必须申领出口许可证方能出口。一般来说，这类物品出口许可证的申领特别困难，基本上等于禁止出口。

5.被列入对进口国或地区进行经济制裁范围的商品。各种在经济制裁范围内的贸易禁运，实际上就是禁止出口。

6.出口国垄断的部分商品。其目的在于通过国家管制，保持垄断商品的垄断高价。由于是在国际市场上占主导地位的重要商品和出口额大的商品，对发展中国家而言，出口商品的种类比较单一，出口市场较集中，实行对这类商品的出口管制尤为重要，如石油输出国组织对石油的控制，有效地提高了国际市场石油的价格。而对跨国公司而言，在国际投资和经营活动中实施"转移价格"策略，会对东道国的外贸和经济利益带来不利的影响。

二、出口管制的形式

1.单边出口管制，即一国根据本国的需要和外交关系的考虑，制订本国的出口管制方案，设立专门的执行机构实行出口管制。单边出口管制完全由一国自主决定，不对其他国家承担义务和责任。例如美国商务部设立国际贸易管理局，专门办理出口管制事务。出口管制有时是针对商品的，有时是针对国家或地区的。因此，它常常也是实施歧视性出口管制的手段。如二战后，出于冷战的需要，美国国会在1949年通过了《出口管制法案》，授权美国总统"禁止和削减"战略物资及其技术资料等向苏联和其他社会主义国家的出口。该法案一直到20世纪70年代才略有放松。

2.多边出口管制，即两个以上国家的政府，通过一定的方式建立国际性的多边出口管制机构，商量和编制多边出口管制清单，规定管制办法，以协调彼此的出口管制政策和措施，达到共同的政治和经济目的。例如，过去的巴黎统筹委员会就是这样一个典型的国际性多边出口管制机构。

三、出口管制的措施

以单边出口管制为例，实行单边出口管制的国家通常采取以下措施来实现其控制目标：

1.国家专营。对一些敏感性商品的出口，由政府指定专门机构和组织直接控制和管理，如澳大利亚和加拿大对小麦出口实行国家专营。

2.征收出口税。政府对管制范围内的产品出口课征出口税，并使关税税率保持在一个合理的水平，以达到控制的目的。

3.实行出口许可证制。通过许可证管理，政府能有效地控制商品出口的国别和地区、数量和价格。

4.实行出口配额制。结合出口许可证有效地控制出口商品规模，如美国对糖、日本对小麦都实施这种数量控制措施。

5.出口禁运。这是一种最严厉的控制措施，一般将国内紧缺的原材料或初级产品列入禁运之列。

第三节　　贸易政策的国际协调

一、贸易政策国际协调的主要方式

由于贸易利益的差异及各国经济目标的不同，运用政策调节经济贸易行为成为各国政府的重要职能。这种各自以本国经济利益为出发点的贸易政策必然造成国与国之间的利益冲突和政策的不协调，从而影响国际贸易的正常发展，各国的贸易利益也将因此而减少甚至消失。因此，就需要达成贸易政策的国与国之间的协调，并形成一定的制度，以规范各国政府制定经济贸易政策的行为。区域经济一体化和世界贸易组织就是国际贸易政策制度化的产物。

贸易政策的国际协调是指国与国之间的政策协调，表现为三个不同层次：（1）双边的协调，旨在协调贸易伙伴之间的关系；（2）集团性、区域性的协调，体现经济集团或区域经济一体化的共同利益而实施的共同对外贸易政策和措施，如贸易集团、关税同盟、自由贸易区；（3）多边的贸易政策协调，致力于全球的贸易体制，从世界贸易总体利益的角度协调和约束各国的对外贸易政策，促进世界贸易的规范化、有序化，关贸总协定和世界贸易组织就是全球多边贸易政策协调的典范。

贸易政策的国际协调是各国通过协商或谈判缔结贸易条约和协定，来确定有关主权国家彼此间的贸易关系，规定各自的权利和义务，协调各自的对外贸易政策。贸易条约和协定有许多不同的类型，根据重要性程度及差异划分，主要有贸易条约、贸易协定和贸易议定书、支付协定、国际商品协定等。

1.贸易条约（trade treaty）是全面规定缔约国间经济和贸易关系的书面协议。贸易条约的内容广泛，涉及缔约国间在经济和贸易关系方面的权利和义务。贸易条约通常是以国家或国家首脑的名义签订，并经缔约方各自的立法机关讨论通过，报请国家最高权力机关批准后，才能正式生效。

2.贸易协定（trade agreement）是缔约方为调整和发展相互间的贸易关系而签订的书面协议。贸易协定的签订程序比贸易条约简单，有效期也较短，一般只需签字国的行政首脑或其代表签署即可生效。贸易协定通常是以已签订的贸易条约为基础，是对贸易条约的进一步规定，因此，贸易条约的一切原则自然适用于贸易协定。贸易条约有时还需要贸易议定书作为补充。贸易议定书（trade protocol）是就缔约国贸易关系中的具体项目达成的书面协议。例如，在签订长期贸易协定时，以议定书方式规定年度贸易具体事宜。贸易议定书的签订程序简单，内容具体，一般由签字国的有关行政部门的代表签署即可生效。

3.支付协定（payment agreement）是指规定各缔约方之间在贸易和其他方面的债权债务结算的书面协议。支付协定是外汇管制的产物。由于货币兑换性的限制，一国所拥有的债权不能用来抵偿对第三国的债务，结算被局限在双边的基础上，因此，两国间的债权债务关系就需要通过缔结支付协定来解决。这样，有助于克服外汇短缺的困难，有利于双方贸易的发展。当前，主要是部分实行外汇管制的发展中国家采用支付协定。

4.国际商品协定（international commodity agreement）是指商品的主要出口国（生产国）与消费国（进口国）就该项商品的购销、价格等问题，通过协商而达成的政府间的多边协定。国际商品协定的主要对象是发展中国家生产的初级产品。发展中国家以此维持合理的价格，保证生产和销售，而发达国家消费此类商品，不希望价格过高。双方存在利益矛盾。长期以来，国际上先后签订了小麦、糖、锡、橄榄油、可可、牛肉、天然橡胶、乳制品、热带木材、黄麻及其制品等商品协定，规定了最高、最低价，同时运用缓冲存货和出口限制控制商品的供求和价格。

贸易条约和协定都依存于国际上通行的一些法律原则，这些法律原则赋予贸易条约和协定以相应的法律地位，使国与国之间的贸易政策协调有了法律依据。最惠国待遇原则和国民待遇原则是贸易条约和协定所依据的最基本的法律原则。

二、贸易制裁

各国所制定的贸易政策及其所采取的措施是为其各种经济贸易活动服务的，但有时也用来为其政治目的服务，作为对别国的政治或经济政策进行报复的手段。最典型的做法是通过进出口抵制和商品禁运等实行贸易制裁。贸易制裁的目标是通过削减进出口造成被制裁国经济上的损失从而迫使其作出某种改变。采用这种手段来实现某些政治目标的做法最早可以追溯到15世纪的世界贸易发展初期，但真正使用比较频繁的是在二战之后。

贸易制裁可能既禁止出口又禁止进口，也可能只在出口或进口方面实行制裁。"出口禁运"就是禁止向被制裁国出口商品，"进口抵制"就是禁止从被制裁国进口商品。下面分别对"出口禁运"和"进口抵制"进行分析。

（一）出口禁运

由图9-4可知，A国与C国的本国工业品供应与需求曲线分别为S和D，B国市场上对该进口工业品的需求曲线为D，外国出口到B国的该产品的供应曲线为A国S_e、C国S_n。在没有贸易制裁的情况下，A国和C国都向B国出口，总的供应曲线为S_e+S_n，供求均衡时，价格为P_o，此时，A国和C国分别向B国出口10个单位的产品，各自的出口所得分别为a和b。

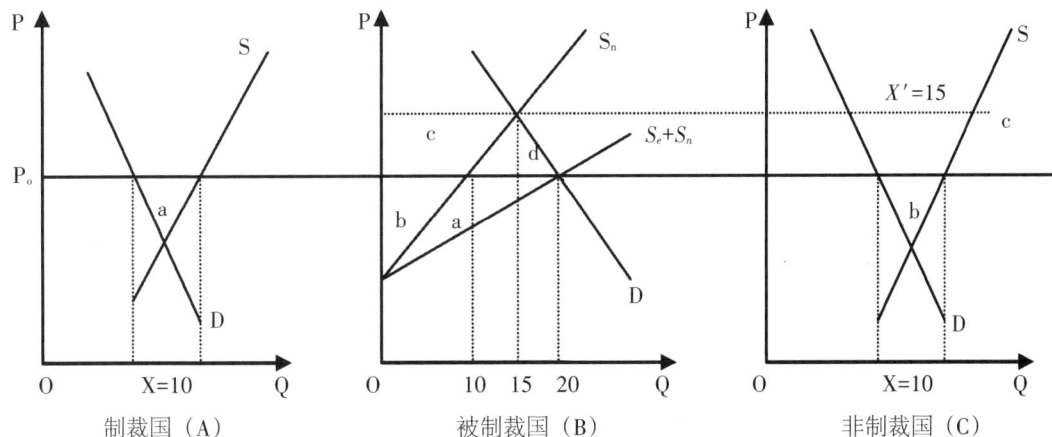

图9-4　出口禁运的经济影响

假设A国对B国实行贸易制裁，不再向B国出口。结果使B国市场上该产品的供应减少，价格上涨，消费下降，同时刺激了 C 国对 B 国的出口。在新的价格水平上，C 国对 B 国的出口为 15 个单位的产品，但 B 国必须要支付比以前更高的价格。

这场贸易制裁的经济影响是：B 国当然受到一定的影响，表现在消费者剩余减少 $c+d$，这是贸易制裁国 A 国所希望的。但制裁国本身也有损失 a，即失去了 B 国市场。而非制裁国 C 国则从中获得好处，扩大出口，提高价格，增加收益 c。从全世界范围来看，"出口禁运"带来了净损失 $a+d$，除了被制裁国的损失，也包括制裁国自身的损失。

当然，对制裁国而言，除了上述直接的损失外，还有许多间接的损失和持续的负面影响：一是一旦其实行制裁，非制裁国的产品会迅速地增加出口，占领被制裁国的市场。即使制裁结束，制裁国也不一定能马上恢复到原有的出口水平。二是如果一国经常实施贸易制裁，那么与其有贸易往来的国家不得不事先作预防，为降低损失而减少从制裁国进口产品。

（二）进口抵制

进口抵制的经济影响与出口禁运相似（如图 9-5 所示）。

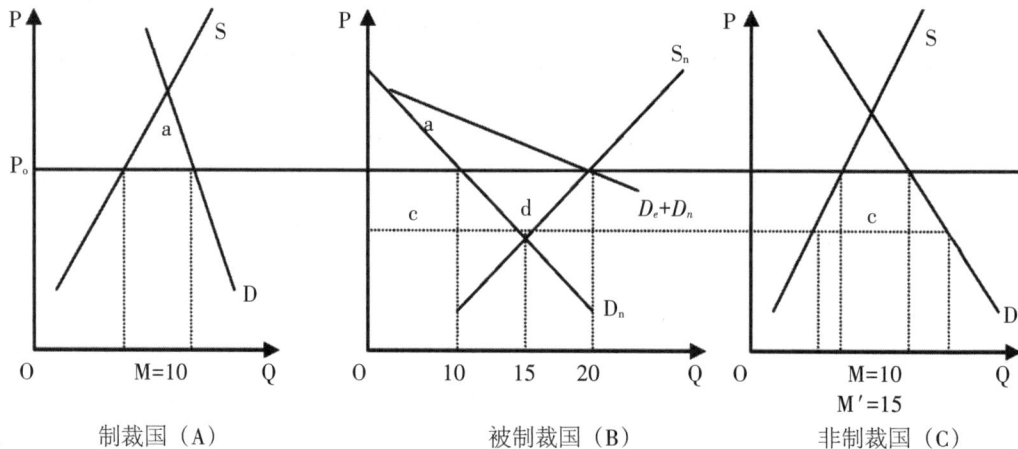

图 9-5　进口抵制的经济影响

在实行进口抵制前，A 国和 C 国都从 B 国进口某种产品，A 国的进口需求曲线为 D_e，C 国的进口需求曲线为 D_n，所以 B 国市场上该产品的总需求曲线为 D_e+D_n。

该产品在供求均衡时，价格为 P_0，A 国和 C 国分别从 B 国进口该产品 10 个单位。现假设 A 国对 B 国实行贸易制裁，停止进口该产品，从而造成 B 国产品的需求减少，供应增加，价格下降，C 国会因此而增加进口。其经济影响是：B 国产品价格下跌，出口减少，生产者损失 $c+d$。A 国停止进口，损失为 a。而 C 国则会因产品价格下降而增加进口，获得收益 c。所以，进口抵制和出口禁运一样，制裁和被制裁双方利益都受到损害，只有不参与制裁者从中获利。

专栏 9-1

中美轮胎特保案

贸易制裁的结果如何，很大程度上取决于被制裁国对国际贸易尤其是对制裁国的依赖程度，具体表现在进口需求弹性和出口供给弹性上，被制裁国的贸易弹性越低，制裁对其的伤害就越大，反之则越小。一般来说，对进口和出口弹性都较高的国家实行贸易制裁的成功率较低。因此，与其强调贸易制裁的有效结果，不如注意其政治立场。

第九章 出口鼓励和管制

本章小结

许多国家在实行以关税和非关税壁垒措施限制进口的同时，还对出口采取各种经济和行政的鼓励措施，即实行"奖出限入"的政策。实行出口补贴，能增加出口、保护国内生产，但结果是价格上涨、政府的支出增加，消费者和政府为此付出的代价往往要高于生产上的所得。而以产业政策来支持出口，相对而言，对消费者的损害减少，使总的社会收益增加。通过贸易政策或其他经济政策来限制出口或鼓励进口，也会造成资源配置和市场价格的扭曲。当然，也有的是为政治目的而采取了贸易制裁等政策措施，从经济角度讲，贸易制裁的结果是双方都蒙受损失，只是损失的多少不等罢了。

重要概念

出口信贷　出口信贷国家担保制　出口补贴　产业政策　商品倾销　外汇倾销　经济特区　贸易政策的国际协调　贸易条约　贸易制裁　出口禁运　进口抵制

复习思考

1.出口鼓励措施有哪些？

2.什么是出口信贷？它有哪几种形式？

3.商品倾销有哪几种类型？倾销所致的损失可以通过什么途径来补偿？

4.试述外汇倾销对进出口贸易的影响及其限制条件。

5.出口管制的措施有哪些？主要对哪些商品实施出口管制？

第十章

区域经济一体化

在激烈的国际竞争中，地区、国家之间需要通过联合发挥地缘优势，增强它们的经济实力，提高国际竞争能力和谈判能力。因此，可以认为，由于经济全球化在各地区之间发展不平衡而产生了区域经济一体化的趋势；区域经济一体化是经济全球化在当前条件下的具体表现，是经济全球化的重要补充。本章重点介绍区域经济一体化的含义与形式，区域经济一体化对国际贸易的影响，以及当今区域经济一体化的发展实践。

第一节　区域经济一体化的含义与形式

一、区域经济一体化的含义

综观众多区域经济一体化（regional economic integration）的研究，对区域经济一体化的内涵争论较多。国外有关区域经济一体化研究中，被广泛引用并得到首肯的观点是美国经济学家贝拉·巴拉萨在 1961 年提出的：建议将经济一体化定义为既是一个过程，又是一种状态。就过程而言，它包括旨在消除各国经济单位之间差别的种种举措；就状态而言，则表现为各国间各种形式的差别待遇的消失。

经济学家弗里茨·马克卢普（Fritz Machlup）则评论说："它只说明不同国家加入一个经济集团。事实上经济一体化可以有一国之内各个地区的，也可以有各国之间的；后者又分为区域性的和次区域性的。"

保罗·斯特里坦（Paul Streeten）也于 1961 年指出："一体化不应该按手段（自由贸易、统一市场、可兑换性、自由化等）定义，而是应该定义为目的、平等、自由繁荣。"彼得·罗波逊（Peter Robson）则认为"国际经济一体化是手段而不是目的"。

丁伯根（Tin-Bergen）从政府当局促进经济一体化的措施方面把经济一体化区分为"消极一体化"（negative integration）和"积极一体化"（positive integration）。前者指"取

第十章 区域经济一体化

消各种规章制度",即消除对有关各国的物资、资金和人员流动的障碍;后者系指建立新的规章制度去纠正自由市场的错误信号,强化自由市场正确信号的效果,从而加强自由市场的一体化力量。

我国学术界对于区域经济一体化理论概念更趋向于贝拉·巴拉萨的过程与状态的定义以及五个阶段的划分,认为区域经济一体化是指不同的具有行政主权的经济单位,通过自愿的决定和制度上的安排,部分削减自身的行政主权来形成一个较大的共同的经济单位。比如,相互之间实行自由贸易,生产要素在国家之间自由流动,甚至在宏观经济政策上实行高度的统一。

二、区域经济一体化的形式

区域经济一体化并不只是简单的国际经济联系,而需要采取相应的组织形式。按照区域一体化过程中成员方合作的紧密程度来划分,目前的区域经济一体化形式主要有以下几种。

(一)按照一体化的程度划分

1.优惠贸易安排(preferential trade arrangement)

这是指成员方之间通过协定或其他形式,对全部或部分商品规定特别的关税优惠,也可能包含小部分商品完全免税的情况,是经济一体化的最低级和最松散的一种形式。第二次世界大战后组建的东南亚国家联盟就属于此种形式的一体化组织。

2.自由贸易区(free trade area)

组成自由贸易区的各成员方取消相互之间的贸易壁垒,各成员方制造的商品可以在区内自由流通,相互间没有关税、配额等保护措施;但是各成员方仍然保留对区外其他国家的贸易壁垒,并且各自独立地决定贸易方面的限制政策。由于各国对外贸易政策不一致,因此,一些非成员方的商品可能会绕过高关税壁垒,而通过贸易壁垒较低的成员方进入整个自由贸易区。为了解决这个问题,自由贸易区成员方一般都制定原产地规则,即自由贸易区内各自的海关检查机构,对商品的原产地进行严格检查,原产地不是成员方的商品,则不允许在区内自由流通。自由贸易区是较松散的一种区域一体化组织形式,如北美自由贸易区(NAFTA)、中国-东盟自由贸易区、加勒比自由贸易区、区域全面经济伙伴关系协定(RCEP)等。

3.关税同盟(customs union)

除了如上面所述在成员方之间实行自由贸易外,各成员方还要对区外国家的贸易政策进行统一,即建立起共同关税壁垒等,成员方之间的边境不需设立海关等机构,这就是关税同盟。关税同盟的典型代表是比利时、卢森堡和荷兰组成的关税同盟。比利时和卢森堡早在1920年就建立了关税同盟,第二次世界大战中,荷兰加入比卢关税同盟,组成比卢荷关税同盟。此外,还包括南部非洲关税同盟,俄罗斯、白俄罗斯和哈萨克斯坦三国关税同盟等。

4.共同市场(common market)

在共同市场内部,不仅成员方之间实行自由贸易,奉行共同的对外贸易政策,还允许生产要素(如劳动力和资本)在成员方之间实行自由流动。为实现商品、劳动力和资本的自由流动，还需要在政策和制度方面进行协调，例如：劳动力的流动；学历、技术等级的相互承认；资本的自由流入流出；协调筹资制度以及资本、金融市场的管理法规；商品的自由流动；协调间接税制度等。让渡的权利主要包括：进口关税制定权、国内间接税变动的约束、筹资法规的制定权、干预资本流动的权利等。

5.经济同盟（economic union）

这是指成员方之间不但商品与生产要素可以完全自由流动，建立对外统一关税，而且要求成员方制定并执行某些共同经济政策和社会政策，逐步消除各国在政策方面的差异，使一体化程度从商品交换，扩展到生产、分配乃至整个国家经济，形成一个庞大的经济实体。如1991年已解散的经济互助委员会。

6.完全经济一体化（complete economic integration）

这是区域经济一体化的最高形式。完全经济一体化不仅包括经济同盟的全部特点，各成员方还在所有重大的经济政策方面进行统一，如财政政策、货币政策、福利政策、农业政策，以及有关贸易及生产要素流动的政策，并由其相应的机构（如统一的中央银行），执行共同的对外经济政策。这样，该集团相当于具备了完全的经济国家地位。完全经济一体化和以上几种一体化形式的主要区别在于：它拥有新的超国家的权威机构，实际上支配着各成员方的对外经济主权。1993年欧洲统一大市场以及欧盟的建立，标志着欧共体迈向完全经济一体化阶段。

以上六种区域经济一体化的组织形式的特征可总结见表10-1。

表10-1 区域经济一体化的组织形式

特征\组织形式	优惠关税待遇	内部关税取消	设立共同壁垒	对生产要素的流动不限制	统一某些经济和社会政策	统一的经济、金融、财政政策
优惠贸易安排	是	否	否	否	否	否
自由贸易区	是	是	否	否	否	否
关税同盟	是	是	是	否	否	否
共同市场	是	是	是	是	否	否
经济同盟	是	是	是	是	是	否
完全经济一体化	是	是	是	是	是	是

（二）按照一体化的范围划分

1.部门一体化（sectoral integration），指区域内各成员方的一种或几种产业（或商品）的一体化。欧洲煤钢共同体与欧洲原子能共同体均属此类。

2.全盘一体化（overall integration），指区域内各成员方的所有经济部门的一体化。欧洲经济共同体（欧洲联盟）就属于此类。

（三）按照参加国的经济发展水平划分

1.水平一体化（horizontal integration），又称横向一体化，是由经济发展水平相同或接近的国家所形成的经济一体化形式。从区域经济一体化的发展实践看，现存的一体化大多属于这种形式，如欧洲联盟、中美洲共同市场等。

专栏10-1

2.垂直一体化（vertical integration），又称纵向一体化，是由经济发展水平不同的国家所形成的一体化。如北美自由贸易区，将经济发展水平不同的发达国家（美国、加拿大）和发展中国家（墨西哥）联系在一起，使建立自由贸易区的国家之间在经济上具有更大的互补性。

自由贸易区FTA
与FTZ的区别和
联系

第二节　区域经济一体化对国际贸易的影响

区域经济一体化对整个世界以及区域内相关的各个国家都存在着重大的福利影响，也是推动经济一体化进程的基本动力。目前经济学理论在这方面的研究还处在起步阶段，下面主要从贸易和要素流动的角度考察区域经济一体化对国际贸易的影响。

一、区域经济一体化理论

（一）关税同盟理论

美国学者 J.瓦伊纳（J.Viner，1950）发表的《关税同盟问题》（The Customs Union Issue）被西方经济学界誉为关于经济一体化理论的第一个重要文献和关税同盟理论的代表作。在该文中，作者系统地分析了关税同盟对国际贸易流量和流向的影响。J.瓦伊纳认为，关税同盟的建立能产生贸易创造（trade creation）效应和贸易转移（trade diversion）效应。关税同盟的建立消除了区域内部的关税和非关税壁垒，使成员方之间增加了贸易量，此即贸易创造效应。关税同盟的建立增加了成员方之间的贸易量，但减少了与非成员方之间的贸易量，此即贸易转移效应。当"贸易创造"大于"贸易转移"时，经济一体化将提高世界经济效率和潜在福利；反之则降低世界经济效率和潜在福利。下面以图10-1为例来解释上述两种效应。

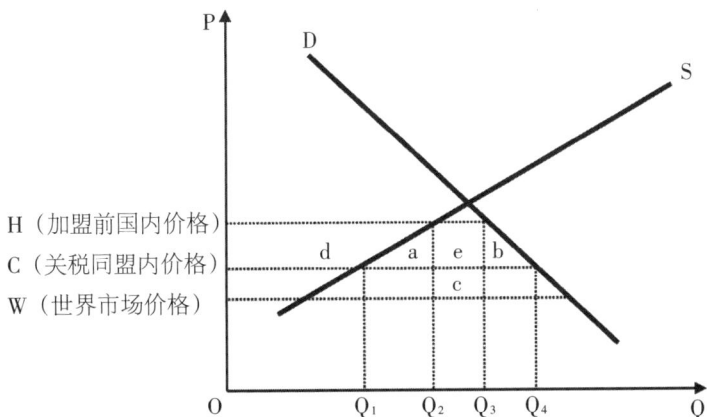

图10-1　关税同盟对贸易的影响

图10-1中的横轴代表商品的数量，纵轴代表价格水平。现假设参加关税同盟的国家是A国，进口X商品。D和S分别是国内的需求曲线和供给曲线。A国加入关税同盟之前，

在世界市场价格 W 之上征收 WH 的关税，于是该国进口 X 商品的数量为 Q_2Q_3。现在 A 国与 B 国组成关税同盟。这时伙伴国 B 国 X 商品的价格虽然高于世界市场价格，却低于 A 国征收进口税后的价格。由于 AB 两国实行自由贸易，所以 A 国将以 OC 的价格从 B 国进口 X 商品，总进口量为 Q_1Q_4。从这里可以看到：组成关税同盟以后，A 国的进口扩大，贸易数量从 Q_2Q_3 增长到 Q_1Q_4，这就是贸易创造效应。

由于组成关税同盟，A 国消费者剩余增加了 $a+b+d+e$ 的面积，生产者剩余减少了 d 的面积，政府少征收关税 $e+c$ 的面积。生产者剩余减少的 d 的面积和消费者剩余增加的 d 的面积抵消了，政府关税收入损失 e 的面积和消费者剩余增加的 e 的面积抵消了。消费者增加的剩余还有 $a+b$，这就是贸易创造效应，而政府损失的关税收入 c 即为贸易转移带来的损失。

当然，一国加入关税同盟后的净福利在总量上是增加还是减少，取决于贸易创造的利益与贸易转移的损失两者之间的比较。贸易创造效应是否大于贸易转移效应，取决于一些现实的经济条件。

成员方在加入关税同盟前的贸易壁垒越高，则形成关税同盟后，成员方之间的贸易增量越大，即贸易开辟效应越大；相应地，若组建关税同盟后所形成的共同的对外贸易壁垒越低，其贸易转移效应会越小；成员方之间的地理位置越靠近，或者说商品运输和人员流动的成本相对越低，则形成关税同盟后贸易创造的可能性越大。相应地，组成关税同盟前成员方之间的贸易量越大，经济联系越密切，形成关税同盟后贸易转移的可能性就会越低，各国越有可能通过一体化来改善国民的福利水平。

（二）大市场理论

大市场理论是以共同市场作为分析基础的。共同市场的一体化范围比关税同盟又进了一步，关键是生产要素可以在成员方之间自由流通，将分割的小市场统一成大市场，通过大市场内的激烈竞争，实现专业化、大批量生产，使生产资源得到重新配置，提高效率，从而获得动态经济效应。大市场理论的代表人物是西托夫斯基（T. Scitovsky）和德纽（J. F. Deniau）。

大市场理论的核心是：（1）其目的是通过扩大市场才有可能获得规模经济，从而实现技术利益；（2）依靠因市场扩大化而竞争激烈的经济条件，实现上述目的。两者是目的与实现目的的手段的关系。

西托夫斯基用西欧"小市场与保守的企业家态度的恶性循环"的命题来说明大市场理论。他指出，在共同市场建立以前，由于市场狭小，价格居高不下，很多耐用消费品难以普及，因而不能进行批量生产，导致生产厂商陷入高利润率、高价格、低资本周转率的小规模生产的恶性循环之中。他认为，打破这种局面的办法就是通过建立共同市场或推行贸易自由化创造良好的竞争环境。激烈的竞争迫使企业停止过去的小规模生产方式，转向大规模生产，随着成本和价格的下降，消费者的实际收入水平提高，消费能力提高，因而产生如下良性循环：大市场产生—竞争激烈—大规模生产（以及其他的合理化等）—生产成本和价格下降—大众消费增加—市场进一步扩大……西托夫斯基的观点如图 10-2 所示。

第十章　区域经济一体化

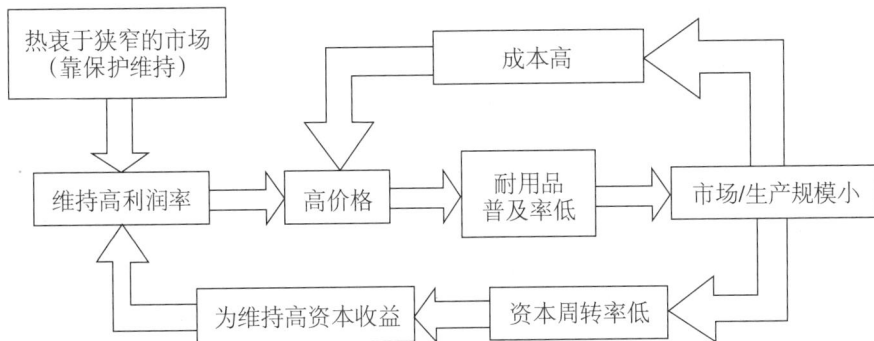

热衷于狭窄的市场（靠保护维持）

成本高

维持高利润率 → 高价格 → 耐用品普及率低 → 市场/生产规模小

为维持高资本收益 ← 资本周转率低

图10-2　西托夫斯基的大市场理论

德纽认为，大市场的建立导致机器设备的充分利用，大批量生产、专业化、最新技术得以应用和竞争的恢复，所有这些因素都会使生产成本和消费价格下降，再加上取消关税所引起的价格下降，必然导致购买力的增加和消费水平的提高，消费的增加又导致投资的进一步增加。这样，经济就会开始滚雪球式地扩张：消费的扩大引起投资的增加，投资的增加又导致价格的下降、工资的提高、购买力的提高……德纽的观点如图10-3所示。

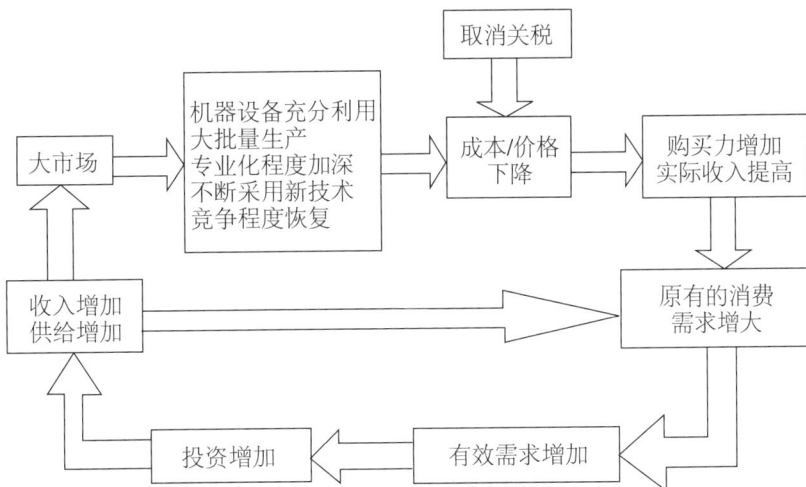

取消关税

大市场 → 机器设备充分利用 大批量生产 专业化程度加深 不断采用新技术 竞争程度恢复 → 成本/价格下降 → 购买力增加 实际收入提高

收入增加 供给增加 → 原有的消费需求增大

投资增加 ← 有效需求增加

图10-3　德纽的大市场理论

（三）协议性国际分工理论

协议性国际分工理论是由日本小岛清教授提出的。他认为在经济一体化组织内部不能完全依靠传统的国际分工理论进行分工，因为按照比较优势理论，不一定能够获得规模经济的好处。这是因为各国之间的同质竞争和发展会引起冲突和对立，比如两国同时生产一种具有规模经济效应的产品，由于产业集聚效应，就会形成以各国为单位的垄断和集中，不利于国际贸易的稳定和协调发展，因此为了使各国都实现规模经济、和谐地扩大共同体内的贸易，就需要一种与比较优势原理不同的新的分工理论，即成本长期递减下的协议性分工理论。另外，以往的贸易和分工理论只是研究了成本递增情况下，通过比较优势来达成国际分工均衡，而对成本递减以及成本不变的情况没有研究。然而，在世界经济中成本递减（不变）的情况也是普遍存在的，经济一体化的目的也在于通过市场扩大来实现规模经济，因此有必要进行研究。

协议性国际分工的基本内容是，在成本递减的条件下，两国达成相互提供市场的协议，共同分享规模经济效益。这种协议性国际分工不能通过价格机制自动地实现，而必须通过当事国之间的某种协议来实现，即通过经济一体化的制度把协议性国际分工组织化。小岛清的协议性国际分工理论如图10-4所示。

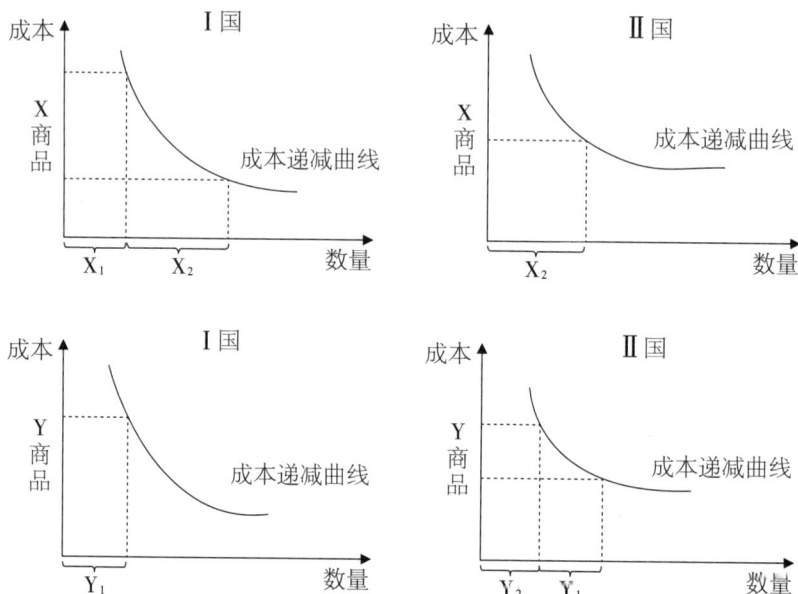

图10-4　小岛清的协议性国际分工理论

图10-4中，假设分工之前Ⅰ国和Ⅱ国都分别生产X和Y两种商品，图中显示了两国的成本递减曲线。现假设Ⅰ国和Ⅱ国达成相互提供市场的协议，X商品完全由Ⅰ国生产，Ⅱ国把国内X_2的市场提供给Ⅰ国；Y商品全部由Ⅱ国生产，Ⅰ国把国内Y_1的市场提供给Ⅱ国。两国进行这样集中生产，实行专业化后，如虚线所示，两种商品的成本都明显下降。这不仅仅是每种商品的产量等于分工前两国产量之和，如果把成本、价格下降所带来的两国需求量的增加考虑进去，实际效果将更大。这里，重要的是Ⅰ国把Y商品的市场、Ⅱ国把X商品的市场分别提供给对方，即必须达成互相提供市场的协议。因此，称之为协议性国际分工原理。

实行协议性国际分工可以使协议各方分享规模经济效益，但不是任何国家都可以进行协议性分工，需要具备以下几个条件：

（1）各国要素禀赋条件差异不大，且生产力、工业化水平和经济发展阶段大体相同，从而保证进行协议性分工的产品可以在任何一国进行生产。此时，分工和贸易都会深化，出现贸易创造效果，这也是协议性国际分工理论的目标。相反，如果两国之间差异较大，那么可能由于某个国家比较成本差异较大而实行完全专业化，也即此时比较优势原理在起主导作用，因此没有进行协议性分工的必要。

（2）分工的商品，应当能够获得规模经济效果。

（3）对两国来说，无论生产哪种协议性分工产品，其经济利益的差异应当不大或相当，任何一国都不会产生太大的利益损失，即没有明显的优劣之分，容易达成协议进行分工。

以上三个条件表明，经济一体化应在同等发展阶段的国家之间建立，而不能在工业国与初级产品生产国之间建立；同时，在发达工业国之间，可以进行协议性分工的商品范围较广，利益也较大。另外，生活水平和文化等类似、互相接近的地区容易达成协议，并且容易保证相互需求的均等增长。

二、区域经济一体化的投资创造效应和投资转移效应

对国际直接投资流量和流向的影响是区域经济一体化效应中的重要内容。在对第二次世界大战后一体化浪潮以及由此产生的主要发达国家公司经营战略调整实践考察的基础上，运用"贸易创造"和"贸易转移"分析的基本原理，美国学者C.P.金德尔博格提出了区域经济一体化对国际直接投资产生的两种效应，即投资创造效应和投资转移效应。

投资创造效应是指，区域经济一体化的实施刺激其他国家对一体化区域内国家的直接投资和区域内成员方之间直接投资的净增加。经济一体化实施后，原来以产品出口方式进入一体化区域内成员方市场的外国跨国公司以直接投资的方式替代产品出口方式，在经济一体化区域内的某成员方建立生产基地，绕过关税和非关税壁垒，以维护原来的市场份额和降低成本。虽然区域经济一体化并未提高一体化成员方对非成员方的关税率，但区域成员方之间取消关税，使得外国跨国公司在与一体化区域内成员方跨国公司的竞争中处于劣势地位，因此外国跨国公司只有将产品出口方式调整为国外生产方式，在一体化区域内建立企业，享受国民待遇，才能改变其竞争中的劣势地位，保持其在区域内成员方原有的市场份额。

投资转移效应是指，区域经济一体化的实施刺激区域内外的国际直接投资流向发生变化，但并未形成新的增量。区域经济一体化在广度和深度上的发展，有助于在一体化区域内成员方之间形成新的区位优势结构，使某些成员方的区位优势比另一些成员方更显著地得到加强。利用东道国的区位优势是跨国公司进行对外直接投资的重要动机。在区域经济一体化条件下，区域内部实现了贸易和投资自由化，从而在区域内形成了一个统一的大市场，这种大市场在市场容量、地区选择、运输费用等方面有着显著的区位优势。经济一体化所形成的区位优势除了产生如前所述的投资创造效应外，还产生投资转移效应：一方面使区域内投资布局得到重新调整或资源重新配置，即产生区域内投资转移效应；另一方面能够吸引更多原本流向区域外的直接投资，产生区域外向区域内的投资转移效应。如果经济一体化导致区域内投资布局重新调整或资源重新配置，则某一成员方的外国直接投资流入的增加，将导致另一成员方的外国直接投资流入的减少，产生区域内的投资转移效应。对于区域内各成员方来讲，经济一体化是市场在空间上的扩展和层次上的提高，使各成员方的区位优势格局发生变化，从而使外国直接投资存量和增量由区位优势较小的成员方向区位优势较大的成员方转移。如果一体化区域内各成员方流入的外国直接投资是从世界其

他潜在的东道国转移来的，则一体化区域内各成员方的外国直接投资的增加，导致了对区域外其他国家直接投资的减少，产生世界范围内的投资转移效应。

三、区域经济一体化对生产要素流动的促进

生产要素的流动与区域经济一体化有着密切的关系。一方面，生产要素的跨国流动是实现区域经济一体化、形成跨国经济区域的客观基础。生产要素在国家间、地区间分布的不均衡性，决定了生产要素在国家间、地区间是流动的而不是静止的。生产要素总是从禀赋充裕的地区流向禀赋稀缺的地区，以获得更多的收益。因此从某种意义上说，生产要素流动可以在一定程度上改变一个国家或地区的要素禀赋状况。生产要素尤其是资本和劳动力的跨国流动，大大密切了各国之间的贸易联系和经济合作关系，增强了各要素间的互补性，使要素得到最优配置，提升各国的要素利用效率并提高实际收入水平，从而为区域经济一体化的实现提供了条件。

另一方面，区域经济一体化促进了生产要素的流动。第一届诺贝尔经济学奖获得者丁伯根认为，"经济一体化就是将有关阻碍经济最有效运行的人为因素加以消除，通过相互协作与统一，创造最适宜的国际经济结构"。贝拉·巴拉萨则进一步指出，"经济一体化就是指产品和生产要素的流动不受政府的任何限制"。区域经济一体化对生产要素的促进作用主要是通过以下几个机制实现的。

（一）区域经济一体化的互补机制与竞争机制促进生产要素的流动

区域经济的互补性与竞争性（regional economic complementary and competitiveness）比较的标准是区域间生产要素（资本、技术、劳动力、自然资源等）及其产品范围的相似程度。区域经济的互补性是指区域生产要素（资本、技术、劳动力、自然资源等）及其产品范围差别较大；竞争性是指区域生产要素（资本、技术、劳动力、自然资源等）及其产品范围差别较小。

如果区域经济之间存在的是互补性，那么不同空间的经济主体之间产品范围差异较大，区域之间发生大量的产品贸易并且贸易的范围比较广。因此通过一体化，首先产生了贸易效应，贸易量的增加，导致与相应产品生产相关的生产要素的区域流动，形成了一体化内部的生产要素的集聚，通过生产要素的集聚与扩散（生产要素的重新匹配过程），充分发挥了要素的经济效益，这可以称作一体化的生产效应。生产效应和贸易效应相互之间形成正反馈环，强化了区域内部的产业竞争优势，有利于培植一体化的区域与外部竞争的优势。生产效应和贸易效应使得一体化区域内部的消费者能够得到更多的多样化和个性化的产品，加上关税等条件的放宽，消费价格更加合理；反之，由于消费者多样化和个性化的增加，又刺激生产与贸易的发展，这可以称作一体化的消费效应。消费效应成为生产效应与贸易效应正反馈的加速器和调节器，使得一体化贸易效应、生产效应一经产生，便不断进行自我积累与自我加速，效应逐步放大，促进经济一体化程度的深化。

如果区域经济之间存在的是竞争性，即不同空间的经济主体之间产品范围差异较小或基本一致，产品之间的替代性较强，一体化就会诱发替代性产品贸易（即替代性贸易效应）。一体化初期，可能是相互之间相似商品的大量流动，很快使得质优价廉的产品贸易效应得到加强（即优中选优或劣中选好），由此引发了空间经济主体之间产业结构的优化调整，同时也导致了一体化内部生产要素新的集聚与扩散，也会使一些与被替代产品相关的生产要素重新开发新的产品，资源配置更佳，这就是区域经济竞争性一体化的生产效应，消费者获得了质优价廉的产品以及新开发的产品。这种一体化内部替代性贸易效应导致的优中选优、劣中选好，以及产生的产业结构的优化，不仅有利于内部效益的扩大，而且有利于强化区域竞争优势，提高一体化区域对外的竞争力。

（二）一体化的规模经济效应促进生产要素的流动

一体化的规模经济有两层含义：一是一体化区域规模的大小；二是生产要素的规模经济。关于一体化区域规模的大小，有学者认为可以按人口指标衡量，或者认为用地理范围来衡量。比较合理的方法是阿林·杨提出的按产量（国内生产总值）衡量。但是区域一体化市场的大小也不可忽视。比如区域内部各国不同的偏好、消费者的挑剔程度、不同的衡量制度、不同的商品规格等，区域外部市场联系的范围以及联系程度等，都是影响经济一体化市场大小的关键因素。贝拉·巴拉萨在研究关税同盟时曾经做过相关阐述：假设其他条件不变，则关税同盟越大，其对世界总体潜在利益越大，关税同盟国间市场越扩大，带给这些国家和世界的利益增加值越大。由此可以看出，一体化的区域规模经济，与市场大小、市场需求状况的变化直接相关，同样会产生一体化的贸易效应、消费效应和生产效应。一个比较大的区域规模，一般拥有较大量的区域生产要素，通过实施一体化，诱发生产要素的集聚与扩散，资源重新配置，容易产生生产要素（资本、劳动力、技术、自然资源等）的规模效应（突破瓶颈要素的限制、创建新的产业、开发新的技术、开拓新的市场等），提高要素之间的替代强度，降低产品的边际成本。

（三）一体化的交易成本机制促进生产要素的流动

区域经济一体化具有特有的交易成本机制，主要包括关税降低、可接近性和行政经济。关税降低会激发大量贸易，必然诱致一体化的贸易效应，以及相应的消费效应和生产效应。可接近性的影响因素包括地理距离、经济距离和社会文化距离。而经济距离又取决于地理距离以及跨越地理距离的运输方式（铁路、公路、水路或空运）及其成本。社会文化距离，指包括消费者嗜好在内的历史文化、风俗传统等的接近性。社会文化距离越小，越容易形成经济一体化。并且地理距离、经济距离和社会文化距离往往存在一定程度的一致性（并非完全如此），即地理距离小，经济距离和社会文化距离的差别往往也不大。因此就可接近性而言，地理上相邻的区域具有形成经济一体化的优势。由于经济一体化所要求的市场一体化，即倡导与非关税壁垒一致的市场监督管理规范，包括取消相互关税、建立一致的市场监督管理规则，其目的是最大程度地减少从生产到消费各个环节冗余的开支和时间上的浪费（即行政经济）。交易成本的降低诱致贸易效应和消费效应的产生，也必然产生与互补性和竞争性类似的生产效应。

四、区域经济一体化的动态效应

贸易创造和贸易转移都是从静态的角度分析区域经济一体化对福利的影响。然而，不应忽视区域经济一体化所带来的动态的影响，即刺激各成员方的经济增长，并带来国民收入的持续增长。区域经济一体化的静态影响不会使集团内成员方的生产可能性曲线发生变动；然而，区域经济一体化的动态影响，可以使得成员方的生产能力达到一个新的水平，生产可能性曲线可能扩展。这些动态效果会通过一系列渠道表现出来。

（一）规模经济效应（scale effects）

区域经济组织的建立使生产要素可以自由流动，由于比较优势的普遍存在，每个成员方都有可能通过一体化来获得规模经济效益。比如在规模经济的前提下，分析单个商品的两国模型。区域经济组织内的两个成员方H国和P国，假设国内市场价格由从世界其他地区的进口成本加关税所决定的。假设一体化之前关税税率固定，包括关税的进口价格正好等于平均成本，并包含正常利润在内，可以避免生产者的超额利润。在建立区域经济组织之前，两国各自生产，并从世界市场上进口。如果两国建立区域经济组织，由成本条件更具优势的P国进行生产，P国生产者占据整个市场。当P国生产者供给整个区域内市场时，由于规模经济作用，其平均成本将低于只供给本国市场时的成本，而且也低于H国生产者供给本国市场时的成本。

H国相对较昂贵的国内生产，被成本较低的P国取代。因此价格较低的商品以自由贸易的方式在H国和P国之间流动，并使H国获得传统的贸易创造效应。其中包括两个部分：生产效应，来自以P国价格较低的进口取代国内价格较高的生产；消费效应，来自由较低的国内价格而引致的消费增加。P国以较低的生产成本供给本国市场，称为成本降低效应。尽管成本降低效应是其与H国贸易创造的结果，但是它并非传统的贸易创造效应，因为它不仅来源于低价商品的流入，而且得益于国内现有商品供给价格的下降。成本降低的收益体现在两个方面：生产效应，原先销售的商品，现在可以更低的成本进行生产；消费效应，消费者可以用更低的价格买到更多的商品，从而获得消费者剩余。除了传统的收益，规模经济能够在结构、资源、禀赋相似的国家之间产生新的收益。

所以，规模经济产生的经济一体化效应收益来自：（1）市场扩张效应。在规模经济条件下生产和技术效率的提高，会导致产量提高、价格降低、市场扩大，从而引起　国规模报酬递增行业的国际扩张。（2）水平分工效应。由于规模的扩张，各国只需集中资源生产行业内的一部分商品，有利于提高生产效率，使得利润增加，投资回报率上升。（3）福利效应。由于成本的降低，消费者可以在更低的价格水平上购买到该商品，同时通过伙伴国之间的贸易享受到产品多样化带来的选择权增加的福利效应。

（二）产生竞争的效应（competition effects）

区域经济一体化组织的建立，一方面由于内部实行自由贸易而强化了市场竞争，因为关税通常都会比先前有所降低；另一方面，生产要素自由移动，使各成员方面临的竞争空前加强。市场经济的发展必然在一国内部形成垄断竞争的市场结构，引入国际竞争对于保持经济运行的效率具有特别重要的意义。在组建区域经济组织之前，人们交往于狭窄的市场，竞争趋于消失，陷入高利润率、低资本周转率、高价格的矛盾中。由于价格高，很多耐用消费品普及率很低，企业不能进行大批量生产，却自以质量好为荣。一方面，区域经济一体化带来了激烈的竞争，造成价格明显下降，迫使企业扩大生产规模；另一方面，生产扩大也会使消费者实际收入水平提高。于是，过去少数富人拥有的商品转变为多数人的消费对象，出现大市场→竞争激化→大生产→大量消费的良性循环。

（三）对内外部投资的刺激

区域经济组织既带来了新的出口机会，也带来了新的进口竞争，从而对共同市场内部各国的投资产生了强烈的刺激。市场上的商品由于生产要素的自由流动，相对价格发生了变化。原来有关税保护的国内产业，在共同市场内部会面临来自区域经济组织内其他成员方廉价商品的竞争，所以必须通过增加投资来维持生存。同时，在原来的贸易壁垒条件下，一国的某些商品在给定的价格条件下不能出口，随着区域经济组织的建立，现在有了相当广阔的外部市场，这自然会诱导企业增加投资。

一方面，区域经济组织把多个国家的市场结合起来，形成了一个巨大的市场，这种扩大会增强外来投资者的投资兴趣；另一方面，区域经济组织内部的生产要素可以自由流动，这为外部投资提供了新的投资条件。外部投资会优先选择区域经济组织成员方作为投资对象，避开关税和非关税壁垒，这就是所谓的关税工厂，从而能够较好地利用扩大了的区域经济组织市场来获得更大的利润。当然也可能在区域经济组织内部对原先的投资进行重新配置，以适应新的市场环境，而这也往往伴随着投资总量的上升。

（四）促进产业结构升级，弥补经济缺口

一国在封闭经济条件下，产业结构的演进主要取决于需求结构、资源供给总量与结构以及技术进步。而在开放经济条件下，国外生产要素的流入也会对一国产业结构的演进产生较大的效应，对于发展中国家来说这一效应更加明显。在有国外资金可以利用的情况下，投资能力约束主要是由于投资所必需的技术、熟练劳动、企业家以及投资过程中的其他投入物的匮乏而导致对增加投资造成的限制，或者由于市场产出有限（即对投资的需求不够）所造成，产业结构的滞后与投资低回报率会极大地影响投资者的积极性。而当一国加入区域经济组织后，外国生产要素的流入带来了先进的生产技术、紧缺的资源以及急需的人才，这缓解了发展中国家产业结构中的"瓶颈制约"，使投资回报得到了保证，弥补了经济发展中的资本缺口，推动了该国产业结构的成长和发展。产业结构的良性发展有利于吸引外国直接投资的流入。

（五）劳动力资源的合理配置

较高层次的区域经济组织允许劳动力资源的自由流动。以欧盟为例，一个法国人可以早上到德国工作，下午又乘车回到法国的家里。这种区域经济组织内部劳动力资源的流动，会增加不同类型的劳动力密集程度，吸引不同的投资类型，比如技术性劳动力比较密集的地区就会吸引技术密集型投资。如果区域经济组织内部的劳动力市场比较完善，运行效率比较高，就会使劳动力资源能够合理地、一体化地安置在某个区位，实现了劳动力资源的有效配置，增加了东道国的区位优势，有利于外来直接投资的流入。

（六）稳定的政治经济环境

一方面，大多数区域经济组织都是由地理上相互靠近的国家组成，因此无论在历史上还是现实生活中，联系都比较密切，人们的价值观、生活环境、生活水平差距都不大。由这些国家组成的区域经济组织，政治经济环境趋同性比较强，在进行投资前对各个成员方进行投资分析时，信息搜寻与分析成本都会大大减少，这就增强了投资安全性，降低了投资成本，从而导致投资收益的提高。另一方面，由多个国家组成的区域经济组织相比较单个国家而言，对政治经济政策的变更会更加谨慎，政策的延续性和稳定性比较强，这同样会降低投资成本，提高投资的收益。

第三节　　区域经济一体化的发展实践

第二次世界大战后，区域经济一体化出现了两次高潮，第一次出现在 20 世纪 50 年代末至 60 年代中期，第二次出现在 20 世纪 80 年代中期。至今，世界上一共建立起 30 多个区域经济一体化组织，约 130 个国家参加了不同的区域经济一体化组织。最具代表性且对世界经济影响较大的区域经济一体化组织为欧洲联盟、北美自由贸易区和亚太经合组织。

一、欧洲联盟

它的前身是欧洲经济共同体（EEC）。它基于由法国、联邦德国、意大利、比利时、荷兰和卢森堡在 1957 年 3 月 25 日签订的著名的《罗马条约》，于 1958 年 1 月 1 日正式宣告成立。1973 年，英国、爱尔兰和丹麦加入，1981 年希腊成为该组织的第 10 个成员，1986 年西班牙和葡萄牙也获准参加。欧洲经济共同体的第一步是建立起关税同盟，而目标则如其名称所示，是要建设成共同市场，逐步实现生产要素的自由流动。欧洲统一大市场于 1993 年年初正式启动，同年 11 月，《马斯特里赫特条约》开始生效；12 个成员方拆除了相互之间的边界，取消了海关，实行商品、服务、资本和劳动力的全部或部分流动。1993 年 9 月，欧共体改称为欧盟。1995 年，奥地利、芬兰和瑞典也成为欧盟成员，欧洲联盟扩展至 15 国。2004 年 5 月爱沙尼亚、拉脱维亚、立陶宛、波兰、捷克、斯洛伐克、匈牙利、斯洛文尼亚、马耳他和塞浦路斯共 10 个国家正式加入欧盟。这次大规模的东扩使欧盟疆域面积从 326 万平方千米增至 450 万平方千米，增加了 37.8%；人口从 3.78 亿增至 4.53 亿，增加了 19.8%；GDP 总值从 78 081 亿美元增至 83 773 亿美元，增加了 7.3%；贸易总额从 39 977 亿美元增至 44 263 亿美元，增加了 10.7%。2007 年 1 月，罗马尼亚、保加利亚入盟。克罗地亚于 2013 年 7 月正式成为欧盟成员国。欧盟是当今世界成员方最多、规模最大、成员方合作程度最深的区域经济一体化组织。2017 年 3 月，作为联合国五常之一的英国由于利益冲突、与成员相互猜忌、被迫公投等因素正式启动"脱欧"程序，最终于伦敦时间 2020 年 1 月 31 日正式"脱欧"。

欧盟的发展过程呈现出以下特点：第一，协调的基础是各成员方之间工业化发展水平相当。欧盟目前的 27 国经济发展水平相差不大，政策、文化等也相近，这与其他一体化模式的协调方式不同，同时决定了欧盟虽然在决策上各成员方有诸多的纷争，但是仍然能够很快达成共识，在历经近半个世纪后发行欧元，向着货币一体化和政治一体化的方向迈进。第二，以一套完整的超国家的组织、管理机构来进行成员方之间的相互协调。机构主要有欧洲理事会、欧盟委员会、欧洲议会、欧洲法院、欧洲审计院等。这一套机构保证了欧盟决议的顺利执行。此外，还组建区内理事会管理的控制货币供给、发行统一货币欧元的银行，形成了超越主权国家而行使管理权力的组织机构。第三，各种协调成就的获得是通过实施阶段性政策的结果。欧盟各种成就的获得不是一步到位的，而是有步骤、有阶段的实施结果。比如欧盟工业品关税同盟的建立，就是遵循了《罗马条约》中逐步建立起工业品关税同盟的时间表的规定。

第十章　区域经济一体化

二、北美自由贸易区

与欧盟的建立具有同样重要意义的另一个一体化组织是北美自由贸易区。开始时是由美国和加拿大两个国家组成的贸易集团，美、加自由贸易协定于1989年1月1日起生效。1991年年底，墨西哥也加入进来。由美、加、墨三国共同签署的《北美自由贸易协定》于1994年1月1日起正式生效，北美自由贸易区宣告诞生。上述三国计划在15年内逐步取消相互间的关税和非关税壁垒，最终建立起一个可与欧洲大市场相匹敌的世界级自由贸易区。北美自由贸易区的建立，对拉美各国产生了很大的震动，许多国家试图通过加强与墨西哥的经贸合作，创造进入北美自由贸易区的有效途径；还有一些国家则试图加强与美国的直接经贸联系以缓解来自北美自由贸易区的压力。

在特朗普执政时期，由于美国推行"美国优先"政策，对多边贸易协定持消极立场，因此北美自由贸易区在该阶段产生了调整。新协议《美国-墨西哥-加拿大协定》于2018年9月签订，基本保持了《北美自由贸易协定》的框架，增加了美国对进口产品的监管条约以及电子商务的准则等，谈判后美国取得了较大利益。但是对于加拿大来说，由于保留了原协定中的争端解决机制，出现了当地贫富差距持续扩大的现象，新协定的产生对加拿大造成一定程度的消极影响。

据统计，拉美国家在北美自由贸易区刚建立的一段时间内有30多个国家与美国签署贸易和投资协议，从而形成了美国在拉美地区与战略伙伴国长期的经济和政治上的合作与控制，因此拉美和加勒比地区一向被称为美国的"后院"。随着拉美经济的不断发展和与之相伴随的自主意识的增强，北美自由贸易区中矛盾和冲突的一面不断加深，但囿于经济和政治上的好处以及历史原因，美国的"后院"仍保持了较为稳固的状态，美国在世界范围内的战略地位依旧重要。

从理论上来说，区域经济集团（组织）成员经济水平越接近，消除市场障碍和实行专业化分工带来的经济利益越均匀，越能产生共同的经济需求；否则，经济利益和需求差距悬殊，出现了矛盾和分歧不易协调。因此，过去都是发达国家之间或是发展中国家之间各自组成区域经济集团（组织），如早期的欧盟成员方均是经济发达的西欧国家，而南方共同市场却由经济发展水平相近的拉美国家组成。而北美自由贸易区的建立，开创了打破经济发展水平差异组建区域经济一体化组织的先例。同时也由于成员方经济水平的差距，北美自由贸易区不可能成为像欧盟那样程度很深的区域经济一体化组织。

总体而言，北美自由贸易区具有以下特征：第一，北美自由贸易区是发达国家与发展中国家之间的区域合作，其合作的基础不是双方的经济水平一致，而是源于密切经济联系与经济互补。第二，《北美自由贸易协定》是一个综合经济协定，北美自由贸易区的协调范围超越了一般自由贸易区的界限，涉及商品贸易、投资、服务、金融、农业、环境保护、知识产权保护、劳工标准等领域。同时，北美自由贸易区以符合世界贸易组织规则为主要原则。因此，在成员方之间实行贸易自由化的同时并不提高对非成员方的关税壁垒。第三，实行有差别地消除贸易壁垒的安排。协定规定在15年内分三个阶段取消进口关税及其他贸易壁垒，实现商品和劳务的自由流动。但由于墨西哥经济发展水平较低，因此，该模式采取了阶段性地消除贸易壁垒的规定。比如协定中规定在第一阶段，墨西哥只对来自美国35%的商品取消关税，对来自加拿大5%的商品取消关税，美国和加拿大则对来自墨西哥的80%的商品免税。

三、亚太经合组织

"亚洲和太平洋经济合作组织"（Asia-Pacific Economic Community，APEC）于1989年成立。现有成员21个（以下为APEC中使用的官方名称），即美洲的5个，加拿大、美国、墨西哥、秘鲁、智利；大洋洲的3个，澳大利亚、新西兰、巴布亚新几内亚；亚洲的12个，中国、日本、韩国、中国台北、中国香港、泰国、马来西亚、新加坡、印度尼西亚、菲律宾、越南、文莱，以及俄罗斯。另外有3个观察员，分别是东盟秘书处、太平洋经济合作理事会和太平洋岛国论坛秘书处。

（一）APEC的四个发展阶段

1. 早期形成阶段：1989—1991，APEC基本上属于一个高层次区域经济论坛，每年年底召开一次部长级会议。1992年的部长级会议决定建立知名人士小组，研究贸易前景，直接向部长报告，同年还成立了秘书处、行政预算委员会。在此阶段，APEC成员达成共识：APEC应以促进区域内经济增长和发展为目的，尊重本地区不同的社会经济发展程度，并以非正式的磋商作为交换意见的基础，支持多边贸易体制，广泛开展贸易自由、投资自由、人力资源开发、技术转移等经济合作，强调私人企业参与APEC的重要性。

2. 迅速发展阶段：1993年，在西雅图第一次领导人非正式会议上，提出将贸易与投资自由化作为其主要目标。1994年的《APEC经济领导人共同决心宣言》（简称《茂物宣言》）提出发达成员于2010年、发展中国家于2020年实现贸易与投资自由化的目标。1995年大阪会议确立了以贸易与投资自由化、便利化以及经济技术合作为APEC的两大支柱，并通过了执行《茂物宣言》的行动议程，即大阪行动议程。

3. 计划实施阶段：1996年苏比克会议提出《马尼拉行动计划》，汇集了各成员体的单边行动计划和集体行动计划，以及350个经济和技术合作项目的进展情况，并决定从1997年1月1日起实施《马尼拉行动计划》。1997年11月，温哥华会议重申继续推进贸易与投资自由化和经济技术合作进程，并确定9个领域（环境保护、渔业、林产品、医疗设备、能源、玩具、珠宝、化工及电信）提前实现贸易自由化。1998年11月，吉隆坡会议再次就经济技术合作、贸易与投资自由化和电子商务等问题进行广泛磋商，通过了《走向21世纪的APEC科技产业合作议程》和《吉隆坡技能开发行动》两个文件。

4. 平稳发展阶段：1998—2021年，APEC已顺利召开28次领导人非正式会议。2021年11月12日，第二十八次领导人非正式会议以视频方式举行，会议通过了《2021年APEC领导人宣言》，明确提出了新冠肺炎疫情继续影响人民生活，亚太经济面临不确定、不平衡等问题。针对这些问题，亚太经济合作组织各经济体重申将团结合作应对疫情，确保区域以更加创新、包容和可持续方式恢复增长，并强调，大力支持人民公平获得安全、有效、有质量保证和可负担的疫苗，加强数字基础设施建设，鼓励新技术运用，弥合数字鸿沟，努力构建开放、公平、包容的数字营商环境。确立以世贸组织为核心，基于规则的多边贸易体系在经济复苏中发挥重要作用，推进区域经济一体化，推进亚太自由贸易区建设，为实现全面高质量的区域贸易协定做出贡献。

第十章　区域经济一体化

APEC已经发展成为亚太地区最具代表性和权威性的一体化组织，在已经取得斐然成就的基础上将为成员及其人民谋得更多的福祉，为共同所处的地区的和平、稳定和进步做出更多贡献。近年来，随着国际和亚太地区政治经济格局的加速演变，各种内部和外部因素的叠加给APEC合作进程带来了新的机遇和挑战，如"逆全球化"思潮和多边贸易体制发展遇阻等。APEC是一个有助于增进地区经济协调与合作、共同克服危机的"绝佳组织"，在全面改善区域经济环境、增进可持续发展、促使世界贸易组织多哈谈判取得成功等诸多方面具有重要作用。

（二）APEC的特点

1.APEC首开"开放的地区主义"原则之先河。不仅使经济交往中区域内实际障碍减少，而且对非成员的区域外实际障碍减少。在最惠国基础上实行内部自由化的同时，承诺继续减少对非成员的壁垒；在互惠基础上，愿意向非成员延展其自由化。它从根本上改变了人们广泛担心的地区主义与全球主义的抗衡，也改变了地区一体化组织之间可能产生的对峙，因此它将在地区主义与全球主义之间架起桥梁。

2.APEC合作体制和原则的创新——摈弃谈判而协商一致。谈判就是讨价还价，谈判的各方都是对手。而协商一致表明各成员特别是发达成员和发展中成员在区域组织中处于平等地位，体现着不同成员间的合作精神，这就为区域内经济合作和各成员不同意见或建议的发表创造了一种宽松平和的氛围。另外，由于资料和建模技术方面的不足，各成员削减关税和削减数量限制的净效果通常不能准确地计算，而贸易与投资便利化的许多重要的部分就更难计算和比较了。就各成员行动计划进行协商，友善地进行讨论，提出不足和修改建议，供有关成员参考改进，这种做法有利于行动计划按期执行；在执行中修改完善，可以避免因分歧较多而陷入僵局。

3.APEC区域合作体制设计是"市场+制度"模式的创新。欧洲联盟和北美自由贸易区是当今世界推行区域经济一体化较为成功的典型，它们采用的区域经济合作模式是以贝拉·巴拉萨的"市场+制度"理论为指导的，这种模式虽然强调市场的基础性作用，却更加重视制度与国家，尤其是超国家机构的调节作用。因而认为能否最终形成超国家机构，是"市场+制度"模式能否成功实施的关键。APEC方式隐含的一个重要前提是，在本地区不设立超国家机构，因而APEC也不具备超国家权力。因此，可以说，APEC的性质是一个开放的、灵活的、讲求实效的经济合作论坛，是一个松散的协商机构。

当前，APEC面临来自外部和内部的巨大挑战。从内部看，其公开论坛的特点和首脑会议的非正式性使之不能形成一个贸易集团，更不能用强制性措施和谈判手段来落实战略目标。同时由于APEC成员众多，幅员辽阔，成员在社会制度、经济体制、发展程度、文化背景、宗教信仰等许多方面存在巨大鸿沟，在亚洲金融危机的打击下，9个部门提前自由化计划遭受严重挫折。自1998年吉隆坡会议起，APEC非正式首脑会议的议题不再集中，开始出现向克服金融危机、恢复增长等多方面分散的趋势，导致各成员单边计划始终无法有效保证集体行动计划目标的如期实现，APEC一直维持松散的非制度性状态。从外部因素看，地区主义浪潮在全球的再度复兴导致众多跨区域经济集团、次区域经济集团和双边自由贸易区的出现。

第四节　世界贸易组织概述

一、世界贸易组织的产生

关税及贸易总协定（General Agreement on Tariffs and Trade，GATT）是一个政府间缔结的有关关税和贸易规则的多边国际协定，简称关贸总协定。它的宗旨是通过削减关税等贸易壁垒，消除国际贸易中的差别待遇，促进国际贸易自由化，以充分利用世界资源，扩大商品的生产与流通。关贸总协定于 1947 年 10 月 30 日在日内瓦签订，并于 1948 年 1 月 1 日开始临时适用。但是由于未能达到规定的生效条件，在缺乏法律约束和无必要的检查和监督手段的条件下，作为多边国际协定的关贸总协定从未正式生效，而是一直通过《临时适用议定书》的形式产生临时适用的效力。

由于关贸总协定的局限性，各缔约方普遍认为有必要在其基础上创立一个正式的国际经济贸易组织来协调、监督、执行乌拉圭回合谈判的成果。因此，在 1990 年年初，欧共体时任主席国意大利首先提出了建立一个多边贸易组织的倡议，后来以 12 个成员方的名义正式提出，得到美国、加拿大等主要西方大国的支持。同年 12 月乌拉圭回合布鲁塞尔部长级会议正式做出决定，责成关贸总协定体制职能小组负责"多边贸易组织协定"的谈判。1993 年 1 月乌拉圭回合结束前原则上形成了"多边贸易组织协定"。后在美国代表提议下，"多边贸易组织协定"被易名为"世界贸易组织协定"。1994 年 4 月 15 日，乌拉圭回合各项议题的协议在摩洛哥的马拉喀什部长级会议上均获通过，并采取"一揽子"方式和"单一整体"形式加以接受，经 104 个参加方政府代表签署，其中包括中国政府。1995 年 1 月 1 日世界贸易组织（World Trade Organization，WTO）正式成立，在 1995 年与关贸总协定共存一年后，1996 年 1 月 1 日起便充当了全球贸易组织的角色，1996 年 5 月在新加坡召开世贸组织的第一次部长大会。世贸组织的成立标志着世界多边贸易体制由"GATT 时代"迈进了"WTO 时代"。

可见，世界贸易组织是根据乌拉圭回合达成的《建立世界贸易组织协定》于 1995 年 1 月 1 日建立，1996 年 1 月起取代关贸总协定，并按照乌拉圭回合多边谈判达成的最后文件所形成的一整套协定和协议的条款作为国际法律规则，对各成员之间经济贸易关系的权利和义务进行监督管理的正式国际经济组织。

二、《建立世界贸易组织协定》

《建立世界贸易组织协定》于 1994 年 4 月 15 日在摩洛哥的马拉喀什签订。它是世界贸易组织的章程性文件，共有 16 条和附件以及附件目录。它对世界贸易组织的范围、职能、机构、地位、政策制定、预算与捐款、秘书处、与其他组织的关系、修改、原始成员方地位、新成员加入、接受、生效与保存、退出等事项作了详细规定，同时该协定对世界贸易组织的预算与接受捐款等问题做出了规定，该协定是对世界贸易组织各成员方进行约束的法律依据。

（一）世界贸易组织的宗旨

根据《建立世界贸易组织协定》的规定，其宗旨如下：在发展贸易和经济关系方面应当确保提高生活水平、保证充分就业和大幅稳步提高实际收入和有效需求，并扩大生产和商品交易以及服务；为持续发展的目的而扩大对世界资源的充分利用，寻求对环境的保护和维护，并根据各自需要和不同经济发展水平情况加强采取各种相应措施；确保发展中国家尤其是最不发达国家，能获得与其经济贸易额增长需要相适应的经济发展；有必要根据互惠和互利安排，切实降低关税和其他贸易壁垒，并在国际贸易关系上消除歧视性待遇，建立一个完整的、更具有活力的和永久性的多边贸易体系，巩固原来关税与贸易总协定以往为贸易自由化所作的努力和乌拉圭回合多边贸易谈判的所有成果。

1.《建立世界贸易组织协定》附件以及附件目录

（1）附件1A：有关货物贸易的多边协议

这些协议主要包括：

- 1994年关税与贸易总协定。
- 农产品协议。
- 实施动植物卫生检疫措施的协议。
- 纺织品与服装协议。
- 技术性贸易壁垒协议。
- 与贸易有关的投资措施协议。
- 关于履行1994年关税与贸易总协定第六条的协议。
- 关于履行1994年关税与贸易总协定第七条的协议。
- 装运前检疫协议。
- 原产地规则协议。
- 进口许可程序协议。
- 补贴与反补贴措施协议。
- 保障措施协议。

这些内容涉及关税与非关税各个方面，是货物贸易领域的重要多边规则。

（2）附件1B：《服务贸易总协定》

世界贸易组织第一次将国际服务贸易纳入多边贸易体制调整的范围。纵观整个20世纪90年代，服务贸易的发展异军突起，其贸易额约占全球贸易额的1/4，年平均增长率每年都超过货物贸易，因而关税与贸易总协定乌拉圭回合谈判将其纳入新议题，并最后达成《服务贸易总协定》。因此，《服务贸易总协定》是经关贸总协定乌拉圭回合多边贸易谈判达成的、历史上第一部管理全球服务贸易的、具有法律约束力的多边协议。

《服务贸易总协定》对国际服务贸易的定义从四个方面做出了规定：

- 过境交付，即指在一参加方境内向任何其他参加方境内提供服务。
- 境外消费，即指在一参加方境内向任何其他参加方的服务消费者提供服务。
- 商业存在，即指一参加方在其他任何参加方境内通过提供服务的实体的介入而提供服务。
- 自然人流动，即指一参加方的自然人在其他任何参加方境内提供服务。

（3）附件 1C：《与贸易有关的知识产权协定》

世界贸易组织的《与贸易有关的知识产权协定》（Agreement on Trade-Related Aspects of Intellectual Property Rights，TRIPS），是当前世界范围内知识产权保护领域中涉及面广、保护水平高、保护力度大、制约力强的一个国际公约。特别是将知识产权保护的范围扩展到了相当广泛的领域，包括版权及相关权利、商标、地理标识、工业设计、专利和集成电路外观设计以及对未公开信息的保护等。

（4）附件 2：《关于争端解决规则与程序的谅解》

《关于争端解决规则与程序的谅解》是从关税与贸易总协定有关条款及其 40 多年争端解决的实践中发展而来的。世界贸易组织争端解决机制鼓励成员方通过双边磋商解决贸易争端，以保证世界贸易组织规则的有效实施为优先目标，严格规定争端解决的时限，实行"反向协商一致"，禁止未经授权的单边报复的决策原则，容许交叉报复。

《关于争端解决规则与程序的谅解》第一条，对世界贸易组织争端解决机制的管理范围做出了详细规定。世界贸易组织争端解决机制，适用于各成员根据世界贸易组织各项规定、协议（包括《关于争端解决规则与程序的谅解》）所提起的争端。对于所有含有特别规则和程序的协议，如《技术性贸易壁垒协议》《反倾销协议》《补贴与反补贴措施协议》以及有关附件等，在与一般规则发生冲突时，特别规则具有优先的效力。当某一争端的解决涉及多个协定或协议，且这些协定或协议的争端解决规则和程序存在相互冲突时，则争端各当事方应在专家组成立后的 20 日内，就适用的规则及程序达成一致。如不能达成一致，争端解决机构主席应与争端各方进行协商，在任一争端当事方提出请求后 10 日内，决定应该遵循的规则及程序。争端解决机构主席在协商时应遵循"尽可能采用特别规则和程序"的指导原则。世界贸易组织争端解决的基本程序包括磋商、专家组审理、上诉机构审理、裁决的执行及监督等。世界贸易组织成员如有争端，应先行磋商，在一方提出要求后 30 天内，必须开始磋商。如 60 天内未获解决，一方可申请成立专家小组，争端解决机构在接到申请后的第二次会议上必须做出决定，即同意或不同意成立专家小组。只有争端解决机构全体反对，专家小组才不能成立。除基本程序外，在当事方自愿的基础上，也可采用仲裁、斡旋、调解和调停等方式解决争端。

（5）附件 3：贸易政策审议机制

贸易政策审议机制，是指世界贸易组织成员集体对各成员的贸易政策及其对多边贸易体制的影响，定期进行全面审议。实施贸易政策审议机制的目的，是促使成员方提高贸易政策和措施的透明度，履行所做出的承诺，更好地遵守世界贸易组织规则，从而有助于多边贸易体制平稳运行。贸易政策审议对象主要是世界贸易组织各成员的全部贸易政策和措施，审议范围从货物贸易扩大到服务贸易和知识产权领域。贸易政策审议机制还要求对世界贸易环境的发展变化情况进行年度评议。贸易政策审议机制的作用主要体现在以下几个方面：第一，为世界贸易组织审议各成员的贸易政策，以及评估国际贸易环境的发展变化提供了场所和机会，有助于增加多边贸易体制的透明度。第二，接受审议的成员对其贸易及相关政策进行解释和说明，有助于增进成员方的相互了解，减少或避免贸易争端。第三，各成员参与审议和评估，可以为接受审议的成员在贸易政策制定和改进方面提供一些意见或建议，有助于督促其履行作为世界贸易组织成员的义务。

（6）附件4：多边贸易协议

一般情况下，全体世贸组织成员都签署所有世贸组织框架下的协议，但在乌拉圭回合多边贸易谈判结束之后，有4个原来在东京回合中所达成的协议，签署的国家很少，这些协议因此被称为多边协议。多边协议主要包括：《政府采购协议》、《民用航空器贸易协议》、《国际奶制品协议》和《国际牛肉协议》（《国际奶制品协议》和《国际牛肉协议》已于1997年12月31日终止）。附件4属于多边贸易协定，仅对签署方有约束力，成员可以自愿选择参加。

2.世界贸易组织的职能

（1）为《建立世界贸易组织协定》和若干单项贸易协议的执行、管理、运作及进一步实现目标提供方便，并对若干单项贸易协议的执行、管理、运作提供共同机构的框架。

（2）为各成员方的多边贸易关系谈判提供场所以及为部长级会议决定下的谈判结果的执行提供共同机构的框架。

（3）对争议解决规则和程序谅解协议的执行予以管理。

（4）对贸易政策评审机制予以管理。

（5）同国际货币基金组织和国际复兴开发银行及其附属机构进行适当合作。

3.世界贸易组织的机构

世贸组织结构简图如图10-5所示。

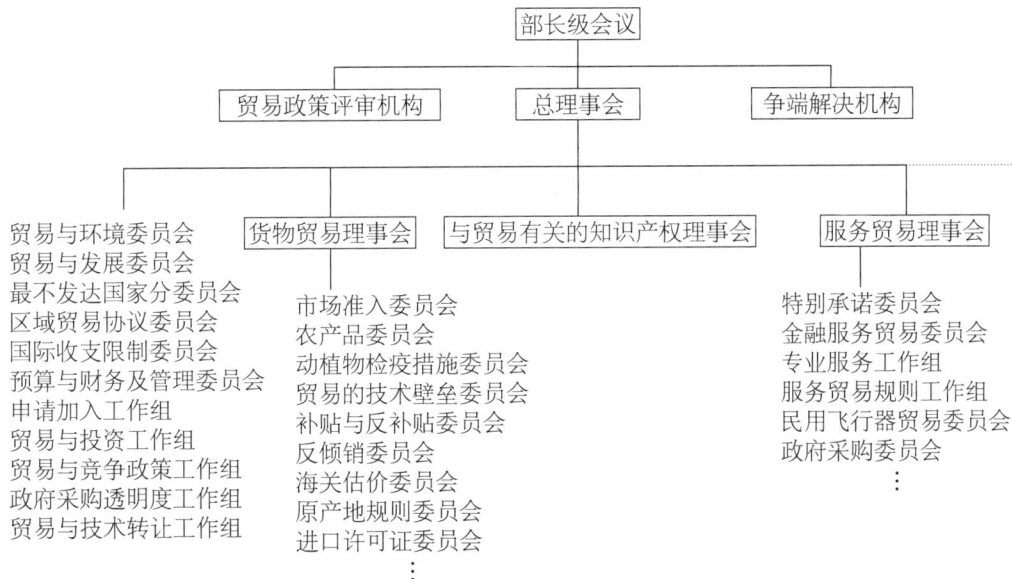

图10-5 世贸组织结构简图

部长级会议是最高权力机构，由所有参加方代表组成，它有权对各多边贸易协定的事项做出决定。部长级会议每两年召开一次。

总理事会由所有参加方代表组成，在适当时召开会议。负责在部长级会议休会期间执行部长级会议的各项职能以及《建立世界贸易组织协定》授予的职能，如争议解决职能、贸易政策评审职能。

货物贸易理事会、服务贸易理事会、与贸易有关的知识产权理事会在总理事会的领导下进行工作，分别负责各相关协议的执行监督工作。上述理事会的成员从所有参加方代表中产生。

贸易与发展委员会、国际收支限制委员会、预算与财务及管理委员会等在部长级会议下设立，从所有参加方代表中产生，分别负责世界贸易组织法律文件中所赋予的职责。

若干单项贸易下的工作组负责各单项贸易协议赋予的职责，并向总理事会报告工作。

秘书处由总干事领导，总干事和秘书处根据部长级会议的规定履行职责。

4.世界贸易组织的法律地位

世界贸易组织具有法人资格。各成员方应赋予：世界贸易组织享有执行其职能所必要的法律能力；世界贸易组织为履行其职能所必要的优惠和豁免权；世界贸易组织官员和各参加方代表应享有的其在执行世界贸易组织有关职能时所必要的特权和豁免权。

5.世界贸易组织的决策制定

除另有规定外，如不能对某一议题达成一致，由参加方投票决定。在部长级会议上及理事会会议上，多数票表决通过，并且每一参加方只有一票投票权。

部长级会议和常务理事会对《建立世界贸易组织协定》以及其他多边贸易协议有绝对的解释权，成员方3/4多数通过即可做出解释。

在例外情况下，经成员方3/4同意，部长级会议可以决定豁免某一协议成员方或参加方或任何单项贸易协议成员方的责任。

6.世界贸易组织的成员方资格

世界贸易组织的成员方分为原始成员和新成员。

凡具备以下条件，即可成为该组织的原始成员：世界贸易组织协定生效时，已是关贸总协定的缔约国；签署参加、一揽子接受乌拉圭回合所有协议；在乌拉圭回合中做出关税和非关税减让，以及服务贸易的减让。

凡在世界贸易组织协定生效后，任何国家或在对外商业关系上拥有充分自主权的单独关税地区，可以向世界贸易组织提出申请加入，其加入须经部长级会议2/3以上多数表决通过。

三、世界贸易组织的基本原则

《建立世界贸易组织协定》在其序言部分写道："为了保持关贸总协定的基本原则和进一步完成关贸总协定的目标，发展一个综合性的、更加有活力的、持久的多边贸易制度"而达成协定。因此，世界贸易组织取代关贸总协定后，继承了前面所述的关贸总协定的基本原则，并在其所管辖的服务贸易、与贸易有关的知识产权以及与贸易有关的投资措施等新的领域中予以适用并加以发展。概括起来，世界贸易组织的基本原则主要有：

（一）非歧视性原则

非歧视性原则又称无差别原则，规定各成员之间及在进口货物和国产货物之间不得采取任何歧视性措施。通过最惠国待遇（Most-Favored-Nation Treatment）条款和国民待遇

（National Treatment）条款体现出来。最惠国待遇条款要求缔约方对来自或运往其他国家的产品给予的利益、优待、特权或豁免，应当立即无条件地给予来自或运往所有其他缔约方的相同产品。但是，这一条款也有例外，最著名的有适用于关税同盟和自由贸易区的例外。国民待遇条款要求缔约方一旦货物进入一国市场就必须得到与境内生产同类货物同样的待遇。协定中还包含与其他非歧视条款的协议有关的原产地规则、装船前检验、与贸易有关的投资措施及卫生和植物检疫措施的协议。

（二）贸易自由化原则

贸易自由化原则是指各成员方通过多边贸易谈判，限制和取消一切关税和非关税壁垒，消除国际贸易中的歧视待遇，提高本国市场准入的程度。贸易自由化实质上就是通过削减关税、弱化关税壁垒以及限制和取消各种形式的非关税壁垒措施实现的，主要体现在关税减让原则和禁止数量限制原则两方面。

（三）市场准入原则

所谓市场准入，是指一国允许外国的货物、服务与资本参与本国市场的程度。也即外国产品或服务进入东道国市场的"门槛"，或者说是东道国为其他缔约方的产品或服务提供的可行的进入渠道。一国开放国内市场的过程，就是提高市场准入水平的过程，开放国内市场主要体现在降低总体关税水平、逐步取消非关税壁垒、减少各种内部规定、放松政府管理、营造更好的外商投资环境等各个方面。

（四）透明度原则

世界贸易组织协定中的许多贸易协议通过使成员方政府难于轻易改变"游戏"规则来保证投资与贸易的市场环境具有更高的可预见性。保证贸易环境的可预见性的关键在于国内法律、规章与各种实际做法的透明度，通过贸易政策审议机制，接受其他成员方对其政策法规进行检查、监督和纠正，进一步提高了贸易政策在国内外的透明度，从而保证成员方有关法规真正符合《建立世贸组织协定》的规定。但世贸组织允许成员方对某些机密不予公开。

（五）公平贸易原则

世界贸易组织并不像它有时被形容的那样，是一个"自由贸易"机构，确切地说，它是一套旨在保护公开、公平竞争的规则体系。例如，非歧视原则，以及在倾销和补贴方面的原则都旨在保护公平的贸易环境。关于农产品、知识产权、政府采购方面的诸多多边协议都体现了这一点。具体体现为互惠原则和公平竞争原则。

（六）允许例外和保障措施原则

世贸组织尽管首先强调的是多边贸易规则的普遍适用性和非歧视性，但考虑到各成员方的经济发展水平的不同和利益的差异，允许在某些特殊的情况下，可以不受多边贸易规则的约束。也就是说，世贸组织成员可以不履行已承诺的义务，对进口采取一些紧急的保障措施，如提高关税、实施数量限制等。但该原则在使用的条件、手段和期限等方面都有严格的限制。

（七）发展中国家优惠待遇原则

在世贸组织中，发展中国家成员占比超过75%，并且还不断有成员要求加入。为了鼓励发展中国家发展本国工业和促进经济改革，世贸组织规定：发展中国家特别是贫穷的"最不发达国家"仍被允许有一段过渡期，另外，关于帮助"最不发达国家"措施的部长决议给予这些国家在实施世界贸易组织协定方面以特别的弹性，并呼吁加快实施对这些国家出口商品的市场准入承诺以及努力增加对这些国家的技术援助。协定还鼓励工业化国家在其贸易条件中把帮助发展中成员当作一种自觉的、有目的的行动，并在谈判中不要求发展中国家对其做出的减让给予互惠。

由此可见，非歧视性原则、贸易自由化原则、市场准入原则、透明度原则以及公平贸易原则反映了世贸组织规则的普适性，也称世贸组织的普遍性原则；而允许例外和保障措施原则、发展中国家优惠待遇原则是世贸组织规则灵活性的体现，也称世贸组织的灵活性原则。

四、世界贸易组织与关贸总协定的比较

世界贸易组织与关贸总协定两者都是协调国际贸易关系和解决国际贸易争端的组织，有着发展上的联系，世贸组织是关贸总协定的继承和发展。世界贸易组织是当今世界多边贸易体系的法律基础和组织基础，与关贸总协定相比，在体制上两者存在较大差异。世界贸易组织具有如下优点：

1.法律健全。关贸总协定是一套规则、一个多边协定，但没有组织基础。而世贸组织管理实施的贸易协议与协定具有长期性和正式性，有国际条约的地位，在国际法上比作为多边政府协定的关贸总协定更具有效力。而且，世贸组织与其他国际组织在法律上处于平等的地位，具有法人资格，享有特权和豁免，是国际法主体。由于它不是联合国的专门机构，也不隶属于联合国体系，因此可避免联合国的各种影响，比较符合发达国家特别是贸易大国的愿望。

2.管辖范围广。关贸总协定的规则只适用于货物贸易，而世贸组织的规则除了适用于货物贸易外，还第一次将服务贸易、知识产权与投资措施纳入多边贸易体制之中，比关贸总协定涉及商品贸易的范围要广泛得多。

3.体制统一。世贸组织管辖着统一的一揽子协议，所有成员必须遵守，不能提出保留意见。而关贸总协定的许多重要协议仅对该协议的签字国生效，对少数成员没有约束力。

4.完善争端解决机制。世贸组织的争端解决机制比关贸总协定更快速、更自动且有不易受阻挠的特点，执行世贸组织争端解决机构的裁决也更有保证。总之，在法律形式上更具权威性。

5.建立了贸易政策审议机制。为了监督缔约方是否严格维护关贸总协定秩序，许多国家要求通过乌拉圭回合建立贸易政策审议机制。1988年年底各缔约方就此达成协议，并于1989年4月12日临时生效，试行的结果表明，其不但能促进提高各国政策的透明度，而且有利于改善缔约方之间的贸易关系。

6.加强了全球经济决策的协调。经济全球化的趋势在客观上要求保障全球经济决策的一致性。世贸组织通过加强与国际货币基金组织和世界银行之间的联系和协调，使政策和行动更加和谐统一，为国际经济和贸易的发展创造更为有利的条件。

五、WTO对世界贸易的影响

世界贸易组织是一个统一完整的多边贸易体制，一个永久性机构，具有法律上的正式性，比关贸总协定更能有效地、有保障地促进世界经济贸易的发展。世贸组织统辖着国际贸易中货物、服务、与贸易有关的知识产权以及与贸易有关的投资措施等领域的规则，通过贸易政策审议机制、争端解决机制、补贴自律、可持续发展、服务贸易自由化、知识产权保护等手段将协调管理从边境措施延伸到国内决策与立法领域，监督职能空前强化，行使着一个"世界经济组织"的职能，对世界经济贸易的影响日益突出，主要表现在以下几个方面：

（一）保障和促进经济全球化的发展

通过国际贸易和外国直接投资的流动，加上在运输与通信领域发生的革命性变化，世界各国商品的流通更加便利、快捷和安全，世界成为一个地球村的设想成为可能。

（二）加速了大多数国家和地区的经济贸易政策的变化

经济全球化增强了各国之间在经济上的相互依赖，各国政府都意识到，经济贸易政策的制定必须以市场为导向，并不断地做出与世界经济形势相适应的调整。

货物和服务贸易的自由化有助于加强各成员方之间的经济贸易合作。世贸组织通过多边贸易谈判逐步取消各种贸易壁垒，各成员方可以更自由地开展贸易，相互之间更加信任；通过分工与贸易，各成员方人民的生活水平提高、就业增加，实现了经济繁荣。

（三）争端解决机制为世界经济稳定发展提供保障

随着贸易规模的扩大和可供交换的货物、服务的增多，参与贸易的国家、地区和相关企业的不断增加，贸易争端在所难免。世贸组织较为完善的争端解决机制有助于各成员方在公平的基础上解决贸易争端，避免在双边条件下可能导致的国家间的严重冲突，使各成员方的经济贸易得以顺利发展。

世贸组织中发展中国家成员不断增多，而且自20世纪90年代以来，发展中国家的出口增长速度已远远超过发达国家，在国际经济舞台上扮演着越来越重要的角色。发展中国家可以充分利用世贸组织的有关规定，享受相应的权利和优惠，或借助其争端解决机制维护自身的合理利益。

（四）知识产权保护为技术扩散创造良好条件

世贸组织《与贸易有关的知识产权协定》的实施，对扩大技术和知识产权的国际交易、加快新产品的开发、推动科学技术的进步均有积极的作用。而货物贸易逆差国可以通过对知识产权的保护，扩大无形贸易的出口，减少甚至扭转货物贸易逆差。

（五）良好的竞争环境有利于各成员方提高经济效率、降低经济运行成本，提高国际竞争力

世贸组织的一些基本原则使各成员方的企业可以在一个更为公平、公正、客观和透明的竞争环境中开展生产、经营和贸易，从而为一国生产要素在国内外市场上进行合理配置创造了条件，有利于提高经济效率、降低生产成本。此外，世贸组织有助于一国政府从本国全局和长远利益出发，参与世贸组织的有关活动，平衡国内利益集团的利益，提高其国

专栏 10-2

东盟与中国

际竞争能力。

（六）协调了各成员方之间的经贸关系

世贸组织的一整套规则，既减少了各成员方之间的贸易壁垒，促进了世界贸易自由化，增加了各成员方的福祉，又通过争端解决机制为成员方提供了解决贸易摩擦与矛盾的依据和场所，减少了贸易战。

本章小结

1.区域经济一体化既是一个过程，又是一种状态。目前的区域经济一体化形式主要有：自由贸易区、关税同盟、共同市场、经济联盟。

2.区域经济一体化对整个世界以及区域内有关的各个国家都存在重大的福利影响。主要表现为贸易创造效应、贸易转移效应、投资创造效应、投资转移效应，对生产要素流动的促进以及区域一体化的动态效应。

3.目前最具代表性且对世界经济影响较大的区域经济一体化组织是欧盟、北美自由贸易区和亚太经合组织。

重要概念

区域经济一体化　自由贸易区　关税同盟　共同市场　经济联盟　贸易创造　贸易转移　最优货币区　美元化　北美自由贸易区　欧盟　亚太经合组织　世界贸易组织

复习思考

1.区域经济一体化有哪几种组织形式，各形式的特征是什么?

2.什么是贸易创造与贸易转移?

3.区域一体化的动态效应表现在哪几方面?

4.世贸组织与关贸总协定相比有哪些优点?

下篇

国际金融篇

第十一章

国际收支账户与平衡

国际收支（balance of payments，BOP）是指在一定时期（通常为1年）一个国家或地区与世界上其他国家或地区之间，由于贸易、非贸易和资本往来而引起国际资金移动，从而发生的一种国际资金收支行为。在开放经济中，一国需要了解与其他国家间开展的经济交易情况，作为政策制定与调整的依据，甚至将国际收支平衡作为宏观经济运行目标之一。

第一节　开放经济下的国民经济核算

国民经济核算是宏观经济分析的基础，宏观经济学以整个国民经济活动为考察对象，研究社会总体经济问题。在开放经济框架下，一方面，国民经济与对外贸易密不可分；另一方面，国民经济核算也对进一步理解国际收支问题具有铺垫作用。国民经济核算的主要内容是国民收入的核算。国民收入是指物质生产部门的劳动者在一定时期所创造的价值，反映一个国家或地区的生产要素在一定时期内（通常为1年）所生产并在市场上销售的最终产品和服务的价值总量，是一个流量的概念。在封闭经济中，从支出角度分析的国民收入主要由以下三部分组成：（1）消费支出（用C表示），指本国居民对最终物品和服务的购买；（2）投资支出（用I表示），指实际资本的形成，包括固定资产投资和存货投资；（3）政府购买（用G表示），指各级政府购买商品和劳务的支出。

本国居民具体包括：

（1）个人居民：①长期居住在本国的自然人；②移民属于其工作所在国的居民；③逗留时间超过一年的留学生、旅游者属于所在国的居民；④官方外交使节、驻外军事人员属于所在国的非居民。

（2）企业居民：在一国境内注册登记的企业即为该国居民。

（3）非营利私人团体居民属于所在国居民。

（4）政府居民：各级政府都属于所属国居民。

（5）国际机构：联合国、国际货币基金组织、世界银行以及其他国际性组织不属于任何国家的居民。

在三部门（家庭、厂商、政府）经济模型下，从支出角度衡量的国民收入等于消费支出（C）、投资支出（I）和政府购买（G）之和；从收入角度看，国民收入等于消费（C）、私人储蓄（S_p）和纳税（T）之和。当经济均衡运行时，用支出法和收入法衡量的国民收入是相等的，即：

$$Y_d^3 = C + I + G$$
$$Y_i^3 = C + S_p + T$$
$$Y_d^3 = Y_i^3$$

上式可转换为

$$I = S_p + (T - G)$$

（T - G）为政府税收收入与政府购买支出的差额，可以称为政府储蓄（S_g），那么，国民总储蓄（S_t）就等于私人储蓄与政府储蓄之和，因此，在封闭的三部门经济下，储蓄与投资相等，即

$$I = S_t$$

在三部门经济模型的基础上，我们引入对外贸易，即扩充为开放的四部门经济。对外贸易的主要表现是：本国居民把本国生产的商品和服务出售给外国居民，赚取外汇收入，即出口（X）；本国居民也会购买外国居民生产的商品和服务，付出外汇，即进口（M）。出口与进口的差额也称为净出口（NX）。因此，在开放的四部门经济条件下，从支出角度衡量的国民收入就等于国内总支出和净出口之和，即：

$$Y_d^4 = C + I + G + NX$$

由上式可知，净出口与消费支出、投资支出和政府购买一并成为开放经济条件下国民收入的组成部分。现实经济中，一国在贸易上很难实现出口与进口的平衡，因此，净出口一般不等于零。从国际收支的角度看，进口与出口的差额即净出口就构成了经常账户（下一节将详细解释）余额的主要部分，用CA表示经常账户，$CA > 0$表示贸易顺差，经常账户盈余；$CA < 0$表示贸易逆差，经常账户赤字。用公式表示为：

$$CA = NX = X - M = Y - (C + I + G)$$

在开放的四部门经济条件下，从收入角度看，国民收入除了消费、私人储蓄和税收外，还应包括本国居民对外国居民的转移支付（K_r），因此

$$Y_i^4 = C + S_p + T + K_r$$

当经济均衡运行时，$Y_d^4 = Y_i^4$，因此：

$$C + I + G + (X - M) = C + S_p + T + K_r$$

或

$$I = S_t + (M - X + K_r)$$

式中，S_t表示私人储蓄与政府储蓄之和，而（$M - X + K_r$）则表示外国对本国的储蓄。从本国的立场看，M、K_r表示其他国家从本国获得的收入，X表示本国向其他国家出售商品和服务时其他国家的支出。可见，当$M + K_r - X > 0$时，外国对本国的收入大于支出，于是就有了储蓄；反之为负储蓄。因此，$I = S_t + (M - X + K_r)$也就表示四部门经济中总储蓄

（私人、政府和国外）与投资相等的关系。

<table>
<tr><td>第二节</td><td>国际收支平衡表</td></tr>
</table>

一、国际收支的概念与发展

国际收支的概念起源于 17 世纪初期，当时国际经济往来的基本形式是货物贸易，国际收支被解释为一个国家的对外贸易差额，即贸易收支。这反映了资本主义形成时期货物贸易在国际经济往来中占统治地位的状况。在这以后很长一段时间内，国际金融界一直通行这一概念。即使在现代经济条件下，由于货物贸易仍然在国际经济往来中占有重要地位，人们有时还会以贸易收支代替国际收支。到了 20 世纪初国际金本位制崩溃以后，国际收支的内涵从原先一国的对外贸易收支逐渐演变为一国的外汇收支，凡是在跨国交易中必须以外汇进行结算的交易，都属于国际收支的内容。第二次世界大战结束后，国际经济往来的内容和方式有了很大的变化，由于国与国之间政治、经济和文化等方面的往来更加频繁，贸易方式更加灵活，政府的对外援助、易货贸易、记账贸易、补偿贸易等不涉及外汇收支的交易也被纳入国际收支的概念中，国际收支涵盖的范围不断扩大。

二、对国际收支的理解

对国际收支这一概念，可以从以下三方面来理解：

（1）国际收支是流量的、事后的概念，指在过去特定的一段时期内国际交易数额的变动情况，通常以"1 年"报告居多。此外，从统计学的意义上说，国际收支是一个时期数，而不是一个时点数。

（2）国际收支发生在一国（或经济体）的居民与非居民之间，也即居民与居民、非居民与非居民之间的交易一般不在国际收支的统计范围之内。所谓居民，是指在一国（或地区）居住期限达到 1 年以上的，从事或计划从事一定规模的经济活动的法人和自然人；否则，即为该国（或地区）的非居民。居民和非居民都包括个人、企业、政府以及非营利组织等。需要注意的是，国际收支的统计主体是"经济体"而非"国家"，因此，中国大陆与中国港澳台之间的各种经济交易同样应列入"国际收支"的范畴。

（3）国际收支反映的内容是以货币记录的全部对外经济交易。经济交易主要包括以下五个方面：商品和劳务的货币买卖；商品和劳务与商品和劳务的交换，即物物交换；金融资产之间的交换；无偿商品和劳务的单方面转移；金融资产的单方面转移。然而，本国居民与非居民进行的交易数以亿计，这些交易不可能每一笔都出现在国际收支报告之中，因此，国际收支是一种综合性质的报表。

三、国际收支平衡表的概念

国际收支是一个经济概念，一个国家（或经济体）的国际收支状况具体是通过该国主管当局编制的国际收支平衡表（balance of payments statement，BOP Statement）来反映的。国际收支平衡表是将一国在一定时期内的国际经济交易按特定账户分类和复式记账原则编制的会计报表。它是国际收支的外在表现形式，是反映一国对外经济发展、偿债能力等关键信息的重要文件，也是各国在开放经济条件下制定宏观经济政策的基本依据。其账户设置和分类具有两个明显特点：一是依据经济交易的性质与经济分析的需要而设立；二是各国在具体的账户设置和分类上虽有细微差别，但大体上保持一致。

四、国际收支平衡表的编制原理与记账方法

国际收支平衡表按照复式记账的原理编制。收入项目或负债增加、资产减少的项目都列为贷方（credit），记正号（+），主要包括商品和服务的出口、技术的转让、劳务的输出、引进国外的直接投资、出售外国有价证券以及从国外借入中长期信贷资金等；支出项目或资产增加、负债减少的项目都列为借方（debit），记负号（-），主要包括商品和服务的进口、技术的引进、劳务的输入、在国外进行直接投资、购买国外有价证券以及向国外贷出中长期信贷资金等。每一笔交易都需同时记录金额相等的贷方和借方，因此，国际收支平衡表全部项目的贷方总额与借方总额是相等的，其净差额为零。

专栏 11-1

国际收支平衡表
原理举例

此外，由于国际经济交易是一个连续的过程，买卖合同的签订、货物的装运、货款的结算一般都是在不同时期进行的。国际货币基金组织（IMF）对经济交易的记录日期做出了规定，通常遵循如下基本原则：记录日期以所有权的变更日期为准。一笔交易如果在国际收支平衡表编制期间内完全结清，则如实记录；如果涉及贸易信用，如预付货款或延期付款等，那么按照"所有权变更"原则，应在交易发生日期进行记录，而不是货款的收付日期。

五、国际收支平衡表的账户设置

根据国际收支发生的不同原因，即不同类型的国际经济交易，国际收支平衡表分为以下三个项目：经常项目、资本和金融项目、平衡项目。

（一）经常项目

经常项目（current account）是国际收支平衡表中最基本和最重要的项目，主要记载表现为货物和服务的国际交易。该项目又可细分为贸易收支、服务收支和经常性转移收支三个子项目，这三个子项目差额的总和就是经常项目差额。

1.贸易收支（trade balance），又称有形贸易收支（visible trade balance），指货物的进出口，反映的是商品贸易或有形贸易的顺差或逆差情况。按照国际货币基金组织的规定，商品进出口以各国的海关统计为准，并以商品所有权变化为原则进行调整，进口、出口均采用离岸价格（FOB）计价。此外，该项目还包括一些未通过本国关境的转口贸易，退货也在此项目中进行调整。

2.服务收支（service transaction），又称无形贸易收支（invisible trade balance），反映服务贸易或无形贸易的顺差或逆差情况。在我国的国际收支平衡表中，该项目由"服务"和"收益"两部分组成。服务主要包括运输、旅游、通信、金融服务、建筑服务、保险服务、计算机和信息服务、专有权使用费和特许费、咨询、广告和宣传、电影和音像、其他商业服务以及政府服务13个项目；收益主要包括职工报酬和投资收益2个项目。

3.转移收支（transfer payment），又称单边转移（unilateral transfer），指不发生偿还或收益报酬的单边支付，是无对等的交易。由于这类转移不涉及等价交换，它在将来并不产生相应的偿还义务，因此，专门设置该项目作为实物商品转移或货币资金流动的对应分

录。根据进行这类活动的主体不同，转移又可分为私人转移和官方转移两大类，前者主要表现为侨民汇款、私人团体的跨国物资捐赠等；后者主要包括对外经济和军事援助、没收的走私货物以及战争赔款等。

（二）资本和金融项目

资本和金融项目（capital and financial account）是指对资产所有权在国际上的流动行为进行记录的账户，包括资本项目和金融项目。需要注意的是，如果国外资产和负债的计价及其他变化不反映为交易，就不包括在资本和金融账户内，而是包括在国际投资头寸中。

1.资本项目（capital account），包括资本转移和非生产、非金融资产的收买或放弃。非生产、非金融资产的收买或放弃，是指各种无形资产如专利、版权、商标、经销权以及租赁和其他可转让合同的交易。此外，固定资产所有权的资产转移、同固定资产收买或放弃相联系的或以其为条件的资产转移、债权人不索取任何回报而取消的债务等也应记在该项目下。

2.金融项目（financial account），包括一国（经济体）对外资产和负债所有权变更的所有交易。金融项目按所涉及的资本期限的长短可分为长期资本和短期资本两大类。

（1）长期资本（long-term capital），指期限在1年以上或未规定期限（如股票）的资本。进一步，长期资本又可分为政府长期资本和私人长期资本，前者主要有政府间贷款、政府投资（如购买他国政府发行的国库券）、向国际性或区域性金融机构（如世界银行和亚洲开发银行）的借贷等；后者包括私人性质的、跨越国界的直接投资、间接投资、证券投资以及商业银行进行的中长期国际信贷。

（2）短期资本（short-term capital），指期限在1年或1年以下（包括见票即付）的资本，可分为政府短期资本和私人短期资本。短期资本的流动主要体现为进出口信贷、套汇套利交易、跨国公司的资金调拨、金融机构的头寸调整，以及资本外逃和投机性资金流动等。由于短期资本规模巨大，它在国与国之间的频繁流动往往会造成相关国家金融市场的动荡，甚至引发货币危机或金融危机，所以短期资本的跨国界流动日益引起各国金融监管当局的重视。

（三）平衡项目

平衡项目（balancing account），又称官方储备项目，包括官方储备、误差与遗漏两大类。

1.官方储备（official reserve），指一国货币金融当局（中央银行、财政部及其他官方机构）所持有的、能用以弥补国际收支逆差、稳定本币汇率水平的各项资产的总称。对国际货币基金组织的成员而言，官方储备包括四种类型的资产，即黄金储备、外汇储备、特别提款权（special drawing right，SDR）和在国际货币基金组织的储备头寸。

2.误差与遗漏（errors and omissions），是人为设置的、用来调整国际收支平衡表的项目。由于各部门（商务部、财政部、海关等）统计口径不一、资料本身的错漏等原因，误差与遗漏无法避免，国际收支平衡表的借贷总额就不能实现平衡，为满足复式记账的要求，特意设置了"误差与遗漏"一项。假如借方总额大于贷方总额，其差额就记入"误差与遗漏"的贷方；反之，假如贷方总额大于借方总额，其差额就记入借方。国际收支平衡表的使用者应注意"误差与遗漏"具体数值的大小，这可作为判断该表数据资料可靠性的依据。以商品进口为例，其数据来源于海关对过关商品数额的记录，而与之相对应的货币支付数据很可能不同。这种现象在延期付款或预付货款的商品贸易中比较常见。货款预付后，这笔交易在银行中便有了记录，从而增加了本期国际收支的贷方数额，而海关要到下一个时期商品入关时才会将它记录下来，从而增加了下一期国际收支的借方数额。在这种情况下，就需要"误差与遗漏"项目来保证国际收支平衡表的账面平衡。

专栏11-2

2020年中国国际
收支平衡表

第三节　　国际交易中的会计平衡和失衡

一、国际收支的平衡与国际收支的均衡

（一）国际收支的平衡

国际收支平衡表是根据复式记账原则编制的，即"有借必有贷，借贷必相等"，因此，只要统计完备，国际收支必然是平衡的。如经常项目差额可以通过资本和金融账户的差额来弥补，如果所有交易都出现差额，还可以使用官方储备来平衡。但是，国际收支平衡表上的平衡本身并没有实际意义，它仅仅是一种会计记录上的平衡。在国际收支平衡表中，除了"误差与遗漏"项目外，其他所有项目都代表着实际的国际经济交易活动。按照交易主体和交易目的，这些交易可以分为两种类型：一类是自主性交易，一类是调节性交易。

1. 自主性交易（autonomous transactions），指经济主体（企业和个人等）出于自身的需要而独立发生的交易，如贸易、投资等。这种交易所产生的货币收支并不总是相抵，由此可能导致对外汇的超额需求或超额供给，引起汇率的波动。在这种情况下，一国货币当局或是任凭汇率自由浮动，使自主性交易的收支自行达到平衡，或是为保持固定汇率而增减外汇储备，以弥补自主性收支不平衡所造成的超额外汇供给或需求。

2. 调节性交易（accommodating transactions），又称为补偿性交易（compensatory transactions），指一国货币当局出于调节国际收支差额、维持本国货币汇率稳定等目的而进行的各种交易，如为弥补国际收支逆差而向外国政府或国际金融机构借款或动用外汇储备等。由此可见，调节性交易是一种引致交易，是在自主性交易出现缺口时，由货币当局被动进行的一种事后弥补的对等交易。

将所有国际经济交易都划分为自主性交易和调节性交易，可以判断国际收支实际上是否平衡。如果一国国际收支中的自主性交易达到平衡，不需要事后调节，则认为该国的国际收支是平衡的；如果一国国际收支中的自主性交易不平衡，在进行了调节性交易后才实现了国际收支的平衡，则认为该国的国际收支是失衡的，因为在这种情况下，国际收支的平衡缺乏牢固基础，不能维持长久。然而，同样一笔国际经济交易对不同国家来说却可能具有不同的性质。例如，调节性交易包括官方储备资产以及短期资本流动的变化，官方储备资产的变动明显是货币当局填补自主性交易缺口的反映，但短期资本流动究竟是自主性交易还是调节性交易，则难以做出明确的回答。这是因为，一国货币当局因自主性交易不平衡而向国外金融市场借款，对该国来说是调节性交易，对外国的债权人来说却是追逐利润的自主性交易，这样就出现了国与国之间的不一致。

（二）国际收支的均衡

国际收支平衡是对一个国家与其他国家的各种经济交易的外在考量，并不与国内经济相联系。而在现实生活中，一国的国际收支不平衡是不可避免的，甚至从某种意义上来说是有益无害的。例如，一定程度的顺差使一国的国际储备得以适度增长，提高该国对外支付和应付国际游资冲击的能力；一定程度的逆差可能源自一国适度地利用外国资源，从而为国内经济发展服务。因此，单纯地追求国际收支平衡并不是明智的选择，经济学家由此引入了国际收支均衡的概念。国际收支均衡是指国内经济处于均衡状态下的自主性国际收支平衡，即国内经济处于充分就业和物价稳定状态下的自主性国际收支项目差额为零。国际收支均衡要求一国同时实现内部均衡和外部均衡，即不仅是外汇市场的供求均衡，也是相互关联的国内外各个市场（商品、劳务市场等）的供求均衡。国际收支均衡的概念已经被越来越多的国家政府所接受，作为其运用宏观经济政策的重要目标。

二、国际收支状况的衡量指标

国际收支账户提供了开放条件下一国对外经济交往的系统记录。为了全面了解、判断一国对外经济交往的状况，有必要对国际收支账户进行具体分析，以得出有价值的结论。

（一）贸易收支差额

贸易收支差额是指货物进出口收支的差额。对一些国家来说，贸易收支在全部国际收支中所占的比重相当大，因此，贸易收支差额在传统上经常作为整个国际收支的代表。同时，贸易收支的数据很容易通过海关及时收集，能够比较快地反映出一国的对外经济交往情况。贸易收支差额在国际收支中具有特殊重要性的原因还在于，它体现了一个国家或地区自我创汇的能力，能够反映一国或地区的产业结构、产品质量以及国际竞争力，是一国或地区对外经济交往的基础，影响和制约着其他账户的变化。因此，在对国际收支状况进行分析时运用比较多。

（二）经常项目差额

经常项目差额是指货物、服务和经常转移等收支的差额，它反映了实际资源在国与国之间转让的净额。若一国经常项目出现盈余，则意味着由货物贸易、服务贸易以及转移支付等产生的贷方净额，该国的国外净资产增加了，即经常项目顺差表示该国对外净投资增加；反之，若一国出现经常项目赤字，则意味着由于输入较多商品、服务或进行较多的对外转移，该国的对外净投资减少了。随着服务贸易的迅速发展，一些国家尤其是较发达国家对无形商品进出口的依赖与日俱增，经常项目差额在整个国际收支中的地位呈上升趋势，成为考察一国国际收支是否达到平衡的重要指标。

（三）基本收支差额

基本收支差额是指在经常项目差额的基础上加上长期资本移动差额。长期资本相对于短期资本来说是一种比较稳定的非投机性资本，它以市场、利润及获取资源等为目的，因而在很大程度上也属于自主性交易，反映了一国在国际经济往来中的地位和实力。由于经常项目差额和长期资本流动主要受一国生产率长期变化、生产要素有效配置程度、消费者偏好以及预期资本利润等经济因素的影响，因此基本收支差额常用来分析一国国际收支的长期发展趋势。

（四）官方结算差额

官方结算差额是指经常项目与资本和金融项目加总的差额。这一差额是全面衡量和分析国际收支状况的重要指标，通常所说的国际收支盈余或赤字就是指官方结算差额。官方结算差额为正，则储备资产增加；官方结算差额为负，则储备资产减少。负的官方结算差额可能导致储备资产的耗尽，因此是不可取的。但是，官方结算差额持续过高从而储备资产持续增加，对一国经济也并非有利无害。一方面，储备资产的积累对应着央行基础货币投放的增加，由此可能影响一国货币政策的独立性，引发通货膨胀；另一方面，储备资产的积累往往以牺牲本国的实际资源为代价，若经营不利，还会蒙受贬值的风险。

三、国际收支失衡的类型

虽然适度的国际收支失衡是不可避免的，甚至可能有利于经济的发展，但是持续、大量的不平衡常常会引发严重的国际收支危机。导致国际收支失衡的原因很多，只有认清了国际收支失衡的性质和原因，才能采取正确的措施予以应对。根据发生的原因，国际收支失衡可以划分为以下几种类型：

（一）临时性失衡

临时性失衡是指短期的、由非确定性因素或偶然性因素引起的国际收支失衡。例如，由于气候变化、政局变动等因素引起国内产出下降，从而出口供给减少、进口需求增加，导致国际收支失衡，而国外贸易伙伴的这类事件也可能带来本国国际收支的变化。这种类型的国际收支失衡一般持续时间不长、程度较轻，一旦这些临时性因素消失，国际收支便会恢复正常。

（二）周期性失衡

周期性失衡是由各国经济循环波动的不一致性所导致的国际收支不平衡。在市场经济条件下，由于经济周期的影响，一国经济会周而复始地出现繁荣、衰退、萧条和复苏四个阶段，不同阶段会对国际收支产生不同的影响。在繁荣时期，由于国内需求旺盛，进口增加，出口减少，经常项目可能出现逆差，但是经济景气也会吸引外国投资，从而资本与金融项目出现顺差；在萧条时期，由于国内需求不足，进口下降，出口增加，经常项目就会出现顺差，但萧条的国内经济会造成资本外流，资本和金融项目会出现逆差。在各国经济联系日益密切的今天，国际收支周期性不平衡会使各国的经济周期波动相互传递、相互影响。

（三）货币性失衡

货币性失衡是指在一定汇率水平下，由一国货币价值与物价水平变化所引起的国际收支不平衡。一国货币供应量增加，引发通货膨胀，使得该国物价水平和成本上升，国外物价水平和成本相对下降，导致出口减少、进口增加，从而引起或加剧本国经常项目的逆差；货币供应量增加还会导致本国实际利率下降，使得资本流出增加、流入减少，通过刺激资本外逃导致该国资本与金融项目逆差。反之，当一国通货膨胀低于外国时，该国物价水平和成本相比外国有所下降，使出口增加、进口减少，引起或加剧本国经常项目的顺差。此外，较低的通货膨胀（率）使实际利率上升，从而使得资本净流入增加，资本与金融项目出现顺差。

（四）收入性失衡

收入性失衡是由国民收入的变动引起的国际收支不平衡。在其他条件不变时，一国收入的增长速度快于其他国家，则可能使进口需求的增长超过出口需求的增长，造成经常项目的失衡。国民收入变动包括周期变化和收入长期增长。周期变化引起的国际收支失衡实际上就是周期性不平衡。而收入长期增长则可能导致持久性的不平衡，即如果一国的收入增长速度长期快于其他国家，则可能导致进口需求的增长超过出口需求的增长。但是，如果考虑收入增长过程中其他因素的变化，上述结论就不成立。例如，如果一国在收入增长的过程中通过规模效应和技术进步使生产成本下降，那么收入增长不仅会使进口增加，而且会使出口增长。

（五）结构性失衡

结构性失衡是指国内经济结构、产业结构不能适应国际市场而发生的国际收支不平衡。它通常反映在经常项目上，具体可分为产品供求结构失衡和要素价格结构失衡。对于一些国家尤其是发展中国家，生产结构的变动往往滞后于国际市场需求结构的变动，如果一国产品的供求结构无法适应国际市场产品供求结构的变动，该国的国际收支就会面临这种长期的结构性失衡。例如，国际市场对液晶显示器的需求增加，而一国仍停留在生产阴极射线管显示器的技术水平上，则该国的出口就会减少，进口就会增加。同样，如果本国要素的价格变动使本国出口产品在国际市场上所具有的比较优势逐渐削弱或消失，也会导致本国经常项目的失衡。对发展中国家来说，由于科技落后、资金短缺、信息系统不健全等原因，产品供求结构失衡的情况尤为严重。再如，一些发展中国家出口的主要是初级产品，进口的主要是制成品，由于初级产品的需求通常缺乏弹性，随着各国收入水平的提高和世界经济的发展，这些国家的贸易条件和贸易状况可能发生恶化，进而使得国际收支出现困境。

第四节　　国际储备

一、国际储备的概念

国际储备（international reserve）也称官方储备，是指一国货币当局为弥补国际收支差额和稳定汇率而持有的国际上普遍接受的资产。国际储备是衡量或反映一个国家综合国力的指标之一，是调节国际收支差额、稳定汇率、保持本国的对外支付能力、维持本币的国际信誉、确保国民经济健康发展的主要基础。

狭义的国际储备就是通常所说的国际储备，即自有储备，指一国货币当局持有的各种形式的储备资产，反映一国在涉外金融领域中的地位，是一国具有的现实的对外清偿能力。广义的国际储备又称国际清偿力（international liquidity），是自有储备与借入储备之和。其中，借入储备是一国向国外筹措资金的能力，即向外国政府或中央银行、国际金融组织、商业银行的借款能力。

能够作为国际储备的资产必须具备以下三个特征：

（一）官方持有

储备资产必须是一国货币当局（一般是中央银行或财政部）持有的资产，非官方金融机构、企业和私人持有的资产不属于国际储备。

（二）普遍接受性

作为国际储备资产，必须能够为世界各国普遍认同和接受；否则，就不能作为国际支付手段用于弥补国际收支逆差。因此，国际储备资产仅限于少数几个具有充分可兑换性的西方主要国家的货币性资产。

（三）充分流动性

国际储备应有充分的变现能力，在一国出现国际收支逆差或政府干预外汇市场时可以随时被动用。

二、国际储备的构成

狭义的国际储备由以下四类资产构成：

（一）黄金储备

黄金储备（gold reserve）是指一国政府持有的货币性黄金，不包括为了满足工业用金和民间藏金需求作为商品储蓄的黄金。黄金是历史最为悠久的储备资产，在国际金本位制度和布雷顿森林体系下一直占据着重要的地位。

黄金作为储备资产具有一定的优势：首先，黄金是比较可靠的保值手段，价值比较稳定。无论是在通货膨胀时期，还是在发生政治动乱时，人们对纸币的信心都会减弱，而黄金作为实物资产具有内在价值，并且能够被普遍接受。其次，一国持有的黄金储备享有充分的国家主权，而外币的收付有时会受到货币发行国的限制和约束。例如，历史上曾发生过美国冻结伊朗居民在美国的金融资产的事件，使得伊朗持有的美元无法对外支付。

专栏11-3

2021年2月部分国家持有的黄金储备

黄金作为储备资产的缺陷主要表现为以下两点：第一，黄金的流动性比较差。自1976年起，根据国际货币基金组织颁布的《牙买加协议》，黄金同国际货币制度和各国的货币脱钩，不再是货币制度的基础，也不能够用于政府间的国际收支差额清算。因此，央行要动用黄金时，需先将其换成外币资产，才能干预外汇市场和进行国际支付。第二，黄金自身的增值空间有限，而持有货币则可以通过购买固定收益资产获利，且持有黄金需要支付储藏和保险等费用，成本很高。

专栏11-4

俄罗斯的黄金储备为什么会超过中国？

尽管黄金具有较好的安全性而仍然被各国用作储备资产，但其流动性和收益性较差，尤其是其货币功能不断衰减，因此作为储备资产的吸引力也在持续下降，20世纪70年代以来，全球的黄金储备在国际储备中所占的比重不断下降。

（二）外汇储备

外汇储备（foreign exchange reserve）是指一国政府所持有的可兑换外国货币的现钞、现汇以及外币金融资产或权益凭证，银行存款、政府证券、中长期债券、货币市场工具、外汇衍生品合约等都属于这一范畴。作为储备资产的外国货币必须具有以下三个条件：第一，这种货币在国际货币体系中占有重要地位；第二，这种货币必须能自由兑换成其他储备资产，被世界各国普遍接受；第三，这种货币的内在价值相对稳定。目前，作为储备货币的主要有美元、欧元、英镑和日元等。

外汇储备是当今国际储备中的主体，其金额远远超过其他几种类型的储备资产，而且使用频率高，动用规模大。因此，就全球而言，外汇储备的供给状况直接影响世界贸易和国际经济往来能否顺利进行。供给太少，很多国家将被迫实行外汇管制或采取其他不利于国际经济活动顺利开展的措施；供给太多，又会增加世界性通货膨胀的压力。20世纪60年代后，美元危机频发；70年代初，布雷顿森林体系解体，美元作为世界储备货币的地位有所下降，德国马克、日元、英镑的地位上升，外汇储备走向多元化。1999年1月，欧元诞生，德国马克、法国法郎、荷兰盾等12种欧洲国家货币陆续退出历史舞台，此后，欧元成为主要的国际储备货币之一。但从第二次世界大战至今，美元一直是最重要的国际储备货币。

中华人民共和国成立以来，中国的外汇储备数量经历了巨大的变化。在计划经济时期，我国的外汇储备数量非常有限。改革开放以后，我国开始逐步融入世界经济中，20世纪80年代初，外汇储备只有22.6亿美元，到1990年，这一数字突破100亿美元。此后，我国的外汇储备快速增长，到1996年达到1 000亿美元。2006年，我国的外汇储备首次超过1万亿美元，超过日本成为全球外汇储备最多的国家。自此中国一直名列外汇储备国家的榜首，并于2014年达到峰值，为3.84万亿美元。自2015年开始，我国外汇储备呈现下降的趋势。截止到2020年年底，我国的外汇储备达到3.22万亿美元。

（三）在国际货币基金组织的储备头寸

成员在国际货币基金组织的头寸（reserve position in IMF），简称储备头寸，又称普通提款权（general drawing right），是成员在国际货币基金组织的普通账户中可以随时自由提取和使用的资产。国际货币基金组织相当于一个股份制性质的储蓄互助会，当一个国家加入时，需按一定的份额向该组织缴纳一笔资金，在成员发生国际收支困难时，有权以本国货币抵押的形式向国际货币基金组织申请提用可兑换货币。

储备头寸具体包括：第一，成员向IMF缴纳份额中25%的黄金或可兑换货币，这是会员在国际收支出现困难时可以随时提取和使用的外汇资产，不需要得到IMF的批准；第二，IMF为满足会员借款需要而使用掉的本国货币，最高额为本国份额的75%；第三，IMF向本国的其他借款净额。后面这两部分构成了本国对IMF的债权，会员可以无条件地用以弥补本国的国际收支赤字。

（四）特别提款权

特别提款权是国际货币基金组织为补充成员储备资产的不足而分配给成员的一种使用资金的权利。特别提款权于1969年创设并开始发行，由IMF按照成员的份额无偿分配给成员，仅可用于官方之间的结算（如划转给其他成员用以清偿债务，或用于偿还IMF的贷款等），而不能直接用于民间或私人的交易支付。

特别提款权最初与美元等值，1974年改用一篮子16种货币作为定值标准，后改用美元、德国马克、英镑、法国法郎、意大利里拉5种货币；1980年，日元被纳入SDR篮子。欧元启用后，特别提款权开始采用美元、欧元、日元、英镑4种货币定值。自2005年12月30日起，IMF出台了新的特别提款权计价方法，4种货币的比重分别为：美元占44%，欧元占34%，日元占11%，英镑占11%。所以，用美元表示的1SDR价值=44%+34%*欧元兑美元汇率+11%*日元兑美元汇率+11%*英镑兑美元汇率。特别提款权的利率也是用这4种货币的市场利率经加权平均后求得的，每周确定一次。从2006年开始，选用的代表利率分别是美元、英镑3个月的国库券利率，日本政府的13周融资票据利率和3个月欧洲回购利率。2015年11月30日，国际货币基金组织正式宣布人民币于2016年10月1日被纳入SDR。目前，特别提款权的价值由美元、欧元、人民币、日元、英镑这5种货币所构成的一篮子货币的当期汇率确定，所占权重分别为41.73%、30.93%、10.92%、8.33%和8.09%。

广义的国际储备即国际清偿力除了上述4种储备资产外，还包括借入储备，借入储备资产主要有以下三种类型：

第一，备用信贷（stand-by credit）。它是成员在国际收支发生困难或预计要发生困难时，同国际货币基金组织签订的一种备用借款协议。协议一经签订，成员便可在需要时按协议规定的方法提用，不需要再办理新的手续。这种协议的内容通常包括可借用款项的额度、使用期限、利率、分阶段使用的规定、币种等。备用信贷协议中规定的借款额度，有时并不被完全使用，对于未使用部分的款项，只需缴纳约1%的年管理费。有的成员与IMF签订了备用信贷协议后，甚至根本不去使用它。备用信贷协议的签订，表明政府干预外汇市场的能力提高和干预外汇市场的决心，对外汇市场上的交易者和投机者具有一种心理上的作用。

第二，互惠信贷协议（reciprocal credit agreement）。它又称货币互换安排（currency swap arrangement），是两国中央银行之间签订的一种官方协定，规定彼此以本国货币为对方提供一定数量的信贷额度，一国的中央银行可以在协定规定的总额内用该国货币向另一国的中央银行兑换其货币。在这一协议下，当一国发生国际收支困难时，便可按协议规定的条件（通常包括最高限额和最长使用期限）自动地使用对方的货币，然后在规定的期限内偿还。这种协议同备用信贷协议一样，从中获得的储备资产是借入的，可以随时使用。但两者的区别是：互惠信贷协议不是多边的，而是双边的，它只能用来解决协议国之间的国际收支差额，而不能用作清算同第三国的收支差额。

第三，本国商业银行持有的对外短期可兑换资产（尤其是在离岸金融市场或欧洲货币市场上的资产）。它又称为诱导性储备资产，这类资产虽不属于政府所有，但在必要时也可被有关政府机构所借用。然而，这些短期资金的流动性和投机性特别强，对政策变化的反应特别敏感。根据这个特点，政府可通过政策措施或新闻发布、道义劝说等手段来引导其流动方向，从而间接地起到调节国际收支的作用。

三、国际储备的作用

专栏11-5

2021年末
中国外汇储备
创6年新高

国际储备的作用可以从两个层面来理解：一是国际层面，即随着世界经济和国际贸易的发展，各国的国际储备或国际清偿力的作用不断增强，它起着推进国际商品流动和世界经济发展的作用；二是国家层面，国际储备是衡量一个国家经济实力和偿付能力的标志之一。一般来说，国际储备的作用体现在以下三个方面：

第一，平衡国际收支逆差，这是国际储备的首要作用。一国在面临因偶发性因素或季节性因素导致的暂时性国际收支逆差时，动用外汇储备弥补差额，可以避免采取影响整个宏观经济的财政货币政策，防止由此产生的经济衰退、失业加剧等不利影响。如果国际收支逆差是长期的、巨额的，虽然动用储备不能从根本上解决问题，但在必须采取其他措施的前提下，配合使用国际储备可以为政府赢得时间，缓解燃眉之急。从各国应对亚洲金融危机的实践可以看出，一国持有的国际储备越多，抵御外部冲击的能力也越强。

第二，维持汇率稳定。当一国货币汇率在外汇市场上发生波动，尤其是由投机性因素引起汇率波动时，政府常动用国际储备来干预外汇市场，调整外汇的供求，达到稳定本币汇率的目的。具体来说，在外汇市场上进行公开市场业务，通过出售储备货币、购入本币，可以使本币升值；反之，通过购入储备货币、抛出本币，可以使本币贬值。但需要注意的是，国际储备的数量是有限的，更无法从根本上改变决定汇率的基本因素，因此，外汇干预只能在短期内和一定程度上对汇率产生影响。

第三，充当对外支付或偿还外债的保证。由于国际储备是借款国到期还本付息的基础和保证，即在必要时政府可动用国际储备直接用于对外支付，所以，国际上均将国际储备看作一国经济实力的标志，用以评价一国的对外资信水平。充分的国际储备有助于提高一国的资信，国际储备越充裕，政府筹措外部资金的能力就越强，从而越容易吸引外资流入，促进本国经济发展。

四、国际储备的适度性

首先，持有国际储备意味着该国闲置了一部分宝贵的资源。如果该国不持有或减少持有国际储备，就可以利用这些外汇收入从国外进口经济发展所需要的战略物资、高新技术及资本品，该国经济的供给面就会得到改善；同时，进口资本品还将带动国内闲置资源（劳动力等）重新利用，提高该国的国民收入水平。其次，管理国际储备的成本很大，且存在贬值的风险。国际储备往往以投资的形式存在，以中国为例，我国外汇储备中的美元资产主要以美国国库券、美国政府机构债券和美国公司债券为主，一方面，国家需要设立或委托相关机构管理如此庞大的投资；另一方面，这些投资也可能发生违约和贬值。最后，国际储备的积累往往意味着实际资源的净流出。对于中国等发展中国家，出口主要以原材料和初级产品为主，在很大程度上破坏了生态环境，若不对以此换来的外汇收入充分利用，则对长期的经济发展更加不利。

考虑到国际储备的作用以及持有国际储备的成本，一国的国际储备应维持在适度的水平上。对于国际储备的适度水平，英国经济学家弗莱明（J. Marcus Fleming）认为，如果储备库存量和增产率使储备的缓解程度最大化，则该储备存量和增长率就是适度的；巴洛（T. Balogh）认为，在现有资源存量和储备水平既定的条件下，如果储备增长能促进经济增长率的最大化，则该储备的增长率是适度的。综合相关研究的观点，适度国际储备量应当是在兼顾实现国内经济目标和维持外部平衡的条件下，一国政府对其国际储备规模所做出的选择和调整。适度国际储备量一方面必须能够保证一国国际收支状况的改善和汇率的稳定，另一方面也应当有利于促进国内经济目标的实现。

本章小结

1.国民经济核算是宏观经济分析的基础，宏观经济学以整个国民经济活动为考察对象，研究社会总体经济问题。

2.国际收支是指在一定时期（通常为1年）一个国家或地区与世界上其他国家或地区之间，由于贸易、非贸易和资本往来而引起国际资金移动，从而发生的一种国际资金收支行为。

3.国际收支平衡表是将一国在一定时期内的国际经济交易按特定账户分类和复式记账原则编制的会计报表。它是国际收支的外在表现形式，是反映一国对外经济发展、偿债能力等关键信息的重要文件，也是各国制定开放经济条件下宏观经济政策的基本依据。

4.经常项目差额是指货物、服务和经常转移等收支的差额，它反映了实际资源在国与国之间转让的净额。

5.虽然适度的国际收支失衡是不可避免的，甚至可能有利于经济的发展，但是持续、大量的不平衡常常会引发严重的国际收支危机。

6.广义的国际储备又称为国际清偿力，是自有储备与借入储备之和。其中，借入储备反映一国向国外筹措资金的能力，即向外国政府或中央银行、国际金融组织、商业银行的借款能力。

重要概念

国际收支　经常账户　贸易收支　服务收支　资本项目　金融项目　国际储备　外汇储备　特别提款权

复习思考

1.国际收支取决于哪些因素？

2.经常账户包括哪些内容？

3.影响国际储备的因素有哪些？请列举并说明这些因素各自的特点。

4.施行固定汇率或浮动汇率的条件各是什么？

5.外汇储备的作用有哪些？它是越多越好吗？

第十二章

外汇市场与汇率

随着世界经济的发展，国与国之间的联系更加紧密，而货币在各国之间的商品进出口、劳务输出和输入、资金的跨国界流动等活动中是不可缺少的。然而，各主权国家及经济独立的地区都各自发行货币，并且一般情况下，一国或地区的货币不能在其他国家或地区流通，外汇与汇率问题就显得尤为重要。因此，需要了解外汇市场和汇率的概念及标价方法，这是整个国际金融领域的基础知识。除此之外，本章也会介绍当前学术界关于汇率决定相关理论的主流观点，从多角度来探讨外汇市场与汇率决定理论的联系。

第一节　　　　　　　　　外汇市场概述

一、外汇

外汇（foreign exchange）是国际汇兑的简称，有动态和静态两重含义。动态外汇是指人们把一种货币兑换成另一种货币，以清偿国际债权债务关系的活动或过程，与国际结算的含义一致。静态外汇是国际上为清偿债权债务关系而进行的汇兑活动所凭借的手段和工具，是一种物质存在形态。

广义的静态外汇概念，通常用于国家的管理法令之中。如1996年1月29日中华人民共和国国务院令第193号发布，并在2008年8月1日国务院第20次常务会议上修订通过的《中华人民共和国外汇管理条例》将外汇定义为："以外币表示的可以用作国际清偿的支付手段和资产，包括：（一）外币现钞，包括纸币、铸币；（二）外币支付凭证或者支付工具，包括票据、银行存款凭证、银行卡等；（三）外币有价证券，包括债券、股票等；（四）特别提款权；（五）其他外汇资产。"

狭义的静态外汇是指以外币表示的可用于国际结算的支付手段。按照这一概念，只有存放在国外银行的外币资金以及将对银行存款的索取权具体化了的外币票据，才构成外汇。具体来看，外汇主要包括以外币表示的银行汇票、支票、银行存款等。人们通常说的外汇就是指这一狭义的概念。

一般而言，外汇具备以下三个特征：

第一，外汇是以外币表示的各种金融资产，任何以本国货币表示的信用工具、支付手段、有价证券对本国居民来说，都不能称为外汇。如美元在美国之外的其他国家都是外汇，但在美国不是。

第二，外汇具有充分的可兑换性，能够自由兑换成其他国家的货币或以外币表示的金融资产。如美国、日本、英国、瑞士、加拿大等国名义上没有外汇管制，这些国家的货币可以自由兑换，而朝鲜币、缅甸元等货币还不能自由兑换成其他国家的货币。目前在国内的银行可以自由兑换成人民币的外汇有以下一些：美元、英镑、欧元、日元、港币、澳大利亚元、加拿大元、瑞士法郎、泰铢、菲律宾比索、澳门元等。

第三，外汇是在国外能够得到偿付的货币债权，即能为各国普遍承认和接受的金融资产。凡是在国际上得不到偿付的各种外币证券、空头支票、银行拒付汇票等，即使以某种流通性很高的外币计算，也不能视为外汇。

按照不同的标准，外汇可以分为不同的种类。根据是否可以自由兑换，外汇可以分为自由外汇和记账外汇。自由外汇是指不需要经过货币发行国允许，就能在市场上自由买卖、自由兑换或自由用于对第三方支付的外汇。记账外汇是指不经货币发行国批准，不能自由兑换成其他货币或对第三方支付的外汇，这种外汇只能在一定条件下作为两国经济交往中的清算工具。根据来源和用途，外汇可以分为贸易外汇和非贸易外汇。贸易外汇是指通过出口有形商品取得的外汇。非贸易外汇是指通过出口无形商品取得的外汇。根据管理对象，外汇可以分为居民外汇和非居民外汇。

尽管外汇从形态上通常用外币来表示，但外币不等于外汇，外汇的内涵要比外币丰富。不满足以上三个特征的，即使是流通性很高的外币也不能视为外汇。

二、外汇市场

外汇市场（foreign exchange market）是指进行外汇兑换和买卖的场所或网络。外汇市场在实现购买力的国际转移、规避和防范外汇风险、提供国际性的资金融通和国际结算方面发挥着重要作用。在外汇市场上有两种类型的外汇买卖：本币与外币之间的买卖、不同币种外汇之间的买卖。

外汇市场按场所是否固定分为有形市场和无形市场。有形市场是有具体交易场所的市场，交易双方在每个交易日的规定时间内进行外汇交易。无形市场是通过电话、电传、电报及其他通信工具进行的抽象交易网络，双方无须面对面交易，没有统一的交易时间、地点。早期的外汇市场以有形市场为主，而无形市场是目前的主要组织形式。

外汇市场按经营范围不同，可分为国内市场和国际市场。国内市场的外汇交易仅限于国内银行之间或国内银行与国内居民之间，不允许国外银行或其他机构参与；当地中央银行的管制较严，在市场上使用的货币仅限于本币与少数几种外币。国际市场的特点是各国或各地区的银行或企业按照规定均可以参与外汇交易，而且交易的货币种类较多，交易规模较大。其中，纽约、伦敦、东京、法兰克福、新加坡、中国香港等外汇市场就属于国际外汇市场这一类型。

外汇市场按照外汇买卖双方性质的不同，可分为外汇批发市场和外汇零售市场。外汇批发市场是特指银行同业之间的外汇交易市场，包括同一市场上各银行之间的外汇交易、不同市场上各银行之间的外汇交易、中央银行同商业银行之间的外汇交易、各国中央银行之间的外汇交易。外汇零售市场是指银行同一般客户之间的外汇交易市场。

三、外汇市场的特征

1. 外汇市场全球一体化

外汇市场在全球各地均有分布，并且通过现代化的通信技术进行交易，联系紧密，全球市场高度一体化，连成一个整体。各市场在交易规则、方式上保持一致，价格上也相互影响，一个市场的变动会影响到其他市场，引起连锁反应，最后，市场汇率表现为价格均等化。

2. 外汇市场全天候运行

由于世界上各个外汇市场的地理位置不同，亚洲市场、欧洲市场、美洲市场因为存在时差，外汇交易的时间相互连接、交错，从而形成一种前后衔接的循环作业格局。从整体来看，外汇市场就是一个全天候运行的市场。

四、外汇市场的参与者

1. 外汇银行

外汇银行是经本国中央银行或货币当局指定或批准，经营外汇业务的商业银行或其他金融机构。外汇银行在外汇市场上既可以代客户进行外汇买卖，为客户提供服务并从中获利，一般不承担汇率风险；也可以用自身的资金或信用融资在外汇市场上进行买卖，从而调整自身的外汇头寸或赚取利润收入。外汇银行是外汇市场的主导者。外汇银行可分为：专营或兼营外汇业务的本国商业银行、在本国的外国商业银行分行、其他经营外汇买卖业务的本国金融机构（如信托投资公司等）。

2. 外汇经纪人

外汇经纪人指的是外汇市场上在银行之间或银行和客户之间，为交易双方介绍、接洽业务、促成外汇交易的中间人。外汇经纪人熟悉外汇供求情况和市场行情，有现成的外汇业务网络，有丰富的外汇买卖经验，通过收取外汇买卖点差和手续费来获得收入，自身不承担外汇交易风险。随着现代科技的发展，尤其是计算机和互联网技术的发展，传统的经纪人市场日渐萎缩，取而代之的是电子经纪服务。电子经纪服务增强了市场的透明度，提高了外汇市场的效率。外汇经纪人一般包括：（1）一般经纪人，即那些既充当外汇交易的中介又亲自参与外汇买卖以赚取利润者；（2）跑街经纪人，即那些本身不参与外汇买卖而只充当中介以赚取佣金的经纪人；（3）经纪公司，指那些资本实力雄厚，既充当商业银行之间外汇买卖的中介又从事外汇买卖业务的公司。

3. 中央银行

中央银行一般不进行直接的、经常性的外汇买卖，而是通过经纪人和商业银行进行交易。其主要目的不是获取经济利益，而是以银行体系管理者的身份，在外汇短缺时大量抛售，外汇过多时大量买入，从而使本币汇率不至于剧烈波动；通过外汇买卖来防止国际短期资金流动冲击本国外汇市场，维持汇率稳定和国际收支平衡。中央银行进入外汇市场的目的是维持汇率的相对稳定，而外汇市场上的投机者总是希望汇价波动，这两者的力量在外汇市场上的此消彼长是影响汇价的重要因素。

4.非金融机构和个人

非金融机构和个人指的是外汇交易的最初外汇供应者和最终外汇需求者，包括进出口商、政府机构、跨国公司、出国旅游者、留学生及其他外汇供求者。其中，跨国公司的高额业务量使其成为外汇市场的主要参与者。

5.外汇投机者

外汇投机者是预测外汇市场的汇率波动趋势，利用买空、卖空或者买卖远期汇率的方式进行外汇交易，从中获利的机构或个人。其目的不是用于国际收支，而是赚取汇率差价。例如，当投机者预期某种货币的汇价将要上升时，会预先买入该种货币的远期，到期后若汇率果然上升，就执行远期合约，买入合约中的外汇并在现汇市场上卖出，从而获得利润。外汇投机者既可以是外汇供给者，又可以是外汇需求者，他们增强了外汇市场的流动性，修正了市场定价的错误，提高了市场运行效率；但过度的投机行为也会造成市场的剧烈波动，不利于外汇市场的正常运行。

五、外汇市场的功能

外汇市场集中反映了国际经济、金融动态和各国汇率变化的趋势，对世界各国的经济发展起到了重要作用。

（1）有利于不同货币之间的兑换和结算，促使国际贸易顺利进行。外汇市场上集中了各国货币的买方、卖方、信贷方和担保方，为货币兑换提供了便利条件，促进了国际贸易规模的扩大和进出口商的资金周转。例如，国际经济交易需要债务人向债权人进行支付，若债务人以债务国的货币支付，则债权人需要在外汇市场上兑换成本国货币；若债权人只接受本国货币，则债务人需要在外汇市场上先将债务国货币兑换成债权国货币再进行支付。

（2）形成合理的外汇价格体系。外汇通过在外汇市场上的公开报价和竞价，形成其市场价格，从而确定一国货币的汇率水平和形成各国货币之间的汇率体系。

（3）提供外汇资金融通。在进行国际贸易和国家间的资金转移时，各个经济主体的外汇供求存在不一致，这就需要通过外汇市场来调剂外汇的供求矛盾（调剂余缺），加快资金周转，促进国际投资和国际借贷活动的顺利进行。

（4）有利于外汇保值。由于汇率的频繁波动，某些外汇资产和负债承担着汇率变动的风险，可能会遭受损失。例如，计价货币汇率下跌会使收款人遭受损失，而计价货币汇率上升则会使付款人蒙受损失。然而，通过外汇市场的远期、掉期、货币互换等业务，可以平衡外汇价格，锁定汇率变化成本，化解外汇风险。

（5）作为国际金融活动的枢纽。国际收支的所有项目都是直接或者间接通过外汇市场进行的，外汇市场有力地促进了国际经济、金融的发展。

（6）投机。外汇投机是指根据对汇率变动的预期，有意保持某种外汇的多头或空头，希望从汇率变动中赚取利润的行为。它的主要特征是，投机者进行外汇交易，并没有商业或金融交易与之相对应。外汇投机具有不确定性，当投机者预期准确时可以赚取利润，但预期失误则要蒙受损失。

专栏12-1

世界主要外汇市场

第二节　汇率的概念与标价

一、汇率

汇率（exchange rate）是两种不同货币之间的兑换比率，即一个国家的货币折算成另一个国家货币的比率。当商品进入国际市场时，就需要将该商品以本国货币所表示的价格转换成以外国货币所表示的价格，因此产生了两种货币之间的折算。通过银行用本国货币购买外汇或者用外汇换回本币的行为就是外汇买卖，汇率是外汇买卖的计量标准。

外汇可以在国际上自由兑换、自由买卖，两种货币之间的兑换实际上可以视为一种特殊的商品交易，汇率就是买卖外汇这种特殊商品的价格。在国际汇兑中，两种货币可以互相表示对方的价格，用一种货币表示另一种货币的价格就是汇率，或者说汇率是外汇这种商品的"价格"。

二、汇率的标价方法

本币和外币都具有表示对方货币价格的功能，既可以用本币表示外币的价格，也可以用外币表示本币的价格。确定不同货币之间的比价，应该先确定以哪种货币作为标准，不同标准对应着不同的汇率标价方法。

（一）直接标价法

直接标价法是以一定单位的外国货币为标准，折合成一定单位的本国货币来表示汇率的方法，即以1个单位或者100个单位的外国货币为标准，计算价值本国货币的多少个单位。在这种标价法下，外国货币的数额固定，本国货币的数额随着外币或本币市值的变化而变化。一定单位外币折算成本币的数额减少，说明汇率下降了，也就是外币贬值或本币升值。大部分国家包括中国在内都采用直接标价法。

例如，USD1=CNY6.1786↑↓，即以美元作为标准外币，其数额固定不变，而人民币的数额随着两者的币值变化而变动。汇率上升，用箭头↑表示，则等式右边的本币数额增加；汇率下降，用↓表示，则等式右边的本币数额减少。

中央银行2021年12月31日的外汇牌价表如表12-1所示。

表12-1　　　　人民币外汇牌价表（2021年12月31日）

货币名称	交易单位	现汇买入价	现钞买入价	现汇卖出价	现钞卖出价
英镑	100	857.01	830.38	863.32	867.14
港币	100	81.33	80.68	81.65	81.65
美元	100	634.31	629.15	636.99	636.99
瑞士法郎	100	694.30	672.88	699.18	702.17
新加坡元	100	469.61	455.12	472.91	475.27
日元	100	5.5032	5.3322	5.5437	5.5522
加拿大元	100	500.25	484.46	503.94	506.17
欧元	100	720.07	697.70	725.38	727.71

（二）间接标价法

间接标价法，又称美式标价法，是以一定单位的本国货币为标准，折合成一定单位的外国货币来表示汇率的方法，即以1个单位或100个单位的本国货币作为标准，计算价值外国货币的多少个单位。在间接标价法下，本国货币的数额固定不变，折合成的外国货币数额随着本币或外币市值的变化而变化。一定单位的本国货币折合成的外币数量增加，则说明本币升值或外币贬值。目前，只有少数国家采用间接标价法，如英镑采用间接标价法，美元除对英镑实行直接标价法外，对其余货币的汇率都以间接标价法表示。

例如，USD1=CNY6.1786↑↓，即表示以美元作为本币，其数额固定不变，而人民币作为外币，数额随着两种货币币值的变化而变化。外汇的汇率上升，用↓所示，等式右边的外币数额减少；外汇汇率下降，用↑表示，则等式右边的外币数额增加。

可以看出，利用直接标价法与间接标价法表示的汇率正好相反，两者的汇率互为倒数，乘积为1。知道了一种标价法下的汇率，就可以计算出另一种标价法下的汇率值。所以，在使用某种货币的汇率说明其跌涨时，必须明确采用的是哪种标价法，以免引起混淆。

（三）美元标价法

直接标价法和间接标价法都是针对本国货币和外国货币之间的关系来衡量的，对某个国家或某个外汇市场而言，本币以外的其他各种货币之间的比价则无法用直接标价法或间接标价法来表示。随着国际金融市场之间外汇交易量的剧增，为了方便国际上的外汇交易，银行间的报价都以美元为标准来表示各国货币的价格。这种外币之间以一种国际上的主要货币为汇价标准的标价方法被称为"美元标价法"。非美元货币之间的汇率通过各自对美元的汇率来套算。美元作为这种主要货币，具备以下三个条件：在国际上被普遍接受，可以自由兑换；本国国际收支中使用最多；外汇储备中所占比重最大。美元标价法在国际外汇市场上被广泛接受。

在三种标价法中，数量固定不变的货币称为"标准货币"，直接标价法中的标准货币是外国货币，间接标价法下是本国货币，而在美元标价法下美元作为标准货币。

三、汇率的种类

仅仅知道汇率的含义是不够的，汇率在不同的场合有不同的表现形式，即在实际应用中，可以从不同的角度对汇率进行划分和理解。

（一）根据银行买卖外汇的方向划分

根据银行买卖外汇的方向，汇率可以分为买入汇率、卖出汇率、中间汇率和现钞汇率。

买入汇率又称买入价，是银行从客户处买进外汇时使用的汇率，即客户卖出汇率的价格。在直接标价法下，外币折合本币较小的那个汇率是买入汇率，表示银行买入一定数额外汇需要付出的本币数额。

卖出汇率又称卖出价，是银行向客户卖出外汇时使用的汇率。在直接标价法下，外币折合本币较大的那个汇率是卖出汇率，表示银行卖出一定数额外汇得到的本币数额。

需要注意的是，买入汇率和卖出汇率都是就银行的角度而言的，而不是站在进出口商等客户的角度。按照国际惯例，外汇交易在报价时通常只需要报出小数65/80，其中的大数1.14可以省略不报，在交易成交后再确定全部的汇率1.1465。

商业银行买卖外汇的目的在于追求利润，通过赚取买入汇率和卖出汇率之间的差价来获取收益。买入、卖出汇率的差额一般为1‰～5‰，差价越小，则说明银行外汇业务的竞争越激烈。影响外汇买卖差价的因素有很多，包括：（1）外汇交易的数量。一般在银行柜台上的零售交易买卖差价比较大，而银行间的批发业务所用的同业汇率买卖差价要小得多。（2）金融市场的发达程度。在最发达的外汇市场（如伦敦、纽约和东京外汇市场）上进行的外汇交易，买卖差价肯定要比其他外汇市场上小。（3）交易货币在国际经济中的地位或重要性。任何货币与美元的交易差价总是相对要小一点，而两种非美元货币之间的交易所涉及的买卖差价则较大。（4）汇率的波动性。如果汇率的波动性大，买卖差价也相应较大；汇率比较稳定的，买卖差价相应也小。（5）外汇交易所使用的支付工具。由于外币现钞不能通过电子系统进行转移，因此，其买卖差价要比现汇（如银行存款、信汇或票汇）交易的买卖差价大。

中间汇率是银行买入价和卖出价的平均数，不是外汇买卖的执行价格，通常只用来预测某种货币汇率的变动趋势和幅度，或者用于报刊和统计报表的综合分析。

现钞汇率又称现钞买卖价，是银行买入或卖出外币现钞时使用的汇率。外币现钞买卖一般为外汇零售业务。理论上，现钞与外汇形式的买卖应该相同，采用同等价格。但现实情况是，一般国家都规定不允许外币在本国流通，需要把银行买入的现钞运送到能流通的地区去，需要花费的运费和保险费由客户来承担。因此，银行买入现钞的汇率低于其他外汇形式的买入汇率，而银行卖出现钞的汇率高于其他外汇形式的卖出汇率。

（二）根据汇率的计算方法不同划分

根据汇率的不同计算方法，汇率可分为基本汇率和套算汇率。基本汇率是指一国货币与某一关键货币的汇率。由于货币种类繁多，在制定汇率时，本国货币不能对所有外国货币都单独制定汇率，而只能选择一种关键货币，制定出本币对关键货币的汇率。关键货币指在本国国际收支中广泛使用、外汇储备占比最大、能自由兑换、广为接受、汇率比较稳定的货币。目前，各国普遍将美元作为制定汇率的关键货币。例如，人民币基本汇率是指主要交易货币如美元、日元和港币等与人民币交易的基本比率。

套算汇率又称交叉汇率，是在基本汇率的基础上套算出的本币与关键货币以外的货币之间的比率。目前，在各国外汇市场上，几乎所有的货币都会公布与美元之间的汇率，无直接关系的非美元货币之间可以通过套算得出汇率。

（三）根据外汇汇付的方式不同划分

根据外汇汇付方式的不同，汇率可分为电汇汇率、信汇汇率与票汇汇率。三者的区别在于，电汇汇率是在银行卖出外汇后，以电报、电传等方式通知国外分行或代理行付款给收款人时使用的一种汇率；信汇汇率是以信函方式通知付款地银行付款给收款人时使用的汇率；票汇汇率则是银行在卖出外汇时，开立一张由其国外分支机构或代理行付款的汇票交给汇款人，由其自带或寄往国外取款所使用的汇率。

由于各种汇付方式从外汇卖出到外汇支付有一段时间的间隔，且间隔的时间越长，银行越能够在这段时间内利用客户的资金获利，汇率也就越低，因此，以上三种汇付方式中，电汇的汇率最高。因为电汇的实际付款时间最短，可以避免汇率波动的风险；信汇和票汇的汇率都比电汇汇率低，其中长期票汇汇率比短期票汇汇率要低。

当前，国际外汇市场上银行间外汇交易多采用电汇方式，所以电汇汇率是外汇交易的基准汇率，信汇和票汇汇率是在电汇汇率的基础上制定的。信汇方式通常在中国香港和东南亚地区用于邻近国家或地区之间的交易。

（四）根据外汇买卖的交割时间划分

根据外汇买卖的交割时间，汇率可分为即期汇率和远期汇率两种类型。交割是指双方按照合约的要求，进行实际收付的过程。即期汇率也称为现汇汇率，是买卖双方在成交后的两个营业日内办理外汇交割所使用的汇率。一般在外汇市场上挂牌的汇率除了特殊说明外，指的都是即期汇率。远期汇率是外汇买卖成交后，在未来的某个确定时间内买卖双方办理交割手续时所使用的汇率。到了约定的时间，双方按照约定的价格进行交割。一般期限为3~6个月，其中3个月期限的较为普遍。

远期汇率是以即期汇率为基础制定的，但往往与即期汇率有一定的差价，称为升水或贴水。在直接标价法下，远期汇率高于即期汇率称外汇升水，远期汇率低于即期汇率则称外汇贴水；若采用间接标价法，则正好相反，远期汇率高于即期汇率为贴水，远期汇率低于即期汇率为升水。如果远期汇率与即期汇率相等，则称为平价，这种情况很少出现。升水和贴水是根据市场预期、供求关系、利率差异等因素而产生的。一般来说，即期汇率较高，因为短期内可以兑现，风险较小；而远期汇率则低一些，因为要经过一段时间才能兑现，风险较大。另外，远期汇率与未来交割时的即期汇率是不同的，前者是实现约定的汇率，而后者是未来的即期汇率。

国际外汇市场远期汇率报出的是掉期率，因此需要用即期汇率加或减升水或贴水的点数才能算出远期汇率。

（五）根据国家汇率制度的不同划分

固定汇率和浮动汇率是按照国家汇率制度的不同来划分的。固定汇率是规定本国货币与其他货币之间维持某个固定的比率，汇率只在一个限定的范围内波动，通过官方干预来保持汇率的稳定。固定汇率并不是一成不变的，而是在经济形势发生较大改变时对汇率水平进行调整。纸币流通条件下的固定汇率实际上是一种可调整的固定汇率。国际金融历史上曾两度出现过固定汇率制度，即国际金本位制和布雷顿森林体系，前一种是自发形成的固定比价，后一种是人为规定的固定比价。

浮动汇率是指汇率水平由市场供求决定，政府不加任何干预。然而在现实情况中，汇率对一个国家的国际收支和经济均衡起着重要作用，完全不加干预的情况很少见，各国都会以不同的形式控制汇率的走向，称为有管理的浮动汇率制。以货币当局是否干预本币汇率为标准，浮动可以分为自由浮动和管理浮动。自由浮动又称为清洁浮动，是指一个国家货币的汇率完全由外汇市场的供求关系决定，货币当局不采取任何干预本币汇率的措施。自由浮动只是一种理论假设的需要，现实中没有一个国家采用。管理浮动又称为肮脏浮动，是指一国货币当局对外汇市场采取一定的干预措施，使本币汇率朝有利于本国的方向浮动。目前,世界上实行浮动汇率制的国家其浮动汇率大都属于管理浮动汇率。

（六）根据外汇的管制程度划分

根据外汇管制程度,汇率分为官方汇率和市场汇率。官方汇率又称法定汇率,是国家授权外汇管理当局制定并公布的本国货币与其他货币之间的外汇牌价。在外汇管制比较严格的国家,一切外汇交易都必须以官方公布的汇率为准。官方汇率不能频繁变动,因此,虽然能保证汇率的稳定,但汇率缺乏弹性。

市场汇率是外汇管制较宽松的国家在自由外汇市场上买卖外汇的汇率。汇率受供求关系的影响自发波动,国家不规定市场汇率,只通过参与外汇市场活动来干预外汇变化。

（七）根据汇率测算方法的不同划分

根据测算方法的不同,汇率可分为名义汇率和实际汇率。名义汇率也称市场汇率,是指直接公布、在市场上使用的汇率,是没有剔除通货膨胀因素的汇率。名义汇率不能反映两国货币的实际价值,而是随外汇市场上外汇供给变动而变化的外汇买卖价格。实际汇率是用两国同一时期的价格水平对名义汇率进行调整后的汇率。它能够反映汇率的变动与两国通货膨胀率的偏离程度,从而说明两国商品的国际竞争力。

若S_r为实际汇率,S为间接标价法下的名义汇率,P_a为本国的物价指数,P_b为外国的物价指数,那么

$S_r = S \times (P_a/P_b)$

（八）根据汇率适用范围的不同划分

根据适用范围的不同,汇率可分为单一汇率和复汇率。单一汇率是指一国外汇管理机构只规定一种汇率,一切外汇收支按一种汇率进行结算,无国别、货物差别,是国际货币基金组织要求会员使用的汇率。而复汇率是指一种货币有两种或以上的汇率,不同的汇率针对不同的国际经贸活动。其目的在于鼓励或限制某些商品的进出口,鼓励某些商品在国内生产。例如,德国在20世纪30年代曾对战备物资的进口给予较优惠的汇率,而其他商品的进口汇率则较高。

（九）根据外汇银行的营业时间划分

根据外汇银行的营业时间不同,汇率可分为开盘汇率和收盘汇率,即营业日开始和结束时进行外汇买卖所使用的汇率。随着通信设备的发展,各地外汇市场的联系日益紧密,由于时差的存在,外汇市场的开盘汇率往往会受到上一时区收盘汇率的影响。开盘汇率和收盘汇率虽然仅相隔数小时,但有时在汇率波动大的情况下,也存在较大的出入。

四、汇率的决定及影响因素

汇率代表外汇的价格,而外汇作为一种特殊的商品,其价格会随着外汇市场供求关系的变化而改变,因此,需要了解汇率决定的基础及影响因素。

（一）汇率的决定

在不同的货币制度下,各国货币所具有或代表的价值不同,货币之间的汇率便有不同的决定基础。

（1）金本位制下汇率的决定

金本位制是以黄金为货币制度的基础,黄金直接参与流通的货币制度,是资本主义国

家从19世纪初到20世纪初实行的货币制度。金本位制包括金币本位制、金块本位制和金汇兑本位制三种形式。其中，金币本位制是典型的金本位制度，后两者是变形的金本位制。金本位制下的汇率就是两国货币以其内在含金量为基础确定的交换比例。

在金币本位制下，以一定重量和成色的黄金铸造成的金币在市面上流通，铸造的金币与可兑换的银行券以1∶1的比例保持互换；两种货币之间的含金量之比，即铸币平价（mint parity）就是决定两种货币汇率的基础。

例如，在1925—1931年期间，英国规定1英镑的含金量为113格令，美国规定1美元的含金量为23格令，根据各自的含金量可以计算出英镑与美元之间的汇率为：

GBP1=USD（113/23）=USD4.913

即1英镑的含金量是1美元的4.913倍。两种金币的价值即含金量，就是英镑与美元之间汇率的决定基础。

铸币平价一般不会轻易变动，所决定的汇率是比较稳定的。然而在实际经济中，外汇市场上的汇率水平以铸币平价为中心，在外汇供求关系的作用下上下浮动，但这种浮动并不是无限制的，而是在一定的界限内，这个界限就是黄金输送点（gold transport point）。

当外汇市场上的汇率上涨超过某一界限时，本国债务人用本币兑换外汇就不如直接运送黄金去换取其他国家货币的成本低，从而引起黄金输出，这一汇率上限就是"黄金输出点"；当外汇市场上的汇率下跌超过某一界限时，本国的债权人用外汇兑换本币的所得要比用外汇直接购买黄金再运回国内的收入低，从而引起黄金输入，这一汇率下限就是"黄金输入点"。也就是说，汇率最高不能超过黄金输出点，最低不能低于黄金输入点。黄金输出、输入点构成了金本位制下汇率波动的上下限。超过了这一界限，就会引起黄金的国家间流动，自动调节汇率。

例如，英镑和美元的汇率为GBP1= USD4.913，英美两国之间运输1英镑黄金的费用是0.1美元，则汇率波动的上下限为：

上限=铸币平价+运输费用

GBP1=USD4.913+ USD0.1=USD5.013

下限=铸币平价−运输费用

GBP1=USD4.913− USD0.1=USD4.813

因此，GBP1=USD4.813称为美国的黄金输入点、英国的黄金输出点。在金本位制下，黄金输送点和黄金−物价国际收支调剂机制的作用，把汇率的波动限制在一定的范围内，对汇率起到了稳定和自动调节的作用。

在金块本位制和金汇兑本位制下，由于黄金比较少或者根本不再充当流通手段和支付手段，此时的汇率由法定的含金量来决定。国家规定货币的含金量，货币的发行以黄金或外汇作为准备金，并允许在一定限额以上与黄金、外汇兑换。黄金输入、输出点已经不复存在，汇率决定的基础仍然是铸币平价，但波动幅度则由政府来决定，政府通过设立外汇平准基金来维持汇率的稳定。

（2）纸币本位制下汇率的决定

经过第一次世界大战和1929—1933年的资本主义经济危机，金本位制崩溃，开始进入纸币流通时期。纸币作为价值符号，是金属货币的取代物，在金属货币退出流通领域之后，执行流通手段和支付手段的职能。这是政府以法令形式赋予并保证实施的。

从纸币制度产生开始，各国政府就规定本国货币所代表的含金量，即一定的价值，而不是所具有的含金量，与金本位制下铸币所拥有的含金量有着本质区别。在纸币本位制下，货币的实际价值并不一定等于其法定的含金量。

在纸币流通条件下，汇率的变动主要受外汇供求关系的影响。而这种情况在历史上可以分为两个阶段：在布雷顿森林体系时期，西方各国规定纸币的含金量，并且人为地规定汇率的波动幅度，将其限定在一定的范围内；在《牙买加协议》基础上的现行国际金融体系时期，黄金非货币化，纸币的金平价也被废止。汇率不再受自发或人为的限制，主要受外汇供求的作用，这使汇率丧失了保持稳定的基础，并且，外汇市场上汇率的波动也不再受黄金输入、输出点的制约，而是可以大幅波动，任何能够引起外汇供求变化的因素都可能造成汇率的起伏。

由于各国的交往日益密切，信息传递技术迅速发展，纸币本位制下的货币汇率不仅会受到本国经济和政策的影响，还会受到很多其他因素的影响，因此，很多学者纷纷探讨汇率变动和决定的基础，形成了各种汇率决定理论。

（二）影响汇率波动的主要因素

汇率是国际经济市场的重要纽带，其变化受一系列因素的影响，包括政治因素、心理因素、经济因素等；各因素之间相互联系又相互制约，并且同种因素在不同国家或同一国家的不同时期发挥的作用也不尽相同。汇率的变动受各种因素影响的同时，又会对这些因素产生作用，是一个错综复杂的过程。了解哪些因素会对汇率的变动产生影响，对研究各国的汇率政策有重要意义。

1.影响汇率变动的长期因素

（1）国际收支。一国的国际收支状况反映着该国在国际上的经济地位，也影响该国宏观与微观经济的运行。在影响汇率变动的长期因素中，国际收支尤其是其中的经常项目是最重要的因素。国际收支平衡表中所列的各项经济交易最终体现为一国的外汇供给和外汇需求。当一国经常项目出现顺差时，外汇供给大于需求，本币有升值的趋势；当经常项目出现逆差时，外汇需求大于供给，本币趋向贬值。此外，在浮动汇率制下，国际收支中资本项目差额的变动也会影响汇率的变动。

而在固定汇率制下，由于官方人为地控制汇率，国际收支状况不会直接导致汇率的变动，但会带来汇率变动的压力。长期、大量的国际收支逆差往往是本币法定贬值的先导，政府往往会迫于市场作用的压力而改变汇率。

（2）通货膨胀。当一国货币的发行量过多，超过商品流通中实际需要的货币量时，就会造成通货膨胀。在纸币流通制度下，汇率是由两国货币所代表的实际价值量的对比来决定的，货币所代表的实际价值可以用货币的购买力来体现。这一特点决定了货币的实际价值是不稳定的，通货膨胀及其造成的纸币的实际价值与名义价值的背离是不可避免的，必然会引起汇率的波动。

一国通货膨胀率上升，则该国货币的购买力下降，纸币对内贬值，该国的汇率下跌。

而汇率是两国货币的比价，如果两国都存在通货膨胀，则汇率受制于两国间通货膨胀率的差异。高通货膨胀率国家的货币相对于低通货膨胀率国家的货币贬值。

通货膨胀率的差异可以通过影响国际收支来影响汇率变动。一个国家的通货膨胀率高，会提高产品生产的成本，削弱本国商品在国际市场上的竞争力，从而导致出口减少，同时也会刺激进口增加。在这种情况下，外汇市场上的供求关系也会发生变化，从而导致本国货币的汇率下跌。

通货膨胀率的差异还可以通过影响资本项目的收支情况来影响汇率的变化。如果一国通货膨胀率上升，人们往往会预期该国货币进一步贬值，于是会把手中的该国货币兑换成其他货币，造成该国货币在外汇市场上的实际贬值。此外，高通胀率还会降低实际利率，阻碍资本流入，刺激资本流出，引起该国货币对外贬值。需要注意的是，通货膨胀率的差异对汇率的影响需要通过其他变量如投资、消费等发生作用，一国货币从对内贬值到对外贬值需要较长时间才能体现出来。

（3）经济增长。在同等条件下，经济增长率较高的国家收入上升，促使进口增加，出口的增长慢于进口的增长，使国际收支出现逆差，引起本币贬值；但同时高经济增长率往往伴随着劳动生产率的提高，使本国产品的出口竞争力增强，对出口导向型国家而言，出口的增加快于进口的增加，使国际收支出现顺差，从而使本币有升值的趋势。经济增长对汇率的影响取决于这两种力量的对比。

另外，从投资方面来看，一国经济增长率较高，则商业利润也较高，有利于吸引外资流入，使本币有汇率上涨的趋势；若较高的经济增长率导致较高的通货膨胀率，则资金外流又会导致本国货币对外贬值。

从市场参与者的心理角度分析，一国经济增长表明该国经济实力提高，会增强外汇市场对该国货币的信心，使其汇率上升。总体来说，经济增长对本国货币的稳定和升值有基础性的支持作用。

2.影响汇率变动的短期因素

（1）资本流动。短期内对汇率影响最大的因素是资本流动。国际资本的大量流入会使外汇供给增加，外币币值相对下降，从而使外币汇率下降，本币汇率上升。如果国际资本大量流出，则会导致外汇供给下降，外币汇率上升，本币汇率下降。由于国际游资流量巨大，并且流动迅速，对短期汇率的影响也非常大。

（2）利率差异。利率作为金融市场上的"价格"，其变动会直接影响一国的资金流出、流入。在开放经济条件下，利率变化通过影响短期资本流动来影响汇率的变动。当本国利率水平高于外国利率时，意味着本国金融资产的收益率更高，资本流入增加，对本币的需求增加，本币汇率有上升的趋势；反之，则资本流出增加，对外币的需求增加，外币汇率上升，本币汇率趋于下降。

但对在国际上追逐利润的短期资本而言，必须考虑两国的利率差异与汇率预期变动率之间的关系，只有当外国利率加汇率的预期变动率之和大于本国利率时，才会将资本投入国外市场。这就是国际资金套利活动的"利息平价原理"。

需要注意的是，这里所说的利率差异是指实际利率差异，实际利率是长期政府债券利率与通货膨胀率的差额。利率对汇率变动的影响还可以通过对国际收支经常项目的影响而产生作用。例如，提高本币利率往往伴随着国内货币供给减少和信用紧缩政策，引起物价下跌，从而有利于出口，不利于进口，带来国际收支顺差，本币汇率上升；反之，则导致物价上涨，本币贬值。

（3）经济政策。经济政策包括财政政策、货币政策、汇率政策等。如果一国放松货币政策，加大货币供应量，可能会导致本币供过于求，引起本币对内贬值，进而引起本币对外贬值；如果财政政策中的税收政策改变，可能会引起国际资本的流动，从而影响到汇率；汇率政策的变动对汇率的影响作用更为直接。外汇市场对这些政策的变化十分敏感，并且会在短期内表现出来。

（4）心理预期。心理预期是人们对事件发展的预期。当外汇市场的参与者预期某种货币将要升值时，便会大量购买此种货币以获利，这种行为会促使该种货币的汇率上升；如果预期某种货币贬值，市场上会出现大量抛售该种货币的情况，加大该货币贬值的压力，甚至造成该货币汇率下跌的事实。

随着国际外汇市场电子通信设备的完善，各种信息的流动瞬间就会引起大规模的外汇资金移动，有时甚至远远超过其他的影响因素。心理预期具有投机性的特点，会加剧汇率的短期波动，阻碍正常的外汇交易，歪曲外汇供求关系。

（5）政府干预。尽管第二次世界大战后西方各国纷纷放松了对本国的外汇管制，但各国政府为了达到保持汇率稳定的目的，往往会对外汇市场进行干预，政府的市场干预仍然是影响市场供求关系和汇率水平的重要因素。其形式包括：直接在外汇市场上买入、卖出外汇；对资本流动实行外汇管制；调整国内货币政策和财政政策；发表言论以影响市场心理预期；与其他国家联合进行直接干预，或通过政策协调进行间接干预。政府干预汇率往往是在特殊情况下进行的，如汇率剧烈波动、本币大幅升值或贬值等，虽然无法从根本上改变汇率的长期变化趋势，但短期内有利于汇率的稳定。例如，1987年年底，美元持续贬值，西方七国财长和中央银行总裁发表联合声明，并从1988年1月4日开始在外汇市场实施大规模的联合干预行动，大量抛售日元和德国马克，购进美元，从而使美元汇率回升，维持了美元汇率的基本稳定。

（6）突发事件。国际性的政治、经济、军事等突发事件（的冲击），如重要资源的发现、国际政治局势的变动、军事冲突的爆发或结束、政权交替等，都会对汇率的变动产生巨大影响。如果全球形势趋于紧张，将会导致外汇市场不稳定，汇率可能会大幅波动。通常情况下，一国的政治局势越稳定，该国的汇率就越稳定。

总之，影响汇率的因素多种多样，这些因素的影响也有轻重缓急之分，有的相互抵消，有的相互作用。只有对各因素进行综合、全面的考察，与一定的社会经济条件和特定的时间相联系，辩证地看待汇率波动问题，才能对汇率变动作出较为正确的分析。

第三节　　汇率、价格和产品的国际竞争力

汇率波动不仅会受到一系列因素的影响，反过来又会对一国经济、政策产生重大影

响。掌握汇率波动对经济的影响，进而采取必要措施，对一国经济的稳定发展至关重要。

一、汇率变动对国内价格的影响

价格与汇率的关系非常密切，在纸币制度下，以价格指数衡量的货币购买力是决定汇率的基本因素，而汇率又会反过来影响价格水平。汇率变动的一个直接后果就是对国内物价水平的影响。

汇率变动可以直接影响进出口商品的价格。如果一国货币的汇率下降，一方面，以本币表示的进口商品的价格上涨，进而带动国内同类商品价格的上升。若进口商品属于原材料、技术、设备等中间产品或资本货物，还会促使生产成本提高，引起商品价格的普遍上涨，诱发或加剧国内的通货膨胀。另一方面，在国内商品既定的供应条件下，本国商品以外币表示的出口价格下降，外国货币的购买力增强，本国商品的出口需求增大。如果出口商品的供给不能相应扩大，将会加剧国内商品市场的供求矛盾，导致出口商品国内价格的上涨。本币汇率上涨的影响刚好相反。

汇率变化也会对非进出口商品的价格产生影响。这种影响是间接的，通过进出口商品的价格传递到非进出口商品的价格上。对于可以随时转化为出口的国内商品，如果一国货币汇率下跌，这种商品会转化为出口商品，国内的供给减少，价格上升；对于可以替代进口的国内商品，由于进口减少，这种商品转化为进口替代品，价格也会上升。另外，对于不能进入国际市场或替代进口的商品，由于本币汇率下跌，出口商的利润增加，在平均利润率规律的作用下，这种商品的厂商或许会提高商品价格，或许转而生产出口商品，结果都会导致价格水平上升。

传统理论是以商品需求弹性较高为分析前提的，实际上，本币贬值还可能通过货币工资机制、生产成本机制、货币供应机制和收入机制使国内工资和物价水平循环上升，可能会抵消贬值带来的全部好处。

二、汇率变动对产品的国际竞争力和国际收支的影响

汇率与国际收支之间是相互影响的关系，在浮动汇率制下，国际收支状况会直接影响汇率波动；反过来，汇率的波动也会对国际收支产生直接影响。

理论上，本币对外贬值会对出口产生两种效果：一方面，本币贬值后，出口商品的本币价格不变，折算成外币的价格就降低了，出口商品的竞争力增强，出口扩大了；另一方面，本币贬值后，如果以外币表示的价格不变，则相同的外汇收入能为生产商换回更多的本币，出口商的利润增加，会提高出口商的生产积极性，出口数量增加。

本币贬值对进口也会产生影响：一方面，进口商品的外币价格不变，折合成本币的价格提高了，进口商成本增加，进口量减少；另一方面，若想维持以本币表示的进口商品国内价格不变，只能降低进口商品的外币价格，外国出口商的收入减少。因此，本币贬值会抑制本国居民对进口商品的需求，减少进口。

本币贬值如果有效地促进出口，限制进口，可以改善该国的贸易收支状况。本币升值的情况则正好相反，其鼓励进口，减少出口，减少贸易顺差或增大贸易逆差。汇率变动对一国国际收支的影响是各国货币当局制定汇率政策时考虑的最重要的经济动因，国际收支逆差国家往往会为了避免本币汇率下降，采取奖出限入的贸易保护主义政策，鼓励本国厂

商出口并限制进口，从而影响国际贸易的正常进行。

但在实际情况中，贸易收支状况有时不会产生上述结果。其受到两个因素的制约：

一是马歇尔-勒纳条件。如果进口商品的需求价格弹性与出口商品的需求价格弹性之和的绝对值大于1，说明本国货币汇率下降对进出口比较敏感，本币贬值的效果较明显，能增大出口量，增加出口的外汇收入；同时减少进口量，减少进口的外汇支出，从而改善贸易收支。反之，如果进出口商品的需求价格弹性之和小于1，则本国货币汇率下降的效果就不明显。

专栏 12-2

人民币汇率波动
对中国对外贸易
的影响

二是J曲线效应，也称时滞效应，是指汇率的变动并不会对贸易收支产生立竿见影的效果，而是呈现"J形曲线"。在本币贬值初期，以本币表示的进口商品的价格会立即提高，以外币表示的出口商品价格会立即下降。但出口量和进口量要经过一段时间才会改变。因此，在本币贬值的初期，贸易收支会继续恶化，只有经过一段时间之后，贸易收支才会逐渐改善。

第四节　汇率决定相关理论

一、铸币平价

铸币平价是金本位制度下的货币决定理论。该学说认为，两国货币的价值量之比表现为法定含金量之比，即铸币平价。铸币平价是汇率的基础。例如，在1925—1931年期间，英国货币1英镑的含金量为113.0016格令（即7.3225克）纯金；美国货币1美元的含金量为23.22格令（即1.5046克）纯金，因此英镑和美元的铸币平价是113.0016/23.22=4.8665，即1英镑等于4.8665美元，这也就是美元和英镑之间的法定平价。

（一）金本位制的形式

金本位制是以黄金为本位货币的货币制度。金本位制共经历了金币本位制、金块本位制、金汇兑本位制三种实现形式，其中最具代表性的是金币本位制。

金币本位制是金本位制的最早形式，亦称为古典的或纯粹的金本位制，盛行于1880—1914年。自由制造、自由汇兑、黄金自由输出输入是该货币制度的三大特点。在该制度下，各国政府以法律形式规定货币的含金量，两国货币含金量的比值即决定汇率基础的货币平价。黄金可以自由输出或者输入国境，通过黄金的自由输出或输入对汇率起自动调节作用。这种制度下的汇率因铸币平价的作用和受黄金输送点的限制，波动幅度不大。金本位制从狭义上来说，就是指的这种制度。

金块本位制是一种以金块办理国际结算的变相金本位制，亦称金条本位制。在该制度下，由国家储存金块，作为储备；流通中的各种货币与黄金的兑换关系受到限制，不再实行自由兑换，但在需要时，可按规定的限制数量以纸币向本国中央银行无限制兑换金块。可见，这种货币制度实际上是一种附有限制条件的金本位制。

金汇兑本位制是一种在金块本位制或金币本位制国家保持外汇，准许本国货币无限制地兑换成该国货币的金本位制。在该制度下，国内只流通银行券，银行券不能兑换黄金，只能兑换实行金块或金币本位制国家的货币；国际储备除黄金外，还有一定比重的外汇，外汇在国外才可兑换黄金，黄金是最后的支付手段。实行金汇兑本位制的国家，要使其货币与另一实行金块或金币本位制国家的货币保持固定比率，通过无限制地买卖外汇来维持本国货币币值的稳定。

金块本位制和金汇兑本位制两种货币制度在20世纪70年代基本消失。

（二）铸币平价说基本概论

（1）金币本位制下的汇率决定

在金币本位制下，实际汇率由于外汇的供求变化而围绕铸币平价浮动。就这种制度而言，只要黄金自由流进、流出，对黄金的买卖不加以限制，不出现银行券超过黄金储备的过量发行，银行券就不会贬值，汇率就将在黄金输送点之间波动。黄金输送点是黄金输入点和黄金输出点的总称。市场汇率和法定的铸币平价之间的差额达到一定程度时，就会导致黄金输入或者输出到某个国家，其数量的界限是由运送黄金所需要的费用决定的。我们仍然以上面的美元和英镑的例子对铸币平价理论加以解释。

假定英、美之间进行黄金输送，其各种成本总和为1英镑等值黄金需要0.03美元，则美元和英镑之间的汇率波动范围不会超过铸币平价上下0.03美元。在本例中，即英镑对美元不会高于4.8965美元（4.8665+0.03），也不会低于4.8365美元（4.8665-0.03）。没人会愿意花超过4.8965美元来买1英镑，因为他可以随时在美国财政部买到价值4.8665美元的黄金，再用0.03美元的运费将其运到英国换取1英镑，其总的成本也不会超过4.8965美元。同样的道理，也不可能有人接受低于4.8365美元的英镑兑换价格，因为他总能通过在英国购买价值1英镑的黄金，花0.03美元将其运到美国兑换成4.8665美元，这样他的所得不会低于4.8365美元。因此，铸币平价4.8665美元±0.03美元就是英镑和美元两种货币的黄金输送点，这时美国对英国的黄金输出点为4.8965美元，而美国对英国的黄金输入点为4.8365美元。

在图12-1中，横轴为英镑数量，纵轴为汇率。直线S和D分别为英镑的供给曲线和需求曲线，其交点E为均衡点，E点对应的汇率即铸币平价，也就是均衡汇率，其对应的数量为均衡数量。如果供给曲线不变，需求曲线向右平行移动到直线D_1的位置，则直线D_1就成为新的需求曲线。供给曲线和新的需求曲线的交点E_1高于黄金输出点，故美国进口商宁可在美国用美元购买黄金运到英国并在英国出售，换取Q_1Q_2的英镑用于支付。

同样道理，供给曲线不变，而需求曲线D向左平行移动到直线D_2的位置，则直线D_2就成为新的需求曲线。供给曲线S和新需求曲线D_2的交点E_2低于黄金输入点，故美国出口商宁可在英国用Q_3Q_4的英镑购买黄金运回美国并在美国出售换取美元，也不愿在英国用Q_3Q_4的英镑直接换成美元。

（2）金块本位制和金汇兑本位制下的汇率决定

金块本位制和金汇兑本位制这两种货币制度是不完全的金本位制。其共同特点是：没有金币流通，流通中的银行券和纸币可以按照法定含金量与黄金进行直接或者间接兑换；黄金的输出、输入受到极大的限制。汇率决定的基础已不再是两国货币的实际含金量之比，而是两种货币的法定含金量之比，即黄金平价（gold parity）。实际汇率因供求关系而

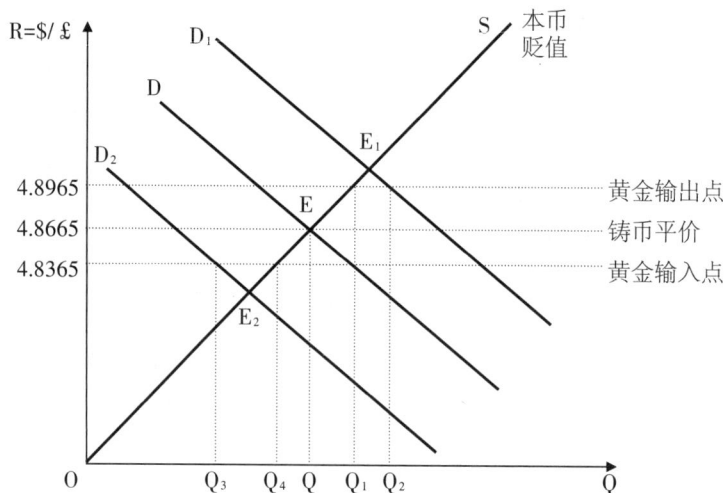

图12-1　铸币平价理论

围绕着黄金平价上下波动。汇率的波幅则由政府来规定和维护（这是因为黄金输出入受到极大限制后，黄金输送点已经不能发挥制约汇率波动的作用）。汇率稳定的基础动摇了，稳定程度降低了。

（三）物价—铸币流动机制

实际上，铸币平价中的输金点就是国际收支的自动调节机制，这个原理是由英国经济学家休谟最早提出来的，即"物价—铸币流动机制"。

这一理论的基本假设为：国际货币体系实行固定汇率制度，因而才会有最初的贸易收支逆差，进而导致黄金等国际储备的减少。

该机制对贸易收支的调节完全是自发的，一国货币的供应量消极地适应贸易收支的逆差和顺差的增减变动，政府没有人为地限制黄金的自由流出和流入，政府不干预经济运行。货币供给量的减少将导致商品价格下降的结论，是以货币数量论为前提的。货币数量论认为，一国的价格水平取决于该国的货币供应量。其基本的货币数量论方程是：

$$MV = PQ$$

其中，M是货币供应量，Q是实际产出量，V是流通速度，P是物价水平。一般而言，Q和V是常数，后者取决于交换中使用的技术手段或就业水平的高低。因此，物价水平完全取决于该国货币供应量的变化，即货币供应量的变化必然直接引起物价水平的同比例变化。

该机制实际包含这样的假定：一国物价水平的变化有明显的限制进口、鼓励出口的作用。假定没有资本流动，贸易收支就是国际收支。这一理论的表述大致是：

输金点不仅是保障汇率稳定的机制，同时也是保障各国国际收支平衡从而黄金会在不同国家间进行分配的机制。如果一国的国际收支持续出现逆差，那么本国货币就会不断发生贬值，市场汇率将突破黄金输出点的界限，造成黄金外流。随着一国黄金外流数量的增大，该国的货币供给就会减少，通货紧缩造成物价下降，从而该国的出口商品竞争力提升，进口商品的竞争力下降，引起出口增加，进口减少，国际收支失衡将得到恢复，黄金流出将减少甚至可能返回。反之则反是。总之，国际收支的失衡会导致黄金的流入和流出，进而影响到一国的物价水平，调整进出口贸易的差额，使国际收支自动达到均衡。

（四）对铸币平价说的评价

铸币平价说具有一定的历史意义，其探讨问题的基本思路和分析方法对汇率决定的讨论也具有启发作用。首先，它把货币的内在价值当做决定汇率的基础。货币的含金量可视为对货币本身价值量直观、通用和准确的表达；以货币的含金量为标准来确定不同货币之间的交换比例关系，的确是问题的关键所在。其次，铸币平价说将输金点作为市场供求引起汇率波动的区间。这在某种意义上说明了汇率波动的规则，是研究汇率波动问题的最早的理论探索。

不可否认，铸币平价说也有其局限性，它没有明确区分货币本身的价值和货币代表的价值。铸币所含的黄金在实际的流通中肯定要被磨损，铸币的含金量在一定程度上也只具有象征意义，以货币本身的价值来决定汇率是不对的，何况黄金进入国际市场流通的范围和数量更是有限的。另外，铸币平价说对汇率变动的原因和影响也没有进行深入的分析。很明显，汇率的波动不只是受贸易收支的影响，还有其他许多因素应当考虑。汇率的变动除了影响到一般物价水平外，还会对经济的变动产生重大影响，在考虑汇率变动的影响因素时，这些都是不可忽略的。

二、国际借贷说

国际借贷说（theory of international indebtedness）出现于第一次世界大战前，它是在金本位制盛行的基础上产生的，用以说明外汇汇率变动的最主要的理论。其主要的理论依据是古典经济学，特别是重商主义关于国际贸易以及外汇方面的相关论述。

国际借贷说又称外汇供求说，由英国经济学家葛逊（G.J.Goschen）于1861年在其《外汇理论》一书中提出。在第一次世界大战前，该理论被认为是汇率理论中最主要的理论，因为它综合了古典经济学家亚当·斯密、李嘉图、穆勒等人的汇率理论，并对汇率的变化因素作了系统的解释。

（一）国际借贷的基本概念

国际借贷是指一个国家或地区在一定日期对外资产和对外负债的汇总记录，它反映的是某一时点上一国居民对外债权债务的综合情况。

国际借贷与国际收支是两个既相互联系又相互区别的概念。它们之间的联系在于：在非现金结算的条件下，国家之间的经济交往总是先形成债权债务关系，如商品、劳务和资本的输出输入等；两国在进行结算前，输出国形成对外债权，输入国形成对外债务，这种关系就是国际借贷关系。国际借贷关系一经结算即告消失，但在结算过程中却引起国际收支的发生，债权国会得到外汇收入，债务国会支出外汇，这就分别形成了两个国家的国际收支。可见，国际借贷是产生国际收支的直接原因。但有时，国际收支又反作用于国际借贷，因为国际收支的某些变化会引起国际借贷活动的展开。

国际收支与国际借贷的区别表现在：

（1）国际借贷表示一个国家在一定日期对外债权债务的综合情况；而国际收支则表示一个国家在一定时期对外全部经济交易的综合情况。

（2）国际借贷是个静态的概念，表示的是一种存量（余额）；国际收支是个动态的概念，表示的是一种流量（发生额）。

（3）国际借贷只包括形成债权债务关系的经济交易，范围小；国际收支则包括一切对外发生的经济交易，范围大（如对外捐赠属国际收支范畴，但并未体现国际借贷关系）。

从上述分析可以看出，国际借贷是因，国际收支是果。它们之间是因果关系。一般来说，国际债权债务关系发生后，必然会在其国际收支平衡表上有所反映。但有时，国际收支又会反作用于国际借贷，即国际收支的某些变化会引起国际借贷活动的展开。因此，两者之间相辅相成。

（二）国际借贷说的基本观点

1.汇率的变动由一国对其他国家的债务和债权来决定

（1）一国的经常账户和资本账户差额构成一国的国际借贷差额。如果在一定时期内，一国国际收支中债权大于债务，即构成国际借贷出超，所超过的数额为该国对其他国家的净债权；如果一国国际收支中债务大于债权，则构成该国国际收支入超，超过的数额为该国对其他国家的净债务。

（2）国际借贷的出超和入超是决定一国资金流入或流出的最根本原因，而资金的流入或流出则直接影响该国货币汇率的涨落。这是因为货币以商品形式在国际市场上流通，其价格涨落必然受到供求法则的制约，而一国的货币在国际市场上的供求关系与该国的国际借贷息息相关。对该国货币的需求量大于供给量，则汇率会趋向于下跌（本币升值）；反之，则本币贬值。

总之，汇率变动由外汇供求引起，而外汇供求的变动则源自国际借贷。所以，葛逊认为国际借贷关系是决定一国汇率涨落的关键。

2.国际借贷分为固定借贷和流动借贷

葛逊认为，并不是所有的国际借贷都会对外汇供求和汇率的变动产生影响。国际借贷不仅仅由于商品的输入和输出而发生，股票、债券的买卖，利润和捐赠的收付，资本交易等亦会导致国际借贷的产生。为此，葛逊将国际借贷分为两种类型：固定借贷，是借贷关系已经形成，但未进入实际收付阶段的借贷；流动借贷，是已进入收付阶段的借贷。他认为只有流动借贷的改变才会对外汇供求产生影响。原因在于，固定借贷并不立即产生现金支付。此时，如果流动借贷不变，固定借贷发生变化而使国际借贷处于入超状态，入超的金额并不等于需立即输送的现金。本国货币并不因此而增加现时外流量，则汇率亦不至于马上上升。同样，如果由于固定借贷的变动而使国际借贷处于出超状态，出超的金额亦不等于立即收进的现金，本国货币并不会因此而有所增加，本国货币汇率也不至于下跌。例如，在固定借贷增加使一国处于国际借贷入超状态时，一般仍可借入短期资本，以平衡国际借贷差额，防止本国货币外流。这样一来，债务的增加反而阻止了本币贬值。而当固定借贷减少导致国际借贷出超时，按理资金应该内流，但如果该国未及时收回其应得的债权金额，反而向债务国投资，则该国货币有可能会因此而贬值。

可见，实际上决定汇率变动的并非笼统的国际借贷关系，或者是总的对外债权和债务差额，而是在一定时期内实际收付的对外债权和债务差额。所谓实际收付，是指当时确实收入和支出的货币量。

3.流动借贷对外汇供求及汇率的影响

流动借贷对外汇供求及汇率的影响可以概括为：一国流动借贷相等，则外汇供求平衡，汇率不变；一国流动债权大于债务，则外汇供给大于需求，本币升值；一国流动债务大于债权，则外汇需求大于供给，本币贬值。

4.其他影响因素

除国际借贷因素之外，物价、黄金存量、信用状况和利率水平等因素也会对汇率变动产生影响。葛逊认为，利率变动会引起国际资金流动，而国际资本流动又会影响即期汇票价格，从而对汇率产生影响。这种对利率因素的分析，曾被认为是葛逊对19世纪汇率理论的一大贡献。不过，葛逊在承认上述因素的同时，仍然强调唯有国际借贷关系才是决定汇率变化最重要的因素。

（三）对国际借贷说的评价

葛逊的国际借贷说是以金本位制为前提的，通过国际借贷差额以及外汇供求的变动来解释汇率的变动，这在金本位制下货币供求、汇率变动较稳定的时期是有合理性的，因此该理论在19世纪下半叶一度广泛流行。其主要意义在于：

（1）葛逊将国际借贷划分为流动借贷和固定借贷，并指出只有立即清偿的各种到期的收付差额才能引起汇率的变动。这是比较符合客观现实的观点。

（2）国际借贷说从动态的角度分析了汇率变动的原因。

（3）在第一次世界大战前金本位制盛行的时期，用古典经济学的价格理论和供求法则来解释汇率的变化，易于被人们接受。

（4）国际借贷说为后来的凯恩斯学派发展国际收支的自动调整理论，即国际收支调节的弹性分析法和吸收分析法奠定了基础。它们都肯定了国家对国际收支调节的作用，从而肯定了国家干预对汇率变动的作用。

国际借贷说的不足之处在于：

（1）忽视了对汇率基础的论证。这一理论指出了在国际借贷差额不平衡时，汇率变动受一国对外债权债务关系的影响，但没有说明在国际借贷差额平衡时，汇率水平取决于什么，汇率是否还会发生变动。汇率决定基础显然是汇率理论中最重要的问题。事实上，在运用该理论时，一般要满足三个条件：首先，该理论只适用于外汇市场发达的国家；其次，该理论要求外汇市场不受国家干预；最后，该理论只对发展阶段大体相同的国家适用。

（2）它假定国际收支为一固定数额，国际收支本身完全独立于汇率。这一假定是与现实不符的。

（3）该理论仅仅探索了实体经济因素与汇率水平之间的关系，对汇率和货币供求及国际资本流动之间的相互影响则未涉及。

（4）该理论是建立在金本位制基础上的，因而不能有效地解释纸币本位制下汇率变动的原因。随着金本位制的瓦解，在不兑现纸币流通制度下，决定汇率的因素更为复杂，其中包括经济、政治、社会等诸多因素。由于该理论忽视了货币实际代表价值的最终决定作用，它已难以对现代社会条件下的汇率变动作出解释。

三、购买力平价理论

购买力平价理论（theory of purchasing power parity，PPP）以及作为其基础的一价定律（the law of one price）是西方诸多汇率理论中最有影响力的理论，被认为是现代汇率理论的基础。1922年，瑞典学者卡塞尔（Cassel）在《1914年以后的货币与外汇》一书中系统地阐述了购买力平价理论。购买力平价理论认为，人们需要外国货币是因为它可以用来购买外国的商品、劳务和技术等；外国人需要本国货币是因为它可以用来购买本国的商品、劳务和技术等，因此汇率代表着两国货币所具有的购买力的对比。

购买力平价有两种形式：绝对购买力平价（absolute purchasing power parity）与相对购买力平价（relative purchasing power parity）。前者指出两国货币的均衡汇率等于两个国家的价格比率，说明某一时点上汇率决定的基础；而后者指出汇率的变动等于两国价格指数的变动差，说明某一段时间内汇率变动的原因。

（一）一价定律

按照能否通过套利行为消除区域间的价格差异，一国内部商品可分为两类：可贸易商品（tradable goods）与不可贸易商品（non-tradable goods），后者主要包括不动产和个人劳务项目。

一价定律假定：（1）各贸易国家都实行了同等程度的货币自由兑换，货币、商品、劳务和资本流通是完全自由的；（2）信息是完全的；（3）交易成本为零；（4）不存在贸易成本和贸易壁垒。这就是说，如果国际贸易是完全自由的，厂商是价格的接受者，国内外商品是同质的，则商品在世界各地以同种货币表示时其价格相同，这就是一价定律。其可用公式表示为

$$P_d^i = e \cdot P_f^i$$

专栏12-3

巨无霸指数

式中，P_d^i 和 P_f^i 为第i种可贸易商品本国和外国的价格，e 为直接标价法下的汇率。一价定律描述的这种可贸易商品的价格和汇率的关系构成了购买力平价理论的基础。

（二）绝对购买力平价

一价定律针对某一种商品，如果将单一商品推广到所有可贸易商品，就可以推导出绝对购买力平价理论。绝对购买力平价理论假定一价定律对任何一种可贸易商品都成立，各种可贸易商品在各国物价指数的编制中占有相等的权重，那么两国可贸易商品物价水平的关系可表示为

$$\sum_{i=0}^{n} \alpha_i P_d^i = e \cdot \sum_{i=0}^{n} \alpha_i P_f^i$$

式中，α 表示权数。如果用 P_d、P_f 来表示本国与外国可贸易商品的平均价格指数，则有

$$P_d = e \cdot P_f$$

上式表明不同国家可贸易商品的物价水平换算成同一货币计量时是相同的。

将上式变形可以得到

$$e = \frac{P_d}{P_f}$$

这就是绝对购买力平价的一般形式，其含义是汇率取决于以不同货币衡量的两国可贸易商品物价水平之比，即不同货币对可贸易商品的购买力之比。根据该式，当本国价格水平相对上升时，本国的货币购买力相对下降，则汇率e上升，本国货币面临贬值的压力；反之，当本国价格水平相对下降时，本国货币的购买力上升，汇率e下降，本国货币面临升值的压力。

（三）相对购买力平价

在绝对购买力平价的基础上，相对购买力平价认为不同国家货币购买力的相对变化决定了汇率的平价变动。具体来说，如果两个国家的即期汇率在开始时处于均衡状态，则在未来很长一段时期内，两国通货膨胀率的变化将由远期汇率的变化来抵消，且这种变化是反向同等大小的。例如，如果美国的通货膨胀率为3%，中国的通货膨胀率为2%，则人民币应该升值1%，从而两国货币购买力相同。

如果用e、e^*分别表示基期与当期的汇率，则有

$$\frac{e^*}{e} = \frac{P_d^*/P_f^*}{P_d/P_f}$$

即

$$\frac{e^*}{e} = \frac{P_d^*/P_d}{P_f^*/P_f}$$

记π_d为本国通货膨胀率，π_f为外国通货膨胀率，则上式可转化为

$$\frac{e^*}{e} = \frac{1+\pi_d}{1+\pi_f}$$

上式表示汇率的变动由两国通货膨胀率的相对变动所决定。

如果用$E(e^*)$表示预期汇率，则上式可表示为

$$\frac{E(e^*)}{e} = \frac{1+E(\pi_d)}{1+E(\pi_f)}$$

式中，$E(\pi_d)$、$E(\pi_f)$分别代表本国与外国的预期通货膨胀率。

上述两式为相对购买力平价的基本公式，反映了某一时间段汇率的变动及决定。

（四）一价定律与购买力平价理论的比较

一价定律是购买力平价理论的基础，但两者有明显区别：（1）分析对象不同，一价定律主要考察单个可贸易商品的价格，而购买力平价理论以汇率为主要分析对象；（2）条件不同，绝对购买力平价并不要求每一种可贸易商品的价格相等，也不要求完全不存在贸易壁垒，只要各国对进口和出口的限制程度相同，结论就能成立。

绝对购买力平价和相对购买力平价的区别是：（1）前者将价格水平和汇率水平联系起来，说明的是某一时点上汇率的决定；而后者将价格变动与汇率变动联系起来，强调的是某一时段汇率的变动。（2）绝对购买力平价在计算两国的物价水平时，要求所参照的商品及其权重都相同，相对购买力平价则没有这个限制。

（五）对购买力平价理论的验证

针对购买力平价的有效性，学者们进行了大量的统计检验。从历史上看，对20世纪20年代实行浮动汇率制时的许多实证研究结果都表明，购买力平价理论运行良好；但对20世纪70年代以后浮动汇率制时期的验证却显示出对购买力平价理论的不利结果。在整个20世纪70年代，外汇市场的波动要比购买力平价理论预测的更为剧烈，购买力平价理论所依据的相对物价指数的变动无法对短期或中期的汇率波动作出合理解释。对实际汇率的检验结果显示，实际汇率的变动不仅幅度大，且具有持久性特征，而且具有与名义汇率大致相同的变化趋势，有些学者的验证结果还得出汇率的价格同股票的价格一样具有随机游走的特征的结论。

总结学者们对购买力平价理论的各种验证结果，可以得到以下三点结论：

（1）购买力平价理论在短期内是失效的。

（2）从长期来看，购买力平价还是比较合适的。

（3）在通货膨胀十分严重的时期，特别是在恶性通货膨胀的情况下，汇率和价格的变化较为明显地趋于一致，购买力平价的有效性较为显著。

总而言之，购买力平价理论在汇率决定理论中有着相当重要的地位。但这一理论无论是从自身的争议来说，还是从其与实际的偏差来说，都不是一个完整的汇率理论。

（六）对购买力平价理论的评价

购买力平价理论是汇率决定理论的基石，在所有的汇率决定理论中是最有影响力的。购买力平价理论的贡献主要体现在以下两方面：

（1）购买力平价理论开辟了从货币数量的角度对汇率进行分析的先河。在购买力平价中，一般货币的购买力是由货币的发行数量所决定的，货币的发行数量越多，单位货币的购买力就越低，从而决定汇率的水平。

（2）购买力平价理论指出国内外价格指数是汇率决定的依据，说明货币的对内贬值必然会引起货币的对外贬值，从而揭示了汇率变动的长期原因。

然而，购买力平价理论也存在以下一些缺陷：

（1）购买力平价理论的假设前提在现实中难以得到满足。例如，购买力平价理论假设可贸易商品在贸易过程中不存在贸易成本和贸易壁垒，这与现实的贸易条件有出入。

（2）购买力平价理论没有考虑不可贸易商品的存在及其对价格指数的影响。在不可贸易商品中，特别是劳动和不动产的价格波动往往比可贸易商品的价格波动还要剧烈。

（3）公式中一般物价水平不易计算，困难在于如何选择物价指数。例如，消费者物价指数（consumer price index）是侧重日常消费品价格的一种物价指数，而国内生产总值平减指数（GDP deflator index）是较前者覆盖面更广的物价指数，不同的物价指数形成不同的购买力平价。

（4）购买力平价理论仅仅考虑价格水平的变化对贸易收支等的影响，没有分析国际资本流动的影响，而在当今社会，国际资本流动日益频繁，产生的影响不容小觑。

四、利率平价理论

利率平价理论（theory of interest rate parity）又称远期汇率理论或利率裁定论。1889

第十二章 外汇市场与汇率

年，德国经济学家沃尔塞·洛茨对利率差和汇率的关系进行了研究，凯恩斯在洛茨的研究基础上编写了《货币改革论》一书，建立起古典利率平价理论。此后，许多研究者相继研究远期汇率，英国经济学家保罗·艾因齐格在古典利率平价理论的基础之上建立起现代利率平价理论。

利率平价理论假定不存在市场交易成本，汇率可以自由浮动，资金可以自由流动，则不同国家之间的利率差决定着远期汇率。投资者进行跨国投资，以收益最大化为目标，既可以将本国货币投资于本国市场，也可以将本国货币按照即期汇率兑换成外国货币投资于外国市场，然后再将收益按照远期汇率兑换成本国货币。因此，投资者追求高收益率能否实现，不仅取决于利率，而且取决于该国货币的汇率。若两国市场的投资收益率有差异，则资本产生跨国流动，直至两国市场的投资收益率相同。也就是说，在资本具有充分国际流动性的条件下，投资者的套利行为使得国际金融市场上以不同货币计价的相似资产的收益率趋于一致，即套利资本的跨国流动保证了一价定律适用于国际金融市场。

利率平价按照对投资者风险偏好的假设分为抵补利率平价（covered interest-rate parity，CIP）和无抵补利率平价（uncovered interest-rate parity，UIP）。

（一）抵补利率平价

抵补利率平价是利率平价的一种，是指远期升水（贴水）率刚好抵消货币资产利率的差异，使得不同货币资产用同一货币表示的无风险收益率彼此相同。抵补利率平价的基本原理是：在两国短期利率存在差异的前提下，为追求收益最大化，投资者将资金从低利率国家撤回，投向高利率国家。然而为避免汇率变动的风险，套利者将套利与掉期交易相结合，具体的操作方法是在即期外汇市场上把低利率货币换成高利率货币的同时，签订一份同等数额的把高利率货币换成低利率货币的远期合约，规避由于汇率变动而带来的可能的风险。

1.抵补利率平价的数学推导

假定投资者持有1单位本国货币，投资于本国货币资产的无风险收益率为i，投资于外国货币资产的无风险收益率为i^*，E表示以直接标价法表示的即期汇率，E_f表示远期汇率，也就是即期对远期的掉期交易。抵补利率平价包括两种投资方案：第一种方案是即期在本国存款，远期获得的收益为$1+i$；第二种方案是即期在外国投资，首先将1单位本国货币兑换成$1+E$单位外币，然后在远期获得$(1+i^*)/E$单位的外币，并按照事先签订的合约以E_f为汇率将外币兑换成本国货币，获得$E_f(1+i^*)/E$单位本国货币。由于投资者以追求收益最大化为目标，因此，根据假设条件，此时两种方案的收益应当相同；否则，就会出现抵补套利，从而有

$$\frac{E_f(1+i^*)}{E} = 1+i$$

即

$$\frac{E_f}{E} = \frac{1+i}{1+i^*}$$

两边同时减去 1 得

$$\frac{E_f - E}{E} = \frac{i - i^*}{1 + i^*}$$

记汇率的变化率 $(E_f - E)/E$ 为 Δe，则有

$$\Delta e = \frac{i - i^*}{1 + i^*}$$

由于 $\Delta e \cdot i^*$ 很小，可以忽略不计，因此上式化简可得

$$\Delta e = i - i^*$$

该式就是抵补利率平价的一般形式，其含义是两国的汇率变动刚好等于两国的利率之差。

2.抵补利率平价的实际应用

（1）如果利率差大于高利率货币的贴水幅度，那么应当将资金由低利率国家转向高利率国家，其利率差的所得收益高于高利率货币贴水带来的损失。

（2）如果利率差小于高利率货币的贴水幅度，那么应当将资金由高利率国家转向低利率国家，货币升水的所得收益大于利息损失。

（3）如果利率差等于高利率货币的贴水幅度，则无论怎样调动资金，都无利可图。

3.抵补利率平价的局限性

（1）抵补利率平价没有考虑交易成本。交易成本是影响套利活动的一个重要因素，如果考虑交易成本，抵补套利活动在达到利率平价水平之前就会停止。

（2）抵补利率平价的假定条件在现实情况中难以得到满足。例如，它假定不存在资本流动障碍，然而资本不能做到在国际上完全自由流动；它假定套利资金的规模是无限的，套利者能不断地进行抵补套利，直至达到利率平价，然而这在实际情况中也是很难成立的。

尽管如此，抵补利率平价对理解远期汇率的决定与变动，理解各个国家之间利率、即期汇率和远期汇率的关系有着重要的意义。

（二）无抵补利率平价

无抵补利率平价与抵补利率平价的差别在于：抵补利率平价假定投资者都是风险规避者，运用掉期交易来规避汇率风险；而无抵补利率平价则假定投资者是风险中立的，会根据自己对汇率的预期来进行投资，并承担一定的风险。

（1）无抵补利率平价的数学推导。无抵补利率平价的投资方案如下：根据无抵补利率平价的假设条件，投资者在两国存在利率差的情况下，把低利率货币兑换成高利率货币之后，并未签订远期合约，而是根据自己对汇率的预期计算收益。假定投资者对远期汇率的预期值为 $E(e_f)$，那么此时的均衡状态为

$$\frac{E(e_f)(1 + i^*)}{E} = 1 + i$$

即

$$\frac{E(e_f)}{E} = \frac{1 + i}{1 + i^*}$$

两边同时减去 1 得

$$\frac{E(e_f) - E}{E} = \frac{i - i^*}{i + i^*}$$

记 $E(\Delta e)$ 为预期的远期汇率变动率，则上式可表示为

$$E(\Delta e) = \frac{i - i^*}{1 + i^*}$$

由于 $E(\Delta e) \cdot i^*$ 很小，可以忽略不计，因此上式化简可得

$$E(\Delta e) = i - i^*$$

上式为无抵补利率平价的一般形式，它的含义是预期的远期汇率等于两国的利率差。当无抵补利率平价成立时，如果本国利率低于外国利率，则市场预期本币在远期将升值。

（2）无抵补利率平价的实际应用。一种资产的价格反映了市场对这种资产的评价，如果市场上的投资者普遍认为某种资产的价格偏低，那么他们就会买进该资产，对该资产的超额需求会导致该资产的价格上升，直至该资产的价格剔除了时间价值后等于市场预期的价值；反之，投资者则会抛售某种预期价格过高的资产，导致该资产的价格出现相应的下跌。在国内外利率相同的情况下，当前的汇率将等于预期远期汇率。

五、资产市场理论

（一）资产市场理论的概念及基本假定

20世纪70年代中后期，在国际货币体系进入浮动汇率制和国际资本大量流动的背景下，美国经济学家布朗森（W.H.Branson）、鲁迪·多恩布什（Rudi Dornbusch）和杰弗里·弗兰克尔（Jeffrey A.Frankel）等人以货币数量与资产市场的均衡关系为依据，提出了资产市场理论。该理论一经问世便成为国际货币基金组织及一些跨国银行制定汇率政策的依据，成为汇率理论的主流学说。资产市场理论的分析方法大致如下：在分析汇率的决定时，把外汇看成一种资产，汇率就是对应的资产价格，从而资产存量的调整将会影响到市场上外汇供需关系的变化，最终影响资产的价格即汇率。资产市场理论有两个显著的特点：

（1）决定汇率的是存量因素而非流量因素。它从资产市场的角度出发，强调货币的资产属性，认为汇率的变动是为了实现两国资产市场的存量均衡，因此资产市场理论一般又称为汇率决定的存量模型。

（2）在即期汇率的决定中，预期起着十分重要的作用。较之于普通商品，投资者对未来经济的预期会非常迅速地反映在即期价格中，从而导致即使经济没有显著变化，汇率也发生剧烈的波动，即对资产价值评价的改变在相当程度上是由于预期的变化。

资产市场理论的基本假定条件为：①外汇市场是有效的，即所有影响汇率变动的因素都经由汇率的变化体现出来；②资金完全自由流动，抵补利率平价理论始终成立；③一国的资产市场由本国的货币市场、债券市场和外国的债券市场组成，即本国居民不持有外国货币，仅持有本国货币、本国债券和外国债券；④本国是一个小国，对世界商品市场、外汇市场和证券市场的影响为零，仅为价格的接受者。

根据本币资产与外币资产可替代性的不同，资产市场理论可分为货币分析法（monetary approach）与资产组合分析法（portfolio approach）两种。

（二）货币分析法

汇率的货币分析法简称汇率的货币模型。该分析法假定本币资产与外币资产可以完全替代，因此，这两个市场是一个统一的市场。其中，任何一国货币市场不均衡都会导致两个市场资产收益率的变化，从而导致出现新的均衡汇率。

根据价格弹性的不同，汇率的货币分析法又可以分为弹性价格货币分析法（flexible-price monetary approach）和黏性价格货币分析法（sticky-price monetary approach）。弹性价格货币分析法假定价格是完全灵活可变的，主要用于分析长期汇率的变动趋势；黏性价格货币分析法假定在短时期内价格具有黏性，不会因为市场的失衡而进行迅速的调整，主要用于分析短期汇率的决定。

1.弹性价格货币分析法

弹性价格货币分析法的基本观点是：汇率不是两国商品的相对价格，而是两国货币的相对价格，因此汇率受一国货币供给与需求状况的影响并由此决定。弹性价格货币分析法的假定条件包括：①垂直的总供给曲线。均衡产出已达到最大，刺激需求只会引起价格的上升，而对产出没有影响。②稳定的货币需求。③购买力平价理论成立。④货币供给是政府可以控制的外生变量。

在上述假定条件下，汇率的货币模型从货币的供给等于需求角度入手研究。货币需求取决于实际收入水平、价格水平和利率，用函数 $L(Y,i) = \dfrac{Y^{\alpha}}{e^{\beta i}}$ 来表示；货币供给是外生变量，用 $\dfrac{M_S}{P}$ 来表示。当货币市场均衡时，$L_D = L_S$，即 $\dfrac{Y^{\alpha}}{e^{\beta i}} = \dfrac{M_S}{P}$ 成立，两边取对数并化简，得到本国物价水平的表达式为

$$lnP = lnM_S - \alpha lnY + \beta i$$

外国物价水平的表达式相应可得为

$$lnP^* = lnM_S^* - \alpha lnY^* + \beta i^*$$

根据前提假定条件购买力平价理论成立，即汇率的对数值 e 等于本国物价水平与外国物价水平的对数值之差，因此合并上面二式可得

$$e = lnP - lnP^* (lnM_S - lnM_S^*) + \alpha (lnY - lnY^*) + \beta (i - i^*)$$

此式即弹性价格货币分析法的模型，从该式可以看出：本国与外国之间的实际国民收入水平、利率水平以及货币供给水平共同决定了汇率水平，并且作用机制是货币需求产生变动进而影响到汇率。其具体分析如图12-2所示。

在图12-2中：

（1）当其他条件给定不变，本国国民的实际收入水平升高时，意味着货币需求增加，而货币供给是外生变量，给定不变，此时本国的价格水平将会下降，本国货币贬值。

（2）当其他条件给定不变，本国货币供给增加时，价格水平会同比例上升，由于存在购买力平价理论，此时本国价格水平的提高会导致本国货币的贬值。

（3）当其他条件给定不变，本国利率变化时，如利率上升，会降低对本国货币的需求，在货币供给给定不变的前提下，本币出现贬值现象。

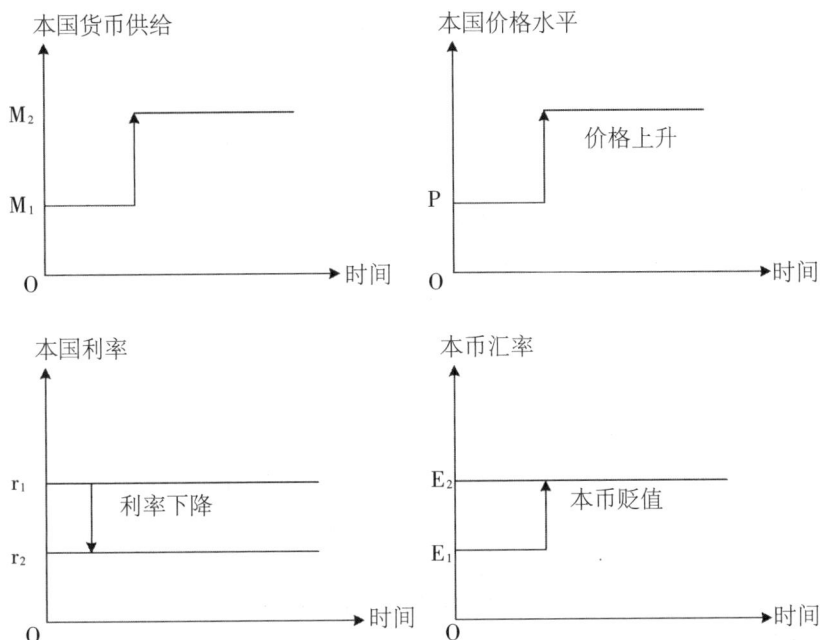

图12-2　弹性价格货币分析法的作用机制

弹性价格货币分析法充分体现了"货币主义"的特性，将汇率视为资产的价格，以对货币需求产生影响进而传递至汇率为作用机制，在一定程度上符合资金高度流动这一客观事实，并且引入、分析了实际国民收入和货币供给量等变量，在现实生活中有广泛的应用。

2.黏性价格货币分析法

黏性价格货币分析法又被称为"超调模型"，其基本观点是：在短期内，由于假定市场上价格具有黏性，不能及时作出充分的调整，从而产品市场短期内无法出清，购买力平价理论不成立；但是资产市场始终处于出清状态，资产价格如汇率等具有完全的灵活性，经济调整完全依赖利率的调整，导致利率出现超调，即其调整幅度超过长期平均水平。

黏性价格货币分析法的假定条件包括：价格具有黏性，即在短期内总供给曲线呈水平状；购买力平价理论在短期内不成立，在长期内成立；资本完全自由流动，金融市场对货币变化的反应迅速。黏性价格货币分析法的作用机制如图12-3所示。

在图12-3中，当货币供给由 M_1 增至 M_2 时，由于货币需求在短期内是稳定的，必有利率从 r_1 下降至 r_2，在资本完全流动和替代的假定前提下，利率下降意味着本国投资收益的减少，因此资金外流，从而导致本币贬值、外币升值。与此同时，利率下降使国内总需求增加，且本币贬值使国外对本国商品的需求增加，从而引起本国商品价格的上升。在该上升过程中，实际货币的供给量减少，利率反方向回升，最终达到弹性价格货币分析法中的长期均衡。

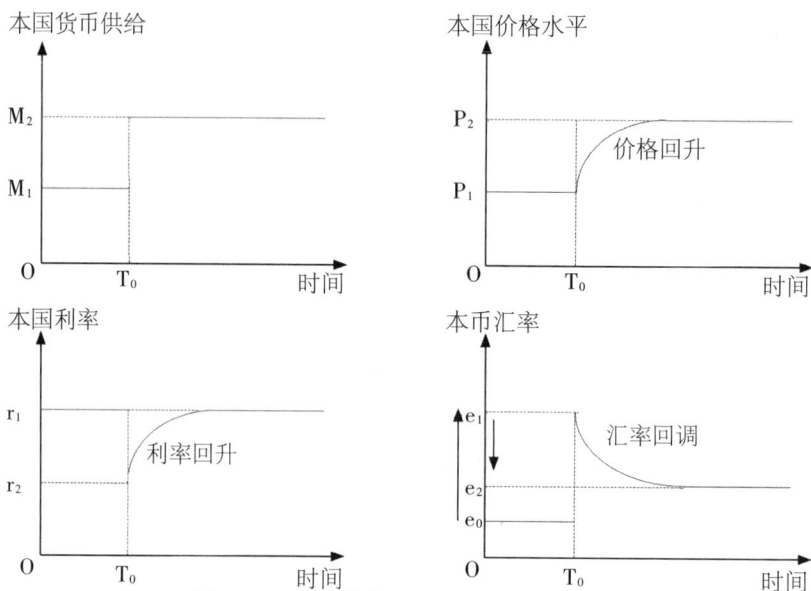

图12-3 黏性价格货币分析法的作用机制

黏性价格货币分析法认为购买力平价理论只有在长期才成立，实际上，弹性价格货币分析法所得出的结论是黏性价格货币分析法中长期均衡的情况。

（三）资产组合分析法

汇率的资产组合分析法最早始于20世纪70年代，该理论的代表人物是美国经济学家布朗森。与货币分析法相比，资产组合分析法的特点是假定本币资产与外币资产是不完全替代物，无抵补利率平价由于风险等因素的存在不再成立，本币资产与外币资产需要在两个相对独立的市场上进行研究。

（1）资产组合分析法的主要内容

汇率的资产组合分析法的研究对象为小国，国外利率给定，且本国居民持有三种资产，分别为本国货币、本国债券和外国债券。资产组合模型的基本公式为

$$W = M + B + eF$$

式中，W 表示以本币衡量的总资产，M 是持有的本国货币，B 是持有的本国债券，F 是持有的外国债券，e 是直接标价法下的汇率。

货币与债券市场均衡时利率与汇率的组合如图12-4所示。

在图12-4中，MM曲线代表当本国货币市场均衡时，利率与汇率相对应的各种组合，MM曲线斜率为正，原因是当国外债券市场不发生变化时，随着汇率的提高，本币贬值，本国货币需求量增加；当本国货币供给不变时，就会使本国利率升高，在图形上即表现为MM曲线斜率为正。此外，当货币供给增加时，货币供大于求，利率下降，此时表现为同一汇率水平下对应的利率水平降低，MM曲线向左移动；反之，MM曲线向右移动。

BB曲线代表本国债券市场均衡时，利率与汇率相对应的各种组合。BB曲线向右下方倾斜，原因在于随着汇率的提高，本币贬值，导致对本国债券的需求量增加；在本国债券

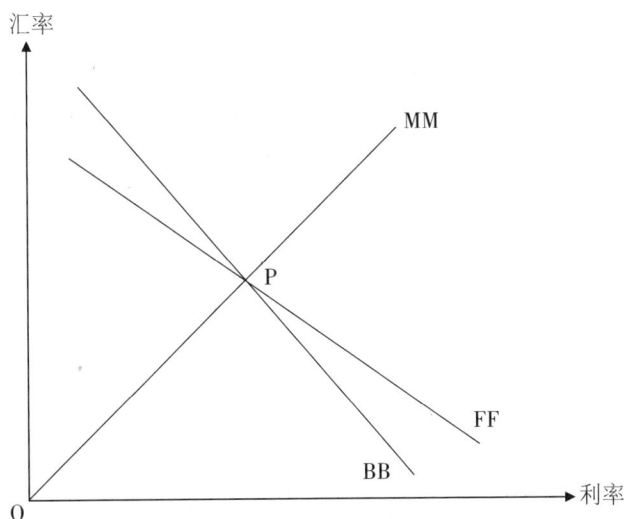

图12-4 货币与债券市场均衡时利率与汇率的组合

供给量不变的前提下，债券的价格上升，从而利率下降，表现在图形中，即BB曲线的斜率为负，向右下方倾斜。此外，当本国债券的供给量增加时，债券的价格会下降，对应的利率上升，BB曲线向右平移；反之，BB曲线向左平移。

FF曲线代表外国债券市场均衡时，利率与汇率相对应的各种组合。FF曲线向右下方倾斜，原因在于随着利率的提高，本国债券的价格下降，需求量增加，相对而言，对外国债券的需求量减少，此时亟需本币升值来缓解压力，实现市场均衡。FF曲线较之于BB曲线平缓，原因在于本国债券市场对本国利率的变动更为灵敏。

上述三条曲线交于点P，意味着本国货币市场、本国债券市场、外国债券市场在此处达到均衡。

（2）资产组合分析法的作用机制

当某种资产的存量发生变化，或者预期收益率发生变化，或者资产组合不平衡时，人们会对其持有的资产进行重新组合，直至恢复新的资产市场平衡。在这一过程中，本国资产与外国资产会发生替代作用，因此会影响到汇率。现有资产市场的各种失衡影响汇率变动的过程如下：

①当一国国际收支的经常项目出现盈余时，私人部门持有更多的国外净资产，人们会用多余的国外净资产换取本国资产，从而使得汇率下降。

②当外国的利率上升时，本国资产相对于外国资产所占的财富比重下降，人们需要用本国超额的资产换取国外资产，从而使得汇率升高。

③当一国的中央银行增加货币供给时，人们会放弃超额的货币而追求本国的债券，债券的需求增加直接影响了利率的走势，导致利率降低，从而使得汇率升高。

④当人们对经济形势进行估计而出现对汇率的预期时，会根据其预期而买进或卖出国外资产，从而影响汇率水平。

（3）对资产组合分析法的评价

与前面的各种汇率分析方法相比，资产组合分析法从本国资产与外国资产的不完全替代角度入手，在存量分析中加入了经常账户这一流量因素。但比起货币分析法，资产组合分析法的模型更为复杂，在实际运用中不易推广；与此同时，关于本国资产与外国资产的统计数据难以得到，因而实证分析难以满足。相比货币分析法，资产组合分析法并没有受到太多的关注。

资产市场理论视汇率为一种资产价格，把分析的焦点放在资产市场均衡上，克服了传统汇率理论把研究重心放在国际收支差额特别是经常项目收支差额上的局限性，从根本上改变了研究视角，使理论研究更加贴近西方经济学的现实。资产市场理论体现的是一般均衡分析，克服了传统汇率决定理论局部均衡分析的局限性。资产市场理论第一次正式将存量分析方法引入汇率决定理论中，同时结合流量分析方法，这对传统的流量分析方法是一次重大的突破。资产市场理论带有强烈的政策特征，直接为西方国家政府的宏观经济政策提供理论基础。资产市场理论中尽管有不同的分支，但它们在基本分析方法和基本理论思想上是一致的。它们之间不是相互排斥的，可以看成是相互补充的，在很多观点上它们是趋于相互融合的。

本章小结

1.外汇是国际汇兑的简称，有动态和静态两重含义。动态外汇是指人们把一种货币兑换成另一种货币，以清偿国际债权债务关系的活动或过程。静态外汇是国际上为清偿债权债务关系而进行的汇兑活动所凭借的手段和工具。

2.外汇市场的参与者有外汇银行、外汇经纪人、中央银行、非金融机构和个人、外汇投机者等。

3.汇率是两种不同货币之间的兑换比率，即一个国家的货币折算成另一个国家货币的比率。

4.汇率的标价法有三种：直接标价法、间接标价法和美元标价法，区别是使用的"标准货币"不同。

5.根据银行买卖外汇的方向，汇率可分为买入汇率、卖出汇率、中间汇率和现钞汇率。

6.按照外汇买卖的交割时间，汇率可分为即期汇率和远期汇率两种类型。交割是指双方按照合约的要求进行实际收付的过程。

7.名义汇率和实际汇率的区别在于是否剔除了通货膨胀的影响。实际汇率能够反映汇率的变动与两国通货膨胀率的偏离程度，从而说明两国商品的国际竞争力。

8.影响汇率变动的长期因素有：国际收支、通货膨胀和经济增长。

9.影响汇率变动的短期因素有：资本流动、利率差异、经济政策、心理预期、政府干预和突发事件等。

10.汇率决定理论是研究汇率如何决定和变动的理论。传统的汇率决定理论侧重于对流量的分析，代表性的理论包括购买力平价理论和利率平价理论。

11.购买力评价理论认为物价水平是决定汇率的主要因素，货币的购买力是由货币的发行数量所决定的，货币的发行数量越多，单位货币的购买力就越低，从而影响汇率的水平。

12.利率平价理论从金融市场的角度分析汇率与利率的关系，把利率决定的因素扩展到资产市场领域，反映出货币资产因素在国际金融领域内日益重要的作用。

13.20世纪70年代中后期以来，资产市场理论成为汇率理论的主流学说。资产市场理论认为决定汇率的是资本存量而非资本流量。根据本币资产与外币资产的可替代性假设，资产市场理论分为两部分：货币分析法与资产组合分析法。

14.货币分析法根据对价格弹性的假设不同，分为弹性价格货币分析法和黏性价格货币分析法。相比较而言，弹性价格货币分析法对分析长期汇率的变动趋势更有意义；黏性价格货币分析法对分析短期汇率的决定更合理。

15.资产组合分析法认为，理性的投资者会将其拥有的财富按照风险收益情况配置于各种可供选择的资产组合上，投资者在购买国外资产时会引起汇率的变动。

重要概念

外汇　外汇市场　汇率　直接标价法　间接标价法　美元标价法　即期汇率　远期汇率　中间汇率　名义汇率　实际汇率　黄金输送点　升水　贴水　铸币平价　即期汇率　远期汇率　一价定律　绝对购买力平价　相对购买力平价　利率平价　资产市场理论　超调模型

复习思考

1.如何理解广义和狭义的外汇？

2.外汇的基本特征有哪些？

3.汇率的标价法有哪些？有何区别？

4.为什么银行买入现钞的价格比买入外汇的价格低？

5.为什么金本位制下的汇率比较稳定？

6.纸币本位制下汇率的决定基础是什么？

7.影响汇率变动的因素有哪些？

8.试述汇率变动对经济有哪些影响。

9.简述购买力平价理论的主要内容。

10.从利率平价理论的角度解释汇率与利率之间的关系。

11.简述货币模型的基本内容。

12.何为超调模型？

13.简述资产组合模型的分析方法。

第十三章

国际收支的自动调节机制

第一节　　国际收支调整的弹性论

20世纪30年代，在资本主义经济危机的冲击下，国际金本位制最终瓦解，世界各国为了改善国际收支，纷纷采取竞争性的贬值政策，汇率波动频繁，使得建立在金本位制基础上的价格——铸币流动机制失去了原有的效果。在这一背景下，人们需要新的理论对当时的国际收支状况进行解释，并给出相应的政策建议。由此，以马歇尔、勒纳和罗宾逊等人为代表的弹性论应运而生。

弹性论（theory of elasticity）又称弹性分析法，其基本思想是：汇率变动将对一国的进出口商品以及贸易品和非贸易品之间的相对价格产生影响，这将进一步影响该国的进出口供给和需求，从而导致国际收支的变动。该理论认为国际收支调节不是自动的过程，而是政府政策起作用的过程，政府可以通过货币贬值来改善贸易收支和贸易条件。这是因为，货币贬值会通过进出口商品相对价格的变化影响本国进出口商品的数量，在一定的进出口商品需求弹性下，可以改善贸易收支和贸易条件，进而起到调节国际收支的作用。

需求和供给的价格弹性问题是由英国经济学家马歇尔首先提出的。需求（供给）的价格弹性用于反映商品需求量（供给量）对价格变化的敏感程度。其大小表示价格变动1%，需求（供给）量变动的百分比。如果需求（供给）量变动的百分比大于价格变动的百分比，即弹性的绝对值大于1，则称为富有弹性；如果需求（供给）量变动的百分比小于价格变动的百分比，即弹性的绝对值小于1，则称为缺乏弹性。一般来说，商品价格下跌会导致对该种商品的需求上升，因此需求弹性通常是负值，为了方便描述，需求弹性一般取其绝对值。

一、马歇尔-勒纳条件

马歇尔-勒纳条件是弹性论的核心内容，它主要讨论了一国利用货币贬值来改善贸易收支需要在怎样的条件下进行。马歇尔-勒纳条件的建立基于以下假设：第一，只考虑汇率变化的价格效应，忽略收入的经济效应，即汇率变化不影响国内物价水平和收入水平；第二，假设进出口商品供给的价格弹性无限大，即汇率变化使商品进出口的需求发生改变，而商品进出口的需求变化并不影响其供给价格；第三，假设没有国际资本流动，国际收支等于贸易收支。

在上述假定下，马歇尔-勒纳条件的基本思路是：一国贸易收支的变化主要取决于本币对外贬值后进出口商品需求价格弹性的大小。因为贸易收支的变化主要取决于贸易额的增减，贸易额包括出口额（出口商品价格×出口商品数量）与进口额（进口商品价格×进口商品数量）。出口额的增加或进口额的减少，会引起贸易顺差的增加或逆差的减少；反之，则引起贸易顺差的减少或逆差的增加。在本币贬值的情况下，出口额要有所增加，则因本币贬值带来的出口商品价格下降的幅度必须小于因价格下降带来的出口商品数量增加的幅度，即外国对本国出口商品需求的价格弹性要大于1；同样，进口额要有所减少，则因本币贬值带来的进口商品价格上升的幅度必须小于因价格上升带来的进口商品数量减少的幅度，即本国对进口商品需求的价格弹性小于1。

另一种表述是，本币贬值对贸易收支的影响可以分为价格效应和数量效应。价格效应是指本币贬值带来的进出口商品相对价格的变化，本币贬值后，以外币表示的出口商品价格下降，以本币表示的进口商品价格上升，不利于贸易收支的改善。数量效应是指本币贬值后进出口商品相对价格的变化影响进出口商品需求，从而改变进出口商品数量；本币贬值后，本国出口商品的数量有所增加，进口商品的数量有所减少，有利于国际收支的改善。因此，本币贬值改善国际收支的条件是数量效应大于价格效应。

对以上思路进行数学推导，可以得出马歇尔-勒纳条件：本币贬值后，只有出口商品需求的价格弹性与进口商品需求的价格弹性之和大于1，贸易收支才能够得到改善。用公式表示为

$$D_x + D_m > 1$$

式中，D_x表示出口商品需求的价格弹性，D_m表示进口商品需求的价格弹性。基于前文的假定，马歇尔-勒纳条件的推导过程如下：

国际收支等于出口额减去进口额，即

$$BP = P_x Q_x - E \cdot P'_m Q_m$$

式中，BP表示国际收支，P_x与P'_m分别表示以本币衡量的出口商品价格和以外币衡量的进口商品价格，Q_x、Q_m分别表示出口和进口商品的数量，E为以直接标价法表示的汇率。

二、罗宾逊-梅茨勒条件

马歇尔-勒纳条件是在较严格的假设下推导而来的，这些假设条件与现实经济生活之间存在着较大的差异。例如，该条件的成立基于进出口商品具有无限大的供给价格弹性。这就意味着，有关国家必须有足够多的闲置劳动力和资本，而且生产贸易产品所需的自然资源也是足够丰富的，在这种情况下生产价格或供给价格才能够保持稳定，不受因贬值而引起的贸易商品流量增减的影响。这个假定在经济萧条时期可能是适用的，但当经济处于复苏和繁荣期时则不再适用。因此，推导马歇尔-勒纳条件的一系列假设的合理性存在很

大的问题，削弱了该理论的适用范围。

实际上，影响贸易收支的不仅仅是需求的价格弹性，在一定意义上，供给的价格弹性也起着重要的作用。为弥补这一缺陷，美国经济学家梅茨勒（L.A.Metzler）于 1948 年在《国际贸易论》一书中放弃了进口商品的供给价格弹性无限大的假定，他在罗宾逊夫人等人的研究成果的基础上，推导出包含四个价格弹性（系数）的"罗宾逊-梅茨勒条件"。这四个价格弹性分别为：本国进口需求的价格弹性、本国出口供给的价格弹性、外国对本国出口商品需求的价格弹性、外国对本国进口商品供给的价格弹性。罗宾逊-梅茨勒条件放宽了马歇尔-勒纳条件的假设条件，因此具有更广泛的适用范围。

根据罗宾逊-梅茨勒条件，即使出口商品的需求价格弹性较低，从而未能满足马歇尔-勒纳条件，只要供给弹性满足一定的条件，本币贬值仍可能改善国际收支，此时，马歇尔-勒纳条件成为一个充分非必要条件。例如，在本国出口商品需求有一定的价格弹性的情况下，本币贬值后，出口的外汇收入会随出口商品供给价格弹性的降低而增加，因为供给弹性相对不足，使得出口商品的外币价格在本币贬值之后只能发生较小幅度的下降，与此同时，出口量却有所增加；反之，如果需求缺乏价格弹性，所面临的出口商品供给价格弹性却很充足，这时出口商品外币价格的跌幅就会很大。

再来看进口的情况，进口商品供给的价格弹性与本国进口在世界市场上所占的比重成反比关系，即本国进口在世界市场上所占的份额越小，进口商品的供给弹性就越大。假如本国的进口规模很大，进口商品供给的价格弹性就会相对不足，本币贬值所引起的进口商品外币价格的下跌幅度就比较大。因此，进出口商品的供给价格弹性如果不是无穷大的话，即使马歇尔-勒纳条件不被满足，本币贬值仍可改善本国的国际收支。

满足罗宾逊-梅茨勒条件的数学表达式为

$$\frac{D_x D_m (S_x + S_m + 1) + S_x S_m (D_x + D_m - 1)}{(D_x + S_x)(D_m + S_m)} > 0$$

式中，D_x 表示出口商品需求的价格弹性，D_m 表示进口商品需求的价格弹性，S_x 表示出口商品供给的价格弹性，S_m 表示进口商品供给的价格弹性。该式表示，如果满足上述不等式，本币贬值就能够改善国际收支。当 S_x、S_m 无穷大时，该条件即可简化为马歇尔-勒纳条件。

三、J 曲线效应

根据马歇尔-勒纳条件，只要出口商品需求的价格弹性和进口商品需求的价格弹性两者之和大于 1，本币贬值就能够改善一国的贸易收支。进出口商品需求的价格弹性意味着进出口商品数量对汇率变化反应的剧烈程度，弹性越大，越有利于国际收支的改善。在现实中，汇率变化将立即带来贸易价格的变化，但贸易价格的变化与贸易数量的变化却不是同步的，后者存在一定程度的滞后。产生这一现象的原因主要有以下三点：

第一，贸易合同从签订到履行通常需要一定的时间，这意味着某一时点的贸易数量和与此相关的货币收付是由之前签订的合同决定的。在贬值发生的最初时期，一国的贸易数量并不会因为汇率进而因为贸易价格的变化受到影响；相反，如果一国的出口合同是以本币计价的，那么随着本币的贬值，外国进口商就可以用较少的外币换取同样数量的本币用于支付，以外币计价的出口收入就会减少，从而导致贸易收支发生恶化。

第二，本国厂商对外国市场的扩大做出反应需要一定的时间。本国厂商需要为扩大的需求组织生产，这可能涉及雇用更多的劳动力和投入更多的资本；厂商需要设法扩大在海外的营销网络，与更多的分销商建立业务关系；货物运输以及货款的交付也需要一定的时间。

第三，本国的消费者和厂商减少对进口商品和投入品的消费、依赖需要一定的时间。消费者很有可能已经对进口商品产生一定程度的依赖，减少对这些商品的消费涉及调整消费模式和生活习惯，而这是一个痛苦且且耗时的过程。本国的厂商也有可能对进口的投入品产生依赖，因此需要调整生产的投入结构，这涉及生产线的调整和产品结构的重新布局，对厂商来说，这也需要一定的时间。

由于这些因素的存在，在本国货币贬值发生的初期，贸易收支不会立即得到改善，反而可能急剧恶化，随之而来的将是一段时间的缓慢恶化，经过一段时间之后，贸易量开始做出反应，贸易收支逐步得到改善。在图形上，贸易收支在货币贬值后先是恶化，继而随着时间的推移逐步改善，其呈现出的走势类似英文字母"J"，因而将本币贬值后贸易收支改善的这种时滞现象称为"J曲线效应"。经验数据表明，对于多数工业国家，J曲线的持续时间通常为6个月到1年。

四、弹性分析法的局限性

国际收支调整的弹性分析法一个重要前提假定是，货币贬值前后以本币表示的出口商品价格和以外币表示的进口商品价格保持不变，即本币贬值只改变贸易双方的相对价格，而不改变其国内价格。这种假定显然不合理，因为在实际情况中，本币贬值往往伴随着国内价格上涨，从而导致国内生产成本提高，出口竞争力下降。这是因为，随着本币的贬值，那些必须依赖进口的中间投入品和最终产品的本币价格会上升，中间投入品的价格上升将直接增加依靠进口中间投入品来生产的厂商的生产成本，从而使得产品价格提高；而进口的最终产品价格的上升则直接推动国内物价的上涨。此外，本币贬值带来的出口增加会促使资源向可贸易部门转移，从而减少不可贸易品生产部门的可用资源，随之导致不可贸易品供给量的下降与价格的上升，进而推动社会整体物价水平的上升。

国际收支调整的弹性分析法将贸易收支看作整个国际收支，没有考虑汇率变动对资本和金融项目的影响。同时，弹性分析法属于静态的局部均衡分析，没有考虑汇率变动对社会总收入和总支出的影响，也没有考虑国内货币供给的变化对国际收支的影响。

第二节　　国际收支的收入调节机制

国际收支调节的弹性论是在大萧条的背景下产生的，其隐含的假设与当时的经济情况相适应。20世纪50年代初，英、法等西欧国家曾先后实行本币贬值政策，但贸易收支并未得到显著改善。一些学者根据弹性论认为这种现象是由进出口的弹性不足造成的，另一些学者则提出不同的看法，认为弹性论的视角过于微观，仅强调相对价格变动的效果，而抛弃了宏观视角，忽视了国民收入等宏观变量变动的效果。随着弹性论的缺陷在实践中逐渐暴露，以及凯恩斯学派宏观经济理论的演进，国际收支的收入调节理论应运而生。

一、对外贸易乘数理论

对外贸易乘数理论来源于凯恩斯的宏观经济理论，与弹性论相似，对外贸易乘数理论关注的也是贸易收支，并借鉴凯恩斯的"投资乘数"概念来分析一些因素的变化对国民收入的影响以及国民收入的变化对贸易收支的影响。该理论的假定条件包括：非充分就业，价格水平、利率、汇率不变，国际收支等于贸易收支，不考虑资本流动。对外贸易乘数理论认为，自主性支出的变动能够通过外贸乘数效应引起国民收入的成倍变动，而国民收入的变动又影响进口支出和国际收支，其影响程度取决于边际进口倾向和进口需求收入弹性的大小以及该国开放程度的高低。

开放经济条件下的贸易乘数对国民收入及贸易收支的影响在大国和小国之间有所不同。

（一）小国情况

在以小国为分析对象时，该理论的推导过程如下：

开放经济条件下的国民收入恒等式可以表示为

$$Y = C + I + G + X - M$$

式中，Y 代表国民收入，C 为消费，I 为私人投资，G 为政府购买，X 为出口，M 为进口。对于消费和进口，分别有

$$C = C_0 + \beta Y$$

$$M = M_0 + \gamma Y$$

式中，C_0 代表必不可少的自发消费部分，即收入为0时举债或动用过去的储蓄也必须要有的基本消费，β 代表边际消费倾向，β 与 Y 的乘积表示收入引致的消费；M_0 为自发性进口部分，即和收入没有关系或者说不取决于收入的进口部分，γ 表示边际进口倾向，γ 与 Y 的乘积表示收入引致的进口。

具体地，增加出口有利于改善贸易收支，但值得注意的是，出口的增量与贸易收支的增量并不相等。这是因为，出口增加使国民收入增加，从而使引致的进口也增加。在公式上，这一现象体现为

$$\frac{1 - \beta}{1 - \beta + \gamma} < 1$$

为改善贸易收支，政府应减少支出，从而通过国民收入的下降引致进口的下降。

（二）大国情况

在利用对外贸易乘数理论分析大国情况时，假设只有两个国家，而且都是贸易大国，互为贸易伙伴国。由于贸易大国国内总支出增加以后，必然引起进口的增加，也由此引起贸易伙伴国出口和国民收入的增加，伙伴国国民收入的增加又进一步引起对本国产品的需求，引致本国出口的增加，从而使大国的贸易乘数起到放大作用，因此，大国的贸易乘数应该大于小国的贸易乘数。

在考虑两个国家的情况下，本国的出口等于外国的进口。以"*"表示外国的变量，根据小国贸易乘数的推导思路，本国和外国的国民收入恒等式分别为

$$Y = \frac{1}{1 - \beta + \gamma} (C_0 + I + G + X - M_0)$$

$$Y^* = \frac{1}{1 - \beta^* + \gamma^*} (C_0^* + I^* + G^* + X^* - M_0^*)$$

$$X_0 = M_0^* + \gamma^* Y^*$$

$$X_0^* = M_0 + \gamma Y$$

二、吸收论

(一)吸收分析法的基本原理

吸收论又称吸收分析法,其根据凯恩斯的宏观经济理论,从国民收入和国内吸收的角度来分析贸易收支的调整。该理论认为,一国的对外贸易净收支等于该国的总收入与总吸收之间的差额,其中对本国提供的商品和劳务的耗费被定义为吸收。贸易收支顺差意味着国民收入大于国内吸收;反之,贸易收支逆差意味着国民收入小于国内吸收。因此,当一国贸易收支处于失衡状态时,可以通过改变国民收入或国内吸收的办法来加以调节。

吸收分析法以凯恩斯的国民收入方程式为出发点推导其分析公式,开放经济条件下的国民收入恒等式可以表示为

$$Y = C + I + G + X - M$$

将国内吸收 A 定义为 $A = C + I + G$,将净出口 B 定义为 $B = X - M$,则上式可以改写为

$$B = Y - A$$

上式中,A 表示国内吸收,贸易收支差额 B 由 Y 与 A 的对应变化来决定,因此,贸易收支的调节方法就是增加国民收入和减少国内吸收。根据经济是否处于充分就业的状态,以吸收分析法调整贸易收支的情况有两种:第一,如果经济已经实现充分就业,即所有资源已被充分利用,那么改善贸易收支的唯一途径就是减少国内吸收;第二,如果经济尚未实现充分就业,意味着国民收入尚未达到最大值,则可在维持国内吸收不变的条件下通过增加国民收入来改善贸易收支。

(二)本币贬值对国民收入和国内吸收的影响

吸收分析法同样关注本币贬值对贸易收支的影响,但与弹性论的出发点有所不同。弹性论认为本币贬值会引起本国和外国商品相对价格的变动,从而引起进出口的变化,引致贸易收支的变化。而吸收论则把关注的焦点放在本币贬值带来一国国民收入和国内吸收的变化上。

使用小写字母代表各变量的变化值,即用 y 表示国民收入的变化,b 表示贸易收支的变化,a 表示国内吸收的变化,则吸收分析法的公式可以表示为

$$b = y - a$$

该式说明了本币贬值对贸易收支的影响取决于它对国民收入和国内吸收的相对作用。如果本币贬值相对于国内吸收增加了国民收入,则贸易收支得到改善;如果本币贬值相对于国民收入增加了国内吸收,则贸易收支恶化。

国内吸收可以分为两部分:一部分吸收依赖于或部分依赖于收入,称为诱发性吸收,其受收入的影响程度取决于边际吸收倾向 c;另一部分是吸收的直接效应,即本币贬值在任何收入水平条件下引起的影响吸收的所有其他作用,称为自主性吸收,用 d 表示。因此,吸收的全部变化可以表示为

$$a = cy - d$$

对以上两式进行联立

$$b = (1-c)y + d$$

因此，本币贬值能否改善国际收支，主要取决于贬值能否提高国民收入、降低自主性吸收，前者称为贬值的收入效应，后者称为贬值的吸收效应。

1.本币贬值的收入效应

（1）闲置资源效应

在一国存在闲置资源时，货币贬值可以刺激国外居民对本国产品的需求，并通过乘数效应使国民收入增加。但随着国民收入增加，国内的吸收也会增加，因此，贬值的最终结果如何，取决于边际吸收倾向的大小：如果边际吸收倾向大于1，说明国内吸收的增加大于国民收入的增加，贸易收支发生恶化；如果边际吸收倾向小于1，则说明国内吸收的增加小于国民收入的增加，贸易收支得到改善。

（2）贸易条件效应

一般认为，货币贬值会导致贸易条件的恶化，其结果是国民收入下降，国内吸收也下降。最终对贸易收支的影响如何，也取决于边际吸收倾向的大小：如果边际吸收倾向大于1，则国内吸收的下降幅度小于国民收入的下降幅度，贸易收支发生恶化；如果边际吸收倾向小于1，则国内吸收的下降幅度大于国民收入的下降幅度，贸易收支得到改善。

（3）资源配置效应

有学者证明，货币贬值一般会使政府的管制放松。当一个国家的政府试图通过贬值政策来改善本国的国际收支状况时，如果不放弃那些保护性或限制性的贸易政策，贬值政策就难以发挥其调节进出口数量从而改善国际收支的作用。而管制的放松往往意味着资源将以更合理的方式进行配置，利用效率得到提高，这既可以使本国的实际收入增加，也会使贸易收支得到改善。

2.本币贬值的直接吸收效应

（1）现金余额效应

本币贬值会导致进口商品和本国生产的贸易品的价格上升，在货币供应量不变的情况下，将使人们以货币形式持有的财富即现金余额的实际价值下降。这样，人们为了使手中的货币持有量维持在一个固定的购买力水平上，一方面会减少商品和劳务的开支，即减少吸收；另一方面会变卖手中的资产，如股票、债券等。资产的出售会导致资产价格的下跌，国内利率上升，进而再度减少吸收。

值得一提的是，现金余额效应对吸收造成的削减，或是其他对吸收的直接效应，有可能作用于一些特殊行业，这些行业很难将资源向出口生产或进口替代部门转移，很有可能导致一些局部范围的失业，从而影响整个国民经济。如果边际吸收倾向小于1，由此造成的对产出的负面影响将会使国际收支恶化，从而抵消由吸收的直接效应所带来的对贸易收支的改善。

（2）收入再分配效应

由于本币贬值后将导致物价上涨，而工资水平受劳动合同的限定不能立即提高，即工资存在一定的黏性，因此，虽然工人的名义工资不变，但实际工资下降了，一部分收入从工薪阶层转移到利润收入者手中。由于利润收入比工资收入具有更高的边际储蓄倾向，这会使全社会的吸收水平下降，进而改善贸易收支。此外，对于一个实行累进税制的国家，贬值带来的名义收入增加将使全体纳税人缴纳更多的税，则纳税人的可支配收入下降。若政府同时实行紧缩的财政政策，将会使该国的吸收水平下降，贸易收支得到改善。

（3）货币幻觉效应

货币幻觉指人们只是对货币的名义价值作出反应，而忽视其实际购买力变化的一种心理错觉。货币幻觉一般只在短期内存在，但同样可能导致实际支出的下降。如果相对于实际收入，人们对价格的变化更为敏感的话，那么即使货币收入与价格同比例上升，即实际收入并没有发生变化，人们仍旧会减少消费、增加储蓄，一国的吸收总额就会随之减少，贸易收支得到改善。但值得注意的是，货币收入与价格的上升有时可能会带来相反的结果，如以货币形式计算的储蓄未必会随着货币收入和价格的提高而同比例提高，那么吸收总额就会相对增加，贸易收支发生恶化。

（4）其他的吸收效应

除了上述三种主要的直接吸收效应之外，还有其他一些因素会对吸收产生影响，但它们的影响结果是不确定的，上述因素可以概括为三类：第一类是预期价格效应，由于人们预计货币贬值会提高商品价格，从而提前购买商品和服务，那么至少在短期内吸收将会增加；第二类是投资成本增加效应，主要是进口资本品价格的上升对一些相关投资产生了抑制作用；第三类是由于本国物价的普遍上涨导致的对消费开支相应的抑制作用。

（三）吸收论的政策主张

根据吸收分析法的基本原理，有两种途径可以改善一国的贸易收支，即增加国民收入或减少国内吸收。

运用增加国民收入的政策来改善贸易收支，可以采用货币贬值与贸易控制的方法（关税、进口配额以及出口补贴等）。货币贬值的目的是调节总收入和总吸收的相对关系，一方面扩大商品出口，增加收入，另一方面把国内支出转向购买国内产品；贸易控制的目的主要是减少进口，把国内支出从进口外国商品转向购买国内产品，同时也是为了刺激出口，把外国支出转向购买本国产品。

吸收分析法认为，利用货币贬值与贸易控制改善国际收支的效果与国内经济状况密切相关。如果国内经济处于非充分就业状态，那么就能够增加生产，满足因货币贬值与贸易控制所带来的对出口和进口替代品的额外需求，从而改善贸易收支；如果国内经济已达到充分就业状态，则无法扩大生产，对出口和进口替代品的额外需求不能得到满足，那么就不能够通过货币贬值和贸易控制来改善贸易收支。因此，在充分就业的条件下，使用增加国民收入的政策来改善贸易收支，要么难以奏效，要么会引起通货膨胀。

在充分就业的情况下，改善贸易收支一般采取减少国内吸收的方法，这可以通过紧缩性的财政政策和货币政策来进行。紧缩性的财政政策可以直接减少政府购买，从而直接减少国内吸收；紧缩性的货币政策可以减少国内总需求，包括减少对进口商品的需求。如果一国在出现贸易收支逆差的同时还存在通货膨胀，那么减少国内吸收的政策还会对促进一国经济的内部平衡起作用，从而实现内外平衡的同时调节。

（四）吸收论的局限性

国际收支调整的吸收论对货币贬值影响效果的分析虽然比弹性论更全面，但仍有一些缺陷。其具体包括：

（1）吸收论中的国际收支仍然指的是贸易收支，完全忽略了资本流动等在国际收支中的重要地位。

（2）吸收论是在将充分就业作为经济政策目标以后出现的，它把弥补国际收支逆差的希望寄托在货币贬值和减少国内吸收的紧缩性财政政策和货币政策上，而紧缩性经济政策的实施与充分就业目标相矛盾。

（3）吸收论和弹性论一样，没有考虑国内货币供给和信用创造对国际收支产生的影响。

第三节　　国际收支调整的货币理论

20世纪六七十年代，西方主要资本主义国家都不同程度地出现了前所未有的"滞胀"现象，伴随着国际收支的巨额逆差和国际资本流动规模的日益扩大，正统的凯恩斯主义经济理论难以对此作出令人信服的解释，从而引发了人们的质疑。在这一背景下，货币主义迅速崛起，国际收支调节的货币理论由此产生。货币理论强调货币在国际收支调节中的作用，认为国际收支的失衡从根本上讲是一种货币现象，是一国货币市场供求失衡的反应。当货币供给小于货币需求时，超额的货币需求由来自国外市场的货币流入弥补；当货币供给大于货币需求时，超额的货币供给将向国外流出。

为了达到解释国际收支差额变动的目的，货币理论对研究对象进行了一系列假定：第一，在充分就业的条件下，一国的货币需求是收入、价格和利率等变量的稳定函数，在长期内货币需求是稳定的；第二，国际商品和资本市场高度发达，国内价格水平和国际价格水平十分接近，购买力平价理论长期内成立；第三，货币供给不完全受实际产量的制约，也不影响实际产量，即货币是中性的；第四，现存资产只有货币一种形式，没有债券等类型，这意味着国际收支的顺差和逆差导致外汇流入或流出。

一、货币理论的基本原理

在上述各项假定下，货币理论的基本原理可以用以下公式表达

$$M^s = M^d$$

式中，M^s 表示名义货币供给量，M^d 表示名义货币需求量。从长期看，货币供给与货币需求应相等。其中，货币需求的表达式为

$$M^d = P \cdot f(Y, i)$$

式中，P 为价格水平，Y 为国民收入，i 为利率。$P \cdot f(Y, i)$ 表示对名义货币的需求，$f(Y, i)$ 表示对实际货币的需求。

货币供给的表达式为

$$M^s = m(D + R)$$

式中，D为国内货币供给基数，R为外汇占款，以国际储备表示，m为货币乘数。出于方便分析的考虑，取$m=1$，即有

$$M^s = D + R$$
$$M^d = M^s = D + R$$
$$R = M^d - D$$

上式即货币理论的基本表达式，它反映了货币理论的基本思想，即国际收支是一种货币现象。国际收支逆差，实际上就是国内名义货币供给量超过了国内名义货币需求量。由于货币供给不影响实际产量，在价格不变的情况下，多余的货币就要寻找出路。对个人和企业来说，就会增加货币支出，以重新调整他们的实际货币余额；对整个国家来说，实际货币余额的调整就表现为货币外流，即出现国际收支逆差。反之，当一个国家国内的名义货币供给小于名义货币需求时，在价格水平不变的情况下，货币供给的缺口就需要弥补。在这种情况下，对个人和企业来说，就要减少货币支出，以使实际货币余额保持在正常水平上；对整个国家来说，实际货币余额的调整就表现为货币内流，即出现国际收支顺差。

二、货币理论在实际中的运用

根据国际收支调节的货币理论，一项经济政策要达到影响国际收支的目的，必须要对该国的货币需求和货币供给产生作用。任何能增加一国货币需求的政策都将导致储备货币从外国流入本国，在固定汇率制度下，这代表着该国的国际收支顺差；相反，任何能增加一国货币供给的政策都将导致储备货币从本国流向外国，在固定汇率制度下，这意味着国际收支的逆差。

一国政府宣布货币贬值，设置进口关税和配额，实行多重汇率等措施都会在短期内提高贸易商品的本币价格，由于贸易商品与非贸易商品之间在生产和消费上存在着一定的相互替代性，因此非贸易商品的价格也会以相对较小的幅度上升。由上述汇率政策和贸易政策所引起的国内物价水平的上升将导致该国居民对名义货币的需求增加，如果对货币的超额需求并未由中央银行通过扩大货币供给来满足的话，那么这些超额需求将通过外国货币或储备资产的流入来满足，国际收支得到改善，直到货币需求与货币供给之间的均衡关系又重新建立起来；相反，如果一国在实施上述汇率政策和贸易政策带来货币超额需求的同时，中央银行扩大了货币供给，那么以上政策就不能够有效地改善国际收支。

除了货币政策必须予以积极有效的配合之外，还有一点应引起注意，那就是汇率政策和贸易政策对一国国际收支的影响只是暂时的，这种影响持续到国际收支失衡得到纠正即结束。货币理论认为，在固定汇率制度下，只要有足够长的调节时间，国际收支的失衡就会因为国际货币或储备资产的流动而自动得到纠正，政策调节只起到加速调节进程的作用，更快地消除对货币的超额需求或超额供给。例如，本国的货币贬值会纠正国际收支逆差，从而能够帮助吸收超额的货币供给，但是从长期来看，货币贬值对一国的经济没有实际影响，即货币在长期内是中性的。

如果一国的经济出现持续增长，货币当局没有增加基础货币中的国内信用部分，以适应国内居民扩大了的货币需求，那么该国的国际收支就会出现顺差。退一步讲，即使国内信贷规模有所扩大，只要该国货币供给的增长速度慢于国民经济增长或货币需求增长的速

度，这种顺差也会年复一年地持续下去。20世纪60年代末70年代初，联邦德国持续不断地出现国际收支顺差，就是由德意志联邦银行实施偏紧的货币政策所造成的。如果一国的实际收入没有变化，但作为外生性变量的能源价格出现大幅增长，按照货币理论的观点，若货币当局没有增加货币供给以完全满足对货币的超额需求，那么该国的国际收支就会出现顺差，外国的货币或储备资产就会流入本国来填补这一差额。

另外一种情况是，当一国货币市场上的利率水平因外源性因素（并非由于央行的政策作用）出现下降时，持有货币余额的机会成本就降低了，国内居民对货币的需求就会增加。货币理论认为，假如中央银行未能使货币供给有足够的增长来完全满足人们的超额货币需求，那么该国将会出现国际收支顺差，因为货币供给的少量增加只能满足部分对货币的超额需求，另一部分就只能通过从外国流入的货币或储备来满足。

三、国际收支调节的货币理论与弹性论、吸收论的比较

总的来说，三种国际收支的调节理论分别试图解释国际收支的不同侧面，它们在很大程度上是互补的，而不是相互替代的。从分析所涉及的时间上讲，弹性论和吸收论注重短期和中期的收支均衡条件分析，而货币理论则重视对长期收支均衡条件的分析。从分析对象上讲，弹性论和吸收论分析的是国际收支中的贸易收支，而货币理论以货币数量论为基础，解释整个国际收支问题。从分析层面上讲，弹性论实际上是在以商品市场为主的微观经济层面进行分析，而吸收论和货币理论分别是在商品市场和货币市场的宏观经济层面上进行分析。

由于上述差异的存在，这三种理论关于改善国际收支失衡的对策也有所不同。弹性论认为汇率政策是改善贸易收支失衡最直接、最有效的政策，所以它在阐述本币贬值能否改善贸易收支方面具有重要意义。吸收论侧重商品市场的均衡分析，在政策上支持总需求管理的手段，也就是通过提高国民收入和减少国内吸收来改善贸易收支。而削减国内吸收后所剩余的资源，必须设法疏导至出口部门才能取得预期效果，这一调整过程可能是相当漫长的。但吸收论首先引入了自我纠正存量逆差的观点，认为贸易收支的逆差可能在于过度的货币供给，这是它与货币理论的相关之处。货币理论认为国际收支是货币现象，可以通过货币政策来应对国际收支的不平衡。货币理论强调货币供求均衡对维持国际收支平衡的重要性，它虽然不否认汇率变化对相对商品价格的影响，也不否认这些价格变化会影响国际收支，但它把这些影响最终归结于货币供求，认为只有引起货币供求的变化才能够影响国际收支。货币贬值是通过提高对本币的需求和降低对外币的需求而发挥作用的，它与国内产量膨胀和国外产量下降相联系。货币理论还认为，价格变化只是间接手段，通过它可以使货币需求和供给达到均衡。同时，货币理论关注的是长期的均衡问题，因此认为货币贬值的作用只是暂时的，贬值只能提高国内价格水平而不会影响实际产量。

本章小结

1.根据弹性论的观点，一国贸易收支的变化主要取决于本国货币对外贬值后，进出口商品需求价格弹性的大小。

2.在本国货币贬值发生的初期，贸易收支不会立即得到改善，反而可能急剧恶化，随之而来的是一段时间的缓慢恶化，经过一段时间之后，贸易量开始作出反应，贸易收支逐步得到改善，呈现出"J"曲线特征。

3.本国货币贬值能否改善国际收支，主要取决于贬值能否提高国民收入，降低国内吸收。

4.根据货币理论，一项经济政策要达到影响国际收支的目的，需要对该国的货币需求和货币供给产生作用。

5.本章介绍的三种国际收支调节理论分别试图解释国际收支的不同侧面，在很大程度上是互补的，而不是相互替代的。

重要概念

马歇尔–勒纳条件　罗宾逊–梅茨勒条件　J曲线效应　收入效应　吸收效应

复习思考

1.自动调节机制怎样调节一国的国际收支？

2.什么是弹性论和吸收论？吸收论如何把价格与收入调节机制综合起来？

3.从充分就业角度来看，如果允许逆差国货币贬值，其贸易差额将会怎样？实际国内吸收如何才能减少？

4.什么是自动货币调节？它如何帮助调节国际收支失衡？

第十四章

开放经济下的宏观经济学：调整政策

在经济开放的条件下，各国的经济存在着紧密的联系，经济开放这把"双刃剑"一方面为各国的经济发展提供了许多封闭条件下所不具备的有利条件，另一方面也对各国的经济稳定与发展产生了重大冲击。因此，在开放经济条件下，政府对经济进行调控的中心任务就是在实现经济稳定与发展的同时，寻求合理的经济开放状态，确定上述两个方面之间的均衡，即内部均衡和外部均衡，也就是开放经济条件下的宏观经济政策目标。

本章主要介绍有关内外均衡的知识，并在此基础上探讨开放经济条件下内外均衡相互冲突及其调控的一般原理，利用开放经济条件下的一般均衡模型分析宏观经济政策的效果，以及国际上宏观经济政策的协调等问题。

第一节　宏观开放经济的政策目标

在开放经济条件下，一国的宏观经济政策目标主要有充分就业、物价稳定、经济增长和国际收支平衡。当一国的经济达到充分就业、物价稳定和经济增长状态时，称为内部均衡（internal balance）；而当一国经济实现国际收支平衡时，称为外部均衡（external balance）。因此，在开放经济条件下，政府对一国经济进行调控的目标就是同时实现内部均衡和外部均衡。

一、内部均衡

（一）充分就业

所谓充分就业（full employment），是指一国在某一工资水平之下，所有愿意接受工作的人都获得了就业机会，即一国的所有劳动力资源都得到了充分利用。广义的充分就业是指一切生产要素（包含劳动）都有机会以自己愿意的报酬参加生产的状态。由于在实际测量中对各种经济资源"就业"程度的测算非常困难，因而各国常常用失业率来衡量。所谓失业率，是指失业人数相对于劳动力人数的比例，这里的失业者是指劳动力人口中那些想工作但尚未找到工作的人。需要指出的是，充分就业并不意味着失业率为零，而是指经济处于可接受或意愿的失业水平上，一般来说，可以接受的失业率水平为4%～6%。

根据产生的原因不同，失业可以分为自愿失业与非自愿失业。自愿失业又分为摩擦性失业与结构性失业，而非自愿失业又称需求不足性失业。其中，摩擦性失业是指由于信息不对称等问题，劳动力在就业和失业之间存在一定的时滞，从而引发的失业；结构性失业是指劳动力市场对劳动的需求发生结构性变化时所引发的失业；需求不足性失业是指劳动总需求下降引发的失业，如经济危机引发失业。在这三种失业中，摩擦性失业是暂时的，可以通过政府加强信息传递来解决；结构性失业也可以通过改善劳动力的结构来解决，如进行再培训提高职业转换能力，或转移劳动力所在地理位置；对于需求不足性失业，则应当采取宏观经济政策来增加总需求，以减少失业。

（二）物价稳定

所谓物价稳定（price stability），是指一般物价水平在短期内不发生显著或急剧的波动。需要注意的是，物价稳定并不排除某种商品价格相对于其他商品价格的变动。一般来说，一种或几种商品的价格相对于其他商品的价格发生变动，是市场机制发生作用的正常现象。

衡量物价水平变动的指标主要有三个：一是国内生产总值平减指数（GDP平减指数），是按现行价格计算的国内生产总值与按基期价格计算的国内生产总值的比值，能够较全面地反映一般物价水平的变动趋势；二是消费者物价指数（CPI），以消费者的日常生活支出为对象，反映消费者物价水平的变化情况；三是生产者物价指数（PPI），也称批发物价指数，以批发交易为对象，反映大宗批发交易的物价变动情况。

物价稳定的问题就是避免或减少通货膨胀。通货膨胀会使货币贬值，导致货币的真实价值不易确定：一方面，以货币为媒介的市场交易受到干扰，价格作为资源配置手段的作用难以发挥，经济效率下降；另一方面，人们对货币和其他资产的需求发生替代，投机活动增加，经济更加不稳定。因此，为了避免价格水平的大幅波动，政府应当适时干预经济以保持产出的稳定，避免长期持续的通货膨胀和通货紧缩。

（三）经济增长

所谓经济增长（economic growth），是指在一个较长的时间跨度上，一个国家或地区实际人均产出水平的持续提高。衡量经济增长的指标主要有：国民生产总值（GNP）增长率、国内生产总值（GDP）增长率、人均GDP增长率、人均GNP增长率。前两个指标反映了一个国家的经济总量增长情况和经济实力，后两个指标反映了一个国家的富裕程度。经济增长的影响因素主要有消费、投资和净出口，其依赖该国的自然资源禀赋、劳动力或人力资源禀赋、资本资源等。

在封闭经济条件下，充分就业、物价稳定和经济增长是政府追求的主要经济目标，这三个目标概括了能使经济处于合理运行状态的主要条件。然而，随着理论研究的不断深入和经济实践的发展，人们逐渐意识到经济增长应该是经济发展的结果，片面追求经济增长是低效甚至是不可能的。因此，理论研究将内部均衡目标往往定义为物价稳定和充分就业。但这两者之间也存在着冲突，正如菲利普斯曲线所示，失业率与通货膨胀率之间存在着一定的相互替代关系，即失业率越高，通货膨胀率越低；失业率越低，通货膨胀率越高。所以，在封闭经济条件下，政策调控的主要任务是解决各目标之间的冲突，确定并实现各个目标的合理组合。

二、外部均衡

外部均衡是指国际收支的平衡，即与一国宏观经济相适应的国际收支达到平衡。在开放经济条件下，一国经济与外界密切相关，具体表现为国际收支平衡及汇率变动对经济增长、充分就业和物价稳定等内部宏观经济目标的影响。因此，保持国际收支平衡就成为各国追求的外部均衡目标。特别的，对发展中国而言，追求汇率稳定也是其外部均衡目标之一。

（一）国际收支平衡

一国的国际收支顺差和逆差都会对本国币值和经济产生影响。国际收支顺差会给本币带来升值压力，逆差会给本币带来贬值压力，相比之下，逆差所造成的影响更为严重。当一国国际收支处于逆差状态时，首先会使本币币值下跌，若该国政府采取措施防止本币币值下跌，则必须动用外汇储备，对外汇市场的供求现状进行干预。这既会消耗外汇储备，也会引起货币供应的缩减，从而导致本国利率水平上升，国内消费和投资减少，使得经济增长速度放缓、失业率上升。如果该国的国际收支逆差是因出口不足以弥补进口而引起的长期性赤字，则意味着本国对国外商品存在净需求，这会导致国内生产下降，失业增加；如果逆差的原因是资本的净流出，则意味着国内资金供给减少，利率上升，必然会影响到国内商品市场的需求。反之，一国国际收支长期出现顺差，也会给国内经济带来不良影响，引起国际摩擦。

（二）汇率稳定

在当今世界各国大都实行浮动汇率制的情况下，汇率是连接国内外市场的重要纽带。汇率变化表现为货币的贬值或升值，一方面，汇率变化受制于一系列因素；另一方面，汇率变化又会对其他经济因素产生影响。总的来说，不论是贬值还是升值，汇率在一定幅度内的变化是正常的，但如果汇率出现大幅度的剧烈波动，必然增大外汇汇率风险和金融风险。发达市场经济体由于具有健全、完善的市场机制和各种规避金融风险的衍生工具，因而可以通过调节性交易来降低汇率带来的风险，无须过分关注汇率的稳定；发展中国家不具备通畅、完善的市场传导机制，也缺乏各种避险的金融衍生工具，因而汇率剧烈波动会给国内经济造成很大的损失。所以，追求汇率稳定也成为发展中国家实现外部均衡的目标之一。

三、内部均衡与外部均衡之间的关系

内部均衡与外部均衡之间的关系表现为相互协调和相互冲突。作为开放经济条件下的主要政策目标，内部均衡与外部均衡之间是相互作用和相互影响的，它们之间存在着非常复杂的关系，根据英国经济学家詹姆斯·米德（J.E.Meade）的分析，固定汇率制度下一国内外经济状况的不同组合如表14-1所示。

表14-1　　　　　　　　　**固定汇率制度下一国的内外经济状况**

	内部经济状况	外部经济状况
1	经济衰退/失业增加	国际收支逆差
2	经济衰退/失业增加	国际收支顺差
3	通货膨胀	国际收支逆差
4	通货膨胀	国际收支顺差

（一）内外均衡一致

内外均衡一致被定义为政府在实现内部（外部）均衡目标的同时使得外部（内部）均衡目标得以改善的现象。例如，当一国同时存在经济衰退、失业增加、国际收支顺差的情况时，为解决经济衰退、失业增加的问题以实现内部均衡，政府应当采取增加社会总需求的措施进行调控，这会通过边际进口倾向的作用导致进口的相应增加，在出口保持不变的情况下，这将减少经常账户的顺差额，从而使国际收支顺差状况得以改善。又如，当一国通货膨胀和国际收支逆差并存时，政府为治理通货膨胀，会采取减少社会总需求的措施，使进口相应减少，在出口保持不变的情况下，这将减少经常账户的逆差额，从而使国际收支的逆差状况得以改善。这样，在政府采取措施实现内部均衡的同时，外部均衡也得以实现，表14-1中第2行和第3行即上述分析的内外均衡一致。

（二）内外均衡冲突

内外均衡冲突又称米德冲突，被定义为政府在实现内部（外部）均衡目标的同时使得外部（内部）均衡目标受到干扰和破坏的现象。例如，当一国同时存在经济衰退、失业增加、国际收支逆差的情况时，为实现内部均衡，政府应当采取增加社会总需求的措施进行调控，这会通过边际进口倾向的作用导致进口的相应增加，在出口保持不变的情况下，使得经常账户的逆差增加，导致国际收支逆差的恶化。又如，当一国通货膨胀和国际收支顺差并存时，政府为治理通货膨胀，会采取减少社会总需求的措施，使进口相应减少，在出口保持不变的情况下，将加剧国际收支的顺差。以上两种情况表明，政府在通过社会总需求实现内部均衡时，会导致外部经济状况距离均衡目标越来越远，即此时的内外均衡存在着冲突，表14-1中的第1行和第4行即上述分析的内外均衡冲突。

内外均衡冲突产生的根源在于经济的开放性。对开放经济来说，一方面，在运行中要保持自身的相对稳定，避免通货膨胀、失业等宏观经济失衡现象；另一方面，经济开放最重要的目的就是要通过商品、劳务、资本的国际流动来增加本国的福利，而内外均衡的目标实际上就是对开放经济的内在稳定性与合理开放性进行抉择。直接影响开放经济内在稳定性和合理开放性的变量有很多，在开放条件下，这些变量通过各种机制发生复杂的联系。在开放经济运行中，同时处于内外均衡区间的情况很少，各种变量变动造成的冲击会使经济偏离最佳区间，政府必须运用可控制的变量即政策工具来实现经济的稳定与合理开放。在一些区间内，经济的内在稳定性与合理开放性要求该变量的调整方向是相反的，实现某一均衡目标会导致另一均衡目标的恶化，这就产生了内外均衡冲突。

第二节　宏观开放经济的政策工具

为了实现内部均衡和外部均衡这两个目标，一国政府可供选择的政策工具有需求调节政策和供给调节政策。其中，需求调节政策包括以下三个方面：支出调整政策（expenditure changing policy），也称支出增减政策，即通常所谓的需求管理政策，包括旨在影响经济总需求水平的财政和货币政策；支出转换政策（expenditure switching policy），其意图是改变支出结构，如汇率贬值的目的是改变购买本国商品的支出和购买外国商品的支出在总支出中的比重；直接管制政策（direct control policy）。

而从供给角度看，调节国际收支的政策有产业政策、科技政策与制度创新政策。三种政策均旨在改善一国的经济结构和产业结构，增加出口商品和劳务的生产，提高产品质量，降低生产成本，以此来达到增加社会产品的供给、改善国际收支的目的。供给政策的特点是长期性，在短期内难以产生显著的效果，但它可以从根本上提高一国的科技实力和科技水平，从而为实现内外均衡创造条件。

一、需求调节政策

（一）支出增减政策

支出增减政策是改变社会总需求或国民经济中支出总水平的政策，旨在通过改变社会总需求或总支出水平，来改变对外国商品、劳务和金融资产的需求，达到调节国际收支的目的。这类政策主要包括财政政策和货币政策。

财政政策主要是指改变政府支出的政策和税收政策。如果政府开支增加，或税收减少，则一国实行的是扩张性财政政策，这会通过乘数效应促使国内产出和收入增加，并导致进口增加；如果政府开支减少，或者税收增加，则称为紧缩性财政政策，这会导致国内产出和收入水平下降，并使进口减少。

货币政策主要通过改变一国的货币供给并影响利率来发挥作用。如果货币供给增加，利率下降，则采取的货币政策就是扩张性的，这会使投资水平和国民收入水平提高，并使进口增加。同时，利率降低会导致国际短期资本外流。同样，采取紧缩性货币政策，一国货币供给减少，利率上升，会导致投资、国民收入和进口水平下降，同时导致国际短期资本流入。

（二）支出转换政策

支出转换政策主要是指汇率政策，政府通过改变汇率，使支出由国内商品转移到进口商品上，或者由进口商品转移到国内商品上，以维持或达到国际收支平衡。例如，本币贬值会使对国外商品的消费转移到国内商品上，这将导致进口减少，因此会改善国际收支；但同时，它也会导致国内产出增加，而产出增加会引起进口上升，从而抵消部分国际收支的改善。本币升值会使对国内商品的消费转移到国外商品上，从而会减少一国国际收支盈余；但同时，它也会减少国内产出，从而使进口下降，这又会部分抵消币值上升的结果。

（三）直接管制政策

直接管制政策包括关税、配额、外汇管制、进口许可证以及其他限制国际贸易和国际资本流动的措施，这些措施本质上也属于支出转换政策。但不同之处在于，直接管制政策是针对特定的国际收支项目的，而汇率政策是一种同时作用于所有项目的普遍性控制（general control）。具体来说，汇率和关税政策通过改变进口商品和进口替代品的相对价格来达到支出转换的目的，而直接管制则是通过改变进口商品和进口替代品的相对可获得性来达到支出转换的目的。在国际贸易和国际资本流动日益自由化的今天，直接管制是不被提倡的一种政策工具，因而支出增减政策和支出转换政策是实现经济内外均衡最常用的手段。

二、供给调节政策

（一）产业政策

产业政策的核心在于优化产业结构，根据国际市场的变化制定正确的产业结构规划，一方面鼓励发展和扩大一部分产业，另一方面对一些产业部门进行调整、限制甚至取消。政府实施产业政策的重要目的在于克服资源在各产业部门间流动的障碍，使得本国产业结构的变化适应世界市场，从而减少乃至消除结构型的国际收支失衡。

（二）科技政策

随着现代科技的不断发展，各国之间的经济竞争越来越多地体现为科技水平的竞争，发挥知识在经济增长中的核心作用已经成为各国的共识。对发展中国家而言，科技政策主要包括以下三个方面：

（1）推动技术进步。技术进步一般是从一国的内部和外部两个方面实现的。从内部来看，主要是重视和加强对科学技术的研究、应用和推广，重视技术教育，鼓励技术发明和创新，使原有的传统技术不断得到改进；从外部来看，主要是引进国外先进技术，使原有企业或新建企业直接采用国外先进生产方法或工艺，代替传统的生产方法或工艺。政府在这两项工作中都应发挥指导作用，引导企业实现技术进步。

（2）提高管理水平。科学技术的发展要求管理制度与之相适应，现代管理是经济发展的结果，它反过来又极大地促进了经济的进一步发展。提高管理水平的重点在于采用先进的管理方法和管理经验，改进管理手段。

（3）加强人力资本投资。人力资本在社会经济发展中具有十分重要的作用，它是运用科技进行管理的主体。对发展中国家来说，真正制约其经济发展和现代化的因素，不是物质资本和技术，而是缺乏人力资本优势，低下的劳动力素质是无法对现代化技术设备进行使用和管理的。增加人力资本投资主要是加大投资强度，调整教育结构，改革教育体制，鼓励国际交流，最终提高本国劳动力的素质。

（三）制度创新政策

制度创新政策是针对经济中存在的制度性缺陷提出的。例如，不少国家都存在大量规模庞大、效率低下的国有企业，这些企业由于体制不合理而对市场信号反应迟缓，缺乏自我约束、自我发展的能力，经营状况差，常常依靠国家的大量财政补贴予以维持。如果经济中的低效率存在普遍的制度性原因，那么进行制度创新就显得非常必要。制度创新政策主要表现为企业制度改革，包括企业创立时的投资制度改革、企业产权制度改革，以及与此相适应的企业管理体制改革。富有活力、具有较强竞争力的微观经济主体始终是实现内外均衡目标的基础。

第三节 开放经济下的一般均衡：IS-LM-BP模型

20世纪60年代，在凯恩斯宏观经济学的基础上，蒙代尔和弗莱明分别独立地将封闭经济条件下的IS-LM模型推广到开放经济条件中，建立了蒙代尔-弗莱明模型（Mundell-Fleming model），也称IS-LM-BP模型。这一模型的主要特征是将国际收支放到宏观经济一般均衡中进行分析，使得经济中的真实因素、名义因素和国际收支能够在统一的框架中同时决定。IS-LM-BP模型具有很多IS-LM模型的特征：IS-LM-BP模型也假设经济中存在未利用的资源，且经济未处于充分就业的状态，因此各种经济活动和政策活动不影响价格水平，即价格水平给定。IS-LM-BP模型的贡献在于将国际收支活动纳入模型中，从而可以分析各种政策在开放经济条件下的效果及其对国际收支的影响。

一、IS曲线

IS-LM-BP模型由三个方程构成：IS曲线、LM曲线和BP曲线。IS曲线与国民收入核算有关，在开放经济条件下，IS曲线为

$$Y = C + I + G + (X - eM)$$

消费是收入和利率的函数，即 $C = C(Y, i)$，且收入越高，利率越低，消费越高；投资是利率的函数，即 $I = I(i)$，且利率越高，投资越少。不妨考虑一个开放的小国，如果不考虑国外的回应，那么本国的出口只受到汇率的影响，即 $X = X(e)$，当本币升值时，出口将下降；进口则受到收入和利率的双重影响，即 $eM = eM(Y, i)$，收入越高，利率越低，则进口需求越高。

为了简化起见，我们将国内需求记为 $D = C + I + G - eM$，因此，D即本国居民、企业和政府对本国生产的产品的总需求。它是收入、利率和汇率的函数，记为 $D = D(Y, i, e)$，国内需求D随着收入的增加、利率的下降以及本币币值的下跌而增加，随着收入的减少、利率的上升以及本币币值的上涨而下跌，可以简化为

$$Y = D(Y, i, e) + X(e)$$

开放经济条件下的IS曲线与封闭经济条件下的IS曲线的区别在于，汇率变动也会影响该曲线的变化。开放经济条件下的IS曲线可以采用图形的方法进行描述，给定汇率条件下，由上述讨论可得，利率和收入之间呈现反向变动关系，即利率越高，收入越低。如图14-1所示，IS曲线上的点反映的是给定汇率条件下，产品市场达到均衡时利率和收入的组合；IS曲线以外的点代表产品市场未达到均衡时的情况。

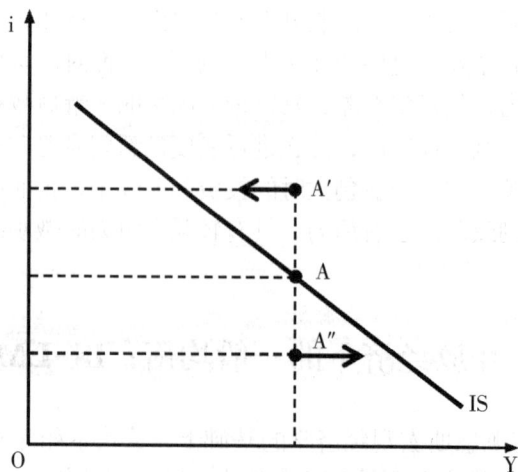

图14-1 开放经济条件下的IS曲线

在图14-1中，与IS曲线上的A点相比，A′点的收入与A点相同，利率水平高于A点，

较高的利率水平意味着 A′ 点的国内需求低于国内产出，因此，A′ 点表明国内产品市场存在供大于求的现象。根据凯恩斯准则，产出水平将下降，从而收入下降，直至回复到均衡点的市场出清状况。同理，如果初始市场位于 A″ 点，较低的利率使得国内的需求增长，产品市场供不应求，产出将上升，收入也相应提高，直至产品市场重新达到均衡状态。

二、LM 曲线

根据凯恩斯的理论，货币需求包括交易性需求、预防性需求和投机性需求。其中，前两种需求与收入有关，投机性需求与利率相关，即货币市场的均衡可以描述为

$$M = L(Y, i)$$

式中，交易性和预防性需求是收入的增函数，投机性需求是利率的减函数。货币需求函数并未受到经济开放的影响，汇率的变化也并不影响货币需求函数。事实上，上式只是个简化的货币需求函数，考虑的是静态模型，只在资本流动受到严格控制的情况下成立。一旦资本可以自由流动，汇率的变化势必会影响本国居民对国外资产的需求，也必然会影响国外居民对本国资产的需求。然而，在分析动态模型时，我们并不能忽略汇率变化对货币需求的影响，此时汇率是发挥作用的。

当给定货币供给量时，LM 曲线反映的是收入和利率的正向关系，这一关系可用图14-2表示。

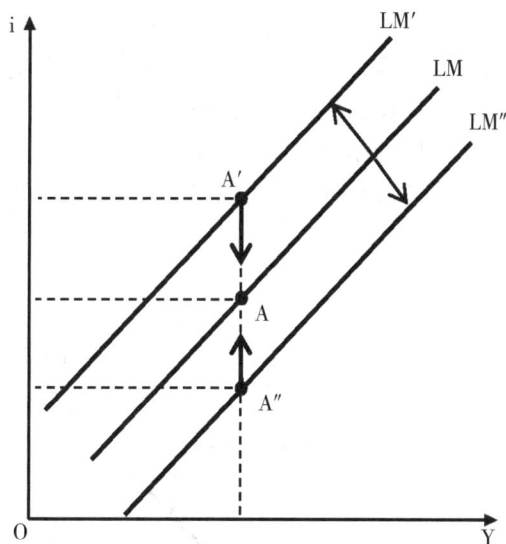

图 14-2　开放经济条件下的 LM 曲线

如图 14-2 所示，LM 曲线上的点反映的是给定货币供应量条件下，货币市场达到均衡时利率和收入的组合；LM 曲线以外的点反映货币市场未达到均衡时的情况。与 IS 曲线不同的是，LM 曲线在利率-收入坐标系下是一条斜率为正的曲线。

在图 14-2 中，A′ 点的收入水平与 LM 曲线上的 A 点相同，但利率水平高于 A 点，则 A′ 点的投机性货币需求低于 A 点，即 A′ 点的货币需求小于 A 点，在给定货币供给量的情况下，A′ 点的表现即货币供给大于货币需求。由于利率是货币资金的价格，在供大于求的情况下，利率就会下降，直至货币供给重新达到均衡。同理，若初始货币市场位于 A″ 点，

则货币供给将小于货币需求，利率会上升，直至货币市场重新出清。综合考虑，凡是处于LM曲线上方的点，货币市场都处于供大于求的状态；凡是处于LM曲线下方的点，货币市场都处于供小于求的状态。

货币供给的变化会带来LM曲线的移动。货币供给上升，在相同收入水平下，要使得货币需求上升，利率就必须下降，从而投机性货币需求上升，使得货币市场重新达到均衡。因此，货币供给上升会使得LM曲线向右下方移动。反之，如果货币供给下降，在相同的收入水平下，只有更高的利率水平才能使投机性货币需求下降，从而使货币市场重新达到均衡。因此，货币供给下降会使得LM曲线向左上方移动。

三、BP曲线

国际收支不仅需要考虑进出口情况，还需要考虑资本的跨国流动，因此需要同时考虑经常账户和金融账户来研究外部均衡情况。经常账户此处是指净出口，是收入、利率和汇率的函数。收入上升或是利率水平下降，净出口会因为进口上升而下降；本币升值、出口下降和进口上升也会使得净出口下降。而利率越高，国内资产越具有吸引力，资本更倾向于流入。因此，资本的净流入是利率的增函数。

根据国际收支平衡原理，经常账户和金融账户之和正好等于零。因此，国际收支平衡可以写为

$$X(e) - eM(Y,i) + K(i) = 0$$

式中，$K(i)$是金融账户的盈余和赤字。当净出口和净资本流入之和等于0，等式成立时，国际收支达到平衡。在给定汇率水平的情况下，通过上式可以发现，存在着这样的一组收入和利率的集合，满足国际收支均衡的条件，且在这组收入和利率的集合下，贸易差额和资本差额正好相互抵消，国际收支平衡，这组集合就是BP曲线。BP曲线反映的是国际收支平衡时国民收入与利率水平的组合。

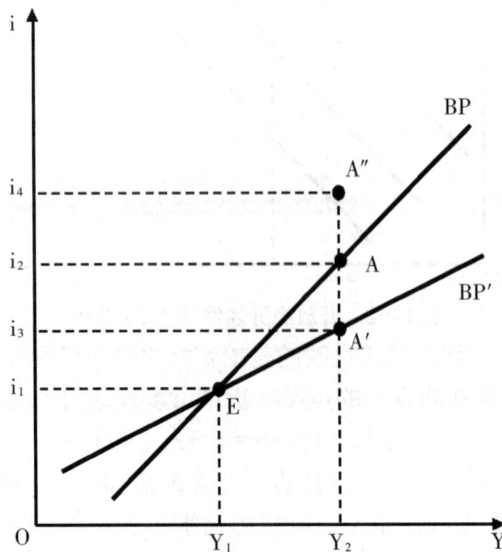

图14-3　开放经济条件下的BP曲线

当给定汇率水平时，国际收支达到均衡的收入和利率组合可以用BP曲线表示。如图

14-3所示，BP曲线在利率和收入的坐标轴中斜率为正。在给定汇率水平条件下，出口不变，国内收入水平越高，进口需求越大，本国的贸易逆差越大。要使得国际收支重新达到平衡，只有更高的利率水平才能保证资本流入，抵消贸易逆差增大对国际收支不利的影响，从而使得国际收支达到平衡。

资本流动对利率的敏感程度会对BP曲线的斜率产生影响。资本流动对利率的反应越灵敏，BP曲线的斜率越小，曲线越平坦。结合图14-3来说明，假设经济初始位于均衡点E点，收入水平从Y_1上升至Y_2时，将导致进口需求增加，净出口下降，要保持国际收支平衡，利率就需要相应上升，使得资本流入。此时，国际收支均衡点会沿着BP曲线从原来的E点上升至A点（利率从i_1上升至i_2）。如果资本流动相对利率的敏感性提高，则利率上升较小的幅度（利率从i_1上升至i_3），即可带来同等幅度的资本流动，从而使得国际收支达到平衡，形成新的BP′曲线。BP′曲线与BP曲线相比，斜率较小，曲线较为平坦。因此，资本流动对利率的敏感程度越高，BP曲线越平坦。

观察图14-3，BP曲线上的点表示的是国际收支平衡点，而BP曲线之外的点均为国际收支不平衡的点；在BP曲线上方的点，代表国际收支存在盈余；在BP曲线下方的点，代表国际收支存在赤字。以图14-3中的A″点为例，A″点的收入水平与均衡点A点相等，利率水平高于A点，则A″点的资本流入量高于A点，同时进口需求低于A点，即A″点的净出口更多，资本流入也更多，因此，A″点的国际收支会出现盈余；相反，位于BP曲线下方的A′点，其收入水平与A点相同，利率水平低于A点，则A′点的进口更多，资本流入更少，从而A′点的国际收支出现赤字。

四、开放经济条件下的一般均衡

开放经济条件下的一般均衡就是同时实现内部均衡和外部均衡，IS曲线和LM曲线的交点代表的是内部均衡，BP曲线上的每一点对应的是外部均衡。以上我们单独分析了IS曲线、LM曲线和BP曲线，现在我们将这三条曲线结合起来分析产品市场、货币市场和国际收支均衡是如何同时被决定的。

考虑固定汇率下开放经济的一般均衡，首先考虑IS曲线和BP曲线（如图14-4所示），IS曲线和BP曲线的交点E代表的利率和收入组合（i_E和Y_E）表示产品市场和国际收支同时达到均衡。下面考虑LM曲线的情况，若LM曲线正好穿过均衡点E，则E点的利率和收入组合即产品市场、货币市场和国际收支同时保持均衡的组合；若LM曲线没有穿过E点，那么经济中是否存在这样一种自发的力量使得经济向均衡收敛呢？同样，如果经济初始处于均衡状态，是否存在这样一种力量使得均衡保持稳定呢？在分析收敛性和稳定性之前，我们作出如下三种假设：

假设一：在固定汇率制度下，政府主动干预外汇市场。这样，货币供给会随国际收支的变化而变化，即当国际收支赤字时，货币供给减少；当国际收支盈余时，货币供给增加。为了维持汇率稳定，政府需要调节外汇市场的供求平衡，当国际收支出现赤字时，外汇供不应求，本币贬值，外汇升值。此时，政府需要买进本币，卖出外汇，保持供求平衡，以稳定币值。

假设二：收入随着商品过度需求的变化而变化，当商品的过度需求为正时，收入上升；当商品的过度需求为负时，收入下降。

假设三：利率随着货币过度需求的变化而变化，当货币需求大于供给时，利率上升；当货币需求小于供给时，利率下降。

专栏 14-1

引入风险因素的
IS-LM-BP 模型

在以上三种假设的基础上，分析产品市场、货币市场和国际收支之间的自动均衡机制。如图 14-5 所示，假设经济初始位于 A_0 点，此时货币市场和产品市场出清，但是国际收支存在赤字。此时存在两种可能的政策选择：第一种是政府继续维持国际收支赤字，可以通过一定的方法，使得货币供给量维持不变来实现，从而使得经济继续处在 A_0 点。在这种政策下，本国的外汇储备将持续减少。第二种是在国际收支赤字下，货币供给不断下降，假设货币供给下降后，LM 曲线从 LM_0 左移至 LM_1 的位置。由于货币供给减少，利率将会上升，利率的上升使得国内需求减少，进而引起收入下降。因此，利率和收入组合将会沿着 IS 曲线从 A_0 点向 A_1 点移动。这一过程直至 LM 曲线移动至 LM_E 的位置，使得产品市场、货币市场和国际收支都达到均衡时停止。同理，如果经济的初始位置位于 BP 曲线的上方，那么相反的机制会发挥作用，国际收支盈余会使得货币供给增加、利率下降，从而收入上升，引起 LM 曲线移动，直到达到 LM_E 的位置为止。

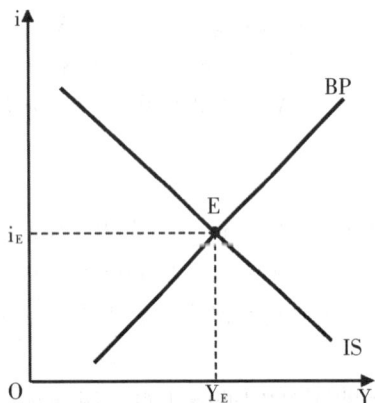

图 14-4　产品市场均衡和国际收支均衡　　图 14-5　开放经济条件下的一般均衡

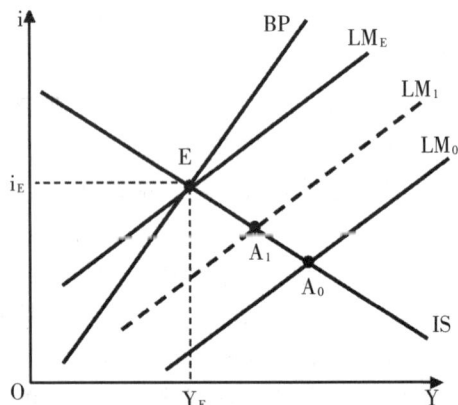

第四节　固定汇率制度下的财政和货币政策

不同的汇率制度下，不同的宏观经济政策会产生不同的效果。本节首先分析固定汇率制度下财政和货币政策的作用。固定汇率制度的一个重要特征是汇率被固定在一个不变的水平上，为了维持汇率水平不变，政府会通过外汇市场等对经济进行干预。

一、蒙代尔-弗莱明模型

蒙代尔-弗莱明模型揭示了财政、货币和汇率等宏观经济政策的互相搭配，以及对经济内部均衡和外部均衡的影响，是分析开放经济条件下财政政策和货币政策效果的主要工具。蒙代尔-弗莱明模型的一个重要贡献在于它阐明了：在资本高度流动的情况下，如果采取固定汇率制度，则货币政策无效；如果采取浮动汇率安排，则货币政策是有效的。这

第十四章　开放经济下的宏观经济学：调整政策

就是开放经济下的"三元冲突"理论，即克鲁格曼的"不可能三角"。

蒙代尔-弗莱明模型分析的对象是一个开放的小国家，模型作出如下假设：总供给曲线是水平的，即产出水平完全由总需求水平确定；价格，至少工资保持不变，则名义汇率与实际汇率之间不存在区别；即使是在长期，购买力平价也不存在，浮动汇率制下汇率完全依据国际收支状况进行调整；在储备不变时，经常项目逆差等于资本的流入，反之亦然；不存在汇率发生变动的预期，即静态预期，投资者风险中立。

在以上假设的前提下，根据"不可能三角"原理，固定汇率、独立的货币政策和资本自由流动三者中只能选择其中两个。因此，要分析固定汇率制度下的政策影响，我们需要对货币政策和资本流动的不同组合分别进行分析。下面，我们分析两种极端的情形，即资本完全不流动和资本完全流动的情形。

人物介绍14-1

罗伯特·蒙代尔

二、资本完全不流动下的财政、货币政策分析

当资本完全不流动时，开放经济的均衡状态如图14-6（a）所示。

（一）财政政策分析

以政府扩张性财政政策为例，如图14-6（b）所示，政府增加对商品与劳务的财政支出，则对本国商品的总需求上升，使IS曲线右移至IS′曲线处，新的产品市场均衡线IS′与LM曲线的交点E_1为经济新的短期均衡点。在这一点上，国民收入为Y_1，利率水平为i_1。与旧的均衡点相比，国民收入增加，利率上升，国际收支会因为进口的增加、出口的减少而出现赤字。长期内，国际收支赤字将会导致货币供应量的减少，会引起LM曲线左移，直至它与IS′曲线的交点位于BP曲线之上，即图中的E_2点。此时，国民收入恢复到原有水平，利率水平较i_1进一步提高。需要注意的是，政府支出的增加并没有引起国民收入的相应增加，说明政府支出增加引起利率的提高，带来私人投资支出的下降，产生了完全的挤出效应。

通过以上分析我们得出如下结论：在固定汇率制度下，当资本完全不流动时，短期内，财政支出的增加会引起利率水平和收入水平的上升，国际收支经常账户出现恶化；长期内，随着利率的进一步上升，国民收入和国际收支恢复到原有的水平，但基础货币和总支出的内部结构均发生变化。

（二）货币政策分析

以政府扩张性货币政策为例，中央银行在货币市场上购买证券以增加对社会基础货币的投放量，这将通过货币乘数作用使社会的货币供应量成倍增加，在货币需求量短期不变的情况下，将导致利率下降，利率下降将引起投资需求和社会总需求的上升，进而促使国民收入提高。通过边际进口倾向的作用，国民收入的提高会带来进口的增加，在出口保持不变的情况下，经常账户收支将处于赤字状态。如图14-6（c）所示，短期内，货币扩张会使LM曲线右移至LM′，与IS曲线相交于E_1点，E_1点位于BP曲线右方，意味着经常账户此时处于赤字状态。长期内，国际收支赤字会通过外汇储备来弥补，从而使货币供应量减少。这会导致利率的上升以及投资与国民收入的下降，使国际收支趋于平衡。由于假设汇率固定不变，这将使上述调整过程持续下去，直至国民收入和利率恢复原状、货币供应量恢复至期初水平。从图14-6（c）上看，即LM′曲线左移至原来的LM曲线位置。

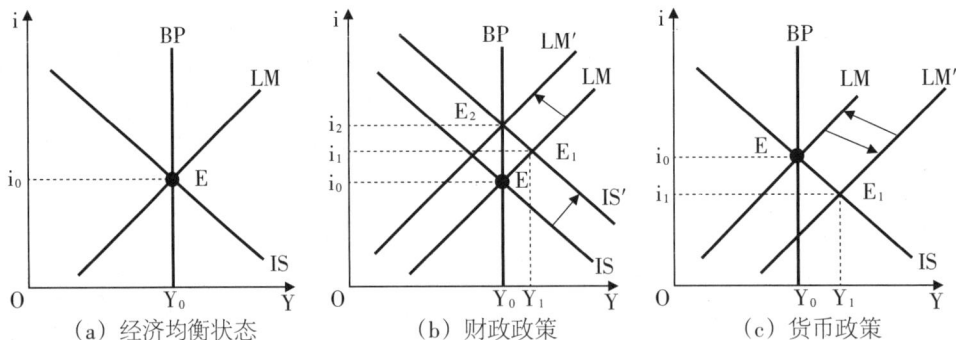

图14-6 固定汇率制下资本完全不流动时的均衡状态、财政政策、货币政策分析

通过以上分析我们得出如下结论：在固定汇率制下，当资本完全不流动时，短期内，货币供应量的增加会引起利率下降，收入上升，国际收支经常账户出现恶化；长期内，收入、利率、国际收支状况恢复到期初水平，但基础货币内部结构发生变化。

三、资本完全流动下的财政、货币政策分析

当资本完全流动时，开放经济的均衡状态如图14-7（a）所示。

（一）财政政策分析

以政府扩张性财政政策为例，政府实行扩张性财政政策会引起利率的上升，在资本完全流动的情况下，本国利率的上升将引起国外资金的短期迅速流入。由于实行的是固定汇率制，这将导致本国货币供给量的增加，使得利率下降直至恢复原有的水平，即世界利率水平。如图14-7（b）所示，IS曲线右移的过程中始终伴随着LM曲线的右移，以维持利率水平的不变。新均衡时利率仍为i_0，收入水平变为Y_1，因此，在资本完全流动的情形下，财政扩张不影响利率，但会带来国民收入更大幅度的提高。

（二）货币政策分析

以政府扩张性货币政策为例，如图14-7（c）所示，中央银行的扩张性货币政策会导致利率的下降，而利率的微小变动都将导致资金的迅速外逃，这将减少外汇储备，抵消扩张性货币政策的影响，此时的货币政策表现为无效。

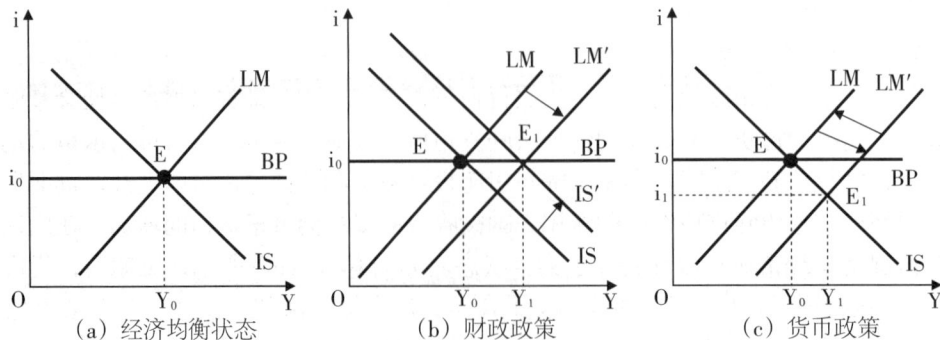

图14-7 固定汇率制下资本完全流动时的均衡状态、财政政策、货币政策分析

第五节　　浮动汇率制度下的财政和货币政策

和固定汇率制下的开放经济政策一样，浮动汇率制下也存在两种极端的情形，即资本完全不流动和资本完全流动。

一、资本完全不流动下的财政、货币政策分析

资本完全不流动时，国际收支平衡体现为经常账户收支的平衡，此时的经济均衡状态如图14-8（a）所示。

（一）财政政策分析

以政府扩张性财政政策为例，如图14-8（b）所示，实行扩张性财政政策，IS曲线会右移至IS′曲线的位置，收入水平和利率水平都有所提高，导致进口增加，出口减少，从而使国际收支出现赤字。在浮动汇率制度下，本国货币将出现贬值，从而使BP曲线右移，IS′曲线进一步右移，直至IS″、LM、BP′三条曲线交于一点为止。比较新的均衡和旧的均衡，可以发现，新均衡时，汇率贬值，利率上升，收入水平提高。

（二）货币政策分析

以政府扩张性货币政策为例，如图14-8（c）所示，实行扩张性货币政策会使LM曲线右移至LM′曲线的位置，使收入水平提高、利率下降，国际收支出现赤字。在浮动汇率制下，本币会贬值，从而使BP曲线及IS曲线右移，直至三条曲线重新交于新的均衡点E_2点为止。比较新旧均衡点，在新的经济均衡点，汇率贬值、收入水平提高、利率下降。

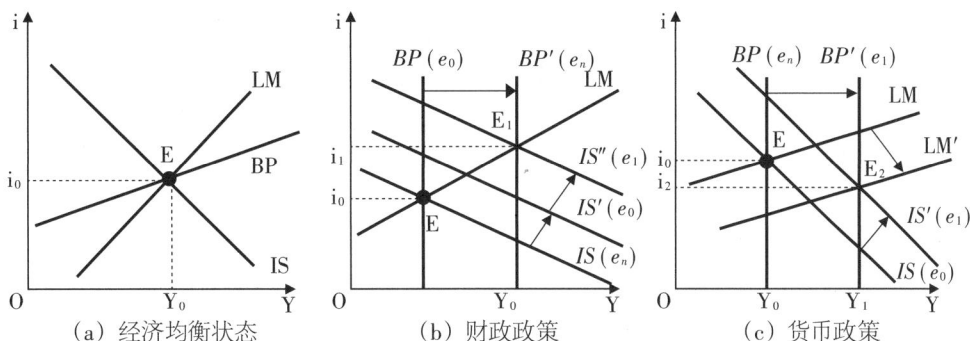

图14-8　浮动汇率制下资本完全不流动时的均衡状态、财政政策、货币政策分析

二、资本完全流动下的财政、货币政策分析

资本完全流动时，开放经济的均衡如图14-9（a）所示。此时，影响国际收支平衡的决定因素是资本账户和金融账户。在汇率变动对资金流动没有影响的假设前提下，汇率变动对BP曲线没有影响。

（一）财政政策分析

如图14-9（b）所示，实行扩张性财政政策会使本国利率水平上升，吸引外国资金流入，促使本币升值，从而使得IS′曲线向左移动至与IS曲线重合为止。新的均衡和期初相比，利率水平和收入水平保持不变，本币升值。需要注意的是，收入总量虽然没有发生变化，但是其内部结构发生了变化，财政政策通过本币升值对出口产生了完全的挤出效应。

专栏14-2

中国2008—2022年的货币政策

（二）货币政策分析

如图14-9（c）所示，实行扩张性货币政策会使利率水平下降，造成本国资金外流，从而导致本币贬值，这将推动IS曲线右移，直至与LM′曲线相交于新的均衡E_1点为止。在E_1点，利率水平等于世界利率水平，收入水平得到提高。

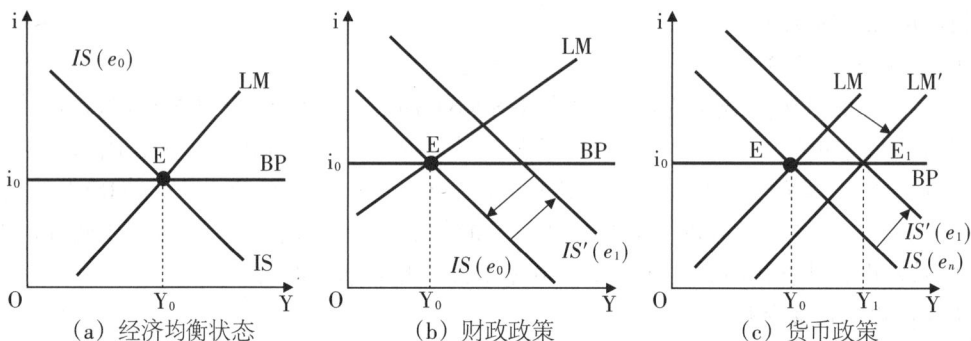

图14-9　浮动汇率制下资本完全流动时的均衡状态、财政政策、货币政策分析

本章小结

1.在开放经济条件下，一国宏观经济调控的目标主要有充分就业、物价稳定、经济增长和国际收支平衡。当一国经济达到充分就业、物价稳定和经济增长状态时，称为内部均衡；当一国经济实现国际收支平衡时，称为外部均衡。政府对宏观经济进行调控的目标就是同时实现内部均衡和外部均衡。

2.米德冲突是指政府在实现内部均衡（外部均衡）目标的同时外部均衡（内部均衡）目标受到干扰和破坏的现象，它产生的根源在于经济的开放性。

3.支出调整政策，又称支出增减政策，是指通过影响社会支出水平的变动进而影响社会总需求水平变动的宏观经济政策。它等同于在封闭经济条件下凯恩斯主义的需求管理政策，即财政政策和货币政策的组合。

4.广义的支出转换政策是指能够通过影响本国贸易商品的国际竞争力，改变支出结构从而使本国收入相对于支出增加的政策，它主要包括汇率政策与直接管制政策。狭义的支出转换政策则是专指汇率政策。支出转换政策的实质是在总需求的内部进行结构性调整，使得总需求的构成在国内吸收与净出口之间保持适当的比例。

5.蒙代尔-弗莱明模型是分析开放经济条件下财政政策和货币政策效应的主要工具，根据利率体制的不同和资金流动情况的不同，可以分为多种情况进行分析。在开放经济条件下，各国之间存在紧密的相互依赖性，通过蒙代尔-弗莱明模型我们可以得出如下结论：各国的财政政策和货币政策会通过收入机制、利率机制和相对价格机制来影响其他国家。此外，通过分析，我们也可以看出，在不同的汇率制度下，财政政策和货币政策的溢出效应不同。在浮动汇率制下，本国货币政策的溢出效应更为明显；而在固定汇率制下，财政政策的影响更为明显。

重要概念

开放经济　内部均衡　外部均衡　一般均衡　米德冲突　需求调节政策　供给调节政策　支出增减政策　支出转换政策　不可能三角　IS-LM-BP曲线　蒙代尔-弗莱明模型　固定汇率制　浮动汇率制

复习思考

1.宏观开放经济条件下的一般均衡是指什么？

2.宏观开放经济条件下的政策工具有哪些？

3.解释BP曲线。

4.简述支出调整政策的作用和局限性。

5.简述支出转换政策的作用和局限性。

6.根据蒙代尔-弗莱明模型分析固定汇率制下的宏观政策效应。

7.根据蒙代尔-弗莱明模型分析浮动汇率制下的宏观政策效应。

第十五章

开放经济中的价格与产出：总需求与总供给

总需求与总供给模型（AD–AS模型）是新古典综合学派用于分析国民收入决定的一个重要工具。它在凯恩斯的收入–支出模型和IS–LM模型的基础上，进一步将总需求和总供给结合起来，解释国民收入决定及相关经济现象。开放经济条件下的AD–AS模型与封闭经济条件下有所不同，这主要体现在总需求曲线的决定上。国际资本流动和技术交流会对长期总供给产生一定的影响，但就中短期来说，开放经济对总需求的影响更大。前面的分析假定价格水平保持不变，仅当经济达到充分就业之后价格水平才会上升。本章放宽这一假定，运用总需求–总供给模型来讨论开放经济条件下价格与产出之间的关系。

第一节　封闭经济中的总需求、总供给及一般均衡

本节首先介绍封闭经济条件下的总需求和总供给曲线：通过IS曲线和LM曲线推导出总需求曲线；介绍长期和短期总供给曲线。在此基础上，考察封闭经济条件下总需求曲线与总供给曲线如何决定长期均衡与短期均衡，以便与下文开放经济条件进行比较。

一、封闭经济条件下的总需求曲线

总需求（AD）是指在一定价格水平上，一个国家或地区在一定时期内社会所愿意购买的商品和服务的总量。它主要由消费需求、投资需求、政府支出和净出口四部分构成，用公式可以表示为

$$AD = C + I + G + NX$$

式中，C为消费需求；I为投资需求，表示企业在投资和再投资过程中形成的对商品和服务的需求；G为政府支出，表示政府部门对商品和服务的需求；NX为净出口，表示国外对本国商品和服务的需求。

总需求曲线通常向右下方倾斜，表明一国物价水平越低，对商品和劳务的总需求量越

大。图15-1显示了由IS-LM曲线推导AD曲线的过程。如图15-1（a）所示，初始条件下，IS曲线与LM曲线相交于均衡点E，此时对应于图15-1（b）中AD曲线上的E点。当价格水平由P_E上升至P'时，实际货币供应量减少，导致LM曲线向左移动至LM'。LM'与IS曲线相交于新的均衡点E'，此时利率水平变为i'，国民收入下降至Y'。更高的价格P'和更低的国民收入Y'对应在（b）图中即AD曲线上的E'点。随着价格的不断变化，就会有不同位置的LM曲线与IS曲线相交，形成一系列不同的交点，这些交点都是AD曲线上的点，将这些交点连结起来，就形成了（b）图中的AD曲线。如图15-1（b）所示，AD曲线是一条向右下方倾斜的曲线。

当价格水平保持不变，而货币供给发生变化时，AD曲线会发生移动。在既定的价格水平下，扩张性的货币政策会导致LM曲线右移，促使均衡国民收入上升，反映在图15-1（b）中，即AD曲线相应右移，以反映既定价格水平下国民收入水平的上升。同样，扩张性的财政政策会导致IS曲线右移，促使AD曲线向右移动；相反，紧缩性的财政政策和货币政策将导致AD曲线左移。

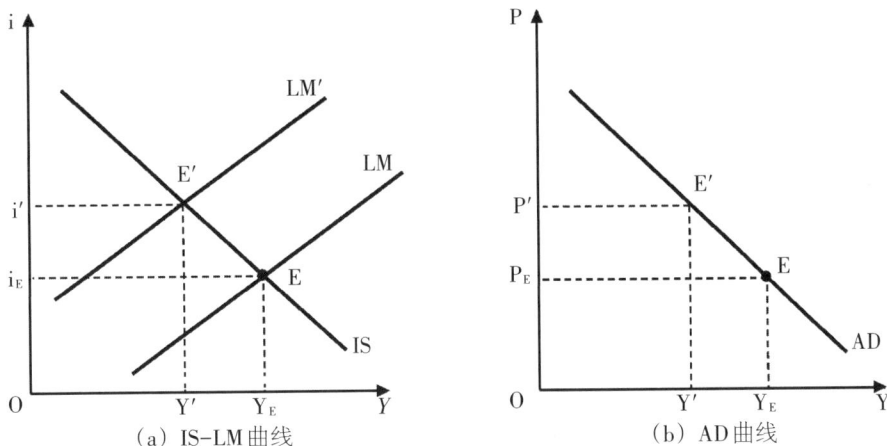

图15-1　总需求曲线的推导

二、封闭经济条件下的总供给曲线

总供给（AS）是指在任一价格水平上，厂商愿意提供的产品和服务的总量。总供给曲线也就描述了在各种价格水平上厂商所愿意提供的总产出。总供给曲线包括三种情况：长期总供给曲线LAS（即古典总供给曲线）、短期总供给曲线SAS（即凯恩斯总供给曲线）和一般总供给曲线。

（一）长期总供给曲线

长期总供给曲线是一条垂直于横轴的直线（如图15-2（a）所示），即无论在什么价格水平上，总供给都是不变的。在古典经济理论中，名义工资和价格水平具有完全弹性，因此在长期内所有生产要素都被充分利用，劳动力市场处于充分就业状态，经济活动中不存在闲置资源，此时的产出为充分就业时的产出，即潜在产出。此时即使经济活动中存在较高的需求，由于资源已得到充分利用，整个产出水平也不会提高，而只会引起价格的上涨。因此，长期内总产出完全不受短期内价格波动的影响，是一条处于潜在产出水平上的垂直线。长期内资本的积累和技术的进步会使潜在产出增长，这表现为总供给曲线水平向右移动。

（二）短期总供给曲线

短期总供给曲线是一条水平线（如图15-2（b）所示），这表明在现有价格水平上厂商愿意提供任何数量的产出。凯恩斯在其著作《就业、利息和货币通论》中指出，价格和工资是缺乏弹性的，这意味着失业会是一种长期现象，除非总需求的增加能够把陷入萧条或严重衰退中的经济解救出来，否则充分就业将难以实现。在短期内由于失业的存在，厂商可以在现行工资水平上得到他们想要的任何数量的劳动供给，而其生产成本不会随产出的变化而变化，这时厂商可以把大量的资本和劳动力投入生产中，因而产出可以在现行价格水平上无限扩张。在这种情况下，实际产出将会在水平的总供给曲线上随着总需求曲线的变化而变化。

（三）一般总供给曲线

古典经济学家和凯恩斯关于总供给曲线的理论是两种极端的理论，一般情况下，在中短期内，产出会随着价格的变化而变化。一般总供给曲线表现为一条向右上方倾斜的曲线（如图15-2（c）所示），它介于水平总供给曲线和垂直总供给曲线之间的过渡区域。向右上方倾斜的总供给曲线表明：价格水平越高，厂商愿意提供的产出越多；价格水平越低，厂商愿意提供的产出越少。

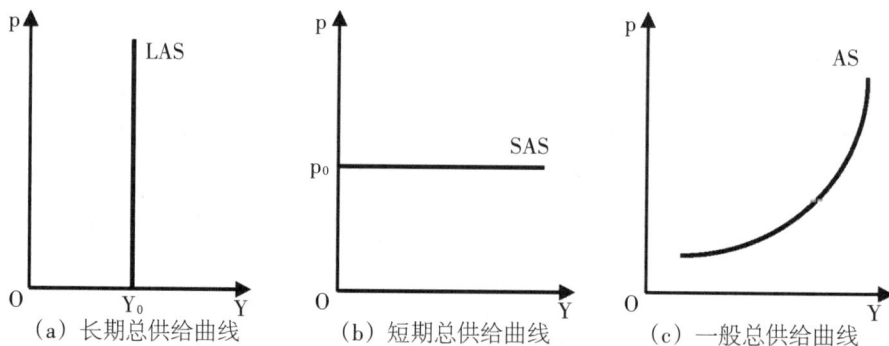

图15-2　总供给曲线

三、封闭经济条件下的短期与长期均衡

在给定总需求曲线和总供给曲线的条件下，考虑封闭经济条件下的短期均衡和长期均衡。如图15-3所示，AD、LAS和SAS曲线相交于均衡点E，此时经济同时处于短期均衡和长期均衡，均衡价格为P_E，均衡产出为Y_E。当AD曲线向右移动至AD′时，总需求增加，导致价格上升。短期内，厂商认为只有自己的产品价格上升才会增加产出，这将导致新的短期均衡，均衡点为SAS与AD′的交点M，在M点，价格为P_M，产出为Y_M，均高于长期均衡时的价格和产出水平；长期内，厂商意识到所有价格（包括生产成本）实际上都上升，短期总供给曲线会移动至SAS′，AD′与SAS′重新交于LAS曲线上。此时实现长期均衡，价格水平上升，产出回到长期自然水平状态。

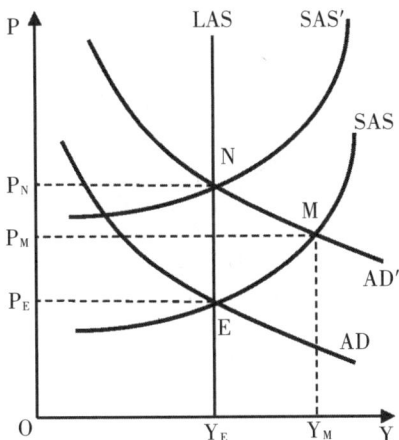

图 15-3　封闭经济条件下的短期与长期均衡

第二节　开放经济中的总需求及一般均衡

在开放经济条件下，总需求曲线反映了在商品市场、货币市场和国际收支同时均衡时价格水平和产出水平的关系，因此可以通过 IS – LM – BP 模型来推导总需求曲线。在分析的过程中，假设资本在国际市场上不完全流动，BP 曲线的斜率小于 LM 曲线，分别对固定汇率制下和浮动汇率制下的总需求曲线进行分析。

一、固定汇率制下的总需求曲线

如图 15-4 所示，在初始均衡状态下，IS 曲线、LM 曲线与 BP 曲线相交于初始均衡点 E，此时商品市场、货币市场和国际收支同时处于均衡状态，均衡时的国民收入为 Y_0。假设价格水平由 P_0 下降至 P_1，由于名义货币供给不变，实际货币余额增加，从而导致 LM 曲线向右移动至 LM′；在开放经济条件下，本国商品价格下降，意味着本国商品相对于外国商品更加便宜，于是出口增加、进口减少，经常项目出现盈余，这使得 BP 曲线向右移至 BP′，IS 曲线向右移至 IS′，三条曲线交于 E′点，即经济达到新的均衡点，其对应的利率水平上升至 i_1，国民收入增加至 Y_1。

随着产品价格的变化，整体经济的运行会形成无数个均衡点，把这些均衡点（如 E 和 E′）分别描绘在横轴为收入、纵轴为价格的坐标图中，连接这些均衡点便得到了开放经济中固定汇率制下的 AD 曲线。

在价格变化后，如果新的 IS 和 LM 曲线的交点不在 BP 曲线上，则意味着国际收支不均衡，整个经济未达到均衡状态，这时会由货币当局对外汇市场进行干预而使其达到均衡。例如，如果新的 IS 曲线和 LM 曲线的交点在 BP 曲线的上方，则表明国际收支处于顺差状态，本币的需求增大，出现升值趋势。为了维护固定汇率制，货币当局会在外汇市场上投放本币，使得 LM 曲线向右移动，直到均衡点回到 BP 曲线上，国际收支顺差消失，整体经济恢复均衡。同样的道理，如果 IS 和 LM 曲线的交点在 BP 曲线的下方，整体经济也会因为货币当局对外汇市场的干预而恢复均衡。因此，在固定汇率制下，当国内产品价格发生变化后，LM曲线会因为货币当局为维护币值稳定所作的努力而自动恢复至新的经济均衡点处。

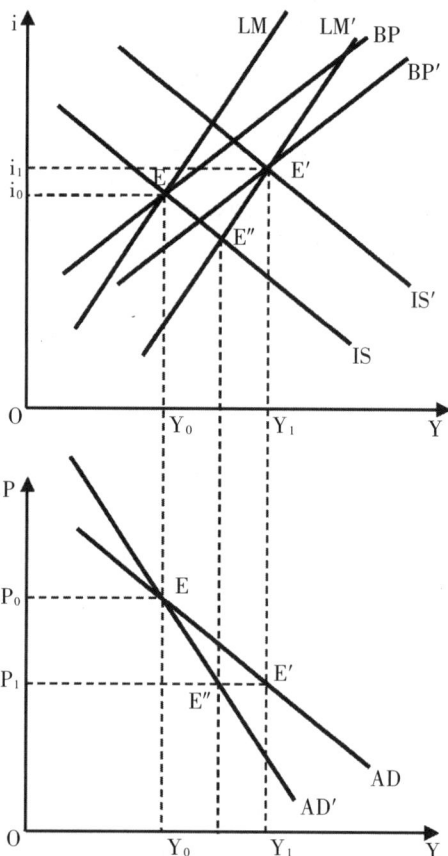

图15-4 固定汇率制下总需求曲线的推导

由AD曲线的推导过程可以看出，AD曲线上的任意一点都表示IS曲线、LM曲线和BP曲线的交点，也就是在任何给定价格水平上，货币市场、商品市场和国际收支都处于均衡状态。此外，与封闭经济条件下的总需求曲线AD′（均衡点为E″）相比，开放经济条件下的AD曲线更为平坦。这是因为在开放经济条件下，国际贸易和国际资本流动也会对总需求产生影响，因而总需求的变动更富弹性。

二、浮动汇率制下的总需求曲线

在浮动汇率制下，当经济处于初始均衡状态时，IS曲线、LM曲线与BP曲线相交于初始均衡点E。当价格水平由P_0下降至P_1时，实际货币供给量增加，与固定汇率制下的情况相同，国内价格水平的下降会导致IS、LM、BP曲线向右移动；与固定汇率制不同的是，在IS、LM、BP三条曲线向右移后，并没有得到一个新的均衡点，或者说IS和LM曲线的交点不在BP曲线上，国际收支处于失衡状态。如果初始时国际收支赤字，在浮动汇率制下，本币出现贬值趋势，IS曲线和BP曲线进一步右移，直到整体经济重新达到均衡。

如图15-5所示，价格水平下降时，IS曲线向右移至IS′处，LM曲线向右移至LM′处，

BP曲线向右移至BP′处，IS′与LM′曲线的交点位于BP′曲线的下方，说明国际收支出现逆差，在浮动汇率制下，本币出现贬值，使得BP′曲线进一步向右移动至BP″处；同时，该国贸易账户进一步恶化，IS′曲线进一步右移至IS″处，直到三条曲线交于E′点，三个市场重新达到均衡。以此类推，把这些均衡点分别描绘在横轴为收入、纵轴为价格的坐标图中，连接这些均衡点，得到开放经济中浮动汇率制下的AD曲线。

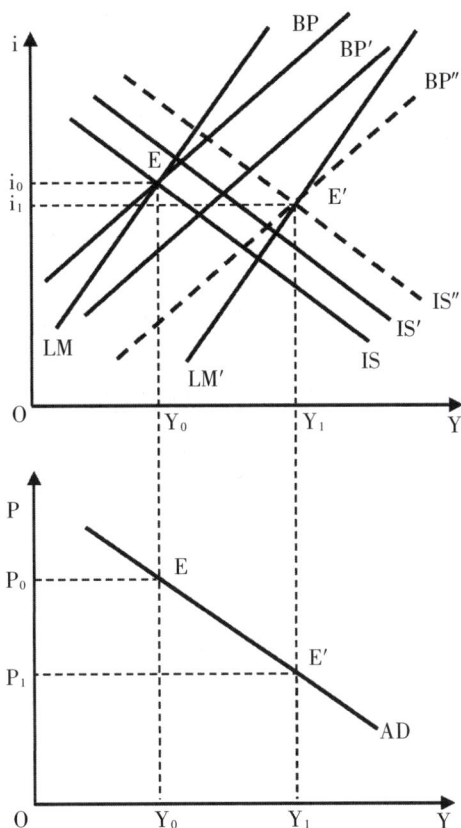

图 15-5　浮动汇率制下总需求曲线的推导

　　由上述分析过程可以看出，在浮动汇率制下，早期调整后存在的不均衡是由IS曲线和BP曲线的进一步调整来消除的。这与固定汇率制不同，在固定汇率制下，这一过程由LM曲线的移动来完成。

三、总需求曲线的斜率

　　在开放经济中，固定汇率制下总需求曲线的斜率可能与浮动汇率制下总需求曲线的斜率不同，但它们的斜率都为负，都向右下方倾斜。这表示随着商品和劳务价格水平的升高，总需求会下降；随着商品和劳务价格水平的下降，总需求会上升。总需求曲线呈现这样的特性主要有以下三个原因：

　　（1）财富效应（wealth effect）。财富效应又称庇古效应，一般情况下，人们会以各种方式持有一定的金融资产，当价格水平下降时，这些财富的实际购买力增强，人们变得更加富有，于是就会增加消费需求，购买更多的商品；而当价格水平上升时，人们持有的财富的实际购买力会下降，于是人们就会减少各种消费支出，以确保自己手中的金融资产的实际价值不变。这种价格水平的变化引起实际消费支出变化的效应就称为财富效应，由于财富效应的存在使得价格水平与消费水平反向变动，于是总需求曲线向右下方倾斜。

（2）利率效应（interest effect）。利率效应又称为凯恩斯效应。在货币供给不变的情况下，价格上升会导致货币需求上升，由于过度的货币需求得不到满足，必然会推动利率的上升。而利率的上升又会促使当前消费的机会成本上升，于是消费者就会用未来消费代替当前消费，使得当前消费的需求下降。此外，利率的上升还会导致厂商的投资成本上升，使得厂商减少投资需求。两方面的作用加在一起，最终导致总需求下降。反之，如果价格下降，则利率下降，总产出上升。这种价格水平变动导致利率变动，进而导致总需求反向变动的效应被称作利率效应。利率效应也导致了总需求曲线向右下方倾斜。

（3）开放效应（international effect）。开放效应又称净出口效应。在开放经济条件下，如果一国商品的价格上升，则意味着该国商品相对于外国商品变得更昂贵，该国出口商品的竞争力下降，这会抑制出口、增加进口，从而使得净出口下降。同样的道理，如果一国商品的价格下降，则该国商品的国际竞争力增强，出口增加、进口减少，从而使得净出口上升。在开放经济条件下，这种价格变动与净出口方向变动的关系被称作开放效应。净出口是总需求的一部分，它与价格变化的反向关系也导致了总需求曲线向右下方倾斜。

四、开放经济下的一般均衡

把开放经济中的总需求曲线和总供给曲线放在一起，就组成了开放经济条件下的 *AD - AS* 模型。该模型分析了商品市场、货币市场和国际收支同时均衡的价格水平和总产出水平，是分析宏观经济一般均衡的主要模型之一。

如图15-6所示，当长期总供给曲线LAS、短期总供给曲线SAS和总需求曲线AD相交于一点（E点）时，整体经济达到均衡状态，这一点的实际价格等于预期价格。如果政府采取某种经济政策扩大总需求，使得AD曲线向右移至AD′，新的短期均衡在E′点形成，此时的短期产出 Y_1 和价格 p_1 都出现上升，实际价格高于预期价格使得工人的实际工资下降，当工人意识到这个问题后，他们就会要求更高的名义工资。名义工资的上涨使得短期总供给曲线向左上方移动，直到实际价格再次等于预期价格，长期总供给曲线、短期总供给曲线和总需求曲线再次相交于一点（E″点），经济达到新的均衡。此时的产出 Y_0 依然处于长期潜在产出水平，价格 p_2 却出现了上涨。

因此，一国政府采取经济刺激方案使AD曲线向右移动，会带来价格的上涨和产出的提高，但产出的提高是短暂的，只能持续到工人的工资上涨到与更高的价格相适应为止。这说明，扩张性的经济措施并不能改变长期的潜在产出，一国政府要想提高长期产出，就不能仅把注意力放在经济政策上，还应当设法提高本国的技术水平和资本积累。

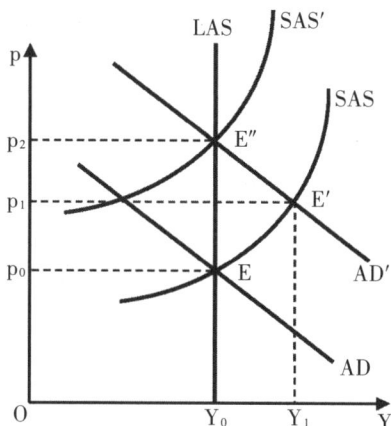

图15-6 开放经济下的一般均衡

第三节　　经济冲击与总需求曲线的移动

在开放经济条件下，任何影响商品市场、货币市场和国际市场的变量都会对一国的总需求产生影响。换言之，任何能影响IS、LM和BP曲线的因素都能影响AD曲线的移动，其影响状况取决于该国经济是处于固定汇率制下还是处于浮动汇率制下，会因各个国家所采用的汇率制度的不同而有所不同。本节从经济冲击的角度考察其对总需求的影响，概括来说主要有以下几个方面：

（1）影响本国经常项目的外国经济因素。使本国经常项目出现顺差的外国经济因素如外国价格水平的提高，在固定汇率制下，能使AD曲线向右移动；而在浮动汇率制下，对AD曲线没有影响。在固定汇率制下，经常项目的顺差会引起IS曲线和BP曲线向右移动，并导致经济的进一步扩张和货币供给的增加，最终使得AD曲线向右移动；而在浮动汇率制下，经常项目盈余在使IS曲线和BP曲线向右移动的同时，会引起本币的升值，而本币的升值对出口的影响会抵消经常项目的盈余，于是IS曲线和BP曲线又向左移到原先的位置。

（2）影响本国资本项目的外国经济因素。使本国资本项目出现顺差的外国经济因素如外国利率水平的降低，在固定汇率制下，会使AD曲线向右移动；而在浮动汇率制下，会使AD曲线向左移动。这是因为，在固定汇率制下，资本项目的顺差使得LM曲线和BP曲线都向右移动，从而推动AD曲线向右移动；而在浮动汇率制下，资本项目的顺差会导致本币升值，从而恶化经常项目，使得IS曲线和BP曲线都向左移动，进而导致AD曲线向左移动。

（3）本国的货币政策。本国扩张性的货币政策，在固定汇率制下，对AD曲线没有影响；而在浮动汇率制下，使AD曲线向右移动。在固定汇率制下，货币政策不影响收入水平，因此对AD曲线也就没有影响；而在浮动汇率制下，货币政策有效，且资本流动程度越高，其对收入水平的影响越大，因此，货币政策对AD曲线有影响。

（4）本国的财政政策。本国扩张性的财政政策，在固定汇率制下，会使AD曲线向右移动；在浮动汇率制下，对AD曲线没有影响或影响甚微。在固定汇率制下，除了资本在国际上完全不可流动的情况之外，财政政策都是有效的。也就是说，扩张性的财政政策能使产出增加，使AD曲线向右移动；而在浮动汇率制下，财政政策不像在固定汇率制下那么有效，因此财政政策对AD曲线的影响较小。

从经济冲击的分类来看，经济冲击主要包括商品冲击和货币冲击，它们都会对一国的总需求产生影响。下面我们结合图形来分析商品冲击和货币冲击对一国总需求的影响。

一、商品冲击与总需求

如图15-7（a）所示，初始均衡点为E点。假设由于国外商品价格上升或是国内消费者偏好发生变化等，使得一国出口增加、进口减少，这会促进该国贸易条件改善，从而使IS曲线和BP曲线分别右移至IS′曲线和BP′曲线的位置。由于IS′曲线与LM曲线交于点E′，E′点位于BP曲线之上，该国国际收支盈余。

在固定汇率制下，这将导致该国国际储备和货币供给增加，使得LM曲线向右移动至LM′处，形成新的均衡点E″。反映在图15-7（b）中，即AD曲线向右移动至AD′曲线的位置。换言之，在给定国内价格P_E时，该国的产出为$Y″$，高于初始均衡的产出Y_E，这是因为在商品冲击的影响下该国的出口增加、进口减少了。

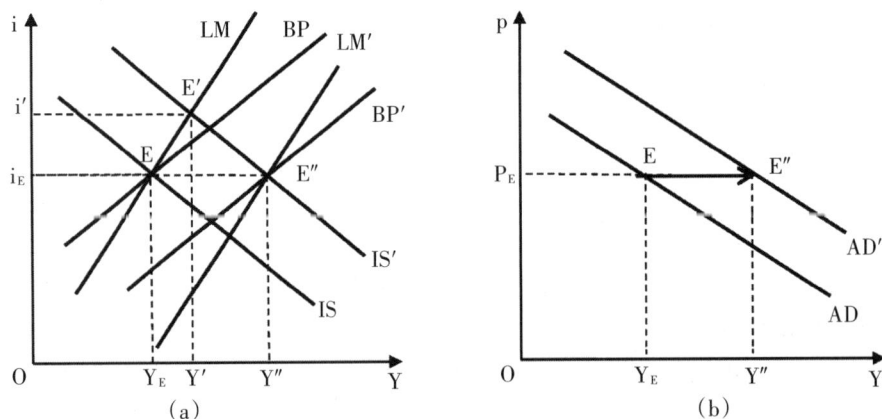

图15-7 商品冲击与总需求曲线的移动

在浮动汇率制下，情况则发生如下变化：在浮动汇率的影响下，该国在E′点的收支盈余将促使该国本币升值，进而促使BP′曲线回到BP曲线的位置。由于本币升值，本国出口减少、进口增加，贸易账户会回到原先的水平，即IS′曲线也同时回到IS曲线的位置。因而该国贸易账户的自动改善不会持久地影响一国的产出水平和总需求，即在浮动汇率制下，商品冲击在长期内无影响，该国经济会返回到初始均衡的E点位置。

二、货币冲击与总需求

如图15-8（a）所示，初始均衡点为E点。假设由于国外利率水平降低或是国内外消费者的偏好发生变化，导致短期资本流入增加或者流出减少，这会导致BP曲线向右移动至BP′的位置。在固定汇率制下，初始均衡点E位于BP′曲线的上方，意味着该国有收支盈余，这将使国际储备和货币供给增加，进而使LM曲线向右移动至LM′的位置，因此在更高的国民收入水平Y″上产生新的均衡点E″。由于国内价格在一个更高的国民收入水平上没有变化，这意味着一国的总需求曲线向右移动。

在浮动汇率制下，如图15-8（b）所示，BP曲线向右移动至BP′的位置，将使国际收支出现盈余，促使该国货币升值，导致出口减少、进口增加，贸易账户恶化，从而BP′曲线会左移至BP″的位置，IS曲线也会左移至IS′曲线处，直到达到新的均衡点E″。在点E″处，在既定的价格水平下，国民收入水平降到Y″，总需求曲线左移。

专栏15-1

新冠肺炎疫情对中国经济总供求的影响

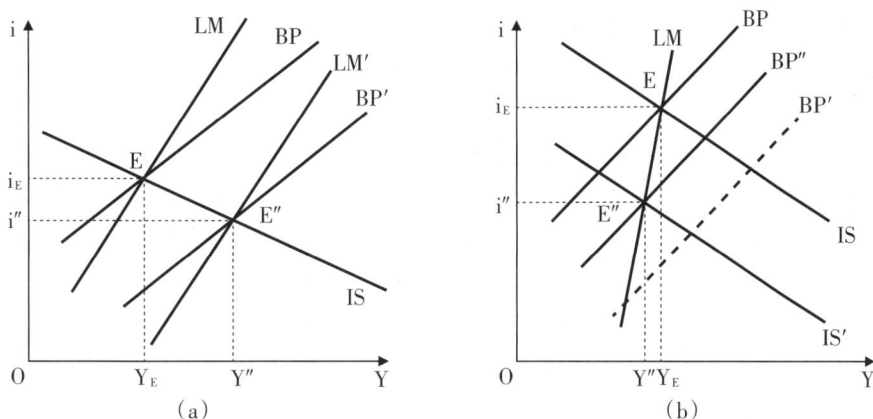

图15-8 货币冲击与总需求曲线的移动

因此，短期资本流入增加或是流出减少会使总需求曲线在固定汇率制下向右移动，在浮动汇率制下向左移动；反之，如果是短期资本自动流入减少或是流出增加，对总需求的影响正好相反。

第四节 开放经济中财政与货币政策的效应

在上一章中，我们利用蒙代尔-弗莱明模型，分析了资本完全不流动和资本完全流动情形下的宏观经济政策效应。在资本完全流动的前提下，当采取固定汇率制时，财政政策有效，货币政策无效；而当采取浮动汇率制时，情况正好相反：财政政策无效，货币政策有效。

结合蒙代尔-弗莱明模型，在固定汇率制下，扩张性的财政政策将促使资本流入，因而能够有效地推动一国的总需求曲线向右移动；紧缩性的财政政策将促使资本流出，因而推动总需求曲线向左移动。此时，货币政策对总需求曲线几乎没有影响，因而是无效的。而在浮动汇率制下，扩张性的货币政策能够有效地推动总需求曲线向右移动，紧缩性的货币政策能够有效地推动总需求曲线向左移动；相反，财政政策是无效的。

在考察开放经济中的宏观经济政策时，在价格变化和资本完全流动的条件下，我们将集中考察固定汇率制下的财政政策和浮动汇率制下的货币政策。我们将经济冲击和宏观经济政策对总需求造成的影响概括为：（1）商品冲击在固定汇率制下会影响总需求，而在浮动汇率制下则不会。（2）货币冲击在固定汇率制下和浮动汇率制下都会影响总需求，但作用的方向相反。资本流入增加，在固定汇率制下会导致总需求曲线向右移动，而在浮动汇率制下会导致总需求曲线向左移动。（3）在固定汇率制下，财政政策有效，货币政策无效；而在浮动汇率制下，货币政策有效，财政政策无效。因而在本节，在固定汇率制下，我们讨论财政政策对总需求的影响；在浮动汇率制下，我们讨论货币政策对总需求的影响。

下面我们集中考察固定汇率制下的财政政策以及浮动汇率制下的货币政策。

一、固定汇率制下的财政政策

如图15-9（a）所示，总需求AD曲线、短期总供给SAS曲线、长期总供给LAS曲线三线交于均衡点E，均衡产出水平为充分就业条件下的产出水平Y_E，均衡价格为P_E。当政府采取扩张性的财政政策时，AD曲线会向上移动至AD′的位置。这样，新的AD′曲线与短期总供给SAS曲线交于新的均衡点A点，此时产出水平Y_A超过原先的产出水平Y_E。由于Y_E代表充分就业时的产出水平，因此产出的短期扩张具有不稳定性，存在着不完全信息，当厂商意识到所有的价格都上升时，SAS曲线将左移至SAS′的位置。此时，AD′曲线、SAS′曲线和LAS曲线在一个更高的价格水平P_C上形成了一个新的均衡点C。

在图15-9（b）中，当经济位于点R时，产出水平为Y_R，低于充分就业时的产出水平Y_E，价格水平为P_R。这时，可以利用扩张性的财政政策使经济摆脱衰退。从R点出发，扩张性的财政政策将推动AD曲线右移至AD′曲线的位置，这样AD′曲线即与短期总供给曲线SAS、长期总供给曲线LAS交于点C，从而经济达到充分就业水平，价格水平上升至P_C位置。

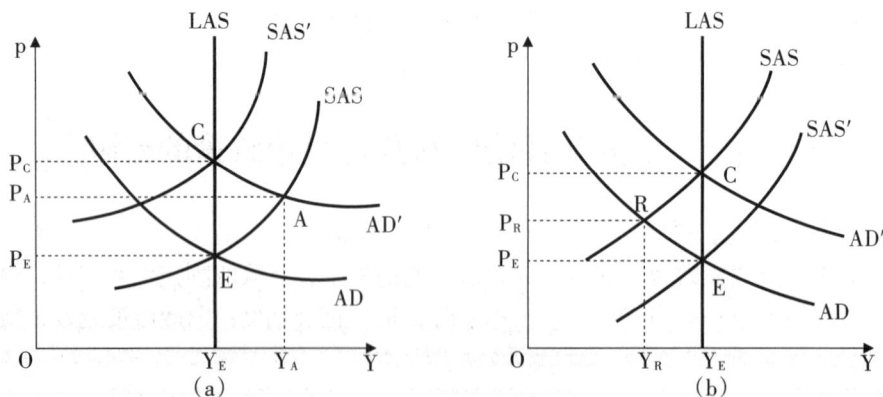

图15-9 固定汇率制下的财政政策

此外，该国也可以不采取宏观经济政策，而依赖市场自发的力量来实现充分就业的一般均衡。其具体过程如下：在点R处，产出水平为Y_R，价格水平为P_R。由于未达到充分就业状态，所有价格包括厂商的生产成本预期都会下降。当价格水平实际下降时，短期总供给曲线SAS将向下移动至SAS′的位置，与AD曲线和LAS曲线交于均衡点E，此时该国同时实现长期均衡和短期均衡，价格水平为P_E，低于原先的价格水平。R点沿着AD曲线向下移动至E点，不仅反映了由于价格水平的降低，对商品和劳务的需求量增加，也反映了由于本国价格水平降低，贸易账户得以改善。

相比市场的自发力量，尽管宏观经济政策会引起通货膨胀，各国政府往往还是倾向于采取扩张性的财政政策，并不等待市场的自发力量来克服衰退，这是为什么呢？其原因在于等待市场的自发力量发挥作用可能需要很长的时间，特别是价格水平向下调整通常较为困难。那些认为存在价格黏性的经济学家通常支持使用财政政策，而那些认为财政政策会使人们形成价格水平进一步上涨的预期和导致通货膨胀的经济学家则更支持让市场自发调节。

紧缩性的财政政策效果与上述扩张性的财政政策效果相反。

二、浮动汇率制下的货币政策

浮动汇率制下货币政策的效果与固定汇率制下财政政策的效果类似。

如图15-10（a）所示，从初始均衡点E点出发，扩张性的货币政策会推动总需求曲线AD向右移动，导致该国经济产出短期扩张，经济产出大于充分就业时的经济产出。然而在长期，当预期价格水平上升与实际价格水平一致时，短期总供给曲线SAS将左移，这样，经济又会回到长期均衡时的产出水平。

在浮动汇率制下，该国的货币会出现贬值，在图15-10（b）中，从衰退的情况出发，货币政策可以加速实现长期均衡，但是会导致价格水平上升。另一种办法是让市场自发调节，然而在这种情况下，当该国经济回到均衡状态时，价格水平会下降，货币会升值。

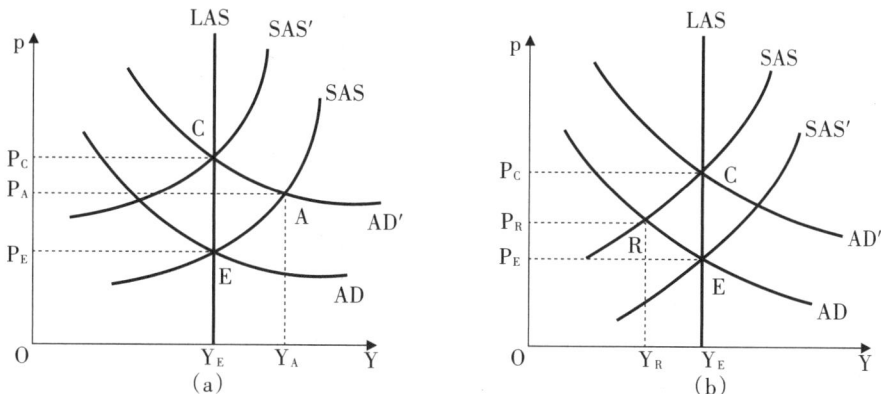

图15-10　浮动汇率制下的货币政策

第五节　刺激增长与调节供给冲击的宏观经济政策

在上一节中，我们介绍了开放经济中财政政策和货币政策的效应，实际上，虽然财政政策和货币政策主要用于影响短期总需求和中期总需求，但它们还可以用来刺激经济的长期增长，以及用来对付供给冲击。在本节，我们将介绍刺激经济增长的宏观经济政策与调节供给冲击的宏观经济政策。

一、刺激经济增长的宏观经济政策

刺激经济的长期增长，意味着推动长期总供给曲线LAS向右移动。政府可以通过增加对教育、基础设施、技术研究等的投入以及改进市场运行的方式来刺激经济的长期增长，也可以通过税收激励和较低的长期利率来鼓励私人投资。如果刺激经济增长的长期努力成功的话，那么将会推动该国的LAS曲线向右移动，同时实现更充分的就业、更多的收入、更低的价格水平以及货币升值的可能。

图15-11表示运用扩张性宏观经济政策刺激经济增长。初始时，总需求曲线AD、短期总供给曲线SAS和长期总供给曲线LAS相交于均衡点E，均衡时的价格为P_E，均衡产出为Y_E。假设该国现在采取扩张性的经济政策来刺激经济增长，那么在扩张性经济政策的影响下，AD曲线将向右移动至AD′的位置，经济达到短期均衡，均衡点为A，价格水平为P_A，产出水平为Y_A，此时与图15-9和图15-10的情况相同。然而扩张性的宏观经济政策（如降低税收，保持较低的长期利率）实际上会刺激经济增长，这样就会推动长期总供给曲线LAS和短期总供给曲线SAS向右分别移动至LAS′和SAS′的位置，从而确定一个新的交点G，并在该点实现新的长期均衡和短期均衡。与原来的均衡点E相比，刺激经济增长导致了更高的产出水平Y_G（大于原均衡产出Y_E）。价格水平与原均衡时相比变化不确定，这取决于与AD曲线相比，LAS曲线和SAS曲线向右移动的幅度。

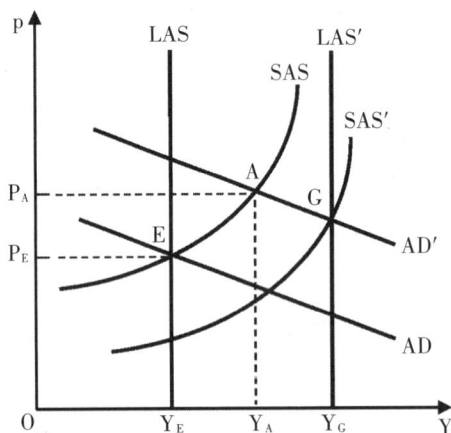

图15-11　刺激经济增长的宏观经济政策

二、调节供给冲击的宏观经济政策

宏观经济政策也可以用来调节供给冲击。第二次世界大战后最著名的供给冲击是1973—1974年和1979—1981年石油输出国组织急剧提高石油价格而导致的"石油危机"。而21世纪以来，随着地缘政治局势趋于紧张，局部战争时有爆发，如利比亚战争、俄乌战争等，都导致了国际石油市场价格大幅上升。这使得所有石油进出口国的生产成本急剧上升，导致这些国家的长期总供给曲线和短期总供给曲线向左移动。由于石油危机对总需求的影响不能确定，很难得出一般性结论，因此，我们假设石油进口国的总需求曲线不变，只考虑石油危机对总供给曲线的影响，此时即称为"供给冲击"。下面我们用AD-AS模型来加以分析。

如图15-12所示，初始情况下，长期总供给曲线LAS、短期总供给曲线SAS和总需求曲线AD交于均衡点E。从E点出发，石油价格暴涨的最直接后果是推动SAS曲线移动至SAS′的位置，SAS′与AD曲线相交于新的短期均衡点E′，此时价格水平上升至P′，产出水平下降至Y′。价格水平上升与经济衰退并存，就是通货膨胀和经济停滞同时发生的"滞涨"现象。

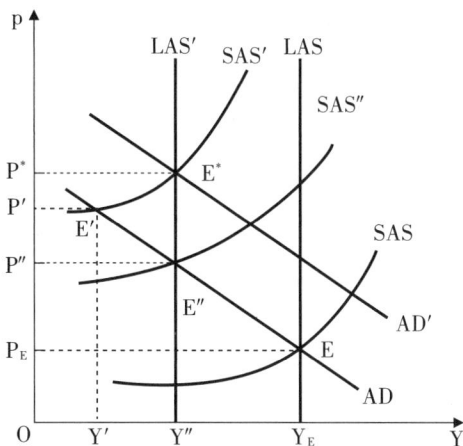

图15-12 供给冲击下的宏观经济政策

如果让市场自发调节的话，在新的短期均衡点E'点上，由于产出水平较低、就业水平较低，该国的国内价格将会下降，因而会使成本降低，从而使SAS'曲线右移至SAS"的位置，但是不会回复到SAS的位置。其原因是在石油价格上涨的影响下，长期生产成本上升，LAS曲线向左移动至LAS'的位置。此时，LAS'、SAS'和AD曲线的交点E"才是新的均衡点，此时的价格水平下降至P"，产出水平上升至Y"。与石油涨价前的均衡点E相比，新均衡点的价格更高、产出更低。

除了利用市场的自发调节功能以外，该国政府也可以采取扩张性的宏观经济政策来推动AD曲线右移至AD'的位置，从而加快经济的复苏。当该国经济移动至LAS'、SAS'与AD'相交的点E*时，经济达到新的均衡，此时的均衡点相比初始均衡点E有更高的价格、更低的产出。

专栏15-2

新冠肺炎疫情下各国刺激经济的宏观政策

值得注意的是，无论是依靠市场的自发调节，还是利用政府的宏观经济政策，经济都很难回到石油危机之前的长期产出水平。

本章小结

1.在封闭经济条件下，在AD－AS模型中，总需求AD曲线由IS－LM曲线推导而来；总供给AS曲线分为长期总供给LAS曲线（垂直于横轴的直线）、短期总供给SAS曲线（垂直于纵轴的水平线）和一般总供给曲线（向右上方倾斜的曲线）；封闭经济条件下的一般均衡由长期总供给曲线、短期总供给曲线和总需求曲线的交点决定。

2.在开放经济条件下，总需求曲线反映了在商品市场、货币市场和国际收支同时均衡时价格水平和产出水平的关系，因此总需求曲线不仅受IS－LM曲线的影响，还受国际收支BP曲线的影响。在开放经济条件下，当价格水平发生变化时，实际货币供给量会发生变化，引起LM曲线的移动；同时，引起该国进出口贸易及投资、储蓄的变化，即引起BP曲线和IS曲线的移动；当IS、LM和BP曲线重新交于一点时，实现开放经济条件下的一般均衡。需要注意的是，不同汇率制度下，一般均衡的调整方式不同：在固定汇率制下，当IS曲线和LM曲线初始调整点不在BP曲线上时，即国际收支不均衡，整个经济没有达到均衡状态，这时会由货币当局对外汇市场进行干预而达到均衡，即调整LM曲线；而在浮动汇率制下，早期调整后存在的不均衡是由IS曲线和BP曲线的进一步调整来消除的。

3.在开放经济条件下，任何影响商品市场、货币市场和国际收支的变量都会对一国的总需求产生冲击，其影响状况会因各国所采用的汇率制度的不同而有所不同。经济冲击主要包括商品冲击和货币冲击。商品冲击是指由于国外价格变化或者国内消费者偏好的变化引起的该国进出口贸易的变化；货币冲击是指由于国外利率变化或者国内消费者偏好的变化引起的该国资本流动的变化。

4.商品冲击在固定汇率制下会影响总需求，而在浮动汇率制下则不会；货币冲击在固定汇率制下和浮动汇率制下都会影响总需求，但作用的方向相反。

5.对于开放经济条件下的宏观经济政策，在固定汇率制下，财政政策有效，货币政策无效；而在浮动汇率制下，货币政策有效，财政政策无效。

6.开放经济中的财政政策和货币政策主要用于影响短期总需求和中期总需求，但它们也可以用来刺激经济的长期增长，以及用来对付供给冲击。刺激经济的长期增长可以采取增加对教育、基础设施、技术研究等的投入以及改进市场运行的方式，也可以通过税收激励和较低的长期利率水平来鼓励私人投资，推动该国的LAS曲线向右移动，实现更充分的就业、更多的收入、更低的价格水平以及货币升值。供给冲击一般对总需求曲线的影响不确定，通常只是对总供给曲线产生影响，容易引起滞胀，可以通过宏观经济政策来调节。

重要概念

总需求　总供给　古典总供给曲线　凯恩斯总供给曲线　IS－LM－BP 模型AD－AS模型　财富效应　利率效应　开放效应　财政政策　货币政策　商品冲击　货币冲击　供给冲击　滞胀

复习思考

1.试推导封闭经济条件下的总需求曲线。

2.在封闭经济条件下，短期均衡和长期均衡是如何决定的？

3.固定汇率制下和浮动汇率制下总需求曲线有什么区别？

4.开放经济条件下的总需求曲线为何向右下方倾斜？

5.解释开放经济条件下的一般均衡。

6.试阐述影响总需求曲线移动的因素。

7.解释开放经济中财政政策和货币政策的效应。

8.如何利用宏观经济政策刺激经济增长？

9.如何利用宏观经济政策调节供给冲击？

第十六章

货币体系与宏观经济政策的协调

随着商品及资本等要素在国际上的流动，一国经济与世界经济的相互依存性增强，外部均衡的问题随即出现，追求内部均衡与外部均衡的改善成为宏观经济政策的重要目标。且经济开放性使原来封闭条件下的内部均衡也发生了深刻的变化，内部均衡与外部均衡之间存在着发生冲突的可能性。当一国经济处于过热区间时，紧缩的经济政策可能因为国际储备机制使通货膨胀更加难以控制，而当一国面临的主要任务是刺激经济增长时，货币供给增加的冲击可能造成汇率的过度波动和投机，抵消了政策作用。货币体系与宏观经济政策调节是改善内外均衡的重要手段，在不同的汇率制度下，二者的联系机制及冲突机理存在差异。

第一节　　浮动汇率与固定汇率制度的选择

本节主要讨论在现行货币体系下选择浮动汇率、固定汇率或是一种综合了完全浮动汇率和完全固定汇率制度特征的汇率体制的原因。

一、支持固定汇率制的理由

固定汇率制度，是指一国货币与外国货币的兑换比例固定，即使汇率波动，也是在偏离官方汇率较小的范围内。其通常做法是政府对外公布本国的法定平价，最主要的特征是本国的货币当局随时对外汇市场进行干预，以保证汇率不出现过大幅度的波动。支持者认为固定汇率存在以下优点：

1.较低的不确定性

国际贸易和国际投资都面临着汇率波动带来的不确定性，如果汇率经常发生较大幅度的波动，则意味着进入国际市场存在很高的风险，妨碍生产、投资活动的进行。例如，我国某企业向美国一个进口商出口商品，3个月后交货，金额是1 000美元，如果目前的汇率是1美元=6.2元人民币，3个月之后汇率不变，那么进出口商的成本和收益都是能够确定的；但如果3个月后，汇率变为1美元=6元人民币，进口商按照约定的金额支付了1 000美元，中国企业的收益为6 000元人民币，而不是之前预期的6 200元人民币，中国企业的出口决策就需要更加慎重了。

2.较低的通货膨胀率

在固定汇率制下，如果一国存在较高的通货膨胀率，那么就会面临持续的贸易逆差和外汇储备的流失。因此，通货膨胀率会被政府严格控制，政府不会实施过于扩张性的财政和货币政策，否则国际收支方面会出现较大问题。然而浮动汇率制下政府就没有这一约束，通货膨胀引起的赤字会自动产生汇率变动，进而使国际收支回归平衡，政府就有可能通过扩张性的财政和货币政策来增加国内就业，而通胀也较容易发生。总的来说，固定汇率有助于控制通货膨胀，但却会导致经济增长的缓慢，因为谨慎发行新货币的同时也失去了促进经济增长的重要手段，低通胀的代价是低增长。

3.较少的破坏性投机

外汇市场的波动也为投机者提供了空间，如果投机使外汇市场偏离稳定，那么就是破坏性的投机。在汇率随意波动的情况下，投机者往往在汇率下跌时预测其继续下跌，因而卖出货币，或者在汇率上升时认为上升将持续而加速买进，这就会导致汇率的下跌或上升超过原本的范围，如图16-1所示。

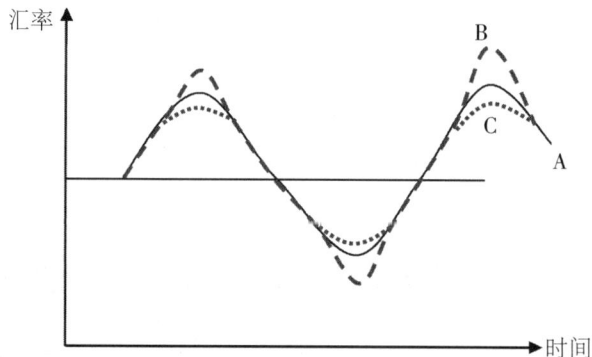

图16-1　汇率变化与外汇投机行为

在图16-1中，纵轴代表汇率，横轴代表时间。假设随着时间的推移，汇率只围绕某个平衡状态在附近波动，平均汇率或称长期汇率不随时间而改变。如果没有投机，汇率沿着A曲线波动，而破坏性投机则会使汇率波动沿着B曲线进行，造成汇率上升或下降总是超过正常的范围，结果导致汇率波动幅度偏大，变幻无常，甚至会导致外汇市场的混乱。而固定汇率制则可以避免这种情况的出现，体现出较强的优越性。但也有人持不同的意见，认为汇率固定时发生破坏性投机的可能性也很大，因为固定汇率实际上并不是保持汇率的一成不变，到某一时机政府必然会进行一些调整，而当预期形成时，破坏性投机就产生了；相反，在浮动汇率制下，投机行为不是破坏性而是稳定性的，投机者要想获得利益，就需要在汇率低时买进该货币，而在汇率高时抛出，这就形成了图16-1中的C曲线，C曲线明显比原来的A曲线平缓，这说明投机对汇率的稳定起到了一定的作用。但现实中确实存在很多破坏性投机的案例，不同汇率制度下投机的影响作用并无定论。

第十六章　货币体系与宏观经济政策的协调

二、支持浮动汇率制的理由

浮动汇率是指汇率完全自由变动，任何时候外汇市场都可以通过汇率调整来达到均衡，不需要货币当局来进行货币买卖，也不限定汇率波动的上下限。支持者认为浮动汇率存在以下优点：

1.较高的资源配置效率

浮动汇率制的支持者认为，汇率作为一种另类的"价格"，只有在其能够自由变动、能够体现资源真正的稀缺性的时候，经济才能实现最优的资源配置。固定汇率制相当于固定了经济运行中最重要的一项价格，即汇率，在此情况下，本国货币不能对外币自由波动，产生大范围的价格扭曲，并对产业造成误导。而浮动汇率制下市场的汇率被扭曲的可能性较小，能够发挥应有的资源配置导向作用，在合理的汇率水平下，一国才能明确自身的相对优势，形成合理的贸易模式和资源的有效配置，这对一国参与国际分工有着重要意义。此外，在固定汇率制下，需要将部分资源以国际储备的方式储存起来以弥补国际收支赤字，保证汇率水平的稳定；而相比较之下，浮动汇率制不需要这种国际储备，资源能够被运用在其他更有效率的地方，不必牺牲这部分财富的产出。

2.较好的政策效果

在浮动汇率制下，市场机制能够自动使国际收支平衡，不需要政府对内外均衡问题进行干预，因此，政策运用能够更多地关注国家经济中的其他目标，如充分就业、经济增长和收入分配等。而同等情况下，固定汇率制往往需要政府利用货币政策来解决汇率水平的稳定问题，其他目标则靠财政政策来应对，并且，浮动汇率制下的均衡调节是自发进行的，更加灵敏、迅速，而国家政策往往比较滞后，这一点是固定汇率制无法相比的。另外，浮动汇率制的一大优点是，能够防止汇率被人为扭曲，造成利益分配的不合理，能避免政府为了某一部门的利益而损害其他部门的利益。例如，进出口企业往往对汇率水平高低有不同的需求，结果可能导致寻租行为的产生，负面影响难以消除。

3.能抵御外国的经济冲击

在固定汇率制下，如果外国的经济出现萧条，那么本国的出口就会受到影响，结果导致本国国民收入下降，而本国国民收入的下降会进一步减少对外国商品的进口，反过来又加速了外国的经济萧条；同样，外国经济繁荣的情况也会产生类似影响。循环往复，经济波动相互传递、影响，所有采取固定汇率制的国家都无法孤立于世界经济环境的波动，并对其起到推波助澜的作用。但在浮动汇率制下，汇率变动可以降低经济波动传递的幅度。当一国出口减少、本币贬值时，会刺激本国出口商品和进口替代品的生产，减轻或抵消由出口减少带来的收入降低；而外国的经济繁荣也会经汇率波动而减缓对本国的影响。

采用固定汇率制还是浮动汇率制，取决于经济的现实情况，一般来说，固定汇率制有效运行的前提是一国的国际收支状况较好，有足够的外汇储备进行调控，并且国际经济环境较稳定，因为单个国家是无法保证汇率固定的。而当经济运行较困难，特别是国际经济动荡、不景气的时候，浮动汇率制是较合理的选择。汇率制度和经济状况之间虽然还不能直接用因果关系联系起来，但两者之间的紧密关联是无法否认的。

理论上并不能判断到底哪一种汇率制度更加优越，现实情况也不需要我们从固定汇率和浮动汇率两者中只取其一。当今世界各国已经从相对固定的汇率制度转向了较大幅度变化的浮动汇率制度，有很多的混合体制更加适合现代的需要，即将两者的优点结合，以避免单一汇率制度的不足。

三、汇率浮动幅度、可调整钉住汇率与有管制的浮动汇率

浮动汇率制下的汇率波动是由市场机制自动调节的，不限定汇率波动的幅度；而固定汇率制并不意味着汇率完全固定，而是波动被限制在一个较小的范围内。例如，在金本位制时，金平价决定不同货币之间的兑换比例，而黄金输入/输出点就是汇率浮动的上下限。在这一范围内，实际汇率仍然由供求关系决定。两种极端的汇率制度都允许汇率在一定的范围内浮动，而这一范围较难确定。当汇率波动的幅度较大时，汇率可以实现对国际收支的调整，不需要过多采用货币政策和财政政策来调整国内经济目标，但此时的汇率风险也较大，国际贸易与投资所承担的风险以及一些由于汇率变化而导致的资源流动费用增加；若汇率波动幅度较小，则产生相反的一些问题。

无论是固定汇率还是浮动汇率，都无法满足一个国家或地区经济发展中的所有要求，两者均有优势和劣势。当然，在现实生活中，完全固定的汇率制度和完全放任自由浮动的汇率制度都已不存在。目前的趋势是将两种汇率制度的优点结合起来的中间性汇率政策，以避免两者的不足，即采用混合型的汇率制度。

（一）可调整钉住汇率

固定汇率制在操作过程中的两个关键是汇率的法定平价和波动幅度的大小。汇率波动的幅度越大，政府需要承担的责任越轻；反之，政府则需要紧盯汇率波动，随时进行干预调整。可调整钉住汇率是固定汇率的一种变形，在这种汇率制度下，政府对外公布法定平价和汇率波动的幅度，但保留在某些情况下改变法定平价的权力，以调整国际收支的不平衡。例如，本国国际收支出现持续逆差时，金融当局有使本币贬值的权力；而本国国际收支出现持续顺差时，金融当局有使本币升值的权力。

这种汇率制度一方面可以利用固定汇率制的优点来促进国际分工的发展，避免过多的外汇投机行为；另一方面又灵活引用浮动汇率制的方法，保留通过调整汇率来解决失衡问题的选择。因此，它是一种中间汇率制度。

可调整钉住汇率在布雷顿森林体系下盛行，尽管其目的在于促进有效的国际收支调节，但在实际运行中却遇到一些问题。确立可调整的钉住汇率之后，法定平价较少改变，类似于固定汇率制的运行。但在需要调整时，却存在保持物价和收入水平与维持国内经济稳定的目标的冲突，本币贬值会影响国家信誉，引起破坏性投机，而升值又会对出口造成不利，因此只有在不得已的情况下才会重新确定法定平价，而这又伴随着大规模的调整。此外，政府应在什么情况下对汇率进行调整缺少明确的规则，操作上存在较大的随意性。但如果公布这类规则，又会引起调整前后投机行为的发生。

（二）有管制的浮动汇率

有管制的浮动汇率主要是浮动汇率制的变形，含义是货币当局通过对外汇市场的积极干预来影响汇率变动，但事先并不宣布变动的路径，没有汇率平价或波动界限。总而言之，政府认为其有必要时，就会采取干预汇率的措施。其主要参考的指标有国际收支、外

汇储备、经济增长情况等。政府干预外汇市场的主要目的在于阻止急剧、具有破坏性的汇率波动。在有管制的浮动汇率制下，一国可以随时调整对外汇市场的干预程度。干预越多，该国的汇率制度就越接近固定汇率制；干预越少，就越接近浮动汇率制。我国自2005 年开始实行以市场供求为基础、参考一篮子货币进行调节、有管制的浮动汇率制度。

这种汇率制度的优势有：（1）市场供求决定汇率的高低，汇率自动发挥平衡国际收支的作用；（2）央行能够执行独立的货币政策，同时又可避免固定汇率制下汇率的大幅波动带来的损害；（3）货币当局不需要长期储备大量外汇，降低了政策成本；（4）抑制投机，同时降低了市场的不确定性。

反对这一汇率制度的研究则认为：（1）由于没有既定的行为准则和指导方针，不同国家出于不同的经济目标的考虑，就可能出现相互矛盾、冲突的政策；（2）世界资源无法按照真正最有效率的方式来进行配置；（3）不利于贸易和投资的发展，因为在有管制的浮动汇率下，汇率有可能在政府干预后大幅波动，依然存在汇率带来的风险；（4）政府在实行有管制的汇率政策时也面临着一些挑战，如判断汇率的长期波动趋势、决定外汇储备规模等。

专栏 16-1

加强宏观审慎管理
引导市场逐步适应
汇率市场化

第二节　　最佳货币区和欧洲的经验

在上两节探讨固定汇率制、浮动汇率制和混合汇率制优劣的基础上，本节首先介绍最佳货币区理论，然后阐述欧洲货币一体化的经验。

一、最佳货币区

一个国家的汇率制度并不是独立的选择，与其他国家之间的相互影响、协调也非常重要。这里提到一个新的概念，即最佳货币区（optimal currency areas，OCA）。最佳货币区是一个经济地理区域，某些国家或地区为了更好地进行国际收支的调节，以及实施国内宏观经济政策，相互之间会建立紧密联系的货币制度，成员之间的货币自由兑换，汇率保持长期固定，而对外实行汇率的联合浮动。也就是说，最佳货币区内的国家形成了一个严密的货币集团。这一理论最早是由罗伯特·蒙代尔（Robert Mundell）提出的，并指出了最佳货币区的评判标准。

货币自由兑换，汇率长期固定，就接近于单一货币的流通，并产生共同的市场。这会给最佳货币区成员带来一定的收益，包括如下方面：

首先，消除了汇率变动引起的价格波动，跨国投资方或贸易方的决策更有效率。对一些国际贸易商来说，汇率变动是必须要面临的风险之一，而汇率变动带来的风险意味着成本的增加，会导致贸易的减少和收益的下降；如果能够固定汇率，那么这一风险就部分消失了，会带来成员之间贸易量、投资和收入的增加。

其次，降低了交易成本。在货币不能自由兑换与流通时，资本流动需要承担一定的交易费用，尤其是在外汇和资本管制的情况下，这种成本更高，一定程度上损害了贸易和投资的利润，进而降低了贸易方和投资方的积极性。而在货币自由兑换的条件上，成员之间的贸易和资本流动则会受到较少的阻碍。外汇的交易费用降低，意味着流通的价值提高，那么持有的价值也相对会下降。人们就会选择较少地持有外汇，整个国家的外汇储备量下降，持汇成本降低。

另外，最佳货币区的建立还会减少一些针对汇率变动的投机行为，提升一些发展中国家的汇率制度信誉，增强外界对这些国家金融体系的信心，而且由于这种货币的单一性特征，使货币的相对规模扩大，抵御波动的能力增强，国际投机者较难对其进行操纵、制造差价获利，从而节约了成员对外汇市场进行官方干预的支出。

虽然最佳货币区的成员能够享受一定的收益，但其支付的隐性成本也是很明显的，既失去了汇率调整的政策能力，也失去了独立的货币政策。加入最佳货币区的国家在汇率政策上没有选择和改变权，这使在贸易结构中处于不利地位的国家无法使用汇率这一政策变量来解决问题。另外，由于货币集团的约束，成员独立的货币政策也无法运用，而独立的货币政策能够在短期内通过改变货币供给来影响经济增长率。虽然这种政策尚存在一定的争议，但大部分国家都会通过调整货币的供给来扭转经济下行的趋势。放弃这一调节工具意味着通货膨胀或失业问题的解决只能依靠其他方法。

一般来说，最佳货币区的建立会受到一些因素的制约。首先是劳动力和资本的流动性，劳动力和资本跨国或跨地区的高流动性会使汇率作为调节工具的必要性降低。劳动力能够自动从高失业地区转向低失业地区，工资因此就会趋同，资本自由流动就不需要通过汇率来调整成本和价格。而劳动力和资本的流动性差，就需要相对价格的变化来调整国际收支的平衡。

其次是经济的开放程度和规模，一国的经济开放程度越高、规模越小，汇率变动对经济运行的冲击就越大，对汇率固定的愿望也越明确，但其通常不具备依靠本国力量来稳定汇率的能力，因此开放程度高的小国倾向于加入最佳货币区。

再次是产品的差别化。如果产品的差别化较大，成员之间不需要靠汇率来争夺共同的产品市场。同时，对一个出口产品多样化的国家来说，如果外部经济的动荡使得对该国某种产品的需求降低，则不会给该国经济带来大的影响，汇率也就不用做出大的调整；而对一个产品多样化程度较低的国家来说，外部经济动荡可能会对该国经济造成大的冲击。若要抵消这种冲击，就需要对汇率做出较大幅度的调整。换句话说，就是产品多样化程度低的国家不能够承受固定汇率的后果，而应该建立在汇率上能够灵活安排并具有相对独立性的通货区。

最后是政治、财政合作的意愿。最佳货币区的成员丧失了货币政策，而各自的财政政策仍然可以对其他成员产生影响；为了防止互相损人利己，就必须增强各方财政政策的合作。而加入最佳货币区的代价是部分主权让渡，如果没有国家政治的支持，这一目标是无法达成的。

二、欧洲货币一体化的经验

第二次世界大战之后，随着国际货币体系的发展，区域货币体系也迅速发展起来，其中的焦点是欧洲共同体的"区域化货币体系"。最佳货币区的理论和观点为欧洲货币联盟的成立和发展提供了理论基础。

第十六章　货币体系与宏观经济政策的协调

1950 年欧洲经济合作组织成立的支付同盟，是欧洲货币一体化的开端。该同盟设立信贷基金，为国际收支有困难的成员国融通资金。1958 年欧洲经济共同体诞生，在经济一体化方面取得较大进展，劳动力和资本的自由流动成为进一步的目标。此外，20 世纪 70 年代初，布雷顿森林体系崩溃导致国际金融形势动荡，欧共体各国急需互相支持，联合抵御经济冲击。于是，欧共体采取了协调各成员国汇率的政策，对内采用可调整的固定汇率，对外采取联合浮动汇率。一国货币升值，其他成员国的货币一起升值，反之也是如此。这种协调汇率可以稳定成员国之间的贸易关系，减少相互间的贸易风险。1979 年，欧共体正式启动"欧洲货币体系"，成员国不仅采用可调整的固定汇率，还建立保持汇率稳定的预警机制，一旦某个成员国的汇率无法维持，就可以动用欧洲货币基金干预外汇市场。1999 年，欧洲货币体系最终实现了货币统一，各成员国货币逐渐退出；2002 年，欧元纸币和硬币正式进入流通领域。在此过程中，欧盟各成员国协调财政政策和货币政策，使本国的通货膨胀率、当年的财政支出增长率、政府公债的累计额占国民收入的比例低于欧盟规定的水平。这意味着各成员国的财政政策和货币政策权力受到约束，或者说部分权力交给了欧洲经济货币联盟。

这种货币统一给欧盟国家甚至世界都带来了较大影响，欧盟成员国之间的汇率波动消除了，货币兑换成本降低；同时，商品、劳动力、资本流动更加便利，有利于欧盟内部的资源配置和专业化发展，对经济发展有显著的促进作用。另外，成员国的物价水平稳定也较易保持，区域内不同国家或地区偶然发生的冲击可以相互抵消或消化。例如，某国家因为偶然因素造成生产减少，就可以通过商品的流通从其他国家得到补充，物价不会上升太多，政府也可以较好地解决失业和通货膨胀问题。同时，由于统一货币使成员国成为一个整体，经济规模远远大于某一个国家，抵御国际游资冲击的能力也显著增强，国家的竞争力和信誉也得以提升。

欧元的问世也使欧盟之外的一些国家将本国货币与欧元挂钩。目前，欧元在全球经济领域发挥着重要作用，成为国际贸易、金融交易、官方外汇储备中的主要货币。这一方面可以使各国摆脱对美元的过分依赖，打破美国独自主宰国际货币和金融事务的局面；另一方面也使国际交易中的结算支付更加便利。

但也有观点认为目前欧盟并未成为最佳货币区，原因在于欧洲劳动力市场的流动性不够高，财政政策仍然难以统一，成员国经济发展水平差异较大。同时，欧洲国家主权债务危机的爆发和蔓延暴露了欧元区的隐患，政治一体化进程远远落后于经济一体化进程，实现真正意义上的财政政策统一，是货币制度一体化之后的必然要求。但由于涉及主权、文化、历史等众多障碍，财政和政治一体化的推进必定困难重重。

欧洲的经验也带来了一些反思，在人民币区域化和国际化的进程中，有人提出建立类似欧元区的亚洲货币联盟，发行类似欧元的"亚元"，以实现区域稳定和共同发展。但需要考虑的是，亚洲各国经济一体化程度更低，经济差异更大，难以满足最优货币区的条件。更重要的是，中国必须让渡部分货币和财政政策权，甚至牺牲一部分的国家利益。中国作为正在崛起的发展中大国，应当借鉴美国的模式，实现国家利益最大化的目标。

第三节　　货币发行局制和美元化

一、货币发行局制

固定汇率制的基本特征是汇率稳定，然而在现实情况中，有可能发生投机性冲击而破坏汇率的稳定，因此，仅宣布固定汇率制并不能使人们对其产生信心，需要货币当局持有足够的储备来维持汇率的稳定。将货币的发行与储备货币相联系，就会使固定汇率的可靠性大大增强，这就是货币发行局制（currency board）。

货币发行局制是由法律明确规定本国货币与某一外国货币保持固定汇率，并要求本国货币的发行必须将一定（通常是100%）的外国货币作为准备金的汇率制度。外国货币一般选取预期币值稳定、在国际上被普遍接受的货币，如美元，也有小部分将黄金作为储备货币。货币发行局制是一种关于货币发行和兑换的制度安排。首先它是一种货币发行制度，法律规定发行的货币必须有外汇储备或硬通货的全额支持；其次才是一种固定汇率制度。有此保证，货币当局不能发行超过其外汇储备的货币，这样可以防止政府通过印钞来融资，政府的支出资金只能来自税收和借款，避免因此而产生通货膨胀。

货币发行局制除了发行货币要以一定量的外汇储备作为基础这一约束之外，还有自动兑换的约束，中央银行必须无条件按照固定汇率接受市场对固定外汇的兑换需求，并且只能被动地接受货币需求的变动，不能主动创造信贷，因此无法主动影响本国经济发展速度。货币发行局制确定后不能轻易改变，通常以法律的形式固定下来。

货币发行局制与中央银行制度的区别在于：货币发行局制下的货币发行完全取决于外汇储备的限制，而中央银行制度下政府和商业银行都可以向央行借款发放货币，与外汇储备不直接相关。因此，中央银行制度下的信贷政策要比货币发行局制自由，央行可以控制本国利率，或根据实际情况发放贷款。现实情况中，很多经济学家认为，中央银行尤其是发展中国家的中央银行并不能保持其独立性，往往受到政权的影响，无法保证货币体制的正常运转。因此，中央银行不能够承担维持币值稳定的重任，而应当由一个独立的机构按照严格的规定来发行货币，就是货币发行局。

货币发行局制的优势在于，其具有自动稳定经济的能力。例如，当一国出现国际收支逆差时，外汇储备减少，国内的货币供应量也随之减少，利率升高，导致进口需求下降，国内经济增长速度放缓，工资、物价水平下降，带来生产成本的下降，增强了出口的竞争力，从而缩小逆差。同时，货币发行局制具有很高的可靠性，可以稳定人们对本币的信心，促进国际贸易和投资的发展。

但货币发行局制也有一定的不足：首先，政府放弃货币供应和利率的控制权，利率由基准货币发行国制定，货币量由国际收支以及货币乘数决定；其次，政府不能通过调整汇率来应对外部经济的影响，只能调整国内工资和商品价格，这在一定程度上使该国的经济独立性受到影响；最后，采用货币发行局制无法帮助周转困难的银行度过危机，无"最后贷款人"可以求助，极易受金融恐慌的影响。

目前，选择货币发行局制的国家和地区有阿根廷、波黑、文莱、保加利亚、爱沙尼亚、立陶宛、吉布提和中国香港。我国香港实行的货币发行局制也称联系汇率制，以钉住美元来固定汇率。

货币发行局制和中央银行制度都有其优势和劣势，但无论哪一种制度都不能完全确保货币体系的有序或规范，制度的有效性取决于财政政策、银行体系等各种因素能否相互补充和支持。

二、美元化

货币发行局制可以增强人们对固定汇率制的信心，那么，这与直接使用外国目标货币作为本国的货币、放弃货币发行权有什么区别呢？其同样可以达到固定汇率的目的。这种情况的确存在，由于选择的外国目标货币主要是美元，因此称为美元化。

美元化的含义是一国或地区用美元逐步取代本国货币并最终放弃本国货币和金融主权的过程。美元化的理论依据之一是"三难抉择"。对任何一个经济实体而言，都要实现三个货币金融目标：一是独立的货币政策，利用利率杠杆来应对通货膨胀或经济衰退；二是维持汇率的稳定，币值大幅波动会对贸易、金融体系造成严重的伤害；三是货币的可兑换性。然而这三个目标在操作上却相互矛盾，一个经济体最多可以达成其中的两个目标。这种"三难抉择"使得经济体只能放弃其中一个目标，选择浮动汇率制，承担币值波动的成本，政府可以运用货币政策来实现其经济目标，货币自由兑换；选择固定汇率制，币值稳定、货币自由流动的同时牺牲了货币政策；选择资本管制，调和了汇率稳定和货币政策的矛盾，却无法实现资本自由流动。美元化就是放弃货币政策的独立性来实现另外两个目标。

与其他所有经济决策一样，美元化会给一国带来收益，但也不可避免地会使该国付出代价。其收益主要包括：（1）降低了外汇交易风险和成本。汇率风险不复存在，套期保值也失去必要性，贸易成本的下降有利于发展外贸和吸引外国投资，促进一国的经济增长以及与世界经济的融合。（2）为该国制定了严格的金融纪律。美元化使该国放弃了货币发行权，也就意味着不会因短期政治目的而多发货币，造成通货膨胀。（3）增强了该国货币的可信度。如果美元币值稳定，那么该国的通胀率也会较低，使该国经济更加开放。

美元化的代价有以下三点：（1）实行美元化意味着失去了独立的货币政策。该国无法通过货币政策来应对经济周期和外部的冲击，如采用汇率工具在短期内平衡国际收支、提高本国的竞争力。尤其是当经济变化不一致时，以美国利益为优先考虑的货币政策可能会损害其他美元化国家的利益。（2）美元化国家失去铸币利差。铸币利差这里是指中央银行发行货币时得到的收入以及该国原本持有的外汇储备。这些外汇储备被用来换取美元以流通，美元化国家就失去了获取利息收入的来源。（3）美元化国家的中央银行将不复存在，对银行系统的监督和帮助也就无从谈起。这不利于该国银行体系的稳定。美元化不仅会对实施国产生影响，同时也会影响到美国（或其他目标货币国家）。首先，美元化国家获得美元的同时，向美国提供了商品或劳务，使美国（人）的生活水平得以提高；其次，美元化之后，原本作为外汇储备的美国债券、现金，无法再获得利息收入，相当于对美国提供了无息贷款，美国获得了额外的铸币利差；最后，美国在制定货币政策时也需要考虑美元化国家，这给货币政策的制定和执行带来了更大的压力。

第四节　国际宏观经济政策协调

随着全球化的发展，在目前的开放经济条件下，每个国家的经济政策实施都会对其他国家产生影响，同时自身也受到影响。国际上经济越来越强的依赖性极大地降低了国内经济政策的有效性。对一个经济体有效的经济政策，在开放经济体制下可能会失效，这是因为，一个经济体制定的政策往往是为了解决自身内外失衡的问题，有可能对另一个经济体的利益造成损害，从而招致反击。在这种情况下，不但解决不了自身的问题，还会扰乱整个经济秩序，使各国都承担严重后果。因此，在制定宏观经济政策时，各国不仅要考虑国内经济目标，还要考虑国际影响，国家和地区间宏观经济政策的协调就显得尤为重要。

国际宏观经济政策协调，狭义上指各国在制定国内政策时，通过与其他国家之间磋商等方式对某些宏观经济政策进行共同的调整。广义上，任何能对各国国内宏观经济政策产生一定程度制约的行为都可被视为国际宏观经济政策协调。其目标范围很广，如促进全球经济增长、阻止全球性经济危机。

一、国际宏观经济政策协调的必要性

国际宏观经济政策协调的必要性基于各国经济的相互依存以及市场的不完整。从理论上分析，在完全的浮动汇率制下，汇率自由波动可以隔绝经济动荡在国家间的传递，因此，一国的宏观经济政策不会影响到其他国家，于是各国的宏观经济政策都可以自行制定，不需要协调。然而现实情况中，完全的浮动汇率是不存在也是不合理的，各国都利用宏观经济政策来实现本国内部均衡，从而对国际收支和汇率水平产生影响。

考虑其他国家的经济政策，一个国家货币政策的实际效果不易确定。例如，国家 A 经济发展过程中需求不足，于是采取扩张性货币政策，而与其经济密切相关的国家 B 采取紧缩性货币政策，那么国家 A 增加的资金就会流入国家 B，A 国的扩张性货币政策失效；同样，B 国的紧缩性货币政策也被资金的流入所抵销。所以，某个国家的经济政策有可能会因为其他国家经济政策的影响而失去应有的效果。

国际宏观经济政策协调的一个主要目标是稳定汇率。汇率的稳定有着非常明显的意义，如麦金农（Mckinnon）指出的那样，将汇率稳定在一个固定水平或在一定的范围内波动，有助于降低国际贸易和国际投资的波动性。在浮动汇率制下，扩张性的货币政策会导致本币贬值，而紧缩性的货币政策会导致本币升值。例如，某国实行扩张性的货币政策，如果其邻国实行紧缩性的货币政策，那么该国的货币就会贬值；但如果其邻国同样实行扩张性货币政策，那么两国之间的汇率就可以保持稳定。因此，在相互协调的宏观经济政策下可以实现汇率的稳定。

国际宏观经济政策协调的目标还包括避免出现以邻为壑的政策。例如，一国采取本币贬值的方式来促进出口贸易的发展，限制进口，以此来推动本国经济发展；如果与之有竞争关系的国家采用同样的政策，结果就会出现竞争性贬值，两个国家都无法实现各自的目

第十六章　货币体系与宏观经济政策的协调

标。如果两国进行政策的协调，就可以避免这一情况的出现。

通过各国的宏观经济政策协调，可以避免以下情况的出现：一个或部分经济体承担大部分经济体或全球经济调整的成本。例如，当全球经济增长平均水平缓慢时，一些国家可能会联合运用财政政策和货币政策来刺激经济，因为进口需求可以刺激其他国家的生产，那么这些国家的收入增长就会带动其他国家的收入增长。如果所有经济体同时实施扩张性货币政策，各国的进出口贸易就会同步增长，不会出现某个国家突然的贸易均衡恶化。但一些国家出于预算赤字或通货膨胀的考虑，也许不会实行扩张性经济政策来应对全球经济下行。那么那些实施了扩张性货币政策的国家促进全球经济发展的效应就会减弱，可能背上沉重的包袱。

国际宏观经济政策协调并不是要求一国制定政策时先考虑国际影响再考虑国内目标，而是认识到一国的经济政策能够影响到其他国家的发展目标，意识到这些联系，各国之间应当沟通、协调各自的政策，以取得更好的效果。

二、国际宏观经济政策协调的内容

国际宏观经济政策协调主要包括三个方面的内容：

1.货币政策协调

货币政策协调主要是利率的协调，针对利率的调整方向。一国如果需要调整利率来干预经济，不仅要确定一个利率调整的方向，还要同经济密切联系的国家协商，确定它们之间利率调整的方向以及幅度。因为各国利率水平的差异会导致资金流动，直到利率差异消除。如果各国之间利率调整的方向不同，那么在本国资金高度流动的情况下，任何一个国家都无法实现其政策目标。也有学者认为控制货币供应量优于利率调整，那么各国就要协调货币供应的增长率。

2.财政政策协调

实际情况中，经济联系密切的国家不仅需要协调货币政策，还要协调财政政策。因为货币政策需要与财政政策共同发挥作用，若一国财政支出超标，就需要政府采用货币政策加以配合，意味着货币发行或者物价上涨；但如果没有财政政策的协调，货币政策的协调就难以维持。因此，各国只有同时协调货币政策和财政政策，才能顺利实现一国的经济目标。

3.汇率政策协调

各国在实现内部均衡和外部均衡的过程中，还需要协调汇率政策。尽管浮动汇率制可以自动解决外部失衡的问题，但为了维持经济的稳定发展，尤其是减少贸易、投资风险，各国都倾向于选择有管制的浮动汇率制，因此，内部均衡和外部均衡都需要考虑。如果一个国家采取货币贬值的政策，而其他国家采取货币升值的政策，那么该国的货币在外汇市场上汇率就会发生变化，引起投机和资金的转移。这种由汇率引起的资金转移不利于各国经济的稳定和正常增长。

实践中，国际宏观经济政策协调有全球性和区域性之分，前者主要是国际货币基金组织以及一些西方发达国家参与进行的，后者在一些一体化组织内部进行。欧盟是宏观经济政策协调比较成功的区域组织。

专栏 16-2

习近平出席二十国集团领导人应对新冠肺炎特别峰会并发表重要讲话 呼吁加强宏观经济政策协调、防止世界经济陷入衰退

　　尽管国际宏观经济政策的协调非常有必要，但在实际经济活动中，宏观经济政策协调涉及众多国家和不同目标，这既是政治问题又是经济问题。政治问题在于没有一个国际组织能够使各国达成多边协议，也没有可行的不牺牲各国政策独立性的方法。经济问题是任何时期都无法同时满足所有国家的利益要求，如降低通货膨胀率、提高就业率、经济增长以及平衡国际收支等，各国的经济周期也不尽一致，真正的经济政策协调面临很多困难，并且对宏观经济政策协调缺乏精准的认识，如对于扩张财政，不同的宏观经济计量模型会得出不同的结论。此外，在参与国之间分配政策协调的收益及成本也是问题。因此，目前国际宏观经济政策协调一直是世界主要国家关注的议题，但无法避免的是站在一个国家或几个国家的立场考虑问题。

本章小结

　　1.固定汇率制被认为有助于限制通货膨胀，但消除了政府使用货币政策工具管理宏观经济的能力。

　　2.浮动汇率制有助于经济增长，将一国宏观经济政策从维持汇率固定的义务中解放出来。

　　3.最佳货币区是一个地理区域，对这个区域来说采用同一种货币是最佳选择。满足最佳货币区的条件有：要素自由流动、成员间产品差异大、经济开放和有政治、财政合作的意愿。

　　4.货币发行局制是由法律明确规定本国货币与某一外国货币保持固定汇率，并要求本国货币的发行必须以一定（通常是100%）的外国货币作为准备金的汇率制度。

　　5.实行货币发行局制和美元化的主要目的是维持固定汇率，防止货币危机的发生。

　　6.货币发行局制维护汇率稳定的作用主要是通过针对货币发行过程制定规则，使国内价格水平稳定，从而稳定本币币值来体现的。

　　7.美元化是防止通货膨胀、投机性冲击，促进经济稳定、繁荣的一种方法。

　　8.一国可以从固定汇率制和浮动汇率制两个极端出发，选择不同组合的混合型汇率政策，以增强汇率政策的作用和灵活性。

　　9.在可调整的钉住汇率制度下，政府对外公布法定平价和汇率波动的幅度，但保留在某些情况下改变法定平价的权力。

　　10.在有管制的浮动汇率制下，从短期来看，央行可以干预外汇市场，防止市场无序；从长期来看，汇率按照供给和需求的变化自由浮动。

　　11.在经济全球化的今天，各国在制定、实施宏观经济政策时，不仅要考虑国内情况，也要考虑国际影响。

　　12.国际宏观经济政策协调可分为信息交换、危机管理、避免共同目标冲突、合作确定中介目标、部分协调、全部协调六个程度。

第十六章　货币体系与宏观经济政策的协调

重要概念

固定汇率制度　浮动汇率制度　最佳货币区　货币发行局制　美元化　可调整的钉住汇率　有管制的浮动汇率　肮脏浮动　国际宏观经济政策协调

复习思考

1.选择固定汇率制或浮动汇率制需要考虑哪些方面？

2.为什么一些开放的小国将本国汇率与美元挂钩？

3.如何看待欧元发行对国际货币体系的各种影响？

4.什么是最佳货币区？建立最佳货币区需要哪些条件？

5.为什么有些国家采用货币发行局制，还有些国家实行美元化？

6.中国适合实行美元化吗？

7.混合型汇率政策除了已经介绍的之外还有哪些？

8.实行可调整的钉住汇率和有管制的浮动汇率各有什么收益和成本？

9.支持国际宏观经济政策协调的原因是什么？

第十七章

国际货币体系的过去、现在与未来

国际货币体系是指各国政府为适应自身经济发展、国际贸易、国际支付的需要，针对各国货币关系和国际上的交易支付等共同确立的一套规则。国际货币体系主要包括五个方面的内容：（1）各国货币比价的确定，包括汇率确定的原则、波动的界限、调整的幅度等。（2）各国货币的兑换性与对国际收支所采取的措施，如本国货币能否对外兑换以及是否限制对外支付等。（3）国际储备资产的确定以及储备资产的供应方式。（4）国际收支的调节方法，包括逆差国和顺差国承担的责任。（5）国际金融事务的协调、磋商和有关的管理工作。国际货币体系的演变大致经历了金本位制、金汇兑本位制与纸币本位制、布雷顿森林体系以及牙买加体系等阶段。

第一节　　金属本位制与纸币本位制

一、金本位制

金本位制是指以一定重量、成色的黄金作为铸造货币的材料，货币所代表的价值与作为商品的黄金价值保持一定的关系。广义的金本位制又称为贵金属本位制，包括金本位制、银本位制和复本位制。这三种货币制度都以黄金、白银等贵金属作为货币发行的基础。历史上最先出现的贵金属本位制是银本位制，继而是复本位制（即金、银同时流通）和金本位制。

随着经济的发展，大宗交易的出现使采用贵金属货币交易变得十分不便。人们为避免采用贵金属直接交易，纷纷采用一些替代手段，如使用银行券。所谓银行券，是由储备贵金属的银行发行的一种代表一定数量贵金属所有权的凭证，历史上银行券所对应的贵金属大多为黄金。这种银行券便是日后流通的纸质货币的雏形，贵金属是纸质货币流通的信用准备。无论是贵金属直接铸造的货币，还是以贵金属为信用准备的纸币，长久以来人们经济生活中对货币的需求一直受制于贵金属。复本位、金汇兑本位都是金本位制的延续，金

第十七章　国际货币体系的过去、现在与未来

本位制在货币制度的发展中长期扮演的重要角色。

二、金汇兑本位制与纸币本位制

金汇兑本位制是一种十足准备制，最初建立这种货币制度是为了缓解金本位制下的货币流动性不足。其特点是：国家无须规定货币的含金量，市场上不再流通金币，只流通银行券；银行券不能兑换黄金，只能兑换实行金本位制的国家的货币，这些外汇在国外才能兑换成黄金；实行金汇兑本位制的国家使其货币与另一实行金本位制国家的货币保持固定汇率，通过无限制地买卖外汇来维持本国货币币值的稳定。金汇兑本位制经历了新旧两个阶段，一般认为"旧金汇兑本位"的实施时期在1929年之前，其终结以当时的美国经济大萧条和全球性的经济危机为标志；而"新金汇兑本位"的实施主要是在第二次世界大战结束后，直到20世纪70年代美国宣布结束美元与黄金的自由兑换为止。

（一）旧金汇兑本位

第一次世界大战后，世界经济经历了一段时间的快速增长，各国之间的贸易也愈加频繁。为了满足经济体自身发展和贸易发展对货币的需求，在完全的金本位制下必须有更多的黄金来满足纸币的发行需要。但黄金价格在保持稳定的同时，产金的成本却在一直上升，黄金产量无法满足货币需求，一些小国的黄金储备出现不足，而一些经济贸易大国如英国、美国的黄金储备相对充足，发行国的经济实力使英镑和美元在全世界范围内有较高的流通度。

为了解决黄金储备不足的问题，很多国家同时储备黄金和金本位国家的纸币（如英镑、美元）。1922年，各国在热那亚会议上签订了协议（Genoa Economic Agreement），该协议框架建议各国采用金汇兑本位制，即全世界只需有极少数国家储备黄金并将自己的货币与黄金直接挂钩，这些货币被称为"准备通货"或"关键通货"。而其他国家可将自有的黄金储备送往准备通货发行国，黄金储备国为此支付一定的利息，多数国家自身只需储备准备通货即可。在热那亚协议框架下，国际货币体系对黄金的需求得到缓解，金汇兑本位制就此建立。

在1929年的全球性经济危机之前，这种金汇兑本位制解决了货币的稀缺问题，促进了全球的经济增长。由于货币的发行量不再严格与黄金产量挂钩，那些以准备通货为准备而发行的货币是在倚靠信用发行，该本位框架下所有国家的货币发行事实上形成了一种"部分准备制度"。例如，英国以黄金为准备发行英镑，此时英镑与黄金储备以固定比例对应，而获得英镑的法国若以英镑为准备发行法郎，则这些英镑所对应的黄金储备事实上在英国和法国各自发行了英镑和法郎，这两个国家发行同样数量的货币只需要金本位制下一半的黄金储备即可。此时法郎的发行就建立在英国的信用基础之上，英国承诺任何时候都可以凭英镑兑换一定数量的黄金。

（二）新金汇兑本位

第二次世界大战之后，世界经济迎来了又一个增长高峰。在美国的主导下，世界货币体系调整为以美元为主要货币的可调整固定汇率体系。美国经济学家怀特提出，要解决不同货币之间兑换的问题，就要允许汇率小幅波动。美国政府采纳了这一提议，并依此建立起以美国为黄金储备国的货币体系，美元与黄金比价固定并可自由兑换，其他国家的货币与美元直接挂钩，汇率可在10%的区间内调整。

这种以美元替代黄金的货币体系一般被称为新金汇兑本位制，又称美元本位制，是一种

以美元为唯一准备货币的金汇兑本位制。第二次世界大战后，美国作为战胜国依然保持了强大的经济实力，拥有占据世界多数的黄金储备，美元在世界范围内被普遍接受。随着经济发展和国际贸易的需要，美元在世界范围内被广泛使用，享有与黄金几乎等价的地位。1944—1958年间，这种美元本位制一直运作良好。但在这之后，欧洲和日本的经济逐渐恢复，美国在全球范围内的经济地位不断下降，对外贸易开始出现赤字，美元的价值开始受到怀疑。于是美国国内外的美元持有者争相将美元兑换成黄金，这威胁到了美国的黄金储备。1971年8月15日，美国总统尼克松宣布停止美元与黄金之间的自由兑换，美元本位制下的国际固定汇率货币体系崩溃，金汇兑本位制终结，浮动汇率制逐渐成为国际货币体系的主流。

三、纸币本位制

纸币本位制是指货币发行不受准备多寡的限制，而随经济发展的需要增减。不论是金本位、复本位还是金汇兑本位，货币的发行长期以贵金属为基础，贵金属的产量制约货币的发行量。而在纸币本位制度下，货币发行不再依靠贵金属作为信用保证，而是依靠法律和政府信用。一般情况下，政府会根据经济活动的需求发行相应数量的货币，贵金属不再制约货币发行量，由于政府拥有货币发行量的自由决定权，纸币本位制也被称为伸缩发行制。

纸币本位制使货币发行第一次完全脱离了贵金属，转而依靠信用维持货币持有者对货币的认可。信用货币的诞生是现代货币制度的一个重要标志，自此货币体系完全依赖人类经济社会的发展，不再依托任何与经济无关的自然属性，货币的供应量可以不断扩大而不用受制于贵金属的产量。

第二节　　　　　　布雷顿森林体系

一、布雷顿森林体系的建立

（一）历史背景

第二次世界大战扭转了世界格局，世界的经济中心由欧洲向美国转移。英国、法国虽然是战胜国，却在欧洲战场遭受了重大损失，工农业生产遭到极大破坏；德国、意大利作为战败国，不仅遭受了严重的战争破坏，还要负担巨额的战争赔款。而美国在北美洲的领土几乎没有受到实质性攻击，工业体系健全且经济在战争期间保持了快速增长。1938—1944年，美国的工业总产值提高约2倍，1945年美国在资本主义世界工业总产值中的比重约为60%，出口的比重约占1/3，黄金储备约200亿美元。战争使美国在经济、政治、军事等方面都占据绝对优势，这一切都为建立一个以美元为中心的国际货币体系创造了条件。

在第二次世界大战之前，英国经济在世界上占据重要地位，英镑在国际支付中扮演着重要角色，英国希望能够在战后继续保持英镑的国际地位。1943年4月7日，英国政府和美国政府分别在伦敦和华盛顿公布了凯恩斯计划和怀特计划。

（二）凯恩斯计划

凯恩斯计划是英国经济学家凯恩斯提出的"国际清算同盟计划"，内容主要包括：（1）建立"国际清算同盟"，相当于世界银行；（2）各国官方对外债权债务通过世界银行结算，顺差国将盈余存在世界银行，逆差国可按规定的份额向清算同盟申请透支或提存；

（3）各国货币与黄金保持固定比价，不经同盟同意不得变更。

凯恩斯计划考虑到了英国当时的困境，尽量降低黄金所发挥的作用，保持英国在国际货币体系中的地位。

（三）怀特计划

怀特计划，即美国经济学家怀特提出的"联合国平准基金计划"，主要内容包括：（1）计划参与国的货币与美元保持固定汇率，各成员未经所有成员3/4投票同意不得擅自贬值本国货币；（2）取消外汇管制、双边结算和复汇率等歧视性措施；（3）调节国际收支，对会员提供短期贷款以帮助其弥补短期的国际收支逆差。

（四）布雷顿森林体系

1944年4月，英国和美国共同发布了基本反映怀特计划的《关于设立国际货币基金的专家共同声明》。同年7月1日，在美国新罕布什尔州的布雷顿森林举行了由44国代表参加的联合国货币金融会议，经过3周的讨论，会议签订了《国际货币基金协定》和《国际复兴开发银行协定》，总称布雷顿森林协定，从而确立了第二次世界大战之后的世界货币秩序。根据会议协定条款，正式成立了维持布雷顿森林体系运行的机构——国际货币基金组织和世界银行。

二、布雷顿森林体系的内容

布雷顿森林体系本质上是一种围绕美元建立的金汇兑本位制，其核心内容包括以下六点：

第一，美元与黄金挂钩。各国确认美国规定的35美元换1盎司黄金的官方价格，每1美元的含金量为0.888671克黄金，各国政府或中央银行可用美元同美国自由兑换黄金。这样，美元的地位等同于黄金，其他国家的货币地位被削弱。为了使黄金的美元官价不受市场冲击，各国政府要与美国政府共同努力在国际市场上维持黄金的这一官方价格。

第二，其他国家的货币与美元挂钩。其他国家的政府规定各自货币的含金量，通过含金量的比例确定同美元的汇率。

第三，实行可调整的固定汇率。各国货币需要与美元保持固定汇率，这一目标可通过规定各自货币的含金量实现，也可直接规定同美元的汇率。例如，1946年，1英镑的含金量为3.58134克纯金，1美元的含金量为0.888671克黄金，则英镑与美元的汇率为：1英镑=3.58134/0.888671=4.03美元，这就是法定汇率。但绝对固定的汇率要求各国之间的贸易始终出入平衡，而这是不可能的。为此，《国际货币基金协定》还规定了各国货币对美元的汇率可以在1%的范围内浮动，这一比率后又扩大为2.25%；若会员要求法定汇率变动超过10%，则必须得到国际货币基金组织的同意。

第四，确定国际储备资产。美元和黄金在国际储备资产中具有同等地位。

第五，国际收支的调节。会员不得限制国际收支经常项目的外汇交易，不得实施歧视性的货币政策或汇率制度。

第六，建立实施国际货币制度的组织。为了贯彻执行上述货币制度，布雷顿森林体系建立了国际货币基金组织和世界银行两大国际金融机构。前者的建立旨在保持货币制度的正常运作，促进各国之间的金融、贸易交流，提高所有成员的人民生活水平；后者的建立旨在为发展中国家的投资提供便利，促进发展中国家的经济发展、国际贸易的长期平衡，维持国际贸易的收支平衡。

三、布雷顿森林体系的作用和缺陷

布雷顿森林体系在建立时的历史条件下发挥了积极作用。第二次世界大战后，世界各国的经济普遍出现了增长，其中国际贸易对全球范围的经济增长功不可没。经济全球化要求国与国之间有便捷的经济交流手段，而货币体系稳定是其中的一项重要内容。布雷顿森林体系下稳定的全球货币汇兑机制降低了国际贸易所面对的汇兑风险，使各国贸易快速增长。当贸易不平衡带来一国收支逆差时，IMF会通过国际融资的手段提供帮助，避免短期经济危机的爆发给经济造成混乱。此外，货币制度的稳定还促进了生产要素的跨国流动，使资源在全球范围内更合理、更高效地配置。

布雷顿森林体系以美元构建国际货币体系，但这是以美元的币值保持稳定为前提的，而随着欧洲各国和日本经济的复苏，美国在资本主义世界的工业产值比例、黄金储备比例、外贸顺差都不断下降，主要资本主义国家的经济实力此消彼长，美国经济的相对地位被不断削弱，美元贬值，以美元为中心的国际货币体系受到冲击。

"特里芬难题"从国际贸易和资本流动的角度诠释了布雷顿森林体系的固有缺陷。20世纪60年代，耶鲁大学教授特里芬在其著作《黄金与美元危机：自由兑换的未来》中提出，布雷顿森林体系以美元作为国际储备的稳定性取决于美国的国际收支状况。当美国的国际收支保持顺差时，美元流入美国，在美国之外的美元储备减少，不能满足国际储备对美元的需求，美元趋于升值；当美国的国际收支保持逆差时，美元趋于贬值，美元—黄金平价难以维持，以美元为中心的固定汇率体系就会崩溃。"特里芬难题"说明缺乏弹性的汇率制度不能适应国际贸易格局变化带来的国际收支变化，没有浮动汇率来帮助调节国际收支的货币体系在长期是难以维持的。虽然布雷顿森林体系建立了IMF等机构对国际收支进行短期调节，但显然IMF的救助在美国贸易赤字面前如同九牛一毛，制度上的缺陷不可能依靠短期救助就能解决。

"特里芬难题"并不是导致布雷顿森林体系崩溃的直接原因，美元国际地位的下降才是。1971年美国的黄金储备仅有约100亿美元，不足美国对外流动负债的15%，已经完全丧失了美元对全世界兑换黄金的能力。1973年3月，西欧出现抛售美元、抢购黄金和德国马克的风潮。同年3月16日，欧洲共同市场的9个成员国在巴黎达成协议，联邦德国和法国宣布本国货币对美元实施联合浮动汇率，彼此之间则实施固定汇率，英国、意大利、爱尔兰等多个国家均宣布本币各自对美元单独浮动。至此，以美元为中心的固定汇率崩溃，布雷顿森林体系不复存在。

第三节　国际货币体系的现在与未来

一、牙买加体系

（一）牙买加体系的建立

牙买加体系是当今世界货币体系的统称，是国际储备货币多元化的浮动汇率体系。布雷顿森林体系崩溃以后，浮动汇率制逐渐成为国际汇率制度的主流，之前以美元、黄金作为储备的国家逐渐开始储备其他信用良好的国际化货币，如英镑、法国法郎、德国马克、日元以及1999年后出现的欧元。1976年，国际货币基金组织在牙买加召开会议并达成《牙买加协议》，随后经过一系列磋商，最终形成了新的国际货币体系。

（二）牙买加体系的内容

牙买加体系基本上是以美元为中心的多元化储备浮动汇率体系，黄金、美元在货币体系中的作用较布雷顿森林体系被削弱。各国拥有自身货币汇率制度的决定权，本国货币可自主浮动或联合他国货币共同浮动；很多发展中国家为保持币值稳定，均采取了钉住美元浮动的政策。国际收支的不平衡可以通过多种渠道化解，国际金融市场的地位不断加强。在新的体系下，IMF被保留下来，用于在新体系下维持国际金融体系的稳定。牙买加体系的主要内容包括三点：

第一，实行浮动汇率。这是牙买加体系区别于布雷顿森林体系的一个重要特点，也是新体系破解"特里芬难题"的重要制度。但浮动汇率不是各国的必须选择，而是既可以放纵汇率自由浮动，也可以让汇率有管制地浮动，或钉住一揽子货币浮动。

第二，黄金不再扮演基础货币的角色。在牙买加体系下，一国货币的价值主要靠政府信用和对本国经济的信心来维持，那些保持贸易顺差、国际收支状况良好的国家的货币趋于升值，易于被接受，黄金不再是货币币值直接或间接的担保物。

第三，特别提款权的作用增强。特别提款权是IMF会员通过IMF融资的权限，拥有特别提款权的份额越多，说明会员清偿国际债务的能力越高，因此特别提款权可以扮演国际储备的角色。此外，特别提款权的认购份额也随着各国之间经济实力的变化在不断调整，以中国为代表的新兴经济体正在寻求认购更多份额的特别提款权作为自身的储备。

（三）牙买加体系的作用和缺陷

牙买加体系是一套可以随各国收支状况而自适应的国际货币体系，使以主要货币汇率浮动为主的多种汇率安排能够比较灵活地适应世界形势多变的情况，完善了国际收支调节机制，更能适应世界范围内不断提高的生产力水平，对维持世界经济增长发挥了重要作用。以浮动汇率为主的混合汇率制度使各国的经济政策尤其是货币政策更具自主性和有效性，改变了布雷顿森林体系下国际收支调节失灵的状况。

牙买加体系也存在一些弊端，主要是汇率波动带来的汇兑风险。汇率的过度浮动在多方面增加了世界经济发展的变数：（1）汇率波动使进出口商难以准确核算成本和利润，外汇风险大，不利于国际贸易的发展，同样的问题也反映在国际借贷中；（2）汇率波动助长了外汇投机活动，当大量的热钱用于外汇投机时，一国外汇管理当局可能会丧失平抑汇率的能力，进而可能引发金融市场动荡；（3）当储备货币的汇率不稳定时，可能会导致储备国损失储备的币值。

总之，牙买加体系在汇率机制、国际储备、国际收支调节等方面仍旧存在缺陷。随着经济的发展，这种体制上的缺陷也在逐渐显露，并成为世界经济发展的阻碍，20世纪90年代以来爆发的历次金融危机都是现行国际货币体系的弊端在不同领域的反映。

二、国际货币体系未来的改革方向

由于牙买加体系的弊端逐渐显现，改革现行国际货币体系的呼声越来越高，改革方向大致可分为三类：（1）多元的国际货币储备体系。未来国际货币体系的演进方向将多元化，可能会形成美元、欧元、日元、人民币、黄金和特别提款权（SDR）等多种货币相互制衡的国际货币格局，每种货币单位在全球储备体系中都将起到同样的作用，共同支撑国际货币体系的稳定。（2）将特别提款权作为储备货币的体系。将国际货币基金组织发行的SDR提升为全球超主权货币，这一方向的终极形态是将SDR设立为全球储备货币，并推进SDR全面应用。（3）修复现行的以美元为本位的国际货币体系。继续维持以美元为中心储备的国际货币体系，但需加以改良，即在国际货币基金组织和世界银行的持股比例上进行调整，增加发展中国家的话语权。

专栏17-1

人民币国际化
进程加快

第四节　　发展中国家的增长危机与改革

当今，国际货币体系是世界经济发展格局的重要体现，现行体系有三个突出特点：（1）美元是全球各国中央银行储备最多的货币；（2）欧元兴起；（3）其他重要经济体的货币不断冲击美元在国际货币体系中的中心地位。世界经济的发展也伴随着新兴市场国家经济的快速增长，国际贸易规模日益扩大，金融体系深化发展，各国的实体经济和虚拟经济互相渗透。在全球经济金融一体化的进程中，国家之间的分工进一步细化，新兴国家承接发达国家的产业结构转移而实现了经济快速增长。

伴随经济的发展，各国经济、金融体系彼此依存的程度也在不断提高。布雷顿森林体系崩溃后，美元的国际地位一度下降。但随着东欧剧变，世界格局出现了重大变化，美国作为世界唯一超级大国的地位被进一步巩固，美元的地位又有所上升。1997年，亚洲金融危机的爆发引起了诸多国家对自身外汇储备的重视，各国中央银行开始积极储备美元，美元在外汇储备的结构中地位明显上升。同时，美元在国际贸易结算中也依然占据绝对优势地位，几乎所有国家的国际贸易都普遍采用美元作为结算货币，美元在国际货币体系中的主导地位仍在延续。

当今国际货币体系存在诸多不稳定因素。以美元为例，美国作为事实上的国际货币发行者，其发行货币的激励因素与全球其他国家不兼容；维持美元的基础是美国的主权信用，而这种仅依靠单一国家信用维持的国际货币体系将面临很大的风险，长期内难以持续。2008年，美国次级房贷危机引发全球性金融危机，全球泡沫资产的价格开始崩盘，金融市场陷入恐慌。此时，美联储采取增发货币的方法刺激本国经济，客观上增加了全球的美元供应，造成了全球范围内美元计价资产的价格上升，又促成新一轮的资产价格泡沫。此外，美国作为全球主要国际货币的发行者，随时可以收取铸币税。美国铸币税收入的一个来源是流通在世界各地的美元现金，这些现金无须美国付息，正常情况下永远不需要美国偿付债务。每次美联储增发货币都会给美国带来一定的铸币税收入，这是现行国际货币体系不合理的一个重要体现。

全球经济失衡和金融危机威胁长期存在，困扰着世界经济的发展。特别是20世纪90年代以来，各国之间经济发展的不均衡问题更加凸显，美国经济的经常账户赤字不断扩大，美元贬值压力在较长一段时间内一直存在。而中国、日本等经济体的贸易盈余不断积累，所积累的美元外汇储备规模不断扩大，本币面临巨大的升值压力。此外，无论是发展中国家还是发达国家，都普遍遭受金融危机的巨大冲击。目前尚难以将全球经济失衡和频繁发生的金融危机归因于任何一种因素，但诸多学者都认为国际货币体系的各种弊病可能在其中扮演着重要角色。一种理论认为，在主权货币作为国际储备货币的情况下，各个储备国的储备需求不可能通过货币母国的资本净流出而得以满足，只能通过货币母国经常账户赤字的方式供给，由此导致其经常账户赤字、全球范围内经济失衡，只要全球对储备货币的需求持续增长，那么寄希望于调整汇率来填补储备货币母国的贸易赤字将是徒劳的。

更糟糕的是，在这种国际货币体系下，无论货币母国是处于国际收支盈余、赤字状态还是平衡状态，都难以避免金融危机和全球经济的不稳定。货币母国实现国际收支盈余，会导致本国之外流通的世界储备货币供应减少，迫使储备货币母国增发货币，这可能会诱发货币危机；货币母国若选择本国国际收支赤字，根据全球对货币的储备需求而供给储备货币，将迫使货币母国进行信用扩张，无论是在固定汇率制还是在浮动汇率制下，都很难避免货币危机的爆发，还可能导致货币母国的资产泡沫和金融危机；如果储备货币母国选择经常账户平衡收支，会使世界范围内新增的储备需求得不到满足，各国货币争相贬值、贸易保护主义抬头，容易导致经济危机的爆发。

如果上述理论成立，那么当今全球经济严重失衡，尤其是中美贸易的严重失衡，根源应该是当今世界的货币体系。中国等新兴市场国家产生大量的贸易盈余，并随之积累大量外汇储备，并不是汇率因素造成的，也并非调整汇率政策所能解决，美国希望通过人民币升值解决本国国际收支赤字问题是很难奏效的。作为储备货币发行国，其自身货币的贬值、资产泡沫的形成与破灭和随之而来的金融危机也可归因于现行国际货币体系的内在缺陷。

当前，美国经济在世界经济舞台上仍然具有不可替代的地位，但其一家独大的时代早已成为历史。欧元区的经济总量已大体与美国相当，日本、中国等经济体的国际经济地位在上升，尤其是以中国为代表的一批新兴经济体对世界经济的影响力越来越大，同时寻求能在世界货币体系中占据与自身经济地位相称的位置。欧元、日元、人民币正寻求部分替代美元在国际货币体系中的地位。随着我国经济实力和综合国力的增强，人民币的国际化既是一种政治诉求，更是一种经济诉求。如果人民币能够在国际市场上确立自己储备货币的地位，不但能够丰富世界各国的储备货币结构，降低单一储备货币的风险，还能提高人民币在国际支付中的地位，方便以人民币计价的资产在国际市场上的流通，提高中国经济与世界经济的结合度。从长远来看，以单一国家的信用货币作为储备货币的货币体系不会长久，由世界主要经济体的多种货币组成的储备货币体系更能适应新形势下金融体系稳定性的要求。

专栏17-2

中美经贸关系回眸

本章小结

1.国际货币体系是指各国政府为适应自身经济发展、国际贸易、国际支付的需要，针对各国货币关系和国际上的交易支付等共同确立的一套规则。

2.货币的本位制度是货币体系的基础。货币历史经历了商品货币、贵金属货币、信用货币三个阶段，其中以贵金属本位制度的历史最长。随着经济的发展，采用自然矿产品作为货币基础的制度严重桎梏了货币体系满足经济需要的能力，信用货币应运而生。目前，世界上绝大多数国家的货币体系均是信用货币体系。

3.金汇兑本位制是介于贵金属本位制和信用货币本位制之间的一种货币制度。它是一种不完全准备货币制度，可以用少量黄金储备衍生出大量纸币，短期内满足经济对货币的需求。布雷顿森林体系是金汇兑本位制施行的最后一个体系，由于这种体系要求各国货币保持固定汇率，与黄金保持特定的官方比价，无法适应国家/国际收支情况的变化，所以对经济的适应能力极差。

4.当今世界范围内普遍流行纸币本位货币体系，也被称为信用货币体系，黄金在货币体系中的作用被大大削弱，人类经济社会的发展摆脱了自然产品的束缚。

5.欧元是对货币体系的最新尝试。统一货币、统一市场是区域经济发展的高级形态，体现了追求资源高度合理利用、经济自由化的要求，欧元区的启动标志着货币历史进入了一个新的阶段。

6.欧债危机是欧元区货币体系尚不完善的最新体现。这一危机的解决要求成员国摒弃货币政策与财政政策分离制，建立统一的货币政策和财政政策机制。

重要概念

本位制　金本位制　金汇兑本位制　纸币本位制　布雷顿森林体系　牙买加体系 IMF　共同货币　欧债危机

复习思考

1.为什么贵金属会成为货币的早期形态？

2.随着经济的发展，为什么人类倾向于摒弃贵金属的货币地位？

3.在布雷顿森林体系下，为什么美元享有全球中心货币的地位？

4.布雷顿森林体系崩溃的直接原因是什么？

5.牙买加体系与布雷顿森林体系的区别在哪里？这种区别体现了经济对货币体系哪方面的需求？

6.欧元出现的原因是什么？可以实现经济对哪些方面的需求？

7.欧债危机爆发的原因是什么？除此之外，你还能从哪些方面解读欧债危机爆发的原因？

8.如果全世界都以一种可以简单制造出来的石头作为货币，世界经济将会怎样？

主要参考书目

［1］赫尔普曼，克鲁格曼. 市场结构和对外贸易：报酬递增、不完全竞争和国际经济［M］. 尹翔硕，尹翔康，译. 上海：格致出版社，上海三联书店，上海人民出版社，2014.

［2］克鲁格曼，奥伯斯法尔德，梅里兹. 国际经济学理论与政策［M］. 丁凯，等译. 11版. 北京，中国人民大学出版社，2021.

［3］普格尔，林德特. 国际经济学［M］. 李克宁，译. 11版. 北京：经济科学出版社，2001.

［4］陈彪如，马之騆. 国际金融学［M］. 成都：西南财经大学出版社，2000.

［5］陈同仇，薛荣久. 国际贸易［M］. 北京：对外贸易教育出版社，1997.

［6］陈宪，韦金銮，应诚敏，等. 国际贸易——原理·政策·实务［M］. 3版. 上海：立信会计出版社，2003.

［7］陈雨露. 国际金融［M］. 北京：中国人民大学出版社，2011.

［8］休谟. 休谟经济论文选［M］. 陈玮，译. 北京：商务印书馆，1984.

［9］萨尔瓦多. 国际经济学［M］. 刘炳圻，译. 12版. 北京：清华大学出版社，2019.

［10］奥林. 地区间贸易和国际贸易［M］. 王继祖，等译. 北京：首都经济贸易大学出版社，2001.

［11］方齐云，方臻昊. 国际经济学［M］. 武汉：华中科技大学出版社，2022.

［12］冯德连. 国际经济学［M］. 4版. 北京：中国人民大学出版社，2019.

［13］李斯特. 政治经济学的国民体系［M］. 陈万煦，蔡受百，译. 北京：商务印书馆，1997.

［14］甘道尔夫. 国际经济学（第一卷）［M］. 顾舟，王小明，刘洪钟，等译. 北京：中国经济出版社，1999.

［15］华民. 国际经济学［M］. 2版. 上海：复旦大学出版社，2017.

［16］黄卫平，彭刚. 国际经济学教程［M］. 北京：中国人民大学出版社，2012.

［17］姜波克. 国际金融新编［M］. 3版. 上海：复旦大学出版社，2001.

［18］姜文学，邓立立. 国际经济学［M］. 6版. 大连：东北财经大学出版社，2021.

［19］凯恩斯. 就业、利息和货币通论［M］. 徐毓桐，译. 北京：商务印书馆，1999.

［20］李平. 国际经济学［M］. 济南：山东人民出版社，2011.

［21］刘舒年. 国际金融［M］. 北京：对外经济贸易大学出版社，2010.

［22］凯伯. 国际经济学［M］. 英文版，17版. 北京：中国人民大学出版社，2022.

［23］马君潞. 国际金融［M］. 北京：高等教育出版社，2011.

［24］克赖宁，克拉克. 国际经济学：政策视角［M］. 丁斗，译. 北京：北京大学出版社，2017.

［25］彭刚，等. 国际经济学教学与学习手册［M］. 北京：中国人民大学出版社，2015.

［26］史燕平. 国际金融［M］. 北京：中国人民大学出版社，2008.

［27］宋世方，李红艳. 国际经济学［M］. 武汉：武汉大学出版社，2008.

［28］宋新宁，田野. 国际政治经济学概论［M］. 3版. 北京：中国人民大学出版社，2020.

［29］陶涛. 国际经济学［M］. 2版. 北京：北京大学出版社，2014.

［30］佟家栋，高乐咏. 国际经济学［M］.4版. 北京：高等教育出版社，2021.

［31］佟家栋，周申. 国际贸易学——理论与政策［M］. 2版. 北京：高等教育出版社，2007.

［32］王正毅. 国际政治经济学通论［M］. 北京：北京大学出版社，2010.

［33］吴志明，杨胜刚. 国际金融［M］. 5版. 北京：高等教育出版社，2021.

［34］小岛清. 对外贸易论［M］. 周宝廉，译. 天津：南开大学出版社，1990.

［35］薛敬孝，佟家栋，李坤望. 国际经济学［M］. 北京：高等教育出版社，2000.

［36］薛荣久. 国际贸易［M］. 5版. 北京：对外经济贸易大学出版社，2008.

［37］斯密. 国民财富的性质和原因的研究［M］. 郭大力，王亚南，等译. 北京：商务印书馆，1994.

［38］杨培雷. 国际经济学［M］. 上海：上海财经大学出版社，2007.

［39］尹翔硕. 国际贸易教程［M］. 2版. 上海：复旦大学出版社，2001.

［40］余淼杰. 国际贸易学［M］. 北京：北京大学出版社，2012.

［41］张二震，马野青. 国际贸易学［M］. 南京：南京大学出版社，2009.

［42］张金萍. 国际经济学［M］. 2版. 北京：科学出版社，2021.

［43］赵春明，宏结，陈阳. 国际经济学［M］. 2版. 北京：北京师范大学出版社，2020.

［44］朱立南. 国际贸易政策学［M］. 北京：中国人民大学出版社，1996.

［45］朱钟棣，郭羽诞，蒋振中. 国际贸易教程新编［M］. 上海：上海财经大学出版社，1999.

［46］邹宝根. 新编国际贸易与国际金融［M］. 上海：上海人民出版社，2004.

［47］CARBAUGH. International Economics［M］. 13th edition. Cincinnati：South-Western College Pub，2010.

［48］FEENSTRA，TAYLOR. International Economics［M］. 2nd edition. New York：Worth Publishers，2011.

［49］HELPMAN. Understanding Global Trade ［M］. Boston：The Belknap Press of Harvard University Press，2011.

［50］MAURICE. International Finance ［M］. 5th Edition. London：Routledge，2009.

［51］MCLAREN. International Trade ［M］. Hoboken：Wiley，2012.

［52］KRUGMAN，OBSTFELD，MELITZ. International Economics ［M］. 9th edition. Upper Saddle River：Prentice Hall，2011.

［53］PILBEAM. International Finance ［M］. 4th edition. New York：Palgrave Macmillan，2013.

［54］PUGEL. International Economics ［M］. 15th edition. New York：McGraw-Hill/Irwin，2011.

［55］SERCU. International Finance：Theory into Practice ［M］. Princeton：Princeton University Press，2009.

［56］HUSTED，MELVIN. International Economics ［M］. 9th edition. Upper Saddle River：Prentice Hall，2012.